イギリス帝国とアジア国際秩序

〜ヘゲモニー国家から帝国的な構造的権力へ〜

Shigeru Akita
秋田茂――著

名古屋大学出版会

イギリス帝国とアジア国際秩序　目　次

序章　イギリス帝国と国際秩序

――ヘゲモニー国家から帝国的な構造的権力へ――

1　本書の課題

近年国際関係史や国際経済史の領域において、従来の通説的議論に根本的な見直しを迫る新たな解釈が提起されている。このうち、イギリス帝国史研究の領域では、ケインとホプキンズが提唱する「ジェントルマン資本主義」(gentlemanly capitalism) 論が、またアジア経済史研究では、杉原薫らによる「アジア間貿易」(intra-Asian trade) 論が注目に値する。本書では、これらの研究動向をふまえて、現在進行しつつあるグローバリゼーションの歴史的な展開過程を解明しようとする新たな歴史概念である「グローバルヒストリー」研究の一環として、イギリス帝国の歴史を、グローバルヒストリーを構築するための「ブリッジ」と位置づける。そのうえで本書は、イギリス帝国がアジアにおける国際秩序の形成と維持の過程で果たした歴史的役割を再検討することを目的としている。

その際に、次の三点に注目して議論を展開していきたい。

第一に、イギリスのスーザン・ストレンジが国際政治経済学の領域で提起した「構造的権力」(structural power) 論[(1)]をイギリス帝国史の解釈に取り入れ、それを批判的に再解釈したうえで、イギリスが世界の一体化、グローバリゼーションの過程で果たした役割を再評価するために活用する。ストレンジによれば、構造的権力とは、国際政治経済秩序において「ゲームのルール」を設定し、その遵守を強制できる国家を意味した。歴史的には、一九世紀後半以降のイギリスと、第二次世界大戦後から現在にいたるアメリカ合衆国が構造的権力であるとされた。(2)しかし、通常の歴史解釈においては、それぞれの時期の英米両国は、近代世界システムの「ヘゲモニー国家」（hegemonic state）であるとされてきた。ヘゲモニー国家は、卓越した軍事力と圧倒的な経済力を背景にして、軍事・外交面だけでなく、農業、製造業、金融・サーヴィス部門の全ての経済構造においても、その影響力を世界的規模で行使できた。国際社会において「ゲームのルール」を設定するのは、本来的にはヘゲモニー国家の属性である。(3)本書では、そのヘゲモニー国家の力が、特に軍事面において相対的に低下していく場合に、その国家がヘゲモニーの形成・発展の過程とは異質の権力を行使するようになることに着目して、グローバルな文脈でその特徴を把握するために「構造的権力」という概念を使用する。

本来の意味で「構造的権力」とは、世界的規模で行使される影響力とその行為者を意味し、その力は領域的な制約を受けることなく行使された。しかしイギリスは、英領インドや海峡植民地に代表される植民地・従属領や、カナダ・オーストラリア・ニュージーランド・南アフリカ等の自治領（Dominion）から成る「公式帝国」（formal empire）を保有していた。公式帝国（植民地）を持つヘゲモニー国家であったイギリスは、この点でヨーロッパ諸国の植民地主義を批判した二〇世紀後半のヘゲモニー国家アメリカ合衆国とは大きく異なる。従って、両大戦間期のイギリスを「構造的権力」と考える場合、イギリスは、構造的権力が本来有した非領域的でグローバルな影響力と、公式帝国に支えられた領域的な影響力とを兼ね備えていた点を理解することが重要である。その意味で、両大戦間期のイギリスを、公式帝国の領域性とグローバルで脱領域的な経済的影響力を併せ持った「帝国的な構造的権力」と位置づけることが可能である。そのイギリスの影響力は、公式の植民地だけでなく、独立した主権国家群のなかで相対的な自立性を持った先進諸国・欧米列強や、非ヨーロッパ世界において独自の帝国建設を図った日本などにも及んだ。本書では、この「帝国的な構造的権力」イギリスの国際的な影響力の特質を明らかにする。

第二に本書では、パクス・ブリタニカの最盛期であった世紀転換期と、一九三〇年代とを扱うことで、アジアにおけるイギリスのプレゼンスの変化を明らかにする。その際に、安全保障構造と経済構造の両面で、イギリスの影響力を考察する。前者の安全保障構造との関連では、一九世紀以来「イギリス帝国拡張の先兵」として積極的に活用されてきたインド軍の海外派兵問題を取り上げたい。後者の経済構造との関係では、ケインとホプキンズが提唱するジェントルマン資本主義論[4]を肯定的に評価して、イギリス本国のシティを中心とした金融・サーヴィス利害に注目したい。ジェントルマン資本主義論自体は、賛否両論を交えて活発な論争を巻き起こしているが[5]、本書では、その争点の一つである「非公式帝国」(informal empire) 論に注目する。ロンドンのシティを基盤とした金融・サーヴィス利害に支えられたイギリスの海外膨張は、ラテンアメリカ・中国・オスマン帝国等の諸地域で、海外投資とその債権・債務関係を通じて、イギリスの金融的影響力を拡大した。本書では、一九二〇年代後半から三〇年代の中国の具体的事例を参照しながら、従来の非公式帝国論の限界と、関係史的な観点からの非公式帝国論の新たな可能性を模索する。アジアにおけるイギリスのプレゼンスの中核が、インド軍に代表される軍事力と、ロンドン・シティの金融・サーヴィス部門の経済的な影響力であったと想定したうえで、その両者の関係と変質を明らかにしたい。

第三に、ヘゲモニー国家および「帝国的な構造的権力」としてのイギリスの関与が、工業化の進展を基盤とするアジアにおける国際秩序の形成と維持に重要な役割を果たしたこと、換言すると、イギリス経済利害の関与が東アジア地域の工業化を促進したという点を明らかにしたい。従来の日本経済史、中国経済史研究の領域において、欧米列強諸国との経済関係は、経済発展をはかっていくうえでネガティヴにとらえられてきたのではないか。研究の暗黙の前提として、国民国家と国民経済の建設・構築のために一国史的な分析の枠組みが重視され、対外的な経済関係の重要性が十分に考慮されてこなかった。本書においては、イギリスの経済利害と東アジアの工業化・経済発展との関係を、決して敵対的なものではなく、部分的な競合はあったものの、全体としては双方が利益を得ることができる相互補完的で協調的な関係としてとらえている。この経済利害の相互補完性（complementarity）は、イギリスの経済利害の重心が、綿工業を中心とする消費財の製造業ではなくシティの金融・サーヴィス部門にあったと主張するジェントルマン資本主義論を前提にして初めて理解することができる。東アジアにおける工業化の進展は、一九三〇年代になるとアジア間貿易の発展を通じて公式植民地であった英領インドの経済・財政政策にも影響を及ぼした。従って本書では、アジアの工業化をめぐりイギリスが果たした積極的な役割を、領事・通商報告など各種の経済情報を分析しながら明らかにしていきたい。

2　構造的権力と非公式帝国論

（1）ヘゲモニー国家と構造的権力

最初に、本書において使用する「構造的権力」とは何を意味するのか、改めて簡単に整理しておきたい。

そもそも、構造的権力論を本格的に提起したのは、イギリスで活躍した国際政治経済学者のスーザン・ストレンジであった。ストレンジは、現代の国際政治経済秩序を理解する基本的な枠組みとして構造的権力をとらえ、それを次のように説明した。「構造的権力とは、国際経済関係を規定するルールや慣習に関する国際レジームを設計したり、討論の主題を設定したりする権力であり」「単一の構造をもつものではなく、四つのそれぞれ区分されるが関連した構造内で見出される」[6]。彼女が想定する構造的権力を支える四つの構造とは、⑴安全保障構造、⑵生産構造、⑶金融構造、⑷知識構造であった[7]。

しかし、以上のストレンジの構造的権力論では、四つの構造の相互連関性と関係が明確にされているわけではなく、むしろ読者に独自の考察を要請している。また、彼女の概念規定に従って、構造的権力を「ある国家が指導的な影響力を行使して国際関係における『ゲームのルール』を設定し、そのルールの国際的な普及のために行使する能力である」と考えた場合、従来から国際政治学の領域で議論されてきたヘゲモニー国家の概念とも大差がない。

そこで本書では、このストレンジの問題提起を批判的に受け止めて、ヘゲモニー国家の力が変質していく場合に、そのヘゲモニー国家が、世界システムにおけるヘゲモニーの形成・発展の過程とは異質の権力を行使する状況を記述するために「構造的権力」という概念を使用する。それと対照的に、形式的に対等な国民国家の間での交渉・妥協の過程で見られた相互作用を「関係的権力」(relational power) と規定したい。

イギリスの場合、卓越した軍事力で植民地や勢力範囲をコントロールする公式・非公式の「帝国」を拡大することと、その中心としてインドの植民地化を進めることが、一九世紀中葉にヘゲモニー国家としての地位を確立するに際しての基本的な枠組みであった。この枠組みは、一九―二〇世紀の世紀転換期になると、次第に「帝国」という領域限定的で軍事力・政治力によって規定される権力だけではなく[8]、グローバルな経済的な影響力(たとえば自由貿易体制や基軸通貨としてのスターリング)を、ヘゲモニー国家の基本的な要素として組み込んでいくことになった。その後、第一次世界大戦を経た両大戦間期になると、後者の経済的な影響力の方が、次第に前者の軍事力・政治力に取って代わるようになった。そのヘゲモニー国家の経済力自体も変化して、農業や製造業が国際競争力を喪失する一方で、金融・サーヴィス部門はその影響力を温存・強化する傾向にあった。そこで本書では、こうしたヘゲモニー国家の権力の変質を理解するために、オールラウンドな影響力は低下したが、依然として国際社会において隠然たる影響力を行使できる状態の先行したヘゲモニー国家と、特に、その経済力を基盤とした影響力をあわせて「構造的権力」と規定する。

ところで、グローバルヒストリー概念の提唱者の一人であるイギリスの経済史家、パトリック・オブライエンは、「世界システムの変容とヘゲモニー国家の役割」を論じた国際共同研究において、「国際公共財」(international public goods) の提供者として、ヘゲモニー国家の役割を強調した。[9] すなわち、一九世紀のイギリス帝国は、モノの輸出入にかかわる自由貿易原理、大陸間でヒトの移動を可能にした鉄道・蒸気船、カネの決済に関する国際金本位制、情報の伝達に不可欠な国際郵便・海底電信網など、誰もが安価で自由に利用できるインフラと国際取引のルールを提供したのである。その他に、円滑な経済活動を保証した安全保障制度や国際法、国際語としての英語なども、国際公共財の概念に含まれる。このオブライエンが強調する国際公共財概念は、近代世界システムにおいて、その形成・発展・安定の過程で、卓越した軍事力と圧倒的な経済力を兼ね備えたヘゲモニー国家の役割を説明するに際して最も適合的である。しかし、それは国民国家や帝国のような領域性がなく、後発工業国を含めて世界のすべての諸地域に対して通用する「権力」であるという意味においては、構造的権力にも適用できる。

また最近、イギリス帝国史研究の領域でも、ケインとホプキンズがストレンジ的な構造的権力論を取り込んだ議論を展開している。たとえば、ホプキンズは、一九世紀後半のアルゼンチンに対するイギリスの影響力をめぐる論争の中で、一八九〇年のベアリング恐慌期の両国関係を事例に取り上げ、「関係的権力」と対比しながら構造的権力論の有効性を強調した。[10] また、ケインは、一九九六年に来日した際の講演とセミナーで、一九世紀半ば以降のイギリスの中国に対する政策を論じた際に構造的権力論を援用した。[11] さらに両者は、一九九九年の論文集で次のように述べている。「『ゲームのルール』を設定する構造的権力は、基本的に、(直接的あるいは間接的に陸海軍力に支えられた) イギリス自由主義国家の中核となる価値観と政策の優先順位の現れであり、自由貿易・低課税・健全な通貨が優先された。世界政策に翻訳されると、これらの諸原理は、イギリスが支配する国際経済に利害を持つ気の合った同盟国を創り出すための施策に見出された」「程度の差こそあれ、これら同盟諸国は、門戸を開放して非差別的な関税政策に同意するか、通貨・財政政策を『健全な基盤』の上に置くか、イギリスの国制上の諸手続を模倣するか、あるいは、イギリスのジェントルマン・エリートの文化的価値観を採用することを通じて、イギリスの政治的・経済的自由主義に適応することを余儀なくされた」[12]。以上のようにケインとホプキンズの場合は、非公式帝国をめぐる不毛な論争を避けて、グローバルなイギリスの影響力の大きさを改めて主張するために、二〇世紀初頭までの時期に限定して、構造的権力という概念を使用している。それに対して本書では、両大戦間期、特に一九三〇年代におけるイギリスの国際的な影響力の存続を理解するために、構造的権力という概念を使用する。

また以下では、構造的権力とそれに先行したヘゲモニー国家を支えた諸要因を、(1)安全保障構造、(2)生産部門と金融・サーヴィス部門の両方を含む経済構造の二つに再構成して、両者の関係と相互連関性を考察することで、ヘゲモニー国家と構造的権力の構成要素をさらに明確にしたい。以下の考察を安全保障構造と経済構造の二つに分けて行う理由は、次に述べる二点である。

第一に、最近のイギリス帝国経済史研究では、ジェントルマン資本主義論の登場により、イギリス経済利害に関して、産業革命以来のモノの生産力拡大、マンチェスターの綿工業利害、バーミンガムの機械・金属製品等の資本財輸出よりも、ロンドン・シティの金融・サーヴィス利害の膨張とその影響力の拡大の方が重視されるようになった。一九世紀半ばに確立されたイギリスを中心とする自由貿易体制は、従来のような製造業利害（産業資本）の世界展開というよりも、資本輸出・海上保険・海運業等の金融・サーヴィス利害の世界的規模での拡張過程と結びつけて理解されるようになった。本書では、こうした最近のイギリス経済構造の理解（ジェントルマン資本主義）を前提にして、ストレンジの分類では区別された生産構造と金融構造を一体化させ、両者を一括して「経済構造」として捉えることにより、生産と金融両部門間の相互関係を考察することが可能になる。とりわけ、イギリスの海外膨張の被対象地域とイギリス本国との関係性・相互連関性を明らかにするためには、生産・金融の両部門を一括してそのトータルな経済構造の中で、本国の経済利害と海外膨脹の被対象地域の経済利害との相互関係を考察する方が有効である。

第二の理由は、イギリスの海外膨張と帝国、帝国主義をめぐる研究で、数多くの先行研究が存在する安全保障問題と、経済利害に関する最近の研究をつきあわせて、海外膨張の過程の全体像を考察する必要があるからである。安全保障構造は、従来から政治外交史・軍事史の領域で論じられてきた。他方、経済構造の方は、帝国経済史・財政史の範疇で論じられてきた。だが近年、一八世紀イギリス本国史の解釈をめぐり、アメリカのジョン・ブリューワ等が提起した「財政軍事国家」(fiscal military state)論が登場し政治外交史や国家論の研究と経済史研究との接合が、財政史の研究を通じて可能になった。[13] 本書では、ヘゲモニー国家と構造的権力を支えたメカニズムを静的に捉えるのでなく、その機構自体も時代とともにダイナミックに変化したという観点から、経済構造と安全保障構造との関係を再考していく。

(2) イギリス非公式帝国論――その限界と可能性

グローバルヒストリーとイギリス帝国史研究を接合する上で重要なのが、イギリス帝国史研究で論争の的になってきた「非公式帝国」論である。非公式帝国概念の有効性をめぐっては、後述するように、ギャラハーとロビンソンが「自由貿易帝国主義」(imperialism of free trade) 論で問題を提起して以来、[14] おもにラテンアメリカ諸国とイギリスとの関係をめぐって、その概念自体を否定するプラットらとの間で激しい論争が繰り広げられてきた。[15] 日本でも、既に毛利健三[16]や平田雅博[17]によって優れた問題整理が行われている。最近刊行された『オクスフォード・イギリス帝国史研究叢書』(全五巻) では、二〇世紀を扱った第四巻とイギリス帝国の研究史を論じた第五巻において、非公式帝国概念が積極的、肯定的に採用されている。[18] イギリス非公式帝国の典型として取り上げてあるのが、中国とラテンアメリカ諸国の事例であり、二〇世紀の中東（西アジア）地域に対しても、非公式帝国概念が限定的に適用されている。

ここでは、最近の非公式帝国をめぐる論点のうち、(1)非公式帝国を支えた経済利害の解釈の変化、(2)非公式帝国と現地エリート協力者との関係をめぐる「周辺・協調」理論の有効性、(3)「帝国主義経費論争」と非公式帝国論との関連性、以上の三点に言及しながら非公式帝国論の可能性と限界を明らかにしたい。

第一の論点は、非公式帝国概念の基本にかかわる経済利害の問題である。イギリス帝国史研究で、非公式帝国論を本格的に論じたのは、一九五〇年代初めのギャラハーとロビンソンであった。彼らが提起した自由貿易帝国主義論では、一九世紀中葉以降のマンチェスター綿工業に代表されたイギリス産業資本の世界展開と、それと連動した海外膨張と公式・非公式両帝国の拡大が、立論の中心になった。「可能ならば非公式支配を通じての通商を、必要ならば公式の支配を通じての通商を」という命題自体に、本国製造業の利害と自由貿易政策重視の姿勢が明確に表現されている。それに対して、一九八〇年代半ばのケインとホプキンズによるジェントルマン資本主義論では、シティの金融・サーヴィス利害の膨張が「見えざる帝国＝非公式帝国」（invisible empire）を形成する原動力になったとされる。非公式帝国形成の誘因として、前者は、産業革命以来のイギリス本国の産業・製造業利害を重視するのに対して、後者は、ロンドン・シティ中心の金融部門の役割を強調する点で対照的である。しかし、強力な経済力を武器にしたイギリスの経済的影響力の拡大と、非公式帝国概念の有効性については、両者の意見は完全に一致している。イギリス帝国史研究の転換点を画した二組の研究者が、ともに非公式帝国の重要性を強調している点は注目に値する。

だが、モノの交換と貿易関係を通じた国際分業体制、それを前提にした非公式帝国概念は、その適用範囲自体が、非ヨーロッパ世界の低開発・発展途上地域に限定された。他方、金融・サーヴィス利害、カネ・情報の交換を基盤とする世界システムは、非公式帝国の枠組みを飛び越えてグローバルに展開した。金融・サーヴィス部門とイギリスの海外膨張との関連性を考えると、公式帝国や勢力範囲の獲得をめぐりイギリスと競合した後発工業国の欧米列強や、世紀転換期以降に東アジアで独自の帝国建設に乗り出した日本も、イギリスの影響力やその恩恵の対象となった。この点、上述のように本書では、非公式帝国を超えてさらにグローバルに展開したイギリスの影響力を正確に理解し、イギリス本国の経済利害と世界システム内部の諸地域の経済利害とを同時に射程に入れて考察する枠組みとして、構造的権力論を採用する。

第二の論点は、非公式帝国と現地エリート層の帝国支配への「協力者」(collaborator) に関する「周辺・協調」理論の有効性である。ロビンソンとギャラハーは、一九六〇年代初めのアフリカ分割に関する研究において、イギリスの海外膨張の原因として、被対象地域である現地の内部事情が、本国の経済利害と並んで重要であると主張し[19]、一九七二年にロビンソンは、それを周辺・協調理論としてまとめた[20]。この新たな問題提起を受けて、一九七〇—八〇年代前半のイギリス帝国史研究は周辺理論に大きく傾き、現地の事情が重視されて研究の細分化が進んだ。これに対して一九八〇年代後半にケインとホプキンズは、この周辺理論重視、地域研究偏重を批判し、イギリス本国の経済利害こそが海外膨張にとって決定的に重要であったと再度主張した。海外膨張の動因に関して、本国 (metropolis)、周辺 (periphery) いずれを重視するかで、見解は真っ向から対立した。アンドリュー・ポーターのように、一九七〇—八〇年代の地域研究の成果で明らかになった諸利害の錯綜と現地側の論理を全く無視するものとして、ジェントルマン資本主義論を全く認めない論者もいる[21]。

本書では、構造的権力論との対概念である関係的権力論を活用しながら構造的権力の特徴を明確にするために、周辺・協調理論の問題提起を積極的に受け止めたい。具体的には、二〇世紀の中国の対外関係史を「非公式帝国」概念で捉え直した、ドイツのオスターハンメルの議論を参考にしたい[22]。オスターハンメルは、本国中心の理論と周辺理論との総合を目指して、辛亥革命から一九三〇年代末までの中国と列強との関係を、経済利害を中心にした「共同行動と共存」をテーマに描いている。彼の議論の特色は、(1)列強の経済利害を「ビジネスシステム」という用語で捉え、そのビジネスシステム自体の構成や担い手の変化を各国別に考察すること、(2)各国のビジネスシステム相互間の関係を、競争と協力の観点から考察すること、(3)列強のビジネスシステムと中国政府や地方の諸勢力との協力関係を解明すること、をめざした分析枠組みの提示にある。特に彼は、一九三〇年代イギリスの対中国政策の特徴として、(1)イギリスからの直接投資の増大と、金融利害の後退、(2)南京国民党政府の安定と、その官僚資本主義（bureaucratic capitalism）との協力関係の強化、(3)日本の「非公式帝国」の拡張とイギリスとの「不安定な共存」関係の形成、の三点を指摘している。北京の中央政権が弱体化する一方で、中国各地でナショナリズムが勃興すると、旧来の金融・財政支配を通じた非公式帝国の基盤が弱体化して、イギリス政府は現地の地方権力と「協力」せざるを得なくなった。南京の国民党・蔣介石政権は、イギリスにとって理想的な協力者であった、というのである。彼の歴史解釈は、本国対周辺という二項対立を克服し、自立性を高めた現地勢力と列強との交渉・接触の過程を「関係的権力」の行使として捉えるうえで、特に有効である。また、それは東アジアにおける列強間の関係を考察する際にも効果的である。ともすれば、一国中心主義、一国史の拡大史観に陥りがちな非公式帝国論の限界を克服する方策として、オスターハンメルの問題提起は評価できる。(23)

第三の論点は、「帝国主義経費論争」と非公式帝国の関連である。帝国主義経費論争とは、ヨーロッパ列強の帝国主義支配にともなうコストと利益のバランスシートをめぐるイギリス経済史・帝国史研究における論争である。(24)当然、議論の重点は公式帝国に置かれ、非公式帝国は「安上がりの支配」として検討の対象から除外されることになる。公式帝国のうち、白人定住植民地・自治領（後のドミニオン）の帝国防衛面での負担の軽さと、本国側における納税者の負担の重さが強調される。他方、英領インドの場合は、インド軍経費やインド高等文官（Indian civil service）の給与、鉄道建設に伴う利子保証など、統治経費が「本国費」としてインド財政から毎年自動的に支出されて自前の経費負担原則が貫かれた。しかし、このインドの事例は、例外とされて考察の対象に含まれていない[25]。だが、本国と自治領だけに議論を限定したのでは、イギリス帝国の拡張・維持に関する経済的・財政的負担の全体像が見えてこない。従って本書では、この英領インドの例外性を問題にする。特に、アジアにおけるイギリスのプレゼンスを考察する際に、「帝国拡張の先兵」として位置づけられたインド軍とその海外派兵を通じた安全保障・国際秩序の維持は、イギリス帝国の安全保障構造の全体像を見極めるうえで決定的に重要である。インド軍は、イギリスにとって非公式帝国であった中国に対しても、アヘン戦争以降数度にわたって派兵された。従って、帝国主義経費論争を論じるにあたっても、公式帝国の中核的存在であった英領インドと、非公式帝国の中国とを同時に視野に入れて検討するグローバルな枠組みを構築することが必要である。

3　パクス・ブリタニカ最盛期のヘゲモニー国家と国際秩序

本節では、一九―二〇世紀転換期のヘゲモニー国家としてのイギリスと国際秩序との関係を明らかにしたい。ヘゲモニー国家の構成要素も時代とともに変質したが、本節では、第一次世界大戦までの「長期の一九世紀」におけるヘゲモニー国家イギリスを中心としたパクス・ブリタニカ最盛期の国際秩序の特徴を、安全保障構造と経済構造の両面から考察する。

（1）ヘゲモニー国家イギリスと安全保障構造

帝国的支配を形成し維持する基本的な要素は、古代以来軍事力であった。パクス・ブリタニカを確立した一九世紀のヘゲモニー国家イギリスも、その例外ではなかった。パクス・ブリタニカ最盛期のイギリスは、英国海軍(the Royal Navy)と、陸軍力としてのインド軍という卓越した軍事力に支えられていた。

英国海軍は、B・センメル[26]や横井勝彦[27]の研究が明らかにしたように、一九世紀中葉に自由貿易帝国主義政策を強要する手段として重用された。パーマストンによる非ヨーロッパ地域に対する砲艦外交が、その典型であった。海軍力の世界展開には、艦船修理・給炭・食糧補給のため、海軍基地の確保と主要海上交通路(シーレーン)の安全保障が不可欠であった。いわゆる「エンパイア・ルート」(帝国交通路)としての、喜望峰回りと、地中海・スエズ運河・紅海経由の英領インド・中国にいたる海上交通路の確保がそれである。イギリスは世界の海域を幾つかの警備区域に分けて、保有艦船の半分以上を本国海域以外の諸海域に派遣・常駐させていた。英国海軍の任務は、海上交通路の確保、イギリス通商権益の防衛、砲艦外交に加えて、奴隷貿易の取締りや測量・海図作成など、「国際公共財」を提供する機能も含まれていた。さらに英国海軍は、郵便補助金をうけて帝国内外の各地を結んだ郵便汽船航路網によって補完されていた。アジア海域におけるP&O社(Peninsular and Oriental Steam Navigation Company)がその典型であったが、この国際郵便制度も公共財としての利用が可能であった。

世紀転換期になると、英国海軍は欧米列強との建艦競争に直面した。一八九〇年代からのドイツ海軍の拡充と「海軍恐慌」(naval panic)が有名である。軍拡競争に直面したイギリスは、それまでの二国標準(第二位・三位の海軍国を上回る戦力の保持)を三国標準に改めるとともに、自治領諸国からの海軍献金による戦力の増強と、日本・アメリカの海軍力との「同盟」を模索した。デーヴィスとフッテンバックの共同研究で明らかになったように[28]、自治領諸国の帝国防衛をめぐる経費負担は軽く、海軍費に関しては本国が一方的に負担していた。その不均衡を是正するために、ジョセフ・チェンバレンらによる帝国同盟運動が提起された。やがてその運動は、本国産業利害の保護要求と結びついて、帝国特恵体制の構築をめざした関税改革運動に発展した。世紀転換期の時点になって、過大な海軍増強の必要性が、財政問題を介して、後述の経済構造の変革と伝統的な自由貿易政策の変更を求める動きと結びついたのである。[29]

他方、イギリス帝国の陸軍戦力の中核であったインド軍は、世界各地での砲艦外交と連動しながら、イギリスの影響力を沿海部から諸大陸の内陸部に浸透させる重要な手段になった。イギリス帝国の陸軍力は、兵員数約二五万の英国陸軍と、兵力約一四万（いずれも一八九九年南アフリカ戦争勃発直前の時点）のインド軍で構成されていた。本国陸軍の約半数は公式帝国に駐屯し、英領インドには常時約七万三〇〇〇名が駐屯していた。英国陸軍は、予算と兵員数に関して本国議会の厳格な国制上の統制（シビリアン・コントロール）を受けたが、インド軍は、本国政府の意向次第で非ヨーロッパ世界の各地に派兵できる戦力であり、インド財政で維持されていた。このインド軍は、一九世紀前半の第一次アヘン戦争や第一次イギリス＝アフガニスタン（アフガン）戦争から、アジア・アフリカ諸地域において「イギリス帝国拡張の先兵」と位置づけられて、公式帝国の拡張と非公式帝国の確保のために利用されてきた。[30] そうしたインド軍の海外派兵の正当性と費用の負担をめぐって、本国政府、現地インド政庁、インド人ナショナリストの三者を交えて論争が展開された。しかし、エンパイア・ルートの途上にあった地中海のマルタ島、エジプト、南アフリカ、アフガニスタン、中国への海外派兵の経費は、一部本国が負担したものの、最終的にかなりの部分がインド財政に転嫁されたのである。東アジアにおけるイギリスの経済利害を維持・拡張してゆくためには、本来なら膨大な軍備が必要となるはずであったが、イギリスは非常に「安価に」その経済権益を維持できたのである。その東アジアにおける安上がりの帝国防衛戦略、帝国外交政策を可能にしたのが、インド軍の存在であった。ヘゲモニー国家としてのイギリスを理解する際にも、国際秩序を維持するためにインド軍が果たした緊急展開部隊としての役割は重要であった。一九〇〇年に中国で義和団事件が勃発した際に、南アフリカ戦争の最中であったにもかかわらず、インド軍は北京の外交使節団と居留民保護のために組織された八カ国連合軍に、イギリスの主力部隊として投入されたのである。[31]

世紀転換期のイギリス帝国は、南アフリカ戦争の危機を自治領からの軍事支援で乗り切った。この同じ帝国外交・防衛戦略は、第一次世界大戦でも採用され繰り返された。ただし、第一次大戦時の植民地側からの戦争協力は、一層大規模になり、自治領から約九八万名、英領インドからは約一一〇万名の兵員が国外に派兵された。特に英領インドでは、非戦闘要員を含めると約一四四万名が新たに徴募されて戦争に動員された。第一次世界大戦までは、こうした公式帝国を含めた軍事的な総動員態勢と、帝国諸地域の「協力者」階層による協力により、安全保障・軍事面でのヘゲモニー国家イギリスを中心とした国際秩序は支えられていたのである。

(2) ヘゲモニー国家イギリスと経済構造

次に、パクス・ブリタニカの経済構造と、ヘゲモニー国家としてのイギリスの経済的な影響力の行使を見てみよう。

一九世紀中葉のイギリスの対外政策は、ギャラハーとロビンソンにより自由貿易帝国主義論が提起されてから、一八四六年の穀物法撤廃、一八四九年の航海法廃止を含めて全面的な解釈の見直しが行われた。その結果、一九世紀半ばの時期は、イギリスの海外膨張史において決定的に重要な時代と見なされるようになった。この時期に、イギリスを中心に自由貿易条約が次々と締結され、自由貿易原理が世界中に広がった。欧米列強間では、一八六〇年の英仏通商条約（コブデン＝シュバリエ条約）が転機になって、その条約に盛り込まれた最恵国条項を通じて、互恵的な自由貿易原理が広がってヨーロッパ諸国間で定着した。帝国を超えたヘゲモニー国家としてのイギリスの影響力が行使され、欧米列強を巻き込んだ国際的自由貿易体制が世界的規模で構築されたのである。[32]

自由貿易帝国主義の論理は、従属地域であるアジア諸地域で一層貫徹された。英領インドは、内陸部開発のための鉄道建設と利子保証制度の導入、「棉花飢饉」に備えた原棉栽培の奨励、イギリス本国からの綿製品輸入促進のための輸入関税操作、本国からの資本輸出の増大など、一連の経済・財政政策を通じて、イギリス帝国の中核的な公式植民地になった。他方、中国は、第一次アヘン戦争、第二次アヘン戦争（アロー戦争）での敗北により、香港島・九龍半島の一部割譲や上海・天津等あわせて一六港の開港、アヘン貿易の自由化、賠償金の支払いとその保証としての海関（税関）業務の外国人支配などを強要され、イギリスの非公式帝国に転落した。イギリスは同時期に、アジア諸地域でも砲艦外交を展開し、ペルシャ、オスマントルコ、シャム（タイ）、日本（一八五八年日英通商航海条約、通称エルギン条約）などの弱小国を相手に友好通商条約を締結した。同様な通商条約は、スペイン・ポルトガルの植民地支配を脱して独立を達成し、理想的な「協力者」として白人移民が実権を握ったラテンアメリカ諸国との間でも、一九世紀前半に結ばれた。鉄道建設の進展と蒸気船航路の開設で、これら諸地域との貿易（モノの輸出入）は順調に伸びたが、それと並行して、鉄道建設のための資本輸出も増大した。世界の低開発諸地域を、「イギリスへの第一次産品供給国、本国の工業製品市場や資本輸出先として補完的衛星型経済に転換する」という、自由貿易帝国主義原理に基づいたイギリスの世界戦略は、パーマストン内閣に代表されるイギリス政府の積極的な支援（国家干渉）を得て、地球的規模（グローバル）で着実に実行されたのである。

だが、一八七三―九六年の「大不況」を契機に、「世界の工場」イギリスは、アメリカ合衆国とドイツに資本財の生産で追い抜かれて三大工業国の一つに転落し、ロシア、イタリア、日本などの「半周辺」の後発資本主義国も工業化に乗りだして、世界システムは大きく変化した。イギリス工業（製造業）の国際競争力は大幅に低下し、製品輸出が停滞するなかでドイツ、アメリカ合衆国からの鉄鋼・金属製品の輸入が急増して両国との貿易摩擦を生んだ。イギリスの貿易構造（貿易収支）は恒常的に赤字であり、大不況期に貿易赤字が倍増して弱体化が進んだ。しかし、世界経済全体は、ドイツ、アメリカの急激な工業化と第一次産品国の経済発展に支えられて成長を続けた。

その過程で、主要な貿易決済手段であるスターリング手形を媒介として、二〇世紀初頭に、ポンド資金の世界循環システム、S・B・ソウルが提唱した、イギリスを中心国とする「多角的決済機構」が確立された。このシステムを維持するには、(1)貿易赤字にもかかわらず、イギリスが開放的な自由輸入体制を堅持すること（自由貿易の逆説）と、(2)英領インドへの消費財（綿製品）の集中的輸出を通じて、インドが第一次産品の輸出により欧米諸国から稼いだ膨大な貿易黒字を吸収することが必須条件となり、英印間の貿易関係は「多角的決済機構の鍵」ともいうべき重要な地位を占めるようになった。(33)

他方、大不況期の後半から、イギリスの貿易外収支の構造も大きく変化した。イギリスの貿易外収支は、海運料、貿易商社手数料、保険料、利子・配当収入から構成され、その合計額で増大する貿易赤字を相殺する国際収支の構造が、一九世紀前半から定着していた。この時期、海運料収入が停滞する一方で利子・配当収入が急増し、二〇世紀初頭には、激増した資本輸出（約三〇億ポンド）を反映して、利子・配当収入のみで貿易赤字を補塡できるまでになった。資本輸出は、従来からのアメリカ合衆国やアルゼンチンに加えて、一八八〇年代以降はカナダ・オーストラリア等の白人定住植民地（自治領）向けが急増し、一貫して増大した対インド投資とあわせて、公式帝国向けの投資が増大した。二〇世紀初頭のイギリス国際収支の構造を見ると、対欧米諸国の膨大な赤字が、インドからの巨額の黒字（約六〇〇〇万ポンド）と、日本・中国（東アジア）やオーストラリア、トルコからの黒字で補塡されていた。特に、国際収支上の「インドの安全弁」は、前述の「強要された貿易黒字」の獲得と、植民地統治に伴うインド財政からの本国費送金を通じた財政的収奪を前提に機能していた。今やインドは、国際金本位制＝ポンド体制の「最大の安定要因」になったのである。

この国際収支に関する多角的決済（ソウルモデル）のメカニズムが有効に機能する限り、イギリスは公式帝国インドの植民地支配に執着せざるをえなかった。こうして二〇世紀初頭のイギリスは、「世界の工場」（工業製品輸出国）から、「世界の銀行家」「世界の手形交換所」「世界の海運業者」（金融・サーヴィス業務の中心国）へと経済活動の重点を移動させながら、ロンドン・シティの金融・サーヴィス利害を中心にして、世界システムの中核国としての地位を維持したのである。この世紀転換期に、イギリス国内でも、自由貿易政策から保護貿易への政策転換を求めた関税改革運動が、ジョセフ・チェンバレンを中心に展開された。しかし、イギリスが国際金本位制と自由貿易体制を基盤にしたヘゲモニー国家であり、ポンド通貨による多角的決済構造の基軸国である限り、関税改革が実現する可能性は無かった[34]。

前節で述べたように、ヘゲモニー国家の影響力は帝国の領域的な枠組みを超えて行使される。その具体例を世紀転換期の日本を事例に考察してみよう。世紀転換期の日本にとって、経済発展と対外戦争に備えて、ヘゲモニー国家イギリスが提供したシティの金融力を有効に活用することが不可欠であった。その一環として、日本は、日清戦争後の一八九七年に銀本位を停止して金本位制を採用し、イギリスが提供した「国際公共財」の一つであった国際金本位制を利用する要件を整えた。一九〇四―〇五年の日露戦争に際して、逼迫した財政危機を乗り切るために、ロンドン金融市場で外債を発行して戦費を調達する必要が生じた。そのため日本政府は、日銀副総裁の高橋是清を特別代表として一九〇四年三月ロンドンに派遣した。高橋は、アーネスト・カッセルらのシティ金融資本家の助力を得て、一九〇四年五月に一〇〇〇万ポンドの外債を、ロンドンおよびニューヨーク金融市場で発行することに成功した。引き続き日本政府は、マーチャント・バンカーの国際的ネットワークを利用して四度にわたる外債を発行し、その総額は一億七〇〇〇万ポンドに達した。ロンドン金融市場は、そのうち四二五〇万ポンドを占めた。日本の戦費調達は、ロンドンを中心とした英米系の金融業者の支援に依存したが、他方で、一九〇〇―一三年における日本の大規模な資本輸入は、ロンドンにおける外債発行総額の二〇％以上を占めた[35]。新興工業国であった日本の旺盛な資本需要をつかむことが、国際金融センターであったシティの繁栄を維持するためにも不可欠であった。一九〇二年の日英同盟は、こうした両国経済利害の相互補完性の上で成り立ったのである。

この時期に、日本の産業は、中国市場への綿糸輸出を中心とする消費財生産が大幅に伸びた。最大の綿糸市場であった中国では、イギリス本国のマンチェスター産は急速に競争力を喪失し、英領インドのボンベイ産と大阪産綿糸が激しい輸出競争（アジア間競争）を展開していた。外債発行は、民間部門での資金需要への圧迫を緩和して、間接的に消費財部門の発展を可能にした。日本紡績業の発展は、アジア諸国への綿製品輸出という点ではイギリスと競合したが、紡績機械や金属製品などの資本財の輸出、さらには最新鋭の軍艦・兵器の日本向け輸出などイギリスにとっては、日本の工業化と経済発展は好都合であり歓迎すべき現象であった。ヘゲモニー国家であったイギリスの経済構造にとって、本国の金融・サーヴィス利害、資本財産業と日本の消費財産業の発展は相互補完的であり、公式帝国インドにとっても、原棉の日本向け輸出が増大すれば、外貨（ポンド）を稼いで対英債務の返済を円滑に行うことが可能になった。この意味において、イギリスは日本の工業化を促したのであり、「通商国家」日本の台頭はイギリス帝国全体にとっても好都合であった。こうした関係は、後述するように、やがて両大戦間期の中国との間でも見られるようになり、東アジア地域の工業化と、イギリスのシティを中心とする金融・サーヴィス利害の優位（ジェントルマン資本主義）は、共存しながらともに発展したのである[36]。

以上のような経済構造は、情報・通信面でもヘゲモニー国家であったイギリスに支えられていた。一九世紀後半の海底電信ケーブルによる「情報革命」がそれである。一八六六年に大西洋横断ケーブルが、七〇年にはインド海底ケーブルが開通した。英印間は五時間で結ばれ、電信の量は急激に増大し、一八九五年には年間一〇〇万通に達した。一八七一年、香港・上海経由で日本の長崎も国際電信網に接続した。国際電信網の整備に伴い、香港上海銀行に代表されたイギリス系植民地銀行の支店も東南アジア、英領インド、日本にも開設されて、アジア諸地域間の貿易決済や送金が容易になった。一九〇〇年に世界の海底ケーブル延べ約三〇万キロのうち、約四分の三がイギリスの会社によって所有されていた。イギリス政府は、戦略的理由から海底電信ケーブルの世界的規模での整備を後押しして、一九〇二年には、オーストラリアとカナダ間の海底ケーブルが結ばれて、イギリス公式帝国ケーブル網が完成した。このケーブル網を経由して、最新の経済情報がロンドンのシティに集中し、その国際貿易と金融の中心地としての地位は強化された。ロイター通信社は、イギリス帝国各地にとどまらず世界中の経済情報を伝えた。二〇世紀に入り無線通信技術が発達すると、帝国各地を結ぶ通信基地が香港・シンガポールなどに建設された。こうした情報・通信インフラの整備は、ヘゲモニー国家であったイギリスの負担で推進されたが、完成した通信網は、一定の費用を支払えば誰でも使用可能な国際公共財になったのである。東南アジア在住の華僑が本国に送金する際にも、日本の商人が海外市場の情報を得るためにも、このネットワークは利用可能であった。

以上のように、世紀転換期の世界において、モノ・ヒト・カネ・情報の緊密な交換を通じて世界の一体化とグローバリゼーションが進展した際に、ヘゲモニー国家イギリスの経済構造は不可欠であった。

4　一九三〇年代の構造的権力と国際秩序

次に本節では、両大戦間期の国際秩序とイギリスの役割を、一九三〇年代を中心に考察する。前節と同じように安全保障構造と経済構造の両面に言及する。しかし、後述するように、この時期の国際秩序では、イギリスの果たす安全保障面での役割が相対的に低下して、その重点は経済構造に移行した。他方で、他の列強諸国やアジア諸地域の独自性が強まる傾向にあった。従って、実質的には経済構造を中心に一九三〇年代の国際秩序を考察することになる。

(1) 安全保障と構造的権力

第一次世界大戦は、安全保障面で国際秩序を大きく変える転機になった。アメリカ合衆国の軍事・外交・経済力を含めた総合的な影響力の拡張と台頭がそれである。通説的理解では、両大戦間期は、イギリスのヘゲモニーからアメリカのヘゲモニーへの移行期、または、英米両国によるヘゲモニー共有の時期と考えられてきた(37)。確かに、安全保障面から見ると、イギリスが戦前に維持してきた優位は崩れた。海軍力では、アメリカと日本の台頭が顕著であり、一九二〇年代のベルサイユ＝ワシントン体制、海軍力削減を約したワシントン海軍軍縮条約では、英米日三国間の主力艦保有比率が、五：五：三とされ、英国海軍は米国海軍と対等の戦力に抑えられた。

同時に外交面でも、イギリスが継続を望んだ日英同盟は、アメリカと自治領諸国(ドミニオン)、特にカナダの反対によって一九二二年に廃棄されて、新たにアジア太平洋地域の国際秩序維持のために、四カ国条約と九カ国条約が締結された。戦争協力を通じて国際政治面で自立性を高めた自治領諸国が、帝国外交で発言権を強めて本国に対して関係的権力を行使できるまでになった点は特徴的である。

他方、イギリス帝国の陸軍力としてのインド軍に関しても、本国側によるその恣意的な運用と海外派兵に対して一定の制約が課せられた。まず、第一次世界大戦で動員された約一五〇万名の兵員の動員解除と財政負担の軽減が不可欠であった。一九二〇年代のインド財政は、イギリス本国財政と同様に財政難によって緊縮予算を余儀なくされ、最大の支出項目であった軍事費の削減が至上命題になった。逆に、イギリス帝国の支配地域は、戦後、中東地域での国際連盟の委任統治領(イラク・ヨルダン・パレスティナ)やペルシャ湾岸の保護国等、新たな非公式帝国が加わって拡大した。明らかに軍事力の「過剰散開」(overstretch)状態が生じた。さらに、戦後の一九一九年インド統治法によって政治的発言力を高めたインド人ナショナリストたち、特にインド国民会議派は、インド軍の帝国主義的な海外派兵に対して、一貫して反対の姿勢を示した。自治領と同様に、今や、従属植民地であった英領インドの「協力者」たちも、関係的権力を部分的に行使できる立場を確保したのである。一九二二年の帝国防衛委員会での審議を経て、翌二三年一月の本国閣議で、インド軍海外派兵を抑制する原則が確認された。この基本的立場は、一九二〇年代を通じて維持され、二〇年代のインド軍の海外派兵は、一九二七年の中国・上海防衛軍としての派兵の一例だけに止まった。しかも、その上海派兵は早急に切り上げられて、必要経費は全面的にイギリス本国政府が負担した。インド軍の海外派兵経費について、本国負担の原則がようやく確立されたのである。

こうして、軍事力の世界的な展開能力に関して、財政的にも政治的にも制約を受けることになったイギリスは、一九三三年以降「再軍備」に着手してからもその軍事力の増強には限界を抱えていた。従って、一九三〇年代半ば以降、イギリス政府は独・伊・日三国に対して宥和政策を展開した。安全保障構造の面で相対的に弱体化して、卓越した軍事力を喪失したイギリスは、次で詳述するように、ロンドン・シティの金融・サーヴィス利害を最大限に活用して、経済構造を通じた影響力の行使に移行したのである。

(2) 経済構造における構造的権力

一九二〇年代のイギリスにとって、第一次世界大戦前のヘゲモニー国家としての力の行使、パクス・ブリタニカへの回帰と復活が目標となった。一九二五年の国際金本位制への旧レートでの復帰は、その典型であった。ポンド通貨（スターリング）の価値を実勢レート以上に過大評価したうえでの旧レートでの金本位制への復帰は、イギリス本国の産業界にとっては輸出を困難にして打撃を与えるものであった。他方、ロンドン・シティは、海外資産の価値を温存でき、ニューヨークに対抗して国際金融センターとしての地位を保つためにも必要な措置であるとしてこの政策を歓迎した。この「正常への復帰」（return to normalcy）に打撃を与えたのが、一九二九年の世界恐慌の勃発であった。世界恐慌のイギリス帝国に対する影響は、やや遅れて一九三〇年代初めに及んできた。ここでは、一九三〇年代のイギリス本国および帝国「周辺」地域の対応と国際経済秩序との関係を、構造的権力論の観点から明らかにしたい。

通説的理解によれば、イギリス帝国の世界恐慌への対応は、オタワ体制とスターリング圏を通じたブロック経済体制の形成であるとされる。一九三一年九月にイギリスは国際金本位制から離脱して、ポンドを切り下げて管理通貨制度に移行した。一九三二年三月には輸入関税法を制定し、一律一〇%の輸入関税を導入した。さらに、翌一九三二年七―八月に、カナダのオタワで帝国経済会議を開催して、帝国内部で相互に輸出入関税率を優遇し合う帝国特恵関税を導入し、一八四〇年代末に確立して以来一貫して維持してきた自由貿易体制に終止符をうって、ついに保護貿易に移行した。モノの移動に関する帝国特恵体制（関税ブロック）を補完したのが、スターリング圏である。スターリング圏は、国際金本位制の代わりにポンドを基軸通貨とする国際金融体制であり、イギリス帝国諸国は、ロンドンで準備金としてのポンドを保有する（スターリング残高）ように義務づけられた。オタワ体制とスターリング圏によって、イギリス本国を中心とする閉鎖的なブロック経済体制が構築されたとされる。こうした通説的理解によれば、一九三〇年代にイギリスの国際的な影響力は大きく後退し、ヘゲモニー国家としての地位を喪失したと考えられる。しかし、近年の研究では、この通説的見解が修正され、一九三〇年代のイギリスは依然として国際経済面においてグローバルな影響力を行使できる構造的権力であり続けたことが明らかになってきた。以下では、三つの具体例をあげて、通説に対する反証を試みたい。

第一に、オタワ体制の最大の特徴とされた帝国特恵体制の実態を考えてみたい。

帝国特恵体制は、世紀転換期からジョセフ・チェンバレンが提唱していたが、実現された帝国特恵は、本来のイギリス本国側の思惑からはずれて、帝国諸地域・自治領の側に有利であった。特に自治領は、包括的な枠組みに縛られることに抵抗したため、オタワ体制は、最終的に本国側との二国間交渉・協定を束ねた緩やかな特恵制度に落ち着いた。自治領は、イギリス本国製品に対する自国の輸入関税を従来の税率で維持する（帝国外諸地域に対しては引き上げる）ことを認められる一方で、本国側は、自治領・植民地の第一次産品に対する関税率を引き下げたため、帝国特恵体制は自治領側に有利な制度になった。

その結果、イギリス本国の産業利害の期待に反して、自治領・植民地向けの工業製品の輸出は伸びず、逆に、自治領・植民地から本国への第一次産品の輸出が急激に増大した。本国の帝国諸地域に対する貿易黒字は消滅し、逆に、イギリス本国は帝国諸地域に対し貿易赤字を持つにいたった。イギリスは、今や、世界最大の輸入国となり、帝国諸地域にとっては、欧米諸国とくにアメリカ合衆国の第一次産品の需要減退を補う、最大の輸出市場になったのである。自治領諸国は、本国への第一次産品輸出で稼いだポンドを、累積債務の返済に充てることができ、シティに対する債務不履行は回避された[38]。

第一次世界大戦前にパクス・ブリタニカの要であった英領インドの場合も同様であった。インドでは、一九一九年以降事実上の関税自主権が認められ、本国工業製品、特に綿製品の輸入に際して、インド財政の歳入確保のために輸入関税が課せられた。関税率は、インド財政難の打開策として一九二〇年代後半に徐々に引き上げられ、一九三二年以降も決して引き下げられることはなかった[39]。帝国特恵による差別的関税率は、特に日本製品をねらい打ちにして賦課され、インドの国産綿製品に対する事実上の保護関税として機能した。

イギリス本国にとって、この時期最も重要であったのが、海外投資に伴う債権の確実な回収であり、そのためには、英領インドの貿易黒字確保と、ルピー通貨価値・為替相場の高値安定が必要であった。前者の実現のために、現地インド政庁は、原棉・ジュート製品・綿製品のインドからの輸出を奨励し、結果的に本国からの工業製品輸入を抑制する政策をとった。一九三三―三四年の日印会商でも、日本へのインド原棉輸出の確保が重要な課題となった。[40] こうした貿易政策は、自国産業、特にボンベイを中心とする綿工業の発展と工業化を望んだインド側のナショナリスト、資本家層にとっても好都合であった。従って、ナショナリスト穏健派は、イギリス支配に対する「協力者」として働き続けた。その限りで、インドに対しても周辺・協調理論を部分的に適用することが可能なのである。

他方、後者の、ルピー通貨価値の安定に関わる金融・財政政策に関して、シティ金融利害に支えられたイギリス経済利害は、現地インドの利害を無視して貫徹された。特に問題になったのが、ポンドとインドのルピー貨との為替交換レートであった。インドのナショナリストは、インドの輸出を促進するために為替レートの引き下げ（一ルピー＝一シリング四ペンス）を主張したのに対して、本国政府は、インドへの投資価値を温存しつつ債権の円滑な回収を図るために、ルピー価値の高値安定（一ルピー＝一シリング六ペンス）の政策を譲らなかった。[41] 同様な現地通貨と本国通貨との高い為替交換レートは、英領の海峡植民地や蘭領東インドでも見られた。結果的に、南アジア・東南アジアにおける欧米植民地の通貨は、金融・財政利害を優先した本国側の政策によって、世界恐慌後も切り下げが行われずに高値で安定したまま推移した。モノの輸出入では柔軟な対応を取ったイギリスも、シティ金融利害（カネ）の擁護のためには、構造的権力を行使したのである。

通説を見直す第二の具体例として、一九三〇年代のスターリング圏の性格を再考したい。

スターリング圏には、イギリス本国と、オーストラリア、南アフリカ、ニュージーランド、アイルランド自由国のドミニオン諸国（但しカナダ連邦とニューファンドランドは除く）や、英領インド、海峡植民地などの従属領、香港、アデンなどの直轄植民地を含む公式帝国だけでなく、スカンジナビア諸国・バルト三国・ポルトガル・シャム（タイ）・イラク・エジプト・アルゼンチン等の公式帝国に属さない周辺諸国も含まれていた。

このうち、ラテンアメリカ地域で最もイギリスと経済関係が深かったアルゼンチンとは、一九三三年にロカ・ランシマン協定が結ばれた。この協定は、従来の研究によれば、イギリスが、アルゼンチン産の冷蔵牛肉の安定的な輸入と引き替えにイギリス製品に対する関税引き下げを強要し、非帝国圏市場においてアメリカに対抗しつつイギリス工業利害の擁護を図った事例とされてきた。しかし、最近の研究では、同協定とシティ金融利害との関連性が強調されている。すなわち、アルゼンチンでは、国内産業の保護主義・輸入代替化と関税収入の確保のために、輸入関税の税率引き下げは行われなかった。また、ロカ・ランシマン協定の第二条には、為替取引規制に関する条項が盛り込まれていた。アルゼンチンの為替取引規制は一九三一年から行われており、同協定では、イギリスが好条件で新たな借款（Roca Funding Loan：年利四％、二〇年償還）を提供する代わりに、アルゼンチン政府は、対英債務の返済を優先するために特別基金（Exchange Margin Fund）を設置した。蔵相のピネドはイギリス側に協力的で、イギリス本国でアルゼンチン産の牛肉・農産物加工品の輸出市場を確保するために、シティ金融利害寄りの政策を推進したのである。[42]こうした政策によって、一九三〇年代のアルゼンチンは、「名誉自治領」と呼ばれ、引き続きイギリスの非公式帝国の地位にとどまったのである。

他方、カナダはドミニオンの有力メンバーであったが、アメリカ合衆国と緊密な経済関係を保ち、通貨も事実上米国ドルに連動させてスターリング圏には加わっていなかった。そのカナダに対して、本国イギリス側は、イングランド銀行総裁M・ノーマンを中心にして、一九三〇年代前半に中央銀行設立の働きかけを通じて影響力を強化し、カナダのスターリング圏への取り込みを試みた。

カナダでは、一九二〇年代にアメリカ企業の直接投資による工場建設が進み、モノの輸出入でアメリカの影響力が強まる一方、借款も約六割が米ドル建てで、金融面でもニューヨークに依存する傾向にあった。一九二八年に金本位制を離脱して通貨政策で独自性を強めるカナダに対して、イギリスは、スターリング圏を広げて安定化させるために、本国のイングランド銀行型の中央銀行設立を働きかけた。カナダ内部でも、通貨政策での主導権確保とアメリカ金融市場への過度な依存への懸念から、中央銀行設立の動きが生まれた。一九三三年六月には、カナダ保守党内閣首相ベネットの決断で、「銀行・通貨に関する王立委員会」(五名)が設立された。イギリス側からは、マクミラン卿(議長)と金融問題の専門家で政府財政顧問のチャールズ・アディスが加わり、イングランド銀行主席顧問のケルショウが助言役を務めた。王立委員会は同年九月、中央銀行設立を勧告する報告書を提出した。カナダ国内では、設立されるべき中央銀行の性格をめぐって議論の対立が見られた。自由党のマッケンジー・キングが、中央政府の影響力強化と、国際経済秩序よりもカナダ国内事情・経済再生の優先を主張して支持を集め、一九三五年総選挙で勝利を収めた。結局、一九三五年のカナダ中央銀行法では、金融政策の最終決定権はカナダ中央政府の判断に委ねられて、カナダをスターリング圏に取り込もうとした本国側の当初の意図は実現できなかったのである。(43)

以上の経緯は、構造的権力であったイギリスに対して、経済・金融面で自立性を高めつつあったカナダが、逆に交渉・立法の過程で関係的権力を行使して自主性を貫いた事例として解釈できる。しかし、この中央銀行設立を通じた本国からの金融的影響力の強化策は、カナダだけに止まらずイギリス帝国各地でも試みられた。それは、一九三〇年オーストラリア・コモンウェルス銀行、三三年ニュージーランド準備銀行、三六年インド準備銀行の設立と続き、前述のアルゼンチンでも一九三五年に中央銀行が設立されるなど、一定の成果を収めたのである。

さらにこの時期に、金融利害を通じたイギリスの影響力強化は、公式にはスターリング圏外にあった東アジアの中国でも試みられた。一九三五年一一月の中国幣制改革への積極的関与がそれである。

第一次大戦直後にイギリスは、米・日・仏・英の第二次四国国際借款団の結成でアメリカ合衆国とともに主導権を発揮し、列強が協調して中国政府に借款を供与する体制を整えた。その中心的役割を演じたのが、香港上海銀行のロンドン支配人を務めた国際金融界の有力者であった、前述のチャールズ・アディスである。国際借款団は、中国側の抵抗によって何ら実績をあげないまま休眠状態にあったが、日本を含む主要列強間での協調を通じて中国における国際金融面での「ゲームのルール」を設定する試みは、金融面で構造的権力の行使を意図していたといえる。ただし、第一次世界大戦前との相違は、アメリカ合衆国の銀行団との協調体制、その代表としてトマス・ラモントの意向に配慮せねばならなかった点であり、交渉と妥協を含む関係的権力の側面が次第に強くなってくる傾向にあった。(44)

一九三〇年代の中国通貨問題の深刻化が、イギリスに一層の影響力拡大の機会を与えた。一九三三年にアメリカ政府が銀買上げ政策を発表して以降、銀価格の急激な上昇による中国からの銀の大量流出、デフレ、貿易・産業活動の停滞という事態が起こった。アメリカ政府の政策の変更が混乱の原因になった点は注目に値する。現地の国民党政府は一九三四年秋に、外国為替管理を強化するとともに、銀輸出税引き上げ・平衡税導入による銀価格の操作を試みた。同時に中国政府は、英・米・日三国と通貨安定のための借款交渉を行った。翌一九三五年二月、イギリス政府は中国の財政・経済の困難打開のために列国協議を提案し、三月には金融・財政問題専門家の中国派遣を決定した。この決定に基づいて、イギリス政府主席経済顧問のF・リース＝ロスが、九月に日本と中国を訪れた。リース＝ロス使節団は、(1)満洲国を利用しての日英共同借款、(2)銀本位制放棄とポンドにリンクした管理通貨制度の導入を提案した。これは、中国のスターリング圏への包摂、満洲国承認、日英協調外交という三つの政策目標を同時にめざした斬新な提案であった。軍事力の劣位を、金融力と外交力で補完しようとする構造的権力イギリスの中国におけるプレゼンスを反映した政策であった。結局、日本政府の拒否によって共同借款構想は実現しなかったが、リース＝ロスは、中国国民政府の幣制改革に協力することになった。

中国現地では、リース＝ロスの訪中以前に、国民政府財政部長の宋子文、孔祥熙を中心に、アメリカ財政顧問団の支援を得て、中国独自の管理通貨制度への移行をめざす幣制改革案が作成されていた。一九三五年一一月三日に実施された幣制改革は、(1)管理通貨としての法幣の発行、(2)銀の国有化、(3)外国為替の無制限売買を規定した。イギリス政府は、直後に英系銀行に対して、法幣使用と銀引き渡しを命じて改革への積極的な協力姿勢を明らかにした。中国政府は、英米両国の間で均衡をとりながら、巧みに幣制改革を成功させた。まずアメリカとの関係では、国有化された銀の大量売却をもちかけ、米国財務省との間で三次にわたる米中銀協定を結び、一九三七年七月までに総額一億ドルの銀売却に成功した。幣制改革成功の物質的条件は、このアメリカの協力によって与えられたといえる。アメリカ政府は、財務長官H・モーゲンソーを中心に、中国法幣を米ドルにリンクさせて、国民政府に対する金融面からの影響力を強化しようと試みていた。(45)

他方で、イギリス政府も中国法幣をポンドにリンクさせようと努めて、リース゠ロスもそれを実現したと主張した。中国政府は公式には、法幣とポンド、ドルいずれの通貨とのリンクも認めずに改革の自主的性格を強調した。(46)しかし、最近の杉原薫の研究により、幣制改革後の中国法幣の為替レートは、ポンドに対し切り下げられたまま安定的に推移したことが明らかになった。中国国民政府の公式声明にもかかわらず、法幣は基軸通貨であったポンドに事実上リンクし、結果として中国はスターリング圏に「加入」した。(47)法幣価値の安定とその国際的信用力は、英米両国それぞれの強みを中国側が巧みに利用する形で実現されたのである。(48)

以上の経緯は、本来イギリスにとって「協力者」であったはずの中国国民政府が関係的権力を行使して自主性を維持できたことと、スターリング圏の広がりと開放性を示している。同時期の日本も、一九三二年以降、円の価値を切り下げたうえで事実上ポンドにリンクさせていた。中国幣制改革の成功により、東アジアには国際基軸通貨ポンドに対する「通貨切り下げ圏」が出現した。(49)スターリング圏は、非帝国地域の日本と中国を同時に包摂して拡大し、構造的権力イギリスの経済的な影響力は温存されたのである。

最後に第三の事例として、スターリング圏とのリンクと東アジア地域の工業化の関係を考えてみたい。世紀転換期に日本とヘゲモニー国家イギリスとの間でみられた、シティ金融利害とアジアの工業化との相互補完関係は、一九三〇年代の後半において、とりわけ中国とイギリスとの間で存続した。幣制改革の成功によって、一九三六―三七年にかけて中国の工業化は加速され、中国の輸出額は増大して貿易赤字が減少した。中国は、日本に次いで、東アジア地域の工業化とアジア間貿易の拡大を推進する「第二の核」に成長したのである。(50) オスターハンメルが強調するように、債券・株式等の証券を通じた間接投資に加えて、今や英米タバコ会社や帝国化学産業(ICI)のように、中国の内陸部で直接投資を行い、自前の販売網を整備するイギリス系の多国籍企業も現れた。(51) 両大戦間期の英領インドにおいても、程度の差はあったが、ロンドン・シティの金融・サーヴィス利害と補完的な工業化が、中国と同様に進展した。

他方、日本の場合は、経済発展の高度化に伴い、イギリス本国の経済利害との相互補完性は大幅に低下して、工業製品の輸出では競合する側面が目立つようになった。しかし、前述の英領インドからの原棉輸入に代表されるように、イギリス帝国からの日本による膨大な第一次産品の輸入は、イギリス帝国＝コモンウェルスを構成した諸地域にとっては、本国に対する累積債務の返済を円滑に行うために必要であった貴重な輸出収入をもたらした。それは本国のシティ金融利害にとっても好都合であった。(52) こうして、構造的権力であったイギリスは、自由貿易原理に支えられたアジア国際秩序の開放性を維持しながら、アジア間貿易の発展に大きく寄与したのである。

5　本書の構成

以上が、本書で取り上げる基本的な論点、および考察の概略である。

以下の第I部では、イギリス帝国を中心とした国際秩序を支えたインド軍の役割を、安全保障構造と関連づけながらグローバルな国際関係の文脈で考察する。まず第1章では、一九世紀末にイギリス本国で論争を引き起こしたインド軍の海外派兵を、地中海のマルタ島、アフガニスタン、エジプトへの派兵を事例に検討して、その背景と国際関係への影響を検討する。第2章では、世紀転換期の南アフリカ戦争と義和団事件に対するインド軍派兵を取り上げ、イギリス帝国体制の「危機」におけるインド軍の役割を論じる。また、第一次世界大戦におけるインド軍の動員についても言及する。第3章では、「帝国的な構造的権力」としての安全保障構造・軍事力の問題と経済構造を結びつける典型的な事例として、一九二七年のインド軍の上海派兵問題を論じる。共同租界の防衛を口実に、インド軍を含む緊急展開部隊が上海に派兵されたが、その派兵の背景、派兵をめぐる国際関係とその影響・限界を論じる。第4章では、戦間期において本国とインド双方の財政状況が逼迫する中で起こった経費削減問題を手がかりにして、軍事問題から財政問題に大きく重心がシフトした一九三〇年代におけるイギリス帝国の軍事体制の変容とインドの軍事力との関係を考察する。

次いで第II部では、東アジアの工業化に対するイギリスの認識を、領事・通商報告や各種の経済情報を参照しながら考察することを通じて、アジアにおける国際秩序の形成と維持においてイギリス帝国が果たした役割を、経済構造の側面から考察する。第5章では、一九―二〇世紀の世紀転換期にいたるまでのイギリス帝国と東アジア地域との関係を概観したうえで、世紀転換期の日英同盟締結前後における日本の工業化に対するイギリス側の認識を考察して、両国の経済面での相互補完的な関係を明らかにする。日本の消費財の市場として重要になった中国市場をめぐる日英関係にも言及する。第6章では、戦間期日本の急速な経済発展に対するイギリス側の認識を分析して、日本の工業化とシティの金融・サーヴィス利害との相互補完的な経済利害の変化と、新たな帝国スケールでのイギリス帝国＝コモンウェルス体制との相互依存関係の形成を明らかにする。第7章では、日本に次いで戦間期に本格的な工業化が始まった中国に対するイギリスの認識を、日本の場合と比較・対照しながら同様に検討する。第8章では、日本と中国に代表される東アジアでの工業化が英領インドに及ぼした影響を、世紀転換期から一九三〇年代にかけて検討し、アジア間競争の展開と構造的権力との関係を、工業化を事例にして考察する。第9章では、一九三〇年代におけるイギリスのプレゼンスが、軍事力から金融・サーヴィス部門の経済力へと変化したことを、一九三五年の中国の幣制改革を例にとりながら分析し、アジアにおけるイギリスのヘゲモニー国家から構造的権力への変質を論じる。

そして終章では、以上の論考を通じて、アジア国際秩序の形成・維持においてイギリス帝国が果たした役割についてまとめ、続く時代への展望を示したい。

第Ⅰ部　イギリス帝国とインド軍

第1章　一九世紀末のインド軍海外派兵問題
――マルタ、アフガニスタン、エジプト――

1　イギリス帝国の軍事的資産としてのインド軍

「我々が一銭も払わなくても数限りない軍隊を動員できるような『東洋の海に浮かぶイギリスの兵舎』と、インドが見なされるのは好ましくない」[1]。これは、一九世紀末に三度にわたって首相を務め、「アフリカ分割」にも深く関与したイギリス保守党のソールズベリが、一八六七年にインド担当国務大臣（インド相）在任中に、インド軍の北東アフリカ・アビシニア遠征に関して行った発言の一節である。後に、イギリス公式帝国の拡張を積極的に推進した政策当局（official mind）の中心的政治家が、当初インド軍の海外派兵に批判的な立場を表明していたことは、歴史の皮肉である。

一九世紀後半の時点で、ヘゲモニー国家であったイギリスにとって、そのグローバルな影響力を行使する基盤は、経済構造の側面では、ロンドン・シティの金融・サーヴィス部門の経済力、安全保障構造の側面では、七つの海で世界的規模で展開した海軍力（The Royal Navy）と並んで、陸軍兵力としてのインド軍の存在であった。第I部で取り上げるインド軍とは、インドの現地人傭兵と少数のインド人将校で構成され、イギリス人将校の指揮下に置かれて、現地インド政庁が統括するインド財政で維持されたインド植民地軍であった（図1-1を参照）。インド現地

図1-1　1898年頃撮影されたインド軍歩兵連隊
撮影地不明。イギリス直轄植民地のジブラルタルの写真館で入手。

の事情とインド財政の状況に応じてその兵員数は変動したが、一九世紀後半から二〇世紀初頭にかけて、それは常時約一五万―二〇万名の兵員を有した。インド軍は、イギリス本国にとって最も強力で緊急事態への即応性を持つ軍事力であり、ヘゲモニー国家イギリスにとって最大の軍事的資産を形成していた。

そのインド軍のイギリス帝国・植民地支配における役割は、次にあげる三つの機能に大別できる。(2) 第一に、広大なインド亜大陸における治安維持の役割があげられる。インド軍は、もともとイギリス東インド会社の傭兵隊にその起源があった。特に、イギリスのインド支配（the Raj）を震撼させた一八五七―五八年の「インド大反乱」（セポイの反乱）から一八八〇年代半ばまでの時期は、本国政府の直轄支配のもとに置かれたインド国内の治安維持体制の再建が重視され、インド軍は統治の安定化のために活用された。また、第3・4章で言及する一九二〇―三〇年代の戦間期になると、インド国民会議派を中心とするナショナリズム運動の高揚への対応や、ボンベイなどの工業都市における労働運動の抑圧、宗教・民族紛争への介入やその予防措置の実施などの新たな任務が加わり、インド軍の国内における治安維持機能が強化された。

インド軍の第二の機能として、英領インドの国境防衛があげられる。特に、一八八〇年代半ば以降、一九〇七年の英露協商締結までの時期は、イギリス帝国の仮想敵国ロシアが中央アジア地域で南下政策を推進して、緩衝国であったアフガニスタンに接近したため、インド北西国境の防衛問題が耳目を集めて、イギリス帝国の安全保障にとって「ロシアの脅威」が声高に唱えられた。本章で言及する一八七八—八一年の第二次イギリス＝アフガニスタン戦争（以下アフガン戦争と略記）は、インド周辺地域に対するイギリスの勢力拡張と国境の防衛問題が重なり、大規模なインド軍がインド国境越えの戦争に動員された典型的な事例であった。インド北西国境防衛問題は、第4章で論じるように、戦間期、特に一九三〇年代前半においてもソ連の中央アジア方面における膨張政策との関連で、イギリス帝国防衛問題の一つの焦点であり続けた。

インド軍の第三の役割としては、「イギリス帝国の拡張の先兵」として、アジア・アフリカ諸地域への海外派兵を通じた公式帝国の領土拡張があげられる。東アジアの中国に対する二度にわたったアヘン戦争や、世紀転換期の義和団事件の鎮圧（中国におけるインド軍・インド人警官の活動例として図1-2を参照）、また、一九世紀末のアフリカ大陸北東部のエジプト、エチオピア（アビシニア）、ソマリア、スーダンなどへの海外派兵がその代表例である。インド軍の海外派兵にあたっては、ヘゲモニー国家イギリスが世界的規模で維持していた海運ネットワーク、海底電信網を通じた情報ネットワークが最大限に活用された。第Ⅰ部においては、こうしたインド軍が果たした機能のうちで、第二番目と第三番目の機能を、イギリス帝国の安全保障構造と関連づけて論じる。

ところで、一八七〇年代以降のヴィクトリア時代後期になると、イギリスの帝国外交政策と、イギリス公式帝国の拡張と再編をめぐる「帝国・植民地問題」が、本国政治の一大争点として注目を浴びることになった(3)。とりわけ、

図1-2　1901年，イギリス国王エドワード7世の戴冠を祝う上海の共同租界
祝賀行進の先頭を歩くのは、共同租界の治安維持の任についていたインド人警官隊。イギリス帝国を介した英領インドと中国・上海のつながりを読みとることができる。
Lynn Pan (ed.), *Shanghai : A Century of Change in Photographs 1843–1949* (Hong Kong, 1993), p. 31.

その初期ともいえる一八七〇年代末―一八八〇年代初頭には、保守党のディズレーリと自由党のグラッドストンを中心にして、激しい論戦が展開された。また、インド軍の海外派兵の是非とその経費負担をめぐる問題は、一八八五年にインド国民会議が設立されて以来、毎年の国民会議年次大会で、イギリスの植民地支配を批判する有力な論拠としてインド人ナショナリストたちによって取り上げられ、世間の広範な注目を浴びるようになった(4)。当時から、イギリス本国のインド省や議会、現地のインド政庁、インド人ナショナリストを交えた広範な論争が展開されていたのである。しかし、インド軍の海外派兵は一九世紀前半の第一次アフガン戦争（一八三八―四二年）と中国での第一次アヘン戦争（一八四〇―四二年）に始まり、インド軍は一八五〇年代以降も頻繁に海外での軍事行動に動員された。イ

表1-1　インド軍海外遠征および経費負担一覧

期間	遠征名	経常費		臨時経費	
		インド財政	本国財政	インド財政	本国財政
1838-42	第1次アフガン戦争	○	—	—	○
1839-40	中国・アヘン戦争	○	—	—	○
1856-57	中国・アロー号事件	—	○	—	○
1856	ペルシャ	○	—	○（折半）	○（折半）
1859	中国・第2次アヘン戦争	—	○	—	○
1867-68	アビシニア	○	—	—	○
1875	ペラック	○	—	—	○
1878	マルタ	—	○	—	○
1878-81	第2次アフガン戦争	○[1]	—	○[1]	○（500万ポンド）
1882	エジプト	○[2]	—	○[2]	○（50万ポンド）
1885-86	スーダン	○	—	—	○
1885-91	第3次ビルマ戦争	○	—	○	—
1896	モンバサ	—	○	—	○
1896	サーキン	○	—	—	○
1898-1914	南アフリカ・中国・ペルシャ等	○（ペルシャの一部）	○	○（ペルシャの一部）	○
1914-1920	第1次世界大戦とその後	○	—	—	○

出典）C. N. Vakil, *Financial Developments in Modern India, 1860-1924* (Bombay, 1924), p. 126.
注 1）ヴァキールによれば，第2次アフガン戦争経費のインド財政負担額は 12,516,000 ポンド。
　2）同じく，エジプト出兵のインド財政負担額は 1,250,000 ポンド。

ンド財政史研究者のヴァキールによれば、一八三八―一九二〇年までにインド軍の海外派兵は合計一九回におよんだ（表1-1参照）[5]。彼は、インド軍海外派兵問題を、インド財政の最大支出項目であった防衛経費をめぐる諸問題の一環として扱った。

さらに、著名なイギリス帝国史家のロビンソンとギャラハーは、その主著『アフリカとヴィクトリア人たち』において、インド軍の有したイギリスの外交軍事戦略上の機能に着目して、冒頭のソールズベリの発言を引用する形で、インドを「東洋の海に浮かぶイギリスの兵舎」と位置づけた[6]。日本の学界では、金子勝が、イギリス本国の「安価な政府」を支えた「もう一つの軍事財政インド」の役割を解明した[7]。これら一連の諸研究によって、インド軍海外派兵の事実自体と公式帝国拡張との連関性は認識されるようになったが、その派兵をめぐる論理構造と、イギリス帝国の外交政策全体への影響が十分に考察されているわけではない。また、序章でふれた「帝国主義経費論争」においても、帝国防衛経費に関する分析の重点は白人定住植民地（後の自治領・ドミニオン）に置かれており、英領インドは常に例外的な存在として位置付けられ、その重要性が十分に考察されたわけではない。(8)

以下では、そうしたイギリス本国の政治外交史と、インド財政史双方の領域における先行研究を踏まえながら、インド軍の海外派兵の対象となったアジア・アフリカ諸地域が英領インドとの関連でどのように理解され、イギリス公式帝国の全体構造のなかでどのように位置づけられていたのかを考察したい。具体的には、(1)ロシア＝トルコ戦争時における一八七八年四月の地中海の要衝マルタ島へのインド軍派兵、(2)一八七八年一一月―一八八一年四月の第二次アフガン戦争でのインド軍動員、(3)一八八二年七―九月のイギリスによるエジプト占領に伴うエジプト出兵、以上三回の「広義の東方問題(9)」と連動したインド軍の海外派兵をめぐる政策論争を取り上げる。(10)したがって考察の対象地域としては、英領インドの北西国境地帯に隣接したアフガニスタンと、地中海からスエズ運河を経由し英領インドにいたる北回りの「エンパイア・ルート」（帝国交通路）の要衝であった、地中海中央部に位置したイギリス海軍基地のマルタ島と、エジプトがその舞台になる。

2　インド軍のマルタ島派兵をめぐる論争

一八七八年五月の初めに、イギリス国民と本国議会は、約九九〇〇余名のインド軍が、地中海中央部に位置したイギリス公式植民地のマルタ島に突然配備されたことを知らされて、大きな衝撃を受けた。(11)というのも、一九世紀前半からのインド軍の海外派兵対象地域は、アジア諸地域とアフリカ北東部のアビシニアに限定されており、ヨーロッパの一角を成す地域に大規模なインド軍が派兵・動員された前例は全くなかったからである。

地中海のマルタ島は、ナポレオン戦争中の一八一三年にイギリス公式帝国に編入されて以来、天然の良港を生かした海軍基地および中継貿易港として、イギリス本国とアジア、アフリカ、オーストラレイシアの諸地域とを結ぶ主要な海上交通路であるエンパイア・ルート上に位置する戦略拠点になった。エンパイア・ルート自体は、大西洋を南下してアフリカ大陸南端のケープタウンと喜望峰を経由してインド洋に至る南回りルートが伝統的に重要な役割を果たしてきたが、一八六九年にスエズ運河が開通してからは、地中海の西端の直轄植民地ジブラルタル、マルタ島からスエズ運河を通り、紅海、アラビア半島南端のアデンを経由してアラビア海に抜ける北回りルートが、経済的・戦略的に重要性を高めてきた。従って、イギリス帝国の安全保障構造のうえで、マルタ島の戦略的意義は重要になっていた。

それに加えて、インド軍のマルタ島への急派の直接的な背景には、一八七六年以降緊迫の度を加えた「東方問題」をめぐる列強間、特にイギリスとロシアとの軍事外交上の駆け引きがあった。すなわち、一八七八年三月三日にロシア＝トルコ戦争（以下露土戦争と略記）終結のサン・ステファノ条約が締結されると、イギリスのディズレーリ保守党内閣はこの条約を認めようとせず、列強による国際会議の開催を求めると同時に、対ロシア戦争を想定した軍備の増強に着手したのである。具体的な政策として、ディズレーリ内閣は、一八七八年三月二七日に陸軍予備役を召集、六〇〇万ポンドの軍事支出と、インド軍九九〇〇余名のマルタ島への派兵を閣議で決定して、前者の財政措置のみを本国議会に通告してその承認を求めた。(12) さらに、同年四月には、海軍艦艇をコンスタンティノープルに派遣して、ロシア軍によるオスマン帝国の首都占領の可能性を武力で牽制する強硬な姿勢を示したのである。

インド軍のマルタ島派兵の事実が明らかになるにつれて、イギリス本国議会においてディズレーリ内閣の政策決定に対する批判が噴出して、一八七八年五月二〇日から三夜にわたって、この問題に関する集中審議が貴族院と庶民院の両方で展開された[13]。三夜の論争は、庶民院では、野党自由党の庶民院での有力者であったハーティントンによる政府非難動議の提出で始まり、直ちに与党保守党の植民地相ヒックス・ビーチによる反論、修正動議の提出へと展開し、同時に、並行して貴族院でも審議が行われた。ここでは、この議会論争を手がかりにして、(1)イギリスの国制（constitution）とインド軍の位置づけに関する原則論、(2)インド軍のマルタ派兵の論理とその是非をめぐる政策論、以上の二点を明らかにしたい。

まず、第一の論点であるインド軍とイギリスの国制との関係については、野党自由党議員の議論が重要である。貴族院の法律問題に精通した一議員によれば、(1)毎年制定される共同抗命法（the Mutiny Act）の前文で規定された兵員数[14]を上回る「帝国軍」（the imperial forces）が、平時にインド以外の地点で（傍点筆者）用いられる場合には、イギリス本国議会の事前の承認が必要であり、(2)一八五八年インド統治改善法第五五条の規定[15]により、議会の事前承認がない限り、インド財政からインド国外で活動するインド軍の経費を支出することはできない。従って、本国議会の同意を欠いたままで「インド帝国」から勝手にインド軍を移動させることは、イギリスの国制に反するといえる[16]。また、ハーティントンのインド軍に対する認識は次の通りであった。「インド軍は、年々の議会投票によってその数を制限されているわけではない（中略）その兵員数は共同抗命法のなかには列挙されないし、インド軍は共同抗命法に従う義務がない。実際インド軍は、本国および他の国王従属領で維持される陸軍と比較すると、非議会軍 non-parliamentary army と呼びうる[17]」。庶民院では、急進主義者ディルクやハーコートなどの有力な自由党議員が相次いで発言した。彼らは、一六八九年の権利章典以来確立されてきた陸軍に対する議会統制の慣習を強調したうえで、インド軍のイギリス帝国内部での勝手な移動と動員が、本国議会の権限侵害の危険な前例になることを憂慮した。特に、野党指導者のグラッドストンは、「我々の自由を守るための国制上のあらゆる保障を、油断のない最大の配慮でもって守ることが、我々に課せられた義務である」と力説して、保守党政府のインド軍マルタ島派兵を厳しく非難したのである。[18]

こうした批判に対して、貴族院で政府側の公式見解を代弁した大法官は、(1)一八五八年以来インド軍は、「国王の軍隊」(the forces of the Crown) の一部を構成しており、その移動と配備は国王大権に属すること、(2)一八五八年インド統治改善法は、単にインド軍の移動経費をインド財政に課することを規制するにすぎないこと、以上のような独自な国王大権の解釈を根拠にして、インド軍のマルタ島派兵の正当性を主張した。[19] 庶民院においても、植民地相のヒックス・ビーチ、インド省政務次官のスタナップらが、一八六〇年代における一連のインド軍海外派兵の前例を参照しつつ、インド軍のイギリス帝国内部での自由な移動と動員は、国王大権および政府の自由裁量権に帰属する問題である、との主張を繰り返した。インド軍とイギリスの国制、イギリス帝国の構造との相互関係に関する原則論では、攻守双方の主張は平行線をたどった。なお、この議論に基づいてインド軍をめぐる国制を図示すると図1-3のようになる。

次に、インド軍のマルタ島派兵政策の適否をめぐる政策論を見てみよう。政策論では、攻守の立場が逆転して、保守党政府側が積極的なイギリス帝国の外交政策論を展開した。すなわち政府側は、今回のインド軍のマルタ島への急派を、当面直面する軍事・外交上の危機、「緊急事態」を回避するために、イギリス帝国の最善の利益にかなうように行動した結果であると位置づけて、「イギリス帝国の一体性を誇示した、外交政策における最高傑作」であると自画自賛した。[20]「帝国政府はアジアに重要な権益を有している(中略)我々の利害関係は帝国全域におよぶものであり、それは帝国にふさわしい方法で守られねばならない」[21]「インドとの交通が妨げられてはならず、その交通を維持するためのインド軍動員は、何ら不都合ではない」[22]とした首相ディズレーリは、ロシア政府との外交折衝が進行中の現時点では、インド軍派兵の秘密を保持する必要があるため、この問題を議論すること自体がイギリスの国益に反するとしたうえで、改めてインド軍に関する国王大権の行使を主張した。そして、今回の措置が、

「平和を確保し、ヨーロッパの自由およびイギリスの地位を維持するため」の行動であることを強調したのである。[23]
こうした保守党政府側の見解と外交政策論に対して、野党側の議論と対応は必ずしも十分であるとは言えなかった。彼らは、議論の前提として、当時のオスマン帝国をめぐる国際情勢を、インド軍の急派を正当化できるような緊急事態とは認めなかった。そして彼らは、イギリス政府がインド財政を活用することで、予算の承認を通じた本国議会による国王大権に対する統制権[24]が事実上骨抜きにされてきたことに抗議した。同時に、インド帝国（英領インド）を経由した形での本国行政府による権限強大化の可能性に対しては、危惧の念を表明した。「（政府の見解に

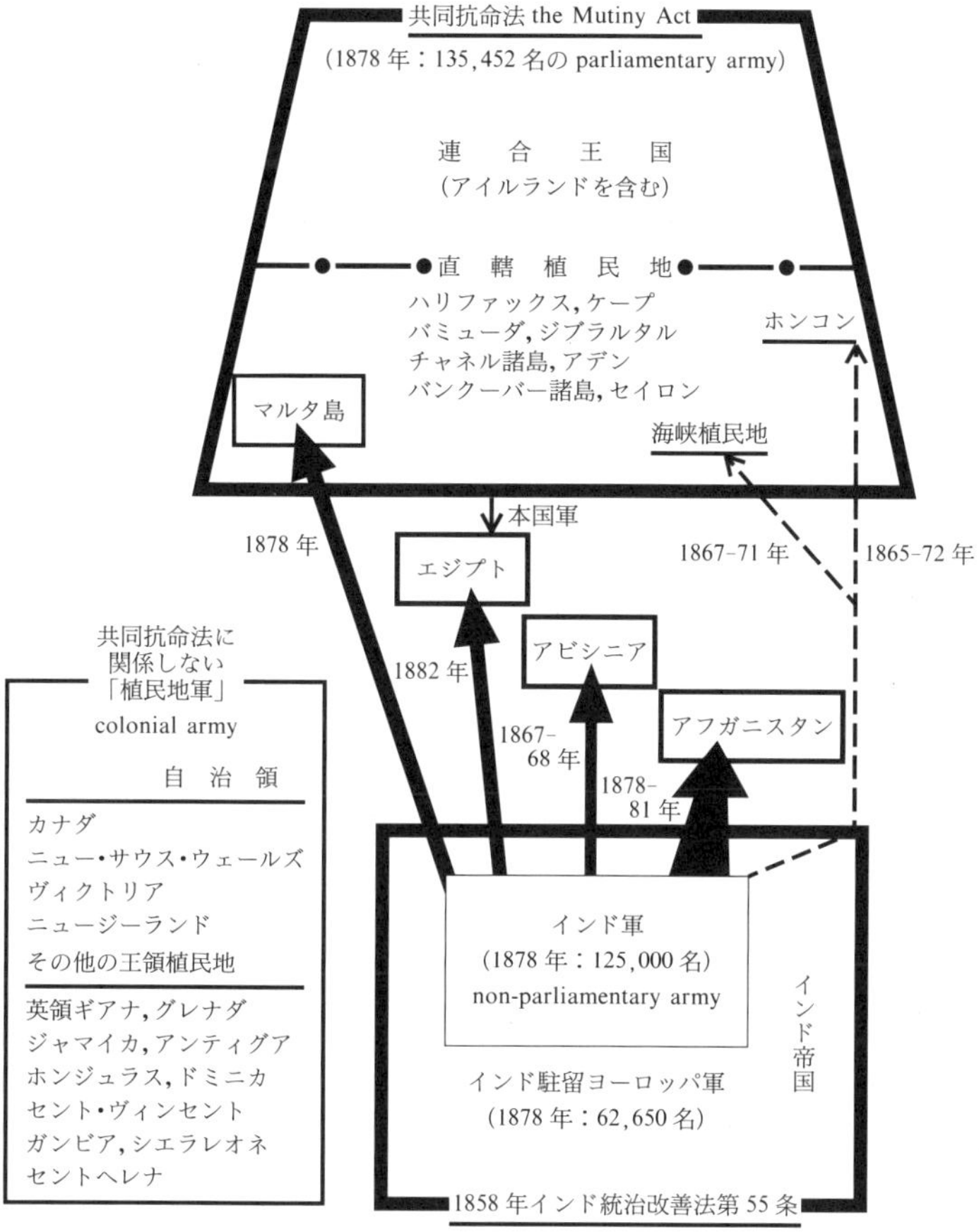

図1-3　インド軍をめぐる国制上の概念図

従うと）わずか二、三時間のうちに電信で、二〇万あるいは三〇万、もし必要ならそれ以上のインド軍が何の統制・制限もなく政府の手によって自由に使用されることになる」「今や自由になる大規模な軍隊と膨大な資源、そして全世界にわたる電信網により、政府は一週間の内に大戦争を不可避とするような指令を発することが可能になった（中略）そうした事態に対して、本国議会は何らの統制力も持っていない。（中略）常備軍に対して本国議会が行使してきた抑制・制限は、決して緩和されてはならず、むしろ強化されるべきである」[25]。野党側にとって、インド軍のマルタ島派兵は、結局のところ「いわゆる『女帝政策』の当然の帰結」[26]であり、フォーセット議員が強調したように、「真の問題は、帝国政府が一ヨーロッパの戦争のために、全く制限なしにインドの軍事力に頼ることが許されるのか」[27]というイギリス帝国の軍事・外交政策の原則的な課題が提起されたのであった。

結局、三回におよんだ本国議会での論戦は、一八七八年五月二三日に、保守党政府の帝国外交政策を擁護するヒックス・ビーチの修正動議が大差で可決されて幕を閉じた[28]。インド軍のマルタ島派兵は、正当な合法的行為として承認されたのである。マルタ島に派兵されたインド軍は、その後、ベルリン会議によってイギリスがオスマン帝国から獲得した植民地として公式帝国に組み込まれた東地中海に浮かぶキプロス島に一時的に配備され、ロシアの南下政策を軍事的に牽制する役割を果たした[29]。

このマルタ島へのインド軍派兵論争に関する留意点として、以下の三点を指摘しておきたい。第一に、インド軍とイギリスの国制をめぐる原則論では、野党自由党側の主張が説得力を持っていた。その保守党政府に対する批判で言及されたように、国王称号法と一八七七年のヴィクトリア女王のインド女帝宣言によって「インド帝国」に再編された英領インドを媒介にして、イギリス帝国の外交政策の遂行に好都合なようにイギリス本国の国制を再編しようとする動き、本国議会の統制権限を既成事実の積み重ねによって事実上骨抜きにしようとする政策が、保守党政府によって意図的にとられたのである。

第二に、現実の外交政策論争では、保守党政府側が優位にたち、インドにいたるエンパイア・ルート（インド・ルート）の保全と、ロシアの南下政策阻止を至上命題とした保守党政府の主張に直面して、野党側の批判の鉾先も鈍らざるをえなかった。現実のイギリス帝国の外交政策論で決め手を欠き、具体的な代替策を提示できないがゆえに、野党側は抽象的なイギリス国制の擁護論で対抗せざるをえなかったのである。この点は、後の政策論争でも繰り返されることになった。

第三に、保守党のディズレーリ内閣といえども、地中海のイギリス公式帝国・植民地であったマルタ島と英領インド（インド帝国）との直接的な利害関係を強硬に主張するのはさすがに難しく、派兵されたインド軍の全経費をイギリス本国が負担したために、この段階では、財政問題が論争の焦点にはならなかった。財政問題、特にインド財政の均衡の問題を媒介項とすることで、初めてイギリスの国制をめぐる原則論とイギリス帝国の軍事・外交政策論を結びつけることが可能になるのであるが、インド軍のマルタ島派兵論争において、財政論議は政府側によって慎重に回避されたのであった。しかし、これ以降のインド軍の海外派兵をめぐる論争では、財政問題が議論の焦点になっていく。(30)

3　第二次アフガン戦争とインド軍

ディズレーリ保守党内閣のインド軍マルタ島派兵に象徴された一連の強硬策は、一八七八年六月、列強による国際会議開催に対するロシア政府の同意を引き出した。このベルリン会議でディズレーリは、バルカン半島におけるロシアの南下を阻止して、「名誉ある平和」（peace with honour）の達成を誇示することができた。イギリス政府は、ヘゲモニー国家としてヨーロッパ国際秩序の維持、勢力均衡に基づいた「ゲームのルール」設定に成功したのであ

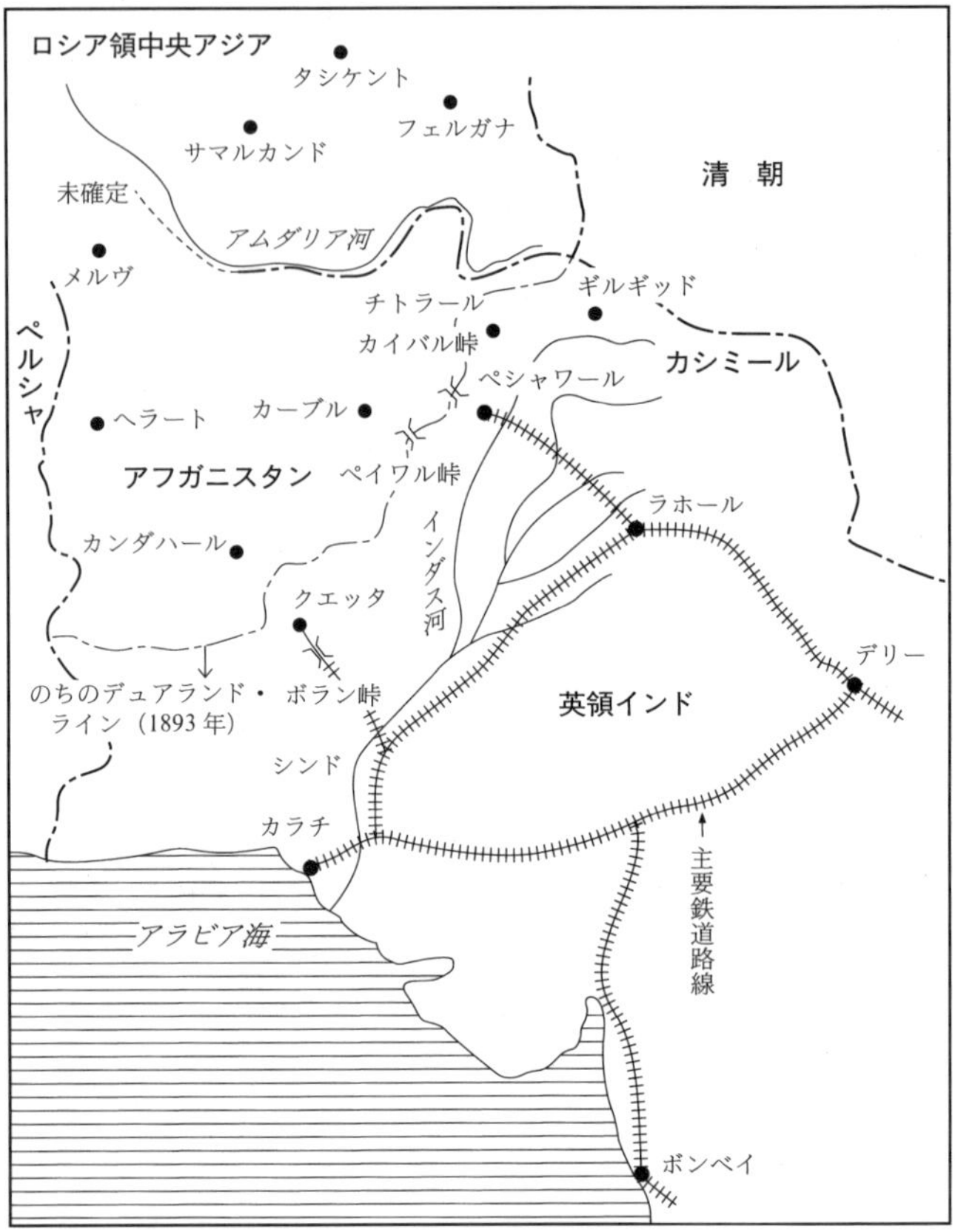

図1-4　第2次アフガン戦争関係図

る。しかし、その「名誉ある平和」が維持されたのは、あくまでもヨーロッパに限定されており、ベルリン会議からわずか四カ月後の一八七八年一一月二一日、第二次アフガン戦争が勃発して、インド軍がアフガニスタンに侵攻した（図1-4参照）。

第二次アフガン戦争の起源に関しては諸説があるが[31]、基本的にはイギリス政府の帝国外交政策にその遠因があった。その発端は、一八七〇年代半ばのインド統治政策をめぐるインド相ソールズベリと現地インド総督ノースブルックとの政治的対立に見出すことができる[32]。

すなわち、一八七四年に再度保守党内閣のインド相に返り咲いたソールズベリは、アフガニスタンに対するイギリスの影響力の強化をめざした。その第一歩として一八七五年一月末に、彼は現地のノースブルックに対して、アフガニスタン領内のヘラートあるいはカンダハールにイギリス人駐在官（British agent）を設置するよう努力せよ、との指令を発した[33]。この本国からの指令に対して、ノースブルックは、アフガニスタンの支配者（アミール）が従来からイギリス使節団の受け入れを拒絶してきた事実を理由に反対を表明し、指令を無視した[34]。さらに、ソールズベリは一八七五年一一月に、首都カーブルへ使節団派遣を命じる追加指令を発した。その論拠として彼は、ロシアのアフガニスタンに対する影響力拡大に対抗して、アフガニスタン国内に駐在するイギリス人駐在官による正確な情報収集と、アミールへの助言と警告が有効である、と主張した[35]。この指令の背景には、イギリス帝国防衛の「アキレス腱」ともいうべき弱点がインド北西国境であるとの事実認識があった。

この強硬な指令を受け取ったノースブルックは、インド総督職を賭けて抵抗した。彼は、(1)イギリスにとってのアフガニスタン独立維持の重要性、(2)ロシア軍のアフガニスタン侵攻の非現実性、(3)イギリス人駐在官の設置要求に対するアフガニスタン側の敵意を強調して、歴代のインド総督が採用してきたアフガニスタンに対する「忍耐強い懐柔政策」を堅持するように主張した[36]。こうしたノースブルックの慎重な姿勢には、現地のインド統治の安定を重視する立場が反映されていた。彼は、強硬なイギリス帝国の外交政策によってインド財政に過大な負担が課されるうえに、イギリス植民地支配に対するインド現地人の不信感が増幅されることを恐れた。彼は、四年間のインド統治の経験に基づいて、英領インドの安全は、「前進政策」（forward policy）による国境の拡張ではなく、インド内部の統治体制の安定によってもたらされると確信していた[37]。結局一八七六年四月、ノースブルックはインド総督職を辞任して本国への帰国を余儀なくされた。

この政治的対立の過程で早々と次期インド総督に内定したリットンは、インドに出発する直前の一八七六年二月末にソールズベリより、カーブルにイギリス使節団を派遣する措置を早急に講じるようにとの秘密指令を受け取った[38]。インド到着後、リットンは、アフガニスタン側との交渉を開始すると同時に、一八七六年一〇月に、アフガニスタンに隣接する戦略拠点クエッタを軍事占領してインド北西国境の防備を固めた。アフガニスタン側との交渉は、ノースブルックの予想通り決裂し、一八七七年三月に英領インドとアフガニスタンとの外交関係は事実上断絶した。翌一八七八年には第二次アフガン戦争が勃発するが、これには前述のインド軍のマルタ島派兵が連動していた。というのも、インド軍のマルタ派兵がロシア政府を大層刺激して、ロシア側は対抗措置として一八七八年七月、中央アジア経由でカーブルに使節団を派遣し、アフガニスタンと相互援助条約を締結したからである。このロシアの対抗外交がイギリス側からの過剰反応を呼び起こした。同年九月にインド政庁が送り込もうとした使節団が、アフガニスタン側の抵抗で入国を拒絶されたことを口実として、イギリス側は謝罪を求めてアフガニスタンとの戦争に突入したのであった。バルカン半島における「東方問題」が、中央アジア方面および英領インドの北西国境防衛問題と連動して、イギリス保守党政府は、英領インドに隣接した緩衝国家アフガニスタンとの、泥沼化していく第二次アフガン戦争を引き起こしたのである。

戦争が勃発した直後の一八七八年一二月という極めて異例の時期に、一八五八年インド統治改善法に基づいて戦争経費の負担問題を討議するために、イギリス本国議会が臨時に召集された。以下本節では、インド軍のマルタ島派兵の場合と同様に、アフガン戦争をめぐる本国議会での約二週間にわたった集中審議[39]のなかから、(1)国制論、(2)アフガン戦争の正当性をめぐる政策論、(3)インド財政問題、の三点に絞って論争の焦点を明らかにしたい。

まず国制に関する議論では、アフガニスタンはインド北西国境をはさんで英領インドに隣接した地域であり、インド軍のマルタ島派兵の場合と異なり共同抗命法の適用範囲外であるため、一八五八年インド統治改善法第五五条の解釈のみが争点になった。野党自由党の指導者グラッドストンは、かつて同法の起草に携わった関係者として、同法第五五条の目的がインド歳入からの不当な経費支出を許さないこと、インド歳入を使用して英領インドの領域外で軍事行動を強行しようとする政府の意図を抑制することにあり、従って、第二次アフガン戦争の開戦にいたるディズレーリ内閣がとった措置は、イギリス本国議会の国制上の権限を侵害するものであると批判した。[40] この批判に対して、保守党政府側は、議会による事後承認が事前承認と同等の効果を有すると主張、また、宣戦布告の大権は国王とその助言者である内閣に属するのであり、グラッドストンの議論はその国王大権を侵害するものであると反駁した。[41] 国制論では、前回と同様に双方の主張は全くかみ合わなかったが、今回も国制論は、野党側の政府批判の有力な論拠になった点を確認しておきたい。

第二の論点であった戦争の正当性およびその性格をめぐる政策論は、このアフガン戦争論争の最大の特徴である。自由党議員を中心とした批判者側は、第二次アフガン戦争を、保守党政府の帝国外交政策により引き起こされた「イギリス帝国のための戦争」と断定し、アフガニスタンを攻撃する正当な理由が欠如した状態では、「アフガン戦争は不当な戦争であり、国家的犯罪である」とした。[42] 従って彼らは、早急に戦争を終結させて従来のアフガニスタンに対する懐柔政策に復帰すべきこと、また、同戦争はインドに直接関係のないイギリス帝国の問題であるから、本国が戦争の全経費を負担するように主張した。この批判に対して、保守党政府側は、貴族院の討論では、イギリス帝国権益にとってのアフガニスタンの重要性を強調した。しかし、具体的な経費負担が問題になった庶民院での議論では、その主張を一転させて、アフガン戦争は英領インドの北西国境地帯の防備を固めるためのインドの戦争であると主張した。[43] この政府側の戦争の性格付けをめぐる論理の転換は、戦争の全経費をインドに押しつけるための必然的な帰結であった。要するに、イギリス帝国の防衛と、英領インドの北西国境との関係をどのように捉えるのかという点で、両者の間には見解の相違があった。

国制論と政策論の結節点であった第三のインド財政問題に関して、保守党政府側は、戦争の経費を当初から過小に見積もって、インド財政への悪影響を否定した。それに対して、批判者側はインドの財政難を強調した。すなわち、彼らは、重税と度重なる飢饉にさらされていたインドの貧民大衆の窮状を無視して、インド財政の余剰金をアフガン戦争の経費に流用することは、インド現地人のイギリス支配に対する不満を高め、財政問題を一気に政治問題化させることになる、それは英領インドの保全にとって危険であり、インドの軍事費削減こそ緊急の課題であると主張した(44)。ここでは、インド財政問題と統治の安定確保が密接に結びついており、財政問題の影響力の大きさに注目しておきたい。しかし、一八七八年という戦争の初期段階においては、保守党政府の既定方針通りに、アフガン戦争の全経費をインド財政に押しつけることが臨時議会で承認されたのである(45)。

ところで、第二次アフガン戦争自体は、一八七九年五月のインド軍による首都カーブル攻略、和平条約の調印によるアフガニスタンの保護国化によって、イギリス側の当初の政策目標が達成されたかに見えた。しかし、七九年九月にカーブルで、新任のイギリス人駐在官一行が全員殺害されて戦闘が再燃し、紛争はアフガニスタン全土に波及して泥沼化の様相を呈した。戦争の長期化によって戦費も急速に膨張した。イギリス本国の議会では、自由党のフォーセットを中心に、アフガン戦争をイギリス帝国全体の利害と結びつけて、本国側による戦費の負担を要求する闘いが継続された(46)。やがて、このアフガン戦争の行き詰まりと閉塞感は、イギリス本国政治を揺るがす政治問題に発展した。

4　「ミドロジアン・キャンペーン」とイギリス帝国外交

一八七九年末には、イギリス帝国外交政策、帝国・植民地問題をめぐって、イギリス国内で世論の高揚が見られた。野党自由党の指導者グラッドストンが展開した、翌年の総選挙をにらんだ選挙戦略である「ミドロジアン・キャンペーン」がそれである。本節では、特に、このキャンペーンを通してグラッドストン自由主義とイギリス帝国との関係を明らかにしたい。というのも、既に述べたマルタ島とアフガニスタンに対するインド軍派兵論争では、派兵反対の論陣を張った中核に野党自由党の指導者グラッドストンが位置していたからである。

グラッドストンは、一八七九年一月に、スコットランドのミドロジアン選挙区から次期総選挙に出馬することを表明し、保守党政府の政策批判に着手した。他方、それまで帝国外交政策に関して沈黙を守ってきた首相ディズレーリも、七九年一一月、ついに本格的な反論に転じた。彼は、一一月一〇日のロンドン・ギルドホールにおける演説で、「帝国と自由」(Imperium et Libertas) の相互依存性と連関性を強調して、自己の帝国外交政策の正当性を主張した(47)。この演説を受けて、グラッドストンは、保守党内閣が総選挙実施の決定をくだす前に、政府批判の一大キャンペーンを展開する決意を固めた。そして、七九年一一月末から一二月初頭にかけて、スコットランドで二週間におよぶ前例のない長期遊説を試みたのである(48)。このミドロジアン・キャンペーンは、イギリス政治史において、政党の発展史的観点から注目されてきた(49)。しかし本節では、運動の形態よりも論点そのものに注目したい。というのも、キャンペーン自体が「あらゆる問題を扱った十日間の竜巻」と評され(50)、イギリス帝国の外交政策、アイルランド問題に加えて、本国の内政上の経済・政治倫理・農業・借地農問題など多様な論点が提起されたが、その中心的論題は、保守党政府の帝国外交政策の批判に向けられたからであった。

ミドロジアン・キャンペーンは、一八七九年一一月二五日、エジンバラのミュージックホールでの次のような演説で始まった(51)。それは、連続講演の形式を採った遊説のいわば序章に相当した。「政府の外交政策により、イギリスの名誉と信用がいたく傷つけられている。信頼感と平和を動揺させて、政府は困窮状態を引き延ばし悪化させてきた。特に、外交問題に関して政府が為すべき責務は、人々の気持ちをなだめ沈静化させることであって、惨禍を招くような栄光の間違った幻影をかきたてることではないし、有害な優越感を助長することでもない。[逆に政府は] 国家の兄弟関係、対等性、国家間の公的権利の絶対的平等を認める原理に基づいて行動し、とりわけ、冷静で慎重な世論を生み出して維持するように努力せねばならない。(中略) 人類史上において、イギリス帝国の形成に匹敵するような前例は存在しない。こうした我々の本当の強味は、連合王国の内部にあるのであり、その強さが帝国の拡大や、連合王国を越えた海外領土に依存していると主張する人々のつまらぬ幻想を、私は打破したいと思う。広大な自治植民地を防衛して統治すること、世界中に広がる通商を保護すること、インドでの巨大な責任を果たすこと――こうした責務に加えて、今や危険で曖昧ないわれのない、実行不能な責務が、世界のいたるところで我々に課せられている。（中略）現在の混乱は、我々自身が創り出したものであり、政府は、ヨーロッパ列強による協調行動を妨げたことでその責任を負わねばならない」。イギリス帝国の領土拡張に反対し、帝国の栄光やジンゴイズム（熱狂的愛国主義）を批判し、ヨーロッパ列強の協調を重視する、グラッドストンの基本姿勢が提示されたといえる。

翌日の遊説二日目の一一月二六日に、グラッドストンはダルキースを訪れ、有名な「平和の訴え」を次のように行った。「現在の危機の特徴は、地方の諸問題が一般的な問題のなかに取り込まれ、国内問題が外交問題と大幅に混同されていることにある。一八七四年から、国民の肩に、いわれのない数多くの誤った危険な責務がのしかかってきた。我々は、国内問題への対応で手一杯の状態であり、我々には、南アフリカ、アフガニスタン、トルコ領アジア、キプロス、エジプトなどに介入する権利はない。トランスヴァールを併合し、ズールランドを征服し、エジプトや中央アジア山岳地帯に対する統治責任を引き受けること――これら全ては、我々に課せられた重荷である。（中略）アフガニスタンの場合、我々は自らの政治的目的を達成するために、高地部族の地に軍事拠点を築く選択を行った。彼らは村落から出て抵抗したが、殺害され、村は焼き払われた。これは、女性や子供が放り出されて冬の雪のなかで凍死することを意味した。未開人の権利を思いだそう。彼のつつましい家族の幸福、冬の雪に埋もれたアフガニスタンの高地村落での生活の神聖さ、そのいずれもが、全能の神の前では、あなた方の場合と全く同じように神聖不可侵であることを思いだそう。人類の隣人愛は、連合王国内部に限定されるわけではない。キリスト教文明の内部に限定されるわけでもない。それは地上全体におよび、その対象には、最も偉大な者も最もつつましい者も含まれるのである」[52]。この演説は、保守党政府による領土併合政策を告発する、非常に格調の高いキリスト教精神に基づいた倫理的な訴えかけであった。この倫理的で道義的なアピールは、信仰心の篤いスコットランドにおいて、一層の説得力を持ったのである。

続いて遊説三日目の一一月二七日、グラッドストンはウェストコールダーでの演説で、自分が確信する外交方針を提示して、保守党政府によるイギリス帝国の外交政策の再考を求めた。彼が掲げた外交方針は、次の六つであった。(1)イギリス本国での公明正大な立法、経費節約、良き統治を通じて帝国の力を養成すること、(2)平和の恩恵を享受すること、(3)ヨーロッパの協調を育成し維持すること、(4)不要で面倒な責務を回避すること、(5)あらゆる国家に平等の権利を認めること、(6)外交政策が自由の精神によって導かれること。この六大原則のなかでも特に彼が重視したのが、国家間の平等であり、「国家間での平等がなければ正義は存在せず、国際的正義を欠けば、問題の解決手段は軍事力だけになる」と現状を批判した。

さらに彼は、次のようにディズレーリ内閣の帝国外交を告発した。「首相ディズレーリは、イギリスの外交政策の指針として、『帝国と自由』を掲げたが、それは『我々には自由を、他の人間に対しては帝国を！』というのと同義であり、我々自身が要求する諸権利を、他者に対しては否認する政策を明示している。我々は、そうした主張を展開しながら侵略的な領土拡張を図ろうとしたルイ一四世やナポレオンに抵抗し、戦ってきた。国家間には、大小の区別なく絶対的な平等が存在する――この健全で神聖な原理を傷つける者は、自国に危害を加え、平和とキリスト教社会の最も根本的な権利を危険にさらすことになるのである」[53]。グラッドストンは、自由主義精神と国際的正義を掲げ、非常に理念的で理想主義的な外交の原則を提示したのである。

そして、遊説の最後にグラスゴーを訪れたグラッドストンは、再度「自由の精神」の擁護を訴える演説を行った。

まず彼は、保守党政府の対トルコ政策を非難した。キプロス島を獲得した一八七八年のイギリス＝トルコ議定書は、ヨーロッパの公法である一八五六年パリ条約を無視してヨーロッパの協調を崩すものであると主張し、キプロス島自体が、イギリスにとって通商上も軍事上も全く役に立たぬ「価値のない重荷」であり、その獲得を正当化しようとする保守党政府のエンパイア・ルート防衛論を、「恐るべき主張」として否定した。

次いで彼は、インド統治とアフガニスタン問題に言及して、次の諸点を指摘した。(1)一八七七年一月のヴィクトリア女王のインド女帝宣言以来、武器法、現地語出版法等によって現地人の自由が制限され、同時に貧困なインドの大衆に増税が押しつけられたが、こうした我々の強引な行為の結末として、不正で破滅的な第二次アフガン戦争が引き起こされた、(2)その結果我々は、アフガニスタンを分裂させ、歴代の諸政府が営々として築いてきたロシアと英領インド間の「堅固な障壁」を破壊してしまった、(3)その過程で生じた巨額の軍事費を、我々は不当にも貧しいインドの大衆に押しつけようとしている。

最後に彼は、保守党政権のもとでの内外の情勢を次のように要約した。「イギリス国内では財政状態が混乱し、立法も遅れが目立ち、公法の無視による信頼感の喪失のために、ヨーロッパの情勢は不穏で動揺した状況にある。一方、植民地では、トランスヴァールの併合、ズール戦争、第二次アフガン戦争など一連の侵略戦争が強行され、インドは過重で不正な負担を課されて圧制のもとに置かれた。そのうえ、本国議会の権限が侵害されて、国王大権が不当に濫用されている。（中略）こうした困窮と流血のなかで、ベルリン条約やアフガン戦争にいたるまで、我々は自由のために何ら行動しなかったし、有効な発言も行わなかった。（中略）イギリス帝国における自由統治の原則を逆転させて否定することほど、深刻な誤りはないのだ[54]」。このグラスゴーでの最後の演説は、非常に包括的な内容を含んでおり、保守党政府の帝国外交政策に対する体系的な批判であったといえる。

以上のミドロジアン・キャンペーンを通じて行われた一連の演説から、グラッドストン自由主義とイギリス帝国の外交政策、帝国・植民地問題に関して、以下の二点を指摘しておきたい。第一に、グラッドストンが掲げた基本原則は、ヨーロッパ列強の協調を重視する普遍的な国際主義[55]、自由主義精神の尊重、平和主義に集約されるように、非常に理念的で倫理的な理想主義であったといえる。ただし、国際協調の主体はヨーロッパ列強に限定されており、非ヨーロッパ諸地域はそれが適用される単なる客体でしかなかった。

第二に、イギリス本国にとっての英領インドの重要性をめぐる認識ギャップがあった。グラッドストンにとって、イギリス帝国の経済的繁栄の源は本国内部に求められるべきであり、英領インドへの過度の依存は「危険である」と考えられた。彼にとってインドが問題になるのは、「東洋の帝国」における独裁的統治が強化されてゆく過程で国王大権が拡大解釈される一方で、本国議会の権限が侵害されてイギリスの伝統的な均衡のとれた国制自体が脅かされるからであった。だが、現実には、英印間の経済・軍事両面でのつながりは、彼の認識をはるかに越えて強まる一方であり、ヘゲモニー国家であったイギリスの影響力行使にとって、英領インドは決定的に重要になった[56]。この認識のギャップは、後になるとさらに大きくなり、グラッドストン自由主義が影響力を失う一因になった。

一八八〇年四月に行われた総選挙では、史上初めてイギリス帝国の外交政策が主要な争点になった。その結果、保守党が大敗して政権交代がおこり、新たに第二次グラッドストン自由党内閣が成立した。グラッドストンは、選挙公約であったアフガン戦争の早期終結に努めた。現地のインド総督リットンは解任されて、グラッドストン自由主義の信奉者であったリポンが、和平実現の使命をおびて新総督としてインドに赴いた[57]。グラッドストンは改めて、アフガン戦争を前ディズレーリ保守党内閣の帝国拡張政策の結果であると断定して、新内閣のインド相ハーティントンが、アフガン戦争の戦費の本国財政による一部負担を表明した[58]。最終的に、一八八一年三月一六日に、アフガン戦争に伴う臨時経費の一部五〇〇万ポンドを本国が負担することが決定された[59]。さらに、同年四月一五日に新政権は、保守党側の反対を押し切ってカンダハールからのインド軍の撤退を完了させた[60]。この時点で、二年半におよび二三五〇万ポンドの経費を要した第二次アフガン戦争は終結したのであるが、その経常・臨時両経費のうち、一八五〇万ポンドはインド財政に転嫁されたのであった。

5　インド軍のエジプト派兵をめぐる論争

アフガニスタンからのインド軍撤兵によって、グラッドストンの平和主義者としての名声は高まった。しかし、翌一八八二年になると、彼の帝国外交政策は、アイルランドにおけるナショナリズムの高揚、[61]エジプトでの「オラービー運動」[62]、トランスヴァール「独立」をめぐる南アフリカ問題[63]が重なり、帝国・植民地問題によって大きく動揺することになった。特に、エジプト問題は深刻に受け止められ、八二年七月、グラッドストン内閣は、イギリスから遠征軍を派兵すると同時に、インド軍のエジプト派兵を決定したのである。この派兵は結果的に、イギリスによるエジプトの単独占領と保護国化に帰結した。

本節では、以下の二つの理由から、一八八二年のインド軍エジプト派兵に関する論争を取り上げる。第一に、八二年のイギリスによるエジプト占領の解釈をめぐっては、当時から論争があった。すなわち一方に、エジプトに多額の海外投資を行っていた本国の債券保有者層（bondholders）の金融的利害を保護するための軍事占領であったと位置づけるフェイスに代表される見解があり、[64]他方には、イギリスにとって英領インドを中核とする「東方帝国」に至る重要なエンパイア・ルートであったスエズ運河が有した戦略的な権益の擁護を重視するロビンソン、ギャラハーの見解がある。[65]本節では、エジプトの軍事占領に際して、マルタ島、アフガニスタンに続いて三たびインド軍が派兵された事実に着目して、[66]インド軍のエジプト派兵の論理を明らかにすることを通じて、「広義の東方問題」の一環としてエジプト問題を位置づけ直す。第二に、インド軍のエジプト派兵問題への対応を通じて、前節で言及したグラッドストン自由主義の限界とイギリス帝国との関連性を論じる。インド軍のエジプト派兵をめぐる論争の争点は、(1)派兵されたインド軍約六二〇〇名の経費負担問題と、(2)さらに広範なインド財政の経費節減問題、以上の二点に絞られてきた。

（1）エジプト派兵インド軍の経費負担をめぐる論争

インド軍のエジプト派兵は、一八八二年七月二四日の閣議で決定された。同時に自由党政府は、本国議会の庶民院に対して、エジプトに向けて派兵されるイギリス本国陸軍に関連した予算二三〇万ポンドを要求し、その承認を求めた。首相グラッドストンは、イギリス軍派兵の目的がスエズ運河防衛よりも、むしろエジプト内陸部の無政府状態の打開にあり、もし可能であれば他の列強との協調により、しかし必要とあらばイギリス単独で、エジプトの軍政を打破して法の支配を回復することにある、と主張した[67]。これとは対照的に、外務政務次官であった自由党急進派のディルクは、エジプトにおけるイギリス帝国権益の重要性を次のように強調していた。「スエズ運河に関してイギリスは二重の権益を有する。（一つは）運河を経由する貿易の八二%がイギリスによるものであるという圧倒的な通商権益であり、（いま一つは）運河がインド、セイロン、海峡植民地、英領ビルマ（中略）および中国（中略）さらにオーストラリア、ニュージーランドのわが植民地帝国――以上の諸地域への主要な公水路であるという事実から生じる圧倒的な政治権益である[68]」。本国陸軍の派兵の理由をいずれに求めるにせよ、当面、短期間の限定的な派兵を行うことでは見解の一致が見られ、一八八二年七月二七日、イギリス本国陸軍の派兵に関する政府提案はほぼ満場一致で可決された。

次いで、本国政府は同日と七月三一日の両日にわたり、一八五八年インド統治改善法第五五条の規定に基づいて、エジプトに派兵されるインド軍経費のインド財政による負担を求める提案を行った。まず、インド相ハーティントンは、自由党政府の立場を次のように主張した。「スエズ運河のインドに対する軍事・通商・運輸交通面での重要性を考慮すると、インドは今回の対エジプト干渉政策に、今まで行われてきたいずれのインド軍海外派兵の場合よりも一層大きな利害関係を有している。(中略)我々は、帝国全体の名誉と権益が含まれる政策を防衛するために行動するのであり、同時に、インドの名誉と物質的利害がより直接的に関係しているから、インドの役割分担は限定されねばならないとしても、一定の経費負担は当然であろう」[69]。

この正当化の論理に対して、今回は野党席にあった保守党側は次のように全面的に反駁した。「現政府の政策は、故ビーコンズフィールド卿の政策であり、当時強力に反対したにもかかわらず、現政府はその政策を忠実に遂行している。(中略)今回の戦争は、ヨーロッパの、そしてイギリス帝国の権益のために着手された戦争であり(中略)首相グラッドストンの見解は、一八七八年当時とは全く変わって、今やスエズ運河全域、いや、ジブラルタルからアデンに至る全域に守備隊を置こうとしている」[70]。従って、全経費を本国政府が負担すべきである、と。

こうした見解は、インドの大衆の貧困状態、重税と飢饉にあえぐ危機的窮状を重視した一部の与党自由党議員によっても支持された。他方、エジプト出兵と英領インドとの直接的関連を否定するものの、スエズ運河防衛のためならインド財政による一定の経費負担を容認する、中間的立場の議員が多数存在した[71]。そこで、陸軍大臣チルダーズが、次のような妥協案を提出して事態の打開を図った。「一八七八年のインド軍動員のうち、マルタ島派兵は国制上の問題であり、第二次アフガン戦争では経費負担が問題となった。(中略)アフガン戦争はイギリス帝国のための戦争であるから、自由党政府は、一八八一年に五〇〇万ポンドの本国負担を決定したのである。(中略)今回のエジプト出兵は、イギリス本国とアジアの植民地との重要な通信・連絡ルートを維持するための英印双方に関係する特別の軍事行動であるから、両国はその派兵の規模に応じて将来経費を負担すべきである。(中略)ただし、その具体額は、事態の決着後に下される議会の決定に委ねられるべきである」[72]。

これは、問題を先送りする玉虫色の妥協案であった。首相グラッドストンは特に反論せず、自己の見解の一貫性を強調するのみであった。一八八二年七月の時点では、現地エジプトでの急速な事態の展開に対応する必要性と、本国からの派兵経費が満場一致に近い形で承認されたこともあって、チルダース陸相の妥協案が賛成多数で可決された。エジプトへのインド軍派兵は、既定事項として承認されたのである。

ところが、インド軍のエジプト派兵に対する強力な反対意見は、意外にもインド総督リポンが率いるインド政庁から発せられた。前述のようにリポンは、インドにおけるグラッドストン自由主義の代弁者として、前総督リットンが残した諸問題の処理に努力していた。彼ら、現地の事情に通じたインド政庁からの本国政府の提案に対する反対の理由は、次の五点に要約できる。(1)インド政庁は、エジプトでの政策と軍事作戦に関して、事前に何の相談も受けていない。(2)エジプトは、ヨーロッパ政治の領域に属し、軍事的干渉を正当化できるようなインドの利害が含まれているとは思えない。対エジプト政策は、英領インドよりも、むしろイギリス帝国権益の問題である。(3)インド軍海外派兵の全経費をインド側が負担した前例はない。(4)エジプトで英領インドに関係する唯一の実質的権益は、スエズ運河の船舶航行の保証であるが、その利害はインドよりも本国の方がはるかに大きいはずである。また、スエズ運河には、セイロン、海峡植民地、香港、オーストラリアの諸植民地、タスマニア、ニュージーランドも利害を有しており、インドのみに経費負担を求めるのは政治上の平等の原則に反する。(5)インドの大衆の貧困とそれに伴う税負担能力の欠如により、インド現地では、初等教育の拡充、公衆衛生事業、公共事業などの必要かつ重要な諸事業が資金難で停滞している。また、平和の永続を前提にして、輸入関税の全廃、塩税引き下げ、地税の軽減等の大幅な財政改革をインドで断行した直後であるから、新たな戦費調達のために追加の課税を行うのは賢明ではない[73]、と。

以上のような原則論、前例の欠如、さらにインド現地での新たな統治政策に対する悪影響を考慮して、インド政庁は本国のインド相に対して経費転嫁の再検討を強く要請した。しかし、本国政府からの返信は、先に引用したインド相ハーティントンの議会答弁の内容を繰り返すのみであり[74]、両者の意見対立は逆に深まることになった。

また、自由党政府の一翼を担った旧急進主義者たちも、グラッドストンの強硬姿勢を批判した。閣僚のジョン・ブライトは、イギリス海軍のアレキサンドリア砲撃に抗議して七月一八日に辞職した。また、逓信大臣を務めて本国議会における「インド利害の代弁者」と目されたフォーセットは、七月三一日の議会討論の途中で退場して、政府の方針に反対の姿勢を示した。その後、彼は首相との私信を通じて、インド政庁の見解を全面的に支持して政府提案に反対する自己の立場を明確にしたのであった[75]。

(2) インド経費削減決議をめぐる論争

エジプトに派兵されたインド軍は、一八八二年九月のテル＝エル＝ケビールの戦いでの大勝によって、九月末にはその任務を終えた。しかし、経費負担問題は翌年まで持ち越された。すなわち、一八八三年三月二日、自由党政府は前年七月の決議に従って、エジプト派兵関係の補正予算案を提出し、そのなかでインド政庁に対して、五〇万ポンドの財政援助を要請したのである[76]。政府の対エジプト政策に批判的な一部の自由党議員と保守党は、先にふれたインド政庁による経費負担反対論を支持した。彼らは、五〇万ポンドの財政援助はインドと何の関係もないこと、また、イギリス本国の予算額も一八八二年度には九〇〇〇万ポンドという平時における最高額に達した事実を指摘して、政府の財政政策の失敗を鋭く批判した。この政府批判をさらに補強するために提起されたのが、一八八三年五—七月のインド経費削減決議であり、その賛否をめぐる議会論争であった。

このインド経費削減決議は、当初、本国費とインドの負債額の増大によって、インドの財政状況が悪化することを懸念した保守党議員が、徹底した経費削減措置を求めて提出したものであり、自由党政府側も、その趣旨には基本的に賛成していた[77]。しかし、討論の途中で同じく保守党議員によって、インド軍のエジプト派兵経費をインド政庁の意向を無視してインド財政に課すことに対して遺憾の意を表明する修正動議が提出されてから、論争の性格が一変した[78]。

保守党および自由党急進派議員は、エジプトでのインド軍の使用をインド軍本来の使命を逸脱するものと考え、エジプト出兵を「不正で邪悪な戦争[79]」、債権保有者のための戦争と決めつけて、グラッドストンの一貫性を欠く行為を厳しく批判した。これに対して、政府側は、修正動議の提出を政府に対する事実上の不信任決議の提出とみなして、強力な反駁を加えた。すなわち、インド相から陸相に転じたハーティントンは、エジプト出兵をめぐる本国政府とインド政庁との見解の相違を否定し、この修正動議をインド問題のなかに政党政治を持ち込むものとして批判した[80]。また、インド省政務次官クロスは、前述の正当化の論理と同様に、インドにとってスエズ運河が有する通商面と軍事面での価値を強調して、インド財政による経費負担の妥当性を主張した。さらに彼は、近年のインド財政の経費削減と、減税の努力と成果を改めて強調し、インド大衆の貧困問題の解決に積極的に取り組む自由党政府の姿勢を印象づけようとした[81]。

そして最後に、首相グラッドストン本人が答弁に立ち、インド軍のエジプト派兵に関する政府見解を次のように総括した。(1)オーストラリアをはじめとする白人定住植民地がこの帝国の戦争に対して何らかの貢献を為すことは期待していないし、本国政府には白人定住植民地に対して経費負担を要求する権限もない。(2)エジプト問題に関してインド政庁の事前の同意を取りつけるのは困難であり、インド政庁と政策責任を分担する必要はなく、事後通告で十分である。(3)現在の英領インドは自治領ではなく、我々が支配することにより利益を得ている。(4)エジプト問題の基底にはスエズ運河の権益がある。英領インドにとってスエズ運河は、世界の中心地との結節点であり、軍事上の経費節減や、インド物産の市場の拡大によって、インドは経済上も多大の恩恵に浴している。従って我々は、インドに（派兵の兵員数に見合った）応分の負担を求めるのである。[82]

　以上のような議論の末に、この一方的な「政府不信任決議」は大差で否決された。[83] しかし、インド軍のエジプト派兵経費については、本国が臨時経費のうち五〇万ポンドのみを負担し、残りの一二五万ポンド相当額をインド財政に課すことが、インド経費支出の一層の削減を求めるという矛盾する決議とともに確定したのである。

　このインド経費削減論争を通じて、次の二点を確認しておきたい。第一に、自由党グラッドストン内閣が、党内の旧急進派議員や現地インド政庁、野党の反対を押し切って、インド軍エジプト派兵経費の負担をインド側に強要した事実は否定できない。確かに、問題となった金額は第二次アフガン戦争の経費負担額のわずか七％あまりであったが、経費負担を要請した際に、一八七八年当時に主張された国制論的観点はもはや問題にならず、もっぱら現実のインド財政の状況のみが議論されたことに着目したい。

　第二に、インド政庁に派兵経費の負担を要請する最大の論拠とされたのが、スエズ運河の自由通行を通じてインドにもたらされると想定された軍事面と経済面での利益であった。インドにとって軍事面での恩恵は必ずしも明確ではないが、ヘゲモニー国家イギリスが享受した利益を、そのまま英領インドにも想定して適用している点が特徴的である。一八八二年のイギリスによるエジプト占領と事実上の公式帝国への編入を、インド軍の海外派兵を通じたインドを基軸とする「広義の東方問題」の一環として捉えることで、ヘゲモニー国家としてのイギリス政府による帝国外交政策の相互連関とその論理が、明瞭に理解できるのである。

6　イギリス帝国の論理と英領インド

　以上一九世紀末の三度にわたるインド軍の海外派兵、およびそれと関連した帝国外交政策をめぐる論争を考察して、そこに映し出された安全保障構造面でのイギリス帝国の論理と英領インドとの関わりを分析してきた。最後に簡単な要約を試みたい。

第一の論点は、イギリスの帝国外交政策の展開と国制との関係である。一八七八年のインド軍のマルタ島派兵と第二次アフガン戦争の過程から明らかなように、保守党内閣は、共同抗命法と一八五八年インド統治改善法の諸規定を無視し、国王大権を意図的に拡大解釈してインド軍を海外派兵することで、本国議会の予算統制と監督の権限を侵害した。換言すると、従来の抑制均衡型の伝統的国制を、イギリス帝国の外交政策の遂行に好都合なように修正し再編成しようと試みたのである。そうした政策に強硬に抵抗・反対したはずの自由党グラッドストンも、議会への事前の通告と議決を経た点を除くと、全く同じようなインド軍海外派兵政策を実行した。しかも彼の場合は、現地インドにおいて自己の自由主義的な政治信条の代弁者であったインド総督リポンの反対意見を無視して、インド軍をエジプトに派兵した。このインド軍派兵の過程と正当化の論理をみるならば、グラッドストン自由主義とイギリス帝国の拡張政策との親和性こそ強調すべきであろう。こうして一九世紀末のイギリス帝国の外交政策は、イギリス帝国の一体性と相互連関性を強化するイギリス国制の「帝国」化を伴いつつ、強力に推進されたのである。

第二の論点は、本章で考察した一九世紀末の三度にわたるインド軍海外派兵のいずれの場合でも、インド帝国（英領インド）およびエンパイア・ルートの防衛を理由に、英領インド自体がイギリス本国の帝国外交戦略の費用負担を強要された事実である。インド軍は、ロシアの南下政策に対抗しつつ、アジア、アフリカ諸地域さらにヨーロッパの一部であるマルタ島においても、イギリス中心のグローバルな国際秩序を構築し維持するに際して、重要な軍事力として使われた。ヘゲモニー国家イギリスにとってグラッドストン自由党政権を含めて、インド軍ぬきでのグローバルな国際秩序と、イギリス公式帝国の拡張・維持は考えられなかったのである。

第三の論点は、インド軍海外派兵を支えた財源の問題である。以上の議論に見られたインド軍派兵の正当化の論理とそれへの批判は、イギリス帝国内部での英領インドの位置づけ、帝国諸地域と英領インドとの関連性、「イギリス帝国の利害」とインド利害との共通性と相違などをめぐって大きな意見の対立を残したが、次第に論争の争点は、インド軍の海外派兵経費の負担問題に絞られてきた。すなわち、マルタ島への派遣の場合は、インド利害との直接的な関係を立証するのは難しく、全経費を本国政府が負担した。第二次アフガン戦争の場合には、インド軍派兵臨時経費の一部である五〇〇万ポンドをグラッドストン自由党内閣が負担したが、残りの経常・臨時両経費の一八五〇万ポンドはインド財政に転嫁された。さらに、エジプト出兵の場合は、本国政府が派兵臨時経費のうち五〇万ポンドのみを負担し、残りの一二五万ポンド相当額はインド財政に押しつけられたのである。今や、インドの財政状況がインド軍の海外派兵の是非を大きく規定する要因になったのである。この点は、二〇世紀のイギリス帝国政策とインド軍の海外派兵政策をめぐる論争で最大の論点になるであろう。しかし、その前に我々は、世紀転換期のインド軍とイギリス帝国との関係を考察せねばならない。

第2章　世紀転換期のイギリス帝国とインド軍

——南アフリカ戦争と義和団事件——

1　一九—二〇世紀転換期の国際秩序とインド軍

本章では、一九世紀から二〇世紀への世紀転換期のイギリス帝国とインド軍との関連を、グローバルな国際秩序と関係史の文脈で考察する。世紀転換期のイギリス帝国については、かつて一九八〇年代の終わりに現代のヘゲモニー国家アメリカ合衆国の「衰退論争」と絡めて、ヘゲモニー国家として「危機」に直面したとする解釈[1]や、イギリスを中心とする世界システムである「パクス・ブリタニカ」が動揺して、イギリスからアメリカ合衆国への覇権交代の端緒が見られたとする見解[2]が提示されたことがあった。確かに、世紀転換期のイギリス帝国は、ヘゲモニー国家として主として軍事面で試練にさらされた一面があった。南アフリカ戦争（第二次イギリス＝ボーア戦争、以下南ア戦争と略記）と中国における義和団事件への軍事面での同時的対応、さらに「名誉ある孤立」政策の行き詰まりと外交的な孤立がそれである。特に、南ア戦争は、イギリス本国社会や経済のみならず、イギリス帝国体制にも一定の変容をもたらした[3]。しかし、その世紀転換期の衝撃は、ヘゲモニー国家の変質を迫るほどイギリスにとって決定的であったのであろうか。

本章では、一九世紀から二〇世紀への世紀転換期のイギリス帝国に関わる次の二つの問題を検討したい。第一に、世紀転換期に急増した帝国防衛のコストをイギリスはいかにして調達し担うことができたのか。イギリス帝国体制の構造と相互連関性を、帝国最大の公式植民地であった英領インド（インド帝国）を中心に政治・軍事的側面から明らかにしたい。第二に、世紀転換期の対外・植民地戦争の遂行を、イギリス帝国内外のエリート層はどのように捉えて、正当化あるいは批判を試みたのであろうか。特に、南ア戦争で顕著に見られた人種主義（人種的優越意識）[4]と、それに対抗した植民地エリートが持った「帝国意識」[5]の絡み合いを事例にして、世紀転換期におけるイギリス帝国と国際秩序をめぐるエリート層の認識を考察したい。

　これら二つの問題を考察する際の具体的な検討課題として、以下では、世紀転換期におけるインド軍の海外派兵問題と南アフリカ戦争、義和団事件との関連性を取り上げる。従来の研究では、約四五万の兵員と二億三〇〇〇万ポンドの経費を要して「帝国の戦争」の様相を呈した南ア戦争と英領インドとの関連については、戦争原因論の一因として触れられることはあっても十分に解明されたわけではない。特に、戦時には不可欠の戦力に関して、「帝国拡張の先兵」であったインド軍が南アフリカに実戦力としては派兵されなかったことは意外と知られていない（表2-1参照）。また、東アジアでほぼ同時期に勃発した義和団事件とインドとを結びつけて考察する研究も稀有である。例えば、アフリカ分割をめぐりイギリス帝国史研究に一石を投じたロビンソン、ギャラハーの著書も、イギリスの世界戦略との関連でエンパイア・ルートの防衛と南ア戦争との連関性を主張するのみで、その具体像を明らかにしたわけではない[6]。他方、当該期に関するインド近現代史の研究は、世紀転換期を代表する帝国主義者であったインド総督カーゾンと、国民会議派を中心とするインド・ナショナリズムとの対抗関係の考察を重視する傾向が強く、イギリス帝国の枠組みのなかで英領インドの対外関係を考察しようとした研究は極めて少ない。そうしたなかで、例外的ではあるが、世紀転換期の南アフリカでインド人移民の権利擁護の闘士として活躍したガンディーの活動については幾つかの研究がある[7]。従って、本章では、英領インドと公式帝国の南アフリカ、さらに非公式帝国

表 2-1　世紀転換期における主要な軍事遠征一覧

年	派兵地域	動員された軍隊と兵員数			派兵期間	経費(ポンド)	備　考
		イギリス軍	植民地軍	インド軍			
1895	チトラール	5,000	—	10,400	7カ月	1,222,600	
1895-96	ソマリランド	1,000	—	1,000	2カ月	192,490	army fundsから支出の100,000ポンドを含む
1896	マタベレランド	660	2,143	5,129	9カ月		
1896	マショナランド	570	1,550	—	6.5カ月	2,586,907	全額，イギリス南アフリカ会社が負担
1897	マショナランド	—	650	120	10カ月		
1896-99	スーダン	7,500	—	12,500	9カ月	2,415,000	
1897-98	インド北西国境	15,000	—	37,000	8カ月	2,600,000	
1899-1902	南アフリカ	365,693	82,742	—	2年8カ月	187,725,700	1903年3月31日までの，陸軍費(army votes)関係のみの総額
1900	ソマリランド	—	—	4,000	9カ月	428,000	army fundsからの支出の50,000ポンドを含む
1900-01	中国	2,300	—	18,700	6.6カ月	5,827,800	1903年3月31日までの総額

出典）*Militaty Expenditions, 1895-1900* in *British Parliamentary Papers*, 1903, Vol. XXXVIII, Cd. 108.

の中国を結びつける帝国の連接環として、インド軍海外派兵問題と実際のインド軍の動向に注目したいと思う。その上で最後に、第一次世界大戦とインド軍海外派兵との関係を論じることで、世紀転換期に見られた特徴を再考する。

2　ウェルビー委員会報告とインド軍

前章で明らかにしたように、インド軍の海外派兵およびその経費負担をめぐる問題は、一九世紀後半を通じて絶えずイギリス本国当局とインド政庁との間で論争の的となったが、世紀転換期になるとその問題は、イギリス植民地支配への批判を強めたインド人ナショナリストたちからも注目されるようになった。インド国民会議の年次大会決議で、毎年のように軍事問題が取り上げられるようになったのもこの時期である[8]。

イギリス本国側でも問題解決の努力がなされた。一八九四年八月には、インド人で自由党議員のナオロジが、インド財政支出の増大と、その支出を抑制するための機構の欠如を問題にする議会決議を提出した。それを受けて、翌一八九五年五月、ウェルビー卿を委員長とする「インド財政管理に関する王立委員会」（Royal Commission on the Administration of the Expenditure of India（Indian Expenditure Commission：通称ウェルビー委員会）が任命された。この委員会での調査・検討事項は、①インド担当国務大臣（インド相）の管轄下にある民事・軍事両経費の管理・運営について、②本国政府とインド政庁との経費分配について、の二大項目であった。五年余りの審議と検討を経た後、南ア戦争開戦から約五カ月たった一九〇〇年四月に最終報告書を議会に提出した。(9)

この最終報告書は、本文が次の三部から構成されていた。(1)インド政庁の財政機構、(2)近年のインド財政からの経費支出状況、(3)インドと本国間での経費支出の分配。さらに、後述する「少数派報告」（Separate Report）を含めると、この報告書はインド財政全般にかかわる広範な項目を網羅しており、英印財政史研究には不可欠の史料である。第4章でも触れるように、第一次大戦以降の戦間期における財政論議においても、このウェルビー委員会報告書は常に議論の出発点になった。本節では、その最終報告書のなかから、インド軍の海外派兵の経費負担に関わる(3)の項目を中心にして、報告書の報告内容の検討と問題点の指摘を試みたい。

（1）全般的な経費負担の分配をめぐる原則

「インドと本国間での経費支出の分配」に関する報告は、①民事諸経費、②陸軍経費、③海軍経費の三部に分かれていた。本章で問題としているインド軍海外派兵に関わる経費は、②の陸軍経費の項目をめぐる議論に含まれていたが、この時期のイギリス帝国内部におけるインドの位置づけを確認するために、民事諸経費と海軍経費についてもその議論の要点を概観しておきたい。

まず、①の民事諸経費については、本国側が新たに次の二点でインド政庁側に譲歩した。すなわち、本国政府は(イ)自治領の事例を勘案して、従来はインド側が全額負担していた本国のインド省の経費（一八九七年度で二四万ポンド）を、今後は年五万ポンド負担する、(ロ)紅海南端のアデンの軍事要塞に関わる経費の半分（年一〇万八〇〇〇ポンド）を負担する、ことにした。しかし、(ハ)ペルシャおよび中国駐在のイギリス外交使節団（大使・領事関係）の経費（合わせて年一万七五〇〇ポンド）や、(ニ)ザンジバルやモーリシャスに至るインド洋海底ケーブルの維持費、さらに、海軍を補完した蒸気船会社P&Oによる郵便輸送等の経費に関しては、従来どおりインド政庁側が負担すべき事項とされた。[10]ここでは、東アジアの中国および中東のペルシャ湾岸地域における本国イギリスの外交活動の諸経費と、インド洋沿岸諸地域でのイギリス帝国に関係したインフラの整備・維持の諸経費が、相変わらずインド財政に押しつけられたことを確認しておきたい。

次に、②の陸軍経費については、本章の課題であるインド軍海外派兵経費の問題以外に、(イ)本国陸軍からインドに派遣されたイギリス人兵士に関わる「本国費」の算定基準の是非と、[11](ロ)インドでの動員を解除されたイギリス軍将校および兵士に支給される年金の増大、が調査の対象となった。この時期には、常時、イギリス本国陸軍の約三分の一の兵員がインドに駐留して「インド防衛」の任務にあたるとされており、その駐留経費は全面的にインドに負わされていた。(イ)(ロ)の二項目とも、インドに派遣・駐留するイギリス本国陸軍に関わる問題であった。しかし、本国側での軍制改革（売官制の廃止、短期兵役制の導入等）によるイギリス本国陸軍の効率化によってインドにもたらされる「長期的利益」を理由に、[12]インド側による経費の全面負担は正当なものとされた。ここでも、イギリス本国における軍制改革に伴う財政負担の増大が、インド財政に転嫁されていたことを確認しておきたい。

さらに、③の海軍経費については、一八九五年以来インドが負担した海軍献金（年一〇万ポンド）とインド洋海域における艦船維持費（年六万一〇〇〇ポンド）の削減の是非が検討された。結論としては、オーストラリアの諸植民地やケープ植民地など自治植民地が、海軍による帝国防衛費の分担をめぐる植民地会議での議論の結果、本国に対して海軍防衛献金を行っている現状を理由にして、[13]インド政庁から出された海軍経費削減の要求は却下された。

この年間一〇万ポンドのインドからの献金は、この時期におけるイギリスの海軍費全体（約二七〇〇万ポンド）のわずか〇・四％に過ぎなかった。しかし、イギリスの海軍力により維持されていたパクス・ブリタニカの下でインドが享受しているとされた「経済的恩恵」が強調されて、一定額の負担は当然とされた。ヘゲモニー国家の一つの核になっていた海軍力に関しても、英領インドは一定の経費負担を求められたのである。

（２）インド軍海外派兵の原則

さて、本章の主題であるインド軍の海外派兵に関わる経費負担の問題について、まず最終報告書は、インド政庁とイギリス本国との相対的諸利害の決定権限が、本国政府と議会にあることを確認した。その上で、この問題に関して事前にガイドラインを作成する方が望ましいとして、以下のような三つの大きな地域区分に基づく指針を提示した（図２-１を参照）[14]。

(1)　インドが直接的・実質的利害を持たない地域

・ヨーロッパ
・喜望峰より西のアフリカ、ザンジバル以南のアフリカ沿岸地域
・中国より東のアジア、日本、中国より南の島嶼地域

(2)　インドが「直接的・実質的利害」を有する地域

・スエズ運河およびエジプト、紅海沿岸地域（但しスーダン、ナイル流域を除く）
・ペルシャ、アラビア海およびペルシャ湾岸地域
・アフガニスタン、インドおよびアフガニスタン国境に隣接する中央アジア諸地域
・タイ

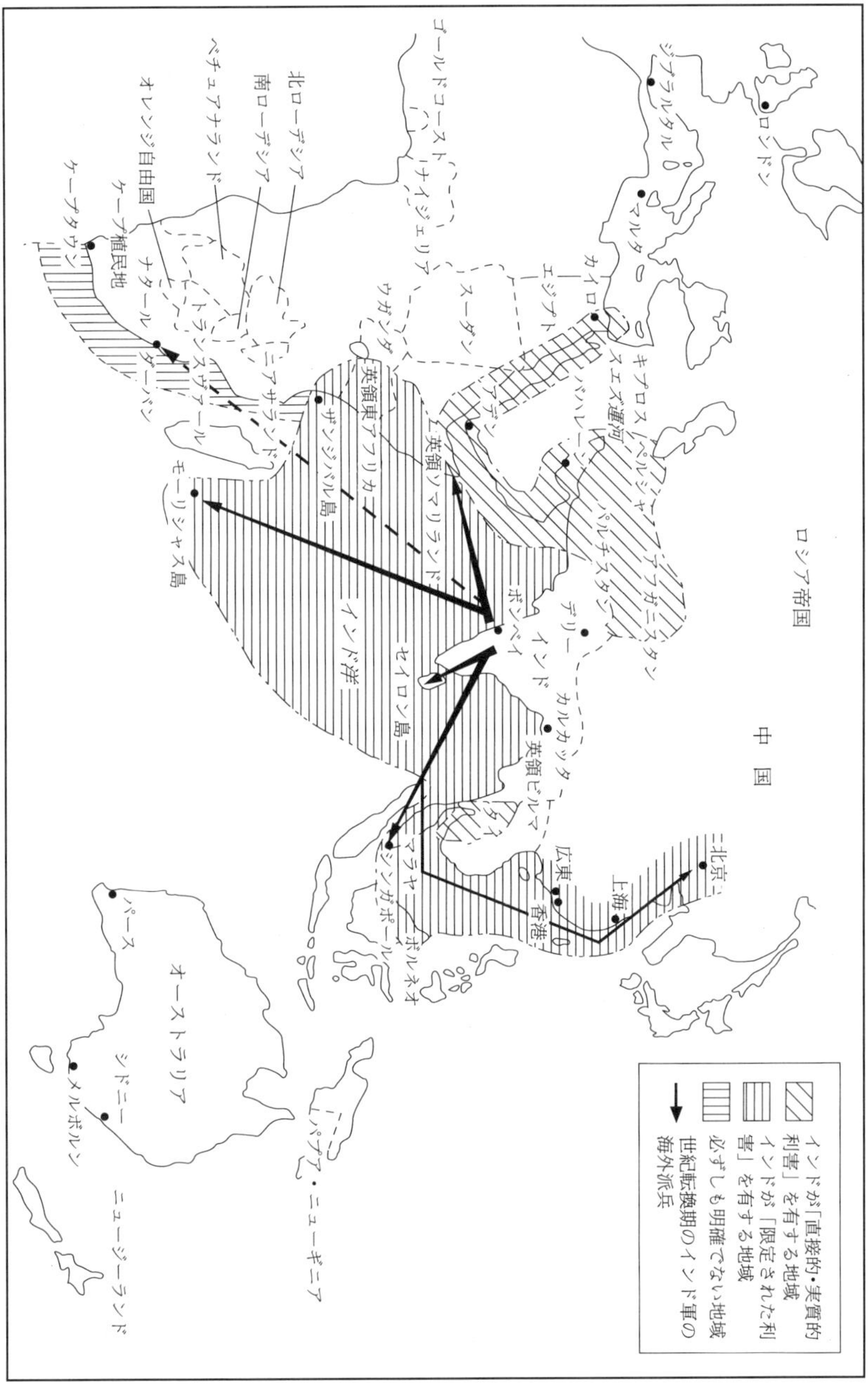

図2-1　ウェルビー委員会の答申によるインド軍の海外派兵可能地域

(3)　インドが「限定された利害」を有する地域
・ザンジバルを含むアフリカ東海岸、マダガスカルを除くインド洋の島諸地域
・中国、マレー半島
(4)　但し、事情によっては、ヨーロッパおよびその他の諸地域においても、インドにとって直接的で実質的な利害が生じる場合もありうる。

最終報告書では、この三大地域区分に即して、上記の(2)と(3)の諸地域にインド軍が派兵される場合には、インド政庁が派兵経費の一部を負担する義務があると規定した。さらに、本国とインド政庁との間で経費負担をめぐり意見の対立が見られる場合は、本国議会の承認を得ることをインド側での経費支出の必要条件とした。

以上の諸規定は、基本的には、一八九六年の東アフリカ・サーキンへの出兵をめぐるインド相覚え書きで示された、英印間の軍事的相互支援を確認した三原則を踏襲するものである。[15]それは、一九世紀に行われたインド軍の海外派兵のうち、スーダン出兵を除く全ての海外派兵を肯定する内容になっている。同時にそれは、英領インドからみた、マクロレベルの軍事・外交面におけるイギリス帝国に関連した地域連鎖を明確に示していた。本章で後に言及する南ア戦争の舞台となった南部アフリカ一帯（特に内陸部）とインド軍との関係は必ずしも明確に規定されていない。他方で、義和団事件の舞台となった中国北部は、英領インドが「限定された利害」を有する地域に組み込まれていることには注目しておきたい。アヘン戦争以来のインド軍中国派兵の前例がそのまま反映されていた。

最後に報告書は、「インドの軍事力」（インド駐留のイギリス本国陸軍とインド軍）が、アジアにおいてイギリスの諸権益を擁護するための予備的兵力を提供していることを認めた。そして、本国陸軍に導入された短期兵役制の利点が十分に実現されていない現状では、本国とインド間でのイギリス人将兵の輸送増大に関わる経費の半額（一三万ポンド）を本国側が負担することによって、インド側に好意ある姿勢を示すように本国政府に勧告した。結局、

このウェルビー委員会最終報告の勧告に従った場合、イギリス本国当局はインド政庁に対して二九万三〇〇〇ポンドの「資金援助」を約束したことになる[16]。その金額は、インド財政から自動的に差し引かれた「本国費」全体の一％弱、インド財政支出のわずか〇・三％足らずの金額に過ぎなかった。インドによるイギリス帝国防衛のための軍事財政負担は、ウェルビー委員会の報告書によっても、実質的にはほとんど軽減されなかったと言える。

3　「少数派報告」とナオロジのイギリス帝国観

以上のようなウェルビー委員会の最終報告書本文の答申に対して、数名の委員が部分的な「留保」を表明した。特に、スコットランド選出の自由党議員ブキャナンは、本国とインドとの財政的関係が、他の植民地や帝国諸地域とは根本的に異なることを強調し、インドに対する過重負担の一層の軽減を求めた[17]。しかし、報告書の答申に対する根本的な批判は、三名の委員が作成し提出した「少数派報告」で示された[18]。この少数派報告は、報告書本文での委員会の審議・検討事項が、インド財政に関する些細な技術論に限定されてしまったことを批判し、インドの見地から、英印財政関係全般の再検討を迫るものであった。それはまた、ボンベイ出身のインド人ナショナリストで、国民会議派・穏健派の指導者の一人であったダーダバイ・ナオロジ（一八二五―一九一七）の見解を強く反映した文書であった。

ナオロジは、ボンベイのエルフィンストン・カレッジで西欧式教育を受けて同校を一八五四年に卒業し、インド人初の数学・物理学の教師となった。翌一八五五年に渡英してインドの利害を本国で代弁するために東インド協会（The East Indian Association）を創設した。

英印間をしばしば往き来しながら自由党の支援を得て政治活動を展開し、一八九二年のイギリス総選挙ではロンドンのフィンズベリから自由党議員として選出されて、一八九五年まで議席を保持した。彼は、イギリス議会に籍を置いた最初のインド人であり、本国議会でインド問題に対する世論を喚起するために積極的な活動を展開した。[19]彼が特に問題にしたのが、インドの軍事費である。

彼の基本的立場は、インド人一般大衆の貧困の進展と、インド財政からの経費支出の増大という矛盾を指摘し、インド財政の運営が、一般大衆の繁栄を促進するどころか、イギリス本国への送金という「富の流出」を維持するためになされていることを問題にした。そして、大規模な経費節減の必要性を強調し、財政機構へのインド人の関与と統制の強化を主張し、具体的には、インド行政全般をヨーロッパ人から現地人の担当に切り替えることを主張した（いわゆる上級官職のインド人化 Indianization）。経費の分担問題に関しては、英印双方を、イギリス帝国利害を共有するパートナーと位置付け、軍事費を含めた統治経費を本国とインドが折半すること、本章での課題のインド軍海外派兵経費については、インドの隣接地域・遠隔地域いずれの場合でも、原則的に本国側が全経費を負担すべきであって、インドに経費負担を求めるべきではないと主張した。

こうしたナオロジの見解は、イギリス帝国の存在自体は自明のこととしたうえで、帝国内での植民地統治機構と、軍事力としてのイギリス陸・海軍への関与拡大、そして本国議会への代表派遣についても、英領インドにアイルランドと同等の地位とシェアを要求するものであった。[20]初期のインド人ナショナリスト穏健派の、イギリス帝国を利用してインドの利害を擁護し拡張しようとする立場を明確に代弁する主張として注目しておきたい。

ところで、ナオロジは翌一九〇一年に、インド植民地支配全般を体系的に批判した著書『インドの貧困と非イギリス的な支配』をロンドンで出版した。この書物の表題は「現在の統治制度はインド人にとって破壊的で独裁的であり、イギリスにとっては非イギリス的で自滅的であること」を意味した。それは、当時の植民地支配体制をイギリスらしからぬ支配であると告発し、イギリス本来の姿に立ち返るように、植民地の西欧型教育を受けたエリートが主張するユニークな著作である。

その書物のなかでまずナオロジは、インドが受けた恩恵として、寡婦や幼児殺しの禁止、英語教育の導入、イギリス市民権という政治理念の教示、法と秩序、言論・出版の自由などをあげた。そのうえで彼は、前述の「富の流出」論とインドの過大な軍事負担論を繰り返し強調した[21]。さらに彼は、インド人がインド財政に関して全く発言権を与えられずに恣意的で独裁的な統治が行われていること、歴代の本国政府とインド政庁関係者が善政の誓約やインド人に対する諸公約・義務を全く履行していないことを鋭く指摘した。そうした公約違反は道義に反し、イギリス的規範、価値観を損なうものであると主張した。ナオロジは次のように強調した。「真のイギリス支配は、英印双方に巨大な利益をもたらす。本書は、以下のことをイギリス国民に印象づけることを目的としている。（すなわち）イギリス国民が自己の責務に目覚めて、フェアプレイと正義というイギリス人の本能に忠実であり、彼らが行った厳粛な誓約や公約の『忠実で良心的な履行』を強調するならば、現在の不名誉なイギリスらしからぬ統治制度の必然的帰結として、イギリスが支配するインド帝国が悲惨な最期を迎える代わりに、英印双方に現状では想像もつかないような明るい未来が存在する。（中略）厳粛な誓約の『忠実で良心的な履行』を通じて、イギリス国王、国民、議会そして政府が、ボンベイ主教がインドの志望目標と述べるもの、すなわち、イギリスの覇権の下での自治（self-government under British paramountcy）あるいは真のイギリス市民権の実現に向けて誠実な努力を行うことを、インドは期待している[22]」。こうしたナオロジの、イギリス国民の良心に訴えかける手法、T・マコーレー以来のイギリス自由主義に対する信頼感、植民地統治への参加を求める楽観的な期待感、それらは全て、初期のインド人ナショナリスト穏健派の立場を代表する主張であった。

4　インド軍と南アフリカ戦争

（1）軍事動員体制とインド軍

ウェルビー委員会のインド軍海外派兵に関するガイドラインが、現実の戦争で試されたのが、イギリス帝国全体を巻き込んだ南アフリカ戦争と、ほぼ同時期に勃発した中国での義和団事件であった。一八九九年一〇月に勃発した南ア戦争は、一九〇二年五月まで、当初の楽観的な予想を越えて約二年半続き、最終的に四五万余名の兵員の動員を必要とした。ここでは、南ア戦争後に出された議会報告書を手がかりに[23]、南ア戦争をめぐるイギリス帝国の軍事動員体制とインド軍との事実関係を明らかにしたい（表2-2および表2-3を参照）。

まず、南ア戦争の軍事動員数を概観した表2-2を見ると、インドから一万八五三四名の将兵が派兵されたことがわかる。また、正規軍動員数を整理した表2-3を見ると、インドからの正規軍派兵の第一陣は、戦争の勃発直前に南アフリカに到着していたことがわかる。実際、一八九九年九月七日、本国政府陸相ランズダウンは、ナタール植民地防衛のための緊急措置として、一万名の正規軍の増派を決定した。その決定に従い、九月一七―一八日にかけてインドのボンベイとカルカッタから、五九〇三名の本国正規軍（三騎兵連隊・三砲兵連隊・四歩兵連隊）が二隻の輸送船で南アに向けて出航した[24]。地中海方面からもクレタ島、マルタ島、アレキサンドリアからそれぞれ増援部隊が急派された[25]。通常の軍事力の移動は、ボンベイからナタール植民地のダーバンまでは一四日、本国の軍港サザンプトンからダーバンまで二〇日を要した。実際、インドからのイギリス正規軍増援部隊は一六日で現地ダーバンに到着した。この初期段階での緊急展開部隊が、ナタールへのボーア側の侵略に対する抑止力として機能したとする評価もあり[26]、「帝国の兵営」インドの帝国軍事戦略における役割を確認できる。

表2-2　南アフリカ戦争の軍事動員一覧

（単位：兵員数）

		将校（参謀を除く）	下士官及び兵士 騎兵	砲兵	歩兵 騎馬歩兵	その他	小計	計
南アフリカ守備隊（1899年8月1日時点）		318	1,127	1,035	6,428	1,032	9,622	9,940
イギリス本国からの増援軍	正規軍	9,206	22,348	18,426	156,288	21,903	218,965	228,171
	民兵	1,691	—	906	42,610	359	43,875	45,566
	義勇農騎兵団（Yeomanry）	1,393	—	—	—	—	34,127	35,520
	スコットランド騎兵隊	15	—	—	—	—	818	833
	志願兵	589	—	—	—	—	19,267	19,856
	南アフリカ警察隊	19	—	—	—	—	7,254	7,273
〈本国から〉		(12,913)	—	—	—	—	(324,306)	(337,219)
インドからの増援軍	正規軍	568	3,483	1,029	13,133	16	17,661	18,229
	志願兵	16	—	—	—	—	289	305
〈インドから〉		(584)	—	—	—	—	(17,950)	(18,534)
自治領からの増援軍	植民地派遣団	1,391	—	—	—	—	27,699	29,090
	南アフリカ警察隊（カナダ）	29	—	—	—	—	1,209	1,238
〈自治領から〉		(1,420)	—	—	—	—	(28,908)	(30,328)
南アフリカで召集		2,324*	—	—	—	—	50,090*	52,414*
総計		17,559	—	—	—	—	430,876	448,435

出典）*British Parliamentary Papers*, 1904, Vol. XL, Cd. 1789, p. 43.
注）＊は，推計によるもの。

だが、ここで問題となるのは、表2-2および表2-3で示されたインドから派兵された将兵の構成である。特に、表2-3は、南ア戦争時におけるイギリス正規軍の動員状況のみを表しており、インドの場合には、インド駐留のイギリス本国陸軍（ヨーロッパ軍）を意味していた。従って、本章で我々が問題としているインド軍（インド現地人部隊）は、全くこれらの動員一覧表の中に含まれていない点に注意する必要がある。

では本当に、インド軍は、南アフリカに派兵されなかったのであろうか。前述した南ア戦争に関する議会報告書の「附録（証言記録）」の中に、インドか

表2-3　南アフリカ戦争の正規軍動員一覧

(単位：兵員数)

	将校(参謀を除く)	下士官及び兵士					計
		騎兵	砲兵	歩兵 騎馬歩兵	その他	小計	
I　南アフリカ守備隊(1899年8月1日時点)	318	1,127	1,035	6,428	1,032	9,622	9,940
II　1899年8月1日-10月11月の増援軍							
(1)本国から	280	—	743	5,620	—	6,363	6,643
(2)インドから(一部未到着号含む)	259	1,564	653	3,427	—	5,644	5,903
〈小計〉	(539)	(1,564)	(1,396)	(9,047)		(12,007)	(12,546)
III　1899年10月11日-1900年7月末までの増援軍							
(1)本国及び自治領から	5,748	11,003	14,145	110,292	14,347	149,787	155,535
(2)インドから	132	713	376	670	—	1,759	1,891
〈小計〉	(5,880)	(11,716)	(14,521)	(110,962)		(151,546)	(157,426)
IV　1900年8月1日-1901年4月末までの増援軍・本国及び自治領から	1,157	5,427	1,129	12,588	2,686	21,830	22,987
V　1901年5月1日-1901年12月末までの増援軍							
(1)本国及び自治領から	1,244	3,871	1,115	14,286	2,230	21,502	22,746
(2)インドから	108	1,206	—	2,540	3	3,749	3,857
〈小計〉	(1,352)	(5,077)	(1,115)	(16,826)	(2,233)	(25,251)	(26,603)
VI　1902年1月1日-1902年5月末までの増接軍							
(1)本国及び自治領から	777	2,047	1,294	13,502	2,640	19,483	20,260
(2)インドから	69	—	—	6,496	13	6,509	6,578
〈小計〉	(846)	(2,047)	(1,294)	(19,998)	(2,653)	(25,992)	(26,838)
総計	10,092	26,958	20,490	175,849	22,951	246,248	256,340

出典) *British Parliamentary Papers*, 1904, Vol. XL, Cd. 1789, p. 44.

らの派兵に関する証言が収録されている。[27] それによると、やはりインド軍は南アフリカに派兵されていた。すなわち、インド総督行政参事会の軍事委員であったエドウィン・カレン少将の証言によれば、「非戦闘要員」として、四六九名のインド現地人兵士（補充要員・看護兵）と、五八四六名のインド現地人非戦闘員（民間人で物資・水の運搬係・馬丁・洗濯係に従事）、後にさらに七五六名が増派されて、合わせて七〇七一名のインド現地人が、多数の兵馬とともに、前述したインド駐留のイギリス本国陸軍（ヨーロッパ軍）に随伴して南アフリカに移動したことが判明する。同じ数字は、インド政庁の陸軍本部情報部が発行したインド軍海外派兵報告書からも確認できる。[28] ただし、一八九九年八月後半に本国陸軍省は、インド現地人の随行者が本国陸軍部隊に随行することを原則的に認めず、例外的に歩兵大隊の軍需品輸送に必要な少人数の随行者のみを認めることを、インド相経由で現地のインド総督に伝えていた。[29] 強力な戦闘能力を備えて士気の高いインド軍にしては、後方支援という非戦闘行為に任務を限定された、非常に限定的な海外派兵であった。

イギリス政府の公式な報告書の統計には、インド軍の動員は記されていない。しかし、以上の諸記録からは、限定的ながら南ア戦争の当初にインド軍が南アフリカに派兵された事実が確認できる。ではなぜ、南アフリカに対しては、表2-1に見られた他の諸地域への派兵のように、大規模なインド軍の動員がなされなかったのだろうか。次にその要因を考えてみたい。

（2）白人自治領からの軍事的支援

インド軍の南アフリカへの派兵が事実上なされなかった第一の理由は、世紀転換期におけるイギリス帝国の軍事編成の在り方に関わる。

一九世紀後半になると、イギリス帝国の軍事的防衛に対する関心が高まり、一八八七年、一八九七年の二度にわたる植民地会議で、王立海軍に関して、白人自治領からの海軍防衛献金が制度化されたことは前述の通りである。陸軍力に関しては、一八八五年の「ハルトゥームの悲劇」をめぐるニュー・サウス・ウェールズからのスーダン派兵の例はあったものの、白人自治領側は、動員可能な軍事力の限界と法制上の制約から、本国イギリス陸軍との緊密な協力には消極的であった(30)。しかし、そうした白人自治領の軍事的協力に否定的な姿勢に転機をもたらしたのが、南ア戦争であった。

ところで、南ア戦争勃発直前（一八九九年一〇月一日）の時点における、イギリス本国の陸軍兵力の軍事編成は左記の通りであった(31)。

【正規軍】

・本国	一二万五一〇五名
・インド駐留	七万三一五七名
・植民地およびエジプト駐留	五万一二〇四名
（小計）	二四万九四六六名

【その他】

・陸軍予備役	九万名
・民兵（民兵予備役を含む）	一二万九五七二名
・義勇農騎兵団（Yeomanry）	一万一八九一名
・志願兵	二六万四八三三名
・チャネル諸島民兵	三九九六名
・マルタ島、バミューダ島民兵	二七三二名
（総計）	七五万二四九〇名
［参考］インド軍（現地人部隊）	約一四万名

右記のイギリス本国正規軍のうち、海外派兵に充当可能なのは、二兵団、約七万名に過ぎなかった。従って、緊急展開部隊として戦争直前にナタール植民地に急派されたのは、前述のようにインドに駐留していたイギリス陸軍の正規軍部隊（ヨーロッパ軍）であった。

緒戦段階での予想外の苦戦に驚いた本国政府は、一九〇〇年七月までに急遽一六万余名の増援軍を南アフリカに派兵した。本国の陸軍当局は、苦況を打開するために、白人将兵の増援なら喜んで受け入れる用意ができていた。実際、一八九九年七月一一日にオーストラリアのクィーンズランド植民地政府が自発的に二五〇名の兵士提供を申し出た時に、本国政府は歓迎の意向を示した。そして、一八九九年一〇月三日、植民地相J・チェンバレンは、帝国内の白人定住植民地の自治政府宛に、志願兵の派兵を要請する電文を発したのである。(32) その結果、表2-2から明らかなように、白人自治領から総計で三万三四三名（その内訳は、カナダから七三六八名、オーストラリア諸植民地から一万六六三一名、ニュージーランドから六三四三名）の志願兵が南ア戦争に参戦した。さらに、現地のケープ、ナタール両植民地からも約五―六万名の白人が召集された。両方合わせて八万余名の白人将兵から成る増援軍は、トランスヴァール共和国、オレンジ自由国両国のボーア側が戦線に投入した兵力の数に相当するといわれた。白人自治領、特にオーストラリアの諸植民地からの派遣軍の士気と戦闘能力の高さには高い評価が与えられ、彼らのイギリス帝国への忠誠心の強さが称賛された。(33)

こうして、白人自治領からの軍事的、外交的な支援が比較的容易に得られたこと、イギリス帝国の一体性を誇示するような白人間の連帯が見られたことが、インド軍の南アフリカへの大量派兵・動員をやりにくくする対外的な環境を形成したといえる。白人自治領からの志願兵が予想外に活躍したことは、イギリス本国陸軍を補完する重要な軍事力として、白人自治領からの白人増援軍を将来の戦争で活用する可能性に関して、本国の政策当局に期待を抱かせることになった。

(3) インド軍の南アフリカ派兵をめぐる世論と政府

しかし、インド軍の限定的な南アフリカ海外派兵の根本的な要因は、南ア戦争の本質と性格そのものにあった。

この疑問に答えるため、最初に、イギリス本国政府の南ア戦争に対する公式見解と認識を確認しておきたい。

本国の保守党政府は、南ア戦争の開戦前から南アフリカでの戦争を、イギリス人対ボーア人という「二つのヨーロッパ人」の間に限定された、いわゆる「白人の戦争」と規定していた。大蔵第一卿のバルフォアは、一八九九年七月の議会答弁で、「南アフリカの戦争で、白人兵以外のいかなる兵士も使用するつもりはない」と明言し、一九〇〇年二月、不利な戦況の中でインド軍あるいは南アフリカ現地人の戦闘での使用を考慮すべきではないかと問われた時にも、「インド軍による援助は、通常の状況で展開される戦争においては、誇りを持って受け入れる。（中略）しかし、南アフリカでの戦争は、（中略）［ボーア側との］共通の合意により、主として関係する二つのヨーロッパ人に限定されるべきことが決定されている」と述べた[34]。

この「白人の戦争」としての本国政府の南ア戦争観はその後も堅持されて、一種の不文律とされた。しかし、その「神話」に疑問を投げかけ、南アフリカ現地人の戦争への動員の実態を解明したのがウォリックの研究である[35]。彼によれば、戦争中一─三万人の現地人が戦闘に参加したが、本国政府はこの事実を公式には認めなかった。またインド騎兵の動員に関しては、現地司令官のキッチナー将軍が積極的であったのに対して、本国陸相ブロドリックは、戦闘要員としてのインド軍の動員が敵に弱みを見せることになるとして反対したといわれる[36]。

次に、インド軍派兵をめぐる世論の動向をながめてみよう。本国政府は以上のように、インド軍の派兵に消極的であったが、それを批判する形で、南ア戦争開戦当初の一八九九年一一月から一二月にかけて、積極的なインド軍の南ア派兵論が『タイムズ』紙上に登場した。一八九九年一一月三〇日および一二月二日付の投稿は、次のように主張している。すなわち、「女王の兵士」として誇りを持つインド軍の不使用は、彼らの士気と忠誠心に悪影響を及ぼし、インド臣民に、イギリス帝国のためにともに戦う同等の権利を否定することになり、政治・倫理的に賢明でない。イギリス側の戦闘能力を強化し、戦争を速やかに終結に導くために、インド軍の動員は不可欠であり、それは、世界に向かって、イギリスの動員可能な軍事的潜在力を誇示することになるであろう、と。[37] これに対して、南アフリカにおける白人と黒人間での人種問題の複雑さを強調し、前述の陸相ブロドリックと同様に、インド軍の派兵が、現地人の間でイギリス人の威信を傷つけることを恐れる反論が寄せられた。[38] しかし、『タイムズ』の論調は、前章で論じた一八七八年の保守党ディズレーリ内閣によるインド軍のマルタ島派兵の前例に依拠しつつ、南アフリカでのインド軍活用に肯定的であった。[39] このようにイギリス本国では、インド軍の南アフリカ派兵を当然とみなす世論が形成されつつあったと考えられる。

では、同時期のインドにおける世論はどうであったのか。一部の英字新聞には、イギリス本国と同様の論調が見られた。すなわち、ボンベイで発行されていた『タイムズ・オヴ・インディア』には、南ア戦争を「均整を欠き、野蛮で邪悪な」ボーア人に対する強者イギリスによる懲罰のための戦争であると正当化し、早急に最低一万名のインド軍を派兵すべきであるとの投書[40]や、この戦争を白人自治領や本国の「帝国臣民」と同等の社会的精神を発揮する好機と捉え、自発的な募金で装備した志願兵を派遣すべきであるとの意見が寄せられていた。[41] もちろん、インド・ナショナリズム運動の強力な拠点であったベンガルの現地語新聞は、帝国主義的な侵略戦争として南ア戦争を非難する姿勢を見せたが、[42] インド現地にもインド軍の南アフリカ派兵を本国政府当局に要請する声があったことには注目しておきたい。

こうしたイギリス「帝国臣民」としての責務を強調する論理は、当時南部アフリカのナタール植民地でインド人移民の権利擁護のために活動していたガンディーの発想ともつながるものがあった。ガンディーのイギリス帝国への忠誠心は、戦時における戦争協力で示された。一八九九年一〇月に南ア戦争が勃発すると、ガンディーは、年季契約労働者を含めたインド人移民の中から一一〇〇名の志願兵を集めて、「インド人野戦衛生隊」(Indian Ambulance Corps) を組織した。この衛生隊は、戦争の初期段階にイギリス側が不利な状況に置かれた時に活躍し、特に、一九〇〇年一月のスピオン・コプの戦いでは、敗北したイギリス軍の負傷者を看護するために最前線で活動して高い評価を獲得した。[43] 後の一九〇六年に、ナタールのズールー族が反乱を起こした際にも、ガンディーは同様に小規模なインド人野戦衛生隊を組織して反乱の鎮圧に協力した。一九二一年に彼は、この二度にわたる南アフリカでの戦争協力と第一次世界大戦への協力を自己批判した。しかし、世紀転換期において彼は、苦境に陥ったイギリス側を軍事面から支援することで、インド人のイギリス帝国に対する忠誠心を誇示し、「帝国臣民」としての認知を求めたのである。

南ア戦争後半の一九〇一年一〇月に、ガンディーは、南アフリカにおける自分の使命を当面終えたと判断してインドに一時帰国した。その際の送別会のスピーチで彼は、次のように発言した。「南アフリカで求められているのは、白人の国ではない。白人の間での友愛でもなく、帝国の友愛（an imperial brotherhood）である。帝国の友人である人は皆それを目指すべきである。（中略）カーゾン卿が述べたように、インドはイギリス帝国の光り輝く宝石である。インドは、自己が（帝国の）共同体の容認できる構成員であることを示そうと望んできた」[44]と。彼は、再度インドがイギリス帝国の不可分の構成員であることを強調した。この時期のガンディーは、英語教育を受けてイギリス本国で法廷弁護士の資格を得た植民地エリートの一人として、イギリス帝国臣民の論理を逆手にとって、イギリス帝国内部におけるインド系移民の権利擁護に奔走していたのである。

以上見てきたように、南ア戦争の初期の段階では、イギリス本国だけでなく英領インドにおいても、インド軍の南アフリカ派兵に好意的な世論が形成されつつあった。戦争が長期化した一九〇一年の後半になると、次に見られる植民地相J・チェンバレンの発言のように、本国政府当局にも、インド軍の南アフリカでの使用に前向きの姿勢が見られた。「我々は、インド軍が文明化された戦闘方式に従って戦う、つまり、イギリス人将校により適切に統制されるという条件の下で、優秀なインド軍を使用するのをためらうべきではない[45]」。しかし、これは戦術的な方便であって、決してそのまま実行されることはなかった。こうして、インド軍派兵に対する好意的な世論の形成にもかかわらず、イギリス本国政府は最後まで、南ア戦争は「白人の戦争」であるという建前、公式見解を崩すことはなかった。白人優越感にもとづく一種の人種主義に左右されて、インド軍は南ア戦争で大規模に動員されることはなかったのである。

（4）ウェルビー委員会の答申による制約

第1節で詳述したウェルビー委員会の存在と、その答申内容による制約も、インド軍の南アフリカ派兵に対して、一定の抑制効果を持ったと考えられる。すなわち、南ア戦争の開戦時にはウェルビー委員会での審議が続いており、一八九九年九月にインド駐留のイギリス本国陸軍（ヨーロッパ軍）がナタールに急派された際にも、慎重な対応を求める懸念が本国議会で表明された[46]。ウェルビー委員会の最終答申は一九〇〇年四月六日に出されたが、約五年の歳月をかけた答申が出た直後に、インド軍の海外派兵に関する地域区分では「グレー・ゾーン」として曖昧なまま残された南部アフリカ地域の内陸部に大規模なインド軍を派兵することには、イギリス本国の保守党政府といえども慎重にならざるをえず、インド相ハミルトンもその意図を明言していた[47]。

しかし、ウェルビー委員会の答申には、「抜け穴」も用意されていた。すなわち、インド軍の海外派兵に関するガイドラインの第四項では、前述のように「事情によっては、ヨーロッパおよびその他の諸地域でも、インドにとって直接的・実質的利害が生じる場合がある」と明記され、本国政府の政策決定に好都合なようにガイドラインを恣意的に解釈する余地が残されており、その制約を事実上棚上げにすることも実際には可能であった。従って、インド軍が南アフリカに派兵されなかった理由の四番目の要因として、世紀転換期の国際情勢と、イギリス帝国が置かれていた国際秩序を検討する必要がある。次節においては、この時期の国際情勢の推移と、それに連動したインド軍の海外派兵の実態を改めて検討する。

5　義和団事件とインド軍

ここで改めて世紀転換期のインド軍海外派兵の軌跡をたどってみると、前述のウェルビー委員会のガイドライン答申にほぼ沿った海外での展開が見られた（表2-1も参照）。すなわち、インド相ハミルトンによれば、一九〇〇年度中に、インド洋沿岸のイギリスの公式植民地であったモーリシャスに一五〇〇名のインド軍が、セイロンには八〇〇名のインド軍と二一〇〇名の本国陸軍が、さらにシンガポールに向けて八〇〇名のインド軍歩兵大隊が派兵されて、それらの派兵と入れ替わりに、各植民地に駐屯していたイギリス本国陸軍（ヨーロッパ軍）が南アフリカに派兵された[48]。こうした陸軍兵力の互換的な移動と再配置にも、南ア戦争の「白人の戦争」としての性格が反映されている。

また、ほぼ同時期に、アフリカ北東岸のソマリランドにも、現地の争乱を鎮圧するために三〇〇名の本国陸軍と三三七六名のインド軍が派兵された（表2-1）。しかし、それ以上の大規模なインド軍の派兵が、一九〇〇年六月に勃発した中国での義和団事件への対応において行われた。前述のように、一九世紀においてイギリスの非公式帝国であった中国に対しては、一八四〇年の第一次アヘン戦争以来、三度にわたってインド軍が派兵されていた。一八五六—五七年のアロー号事件の際は、五七八七名のインド軍が広東の攻略作戦に参加し、一八六〇年の第二次アヘン戦争では、約一万一〇〇〇名のインド軍が北京を占領した。いずれのインド軍派兵の場合も、その派兵経費は、経常費、臨時経費ともに全額を本国政府が負担していた[49]。

義和団による北京の外交団と居留民への包囲攻撃は、列強に衝撃を与え、各国は救援軍を派兵した。前述のように、当時南アフリカへの兵力増強に忙殺されていたイギリスは、まず一九〇〇年七月初めに、日本に対して大軍の派兵を要請し、次いで前例を踏襲して、英領インドから緊急展開部隊としてインド軍を中国に派兵した。公式植民地の香港と、イギリスの租借地であった威海衛からもイギリス軍守備隊が動員された。この間の経緯を、イギリスの中国派遣軍の活動を総括した文書に基づいて少し詳しく明らかにしたい(50)。

一九〇〇年六月一二日に、本国インド相ハミルトンはインド総督カーゾンに対して、シンガポールと香港駐留のインド軍を中国北部に移送すること、その代替措置としてインドからのインド現地軍のシンガポール・香港への派兵を要請した。その後、北京と天津の情勢悪化をうけて、六月一八―二二日にかけて本国政府は、一万人規模のインド軍を中国に派兵すること、その穴埋めとして一〇月までにイギリスから四歩兵大隊（ヨーロッパ軍）をインドに送ることを決定した。この時点でインドからの中国遠征軍は、二旅団（各四歩兵大隊で編成）と補助部隊、さらに香港とシンガポールの守備にあたる二歩兵大隊を加えて主力部隊は一一の歩兵大隊で編成された。同時に、遠征軍の経費は本国政府が負担することが決まり、六月末から九月中旬にかけて、カルカッタ・ボンベイ・マドラス・カラチおよびラングーンから、相次いでインド軍は中国に向けて派兵された。遠征軍司令部は、イギリスの租借地であった威海衛に置かれた。遠征途上で、三〇〇〇余名で構成された第二旅団は不測の事態に備えて上海を防衛するために行き先を変更して上海に向かい、中国北部での軍事行動が続くあいだ上海にとどまったのである。

七月一九日にはインド総督カーゾンが、イギリス本国軍（ヨーロッパ軍）とインド軍半々で編成される第二番目の師団派兵の用意があること、その際彼は、イギリス本国軍が別の場所からの補充が可能な場合に限ってインドから派兵可能であることを強調した。現実には、南ア戦争の軍事動員体制のもとでインド駐留の代替連隊を用意するのは不可能であったために、結果としてイギリス歩兵旅団は中国に派兵されなかった。

戦闘の準備を進める過程で、南アフリカから中国に向けて大砲が転送された。すなわち七月初めにインド相は、四門の六インチ榴弾砲、二門の九・四五インチ榴弾砲、四門の四・七インチ速射砲を南アフリカから中国に移送することを表明し、この重装備を運用するために、一五名の将校と三〇五名の兵士から成る本国陸軍砲兵隊が、七月二三日に香港に向けてケープタウンを出発した。結局、この装備は列強連合軍の北京攻略には間に合わずに威海衛に留め置かれたが、これは南ア戦争と義和団事件との軍事面での連動性を明確に示す事例であろう。さらに、通信連絡を円滑に行うために、上海から威海衛経由で天津近郊まで海底ケーブルが敷設された。七月半ばに天津に集結して首都北京の攻略に参加した八カ国連合軍の兵力約二万名のうち、半数を日本軍が占め、イギリス帝国の軍事力はインド軍を中心に約三〇〇〇名であった。北京に入場した一番乗りの軍隊は、インド軍であったといわれている。[51]

イギリス兵力の増強は続けられ、八月初旬には、いずれもインド現地軍四歩兵大隊で編成された第三、第四旅団の増派が実施された。この結果、イギリスの中国派遣軍はインド軍歩兵大隊を主力とする四個旅団で構成された。[52]英領インドからは最終的に、インド駐留の本国軍（ヨーロッパ軍）一三〇〇名、インド軍（現地人歩兵大隊）一万八七〇〇名、合わせて二万一〇〇〇名の陸軍兵力が動員された。[53]加えて、インド軍戦闘要員とほぼ同数の一万七三〇〇余名のインド人随行者・クーリー・馬方などが中国に渡り、これら全ての人員の輸送に当たって計五三隻の輸送船が動員された。その中には、南アフリカから呼び戻された四隻の船舶も含まれていた。[54]さらに、本国からの要請に応えて、オーストラリアの二つの植民地ヴィクトリアとニュー・サウス・ウェールズから五〇〇名の志願兵が海軍陸戦隊として派兵された。南ア戦争に伴う反英的な国際世論が高まる国際情勢のなかで、その派兵は、イギリス帝国に対する愛国心の高揚を示す軍事的協力として高い評価を受けた。[55]

世紀転換期の中国では、列強の外交的・経済的な諸利害が交錯し、イギリス帝国権益の確保とその拡大が不可欠であった。[56]また、世紀転換期に英領インドから中国に向けては、ボンベイ産の綿糸が大量に輸出されてアジア間貿易の成長を支えていた。その意味で、英領インドも中国での国際秩序の維持に一定の利害関係を有していた。[57]非ヨーロッパ地域であり、ウェルビー委員会報告書ではインドが「限定された利害」を有する地域と規定された中国に対しては、過去のインド軍出兵を上回る最大規模のインド軍の派兵が敢行され、北京の街に再度インド兵が姿を現したのである。

　こうしたイギリス本国政府側の軍事的措置に対して、英領インドのナショナリストたちは批判の姿勢をとった。すなわち、一九〇二年の国民会議議長のバネルジーや総督立法参事会員のゴーカレは、中国と南アフリカへの出兵を可能にした「インドの軍事力」の過重な軍事編成と過大な軍事予算を批判して、その軽減を強く求めた[58]。

　最終的に、イギリス本国政府は、世紀転換期におけるインド軍の海外派兵経費として、一八九九年度に三五万三〇〇〇ポンド、一九〇〇年度に八五万二〇〇〇ポンド、一九〇一年度に八一万七〇〇〇ポンド、一九〇二年度に五六万五〇〇〇ポンド、一九〇三年度に二四万一〇〇〇ポンド、一九〇四年度に一〇万二〇〇〇ポンド、総計で二九三万ポンドを、イギリス本国財政から支出したのであった[59]。インド軍の海外派兵経費の全額を本国が負担したことで、インド政庁やナショナリストからの批判は回避されたのである。

6　第一次世界大戦とインド軍

以上見てきたように、イギリスは、世紀転換期の軍事・外交的な「危機」をインド軍の海外派兵によって乗り切った。二〇世紀初頭のイギリス本国および帝国にとって、インド軍は依然として重要な陸軍兵力であり続けた。安全保障面でこうしたインド軍に支えられて、イギリスは第一次世界大戦に臨むことになった。

　第一次世界大戦でインド軍は、これまでの海外派兵の場合をはるかに超えて、勝利のために多大の貢献をした。一九一四年の大戦勃発時に、インド軍の兵員数は、戦闘要員一五万五四二三名、非戦闘員四万五六六〇名、計二〇万一〇八三名で構成されていた[60]。開戦とともに、インド軍を主力とするインドの軍事力は、イギリス帝国の戦争のために即応戦力として動員され、フランス、東アフリカ、ペルシャ湾岸地域およびエジプトに派兵された。その数はイギリス人将兵二万三五〇〇名、インド兵七万八〇〇〇名、計一〇万一五〇〇余名であった。インド駐留のイギリス軍歩兵大隊と砲兵部隊は、九大隊を除いて全て本国に送り返され、それらはイギリス本国からの国防義勇軍部隊で代替された。

その後、戦線の拡大に伴ってインド軍が派兵された地域は急速に広がり、その派兵対象となった地域は、フランス、ベルギー、ガリポリ、サロニカ、パレスティナ、エジプト、スーダン、メソポタミア、アデン、紅海沿岸、ソマリランド、カメルーン、東アフリカ、ペルシャ、クルド地方、カスピ海沿岸、中国北部および英領インド北西・北東国境地域におよんだ。また、一九一八年一二月末までに、新たに戦闘要員として八七万七〇〇〇余名、非戦闘要員として五六万三〇〇〇余名、合わせて約一四四万余名のインド人が、現地インドで戦争遂行のために募集された。第一次大戦を通じて、インド軍関係の兵員数は七倍強に拡張されたのである。

同じ期間に、インドから海外には、軍の将兵と非戦闘要員・労務者としての随行者を合わせて、イギリス人二八万五〇〇〇余名、インド人一〇九万六〇〇〇余名、合計一三八万一〇〇〇余名の人員が[61]、ヨーロッパの西部戦線やメソポタミア、パレスチナなどの中東の戦場に動員された。特に、戦争の後半段階で、中東各地域でのオスマン帝国を相手にした軍事作戦では、インド軍が戦闘部隊の主力を務めた。また、ヨーロッパ西部戦線においては、八万九〇〇〇余名のインド軍将兵と非戦闘員随行者四万九〇〇〇余名、合わせて一三万八〇〇〇余名のインド現地人が、白人の優越感や人種主義的な偏見にはまったくお構いなく、白人相手の戦闘に従事した[62]（表2-4参照）。

長期化した塹壕戦と多くの犠牲者を出したことで、部分的にインド軍部隊の士気が低下したこともあったが、白人を相手に互角に戦い、植民地では支配者であったイギリス人将兵と同列で本格的な近代戦の戦闘に参加したことは、ヨーロッパに派遣されたインド人兵士たちの自信と誇り、さらにナショナリズムを高揚させたのである。また一九一五年には、シンガポールに駐留したインド軍歩兵連隊が「反乱」を起こし、日本海軍の助力により鎮圧されるという事件も発生した。[63]

表2-4　第1次世界大戦におけるインドからの兵員動員数

派兵地域	戦闘要員				非戦闘要員	総　計
	イギリス人将校	イギリス人兵士	インド人下士官	インド人兵士	インド人	
フランス	2,395	18,953	1,923	87,412	49,273	
東アフリカ	928	4,681	848	33,835	13,021	
メソポタミア	18,669	166,828	9,514	317,142	348,735	
エジプト	3,188	17,071	2,208	107,743	34,075	
ガリポリ	42	185	90	3,041	1,819	
サロニカ	86	851	132	6,545	3,254	
アデン	952	1,267	480	19,936	5,786	
ペルシャ湾	991	1,019	967	29,408	19,823	
合　計	27,251	210,855	16,162	605,062	475,786	1,335,116

出典）H. S. Bhatia (ed.), *Military History of British India, 1607-1947* (Delhi, 1977), p. 225.
注）上記の数字には，開戦直後インドからイギリス本国に呼び戻されたイギリス人将兵42,430名を含んでいない。

戦費の負担に関しては、第一次世界大戦の開戦直後にインド政庁が、海外に派兵されるインド軍の通常維持経費を負担する提案を行った。その申し出はイギリス本国議会でも歓迎されて、一九一四年九月と一一月に本国議会両院は、一八五八年インド統治改善法第五五条の国制上の規定に基づいて、[64]インド財政からの戦費支払いを認める決議を相次いで行った。この結果、インドが、海外に派兵されたインド軍の通常経費を負担することが確定し、インドにとって約五一〇〇万ポンドの負担になった。さらに、インドからの軍事力移動経費（臨時経費）、インド北西国境や海岸部の防衛費、エンパイア・ルートの拠点であり慣例的にインドがその経費を負担していたアデンでの作戦活動に伴う諸経費など、約七八〇〇万ポンドがインド財政から支出された。それに加えて、一九一七年初めにインド立法参事会の同意を得たうえでインド政庁は、特別にイギリスへ一億ポンドの献金を行った。結局、合わせて合計二億二九〇〇万ポンドの経費をインドは負担したのである。[65]

7　ヘゲモニー国家イギリスとインド軍

以上、一九世紀から二〇世紀への世紀転換期と第一次世界大戦におけるインド軍の海外派兵問題を考察してきたが、最初に述べた二つの観点と関連づけて問題を整理したいと思う。

世紀転換期のインド軍海外派兵をめぐる経緯と議論は、第一次世界大戦におけるイギリス帝国の軍事動員体制の前兆となるものであった。まず、インドを中心とするイギリス帝国体制の構造的連関性は、ウェルビー委員会の最終報告書に盛り込まれた、インド軍の動員可能な地域区分に関する答申（ガイドライン）に集約的に表現されている。すなわち、その答申によって、西はエジプトのスエズ運河から東は中国沿岸地域にいたる、広大なアジア・アフリカ諸地域に伸びるエンパイア・ルート防衛のために、インド軍の軍事的展開が正当化された。「帝国拡張の先兵」であったインド軍は、まさにグローバルな規模でイギリス帝国を軍事的に支える役割を世紀転換期に強化されたといえる。同時に、このインド軍を中核としたイギリス帝国の軍事編成は、南ア戦争時の南アフリカへの増援軍の構成に示されたように、白人自治領諸国の協力によって補完されるようになった。自治領諸国のイギリス帝国体制への軍事的・財政的な協力関係は、一八八〇年代後半から漸次形成されつつあったが、その協力の実効性が初めて現実のものになったのが南ア戦争である。本章では、南ア戦争と同時に勃発した中国での義和団事件に最大規模のインド軍が投入された事実を重視した。南ア戦争で軍事的窮地に陥っていたにもかかわらず、義和団の蜂起に際して、緊急展開部隊として中国に派兵されたインド軍のプレゼンスは、東アジアにおける国際秩序の維持にかけたヘゲモニー国家イギリスの明確な意思表明であった。緊急展開部隊としてのインド軍と自治領諸国からの志願兵部隊を組み込んだ軍事動員により、イギリスは同時多発的な国際紛争に対応する軍事的態勢を確立した。インド軍は、英領インド周辺の各植民地から南アに派兵されたイギリス本国軍に代わって各植民地に補充された。こうして、軍事的側面でイギリス帝国の一体性は強化され、ヘゲモニー国家としてのイギリスは軍事面での優位性を維持することができた。さらに、東アジアにおいては、友好国であった日本との外交的、軍事的な協力が重要であった。一九〇二年の日英同盟の締結は、その必然的な帰結であった(66)。

次いで第二の観点、世紀転換期にあらわれたイギリス帝国観の特徴であるが、本章では、南ア戦争でみられた人種主義と「帝国意識」に着目した。南ア戦争時における南アフリカに対する「帝国拡張の先兵」インド軍の派兵は非常に限定的であった。イギリス本国政府当局のインド軍の使用をめぐるそうした慎重な姿勢の背後には、強烈な白人優越感にもとづく人種的偏見（人種主義）が存在した。南アフリカにおいてイギリス人勢力は少数派であったという現地での歴史的な事情とも重なり合って、「白人の戦争」という神話の温存がはかられた。ある意味で、大量のインド軍の投入を抑制したこのディレンマが、南ア戦争を二年半ものあいだ長引かせたといえる。他方、インドのナショナリストの間では、ナオロジやこの時期のガンディーの対応に見られたように、イギリス帝国の一体性を強調しながら、その帝国の枠組みのなかでインドの権益を擁護しようとする姿勢が顕著であった。「帝国臣民」の論理を積極的に利用してインド系移民の権利を守り、同時にインドの経済利害を拡張しようとするしたたかさが見られた。ヘゲモニー国家としてのイギリスのグローバルな影響力を前提にした「帝国意識」が植民地エリートの間でも見られたのである。

後の第一次世界大戦時においては、一〇九万六〇〇〇余名のインド人が中東戦線を中心として海外に派遣された。なかでも一三万八〇〇〇余名のインド軍は、南ア戦争時にみられた白人優越感に全く関係なく、ヨーロッパの西部戦線に投入されて白人相手の戦闘に従事した。南ア戦争時には、そこまでの深刻な「危機感」は見いだされない。世紀転換期の国際関係とイギリス帝国内部の情勢は、ヘゲモニー国家イギリスに変質を迫るほどのインパクトを与えたわけではなかった。世紀転換期に見られたインド軍の海外派兵は、ヘゲモニー国家イギリスの強さの一端を示しているのである。

第3章　インド軍の上海派兵問題
——一九二七年——

1　インド軍の海外派兵問題とアジア国際秩序

今まで考察してきたように、一九世紀中葉からインド軍は、グローバルに展開するイギリス帝国利害の拡張・維持の先兵として、アジア・アフリカ等の非ヨーロッパ諸地域（場合によってはヨーロッパにも）に派兵されてきた。そのたびに、経費の負担をめぐって、イギリス本国政府と現地インド政庁との間で論争が展開されてきた。インド軍の最大規模の海外派兵は第一次世界大戦と第二次世界大戦であったが、平時の海外派兵としては、一九二七年の上海への派兵が最後の事例となった。本章では、この一九二七年のインド軍の上海への派兵を取りあげて、インド軍の海外派兵問題がアジア国際秩序とイギリス帝国利害との間で、いかなる関係を有したか考察したい。

ところで、一九二七年の上海への派兵は、従来の研究史でどのように取り扱われてきたのであろうか。インド軍は、蔣介石が率いた中国国民党の北伐軍が上海に接近し、イギリスをはじめとする列強の共同租界における居留民の生命と財産が脅かされると思われた緊迫した事態が発生した時に、「上海防衛軍」（The Shanghai Defence Force）の先遣隊として派兵された。従来の研究では、この事件は、外交史と軍事史の文脈で論じられてきた。

たとえば、後藤春美は、日英同盟の廃棄以降、一九二〇年代後半の上海をめぐる日本とイギリスの中国に対する外交政策の交錯を探究し、一九二七年前後の上海の緊迫した情勢と、日英同盟廃棄後の新たな外交戦略を模索するイギリスのあり方を、中国側のボイコット運動がその標的をイギリスから日本に転換する過程とからめて詳細に描いている。[1] ロジャー・ルイスのイギリス極東戦略に関する研究では、同事件を戦間期における「砲艦外交」の例外的事例と位置づけている。[2]

また、イギリス帝国史、特に軍事史の領域では、一九二〇年代に最大の版図を獲得したイギリス帝国の軍事戦略の一環として、上海防衛軍の派兵を論じている。すなわち、海軍力の大幅な削減を中心とする軍備縮小の機運のなかで、イギリス本国陸軍の主要な目標として、帝国各地に駐屯しながら既存の利害を守る防衛的な役割が重視された。そのなかで上海防衛軍は、次のように評価されている。すなわち、一九二二年の東地中海におけるトルコとのチャナク事件と同様に、展開した軍事力の規模とそのプレゼンスによって本格的軍事力が行使されることを未然に防いだ、古典的な軍事抑止力の成功例と考えられた。[3] 帝国主義的国際秩序の維持にかかわる「世界の警察官」としてイギリスの軍事力が有効に行使された成功例であると、上海防衛軍は評価されたのである。[4] しかしながら、以上の研究においても、上海防衛軍のなかで重要な役割を果たしたインド軍の存在はほとんど言及されておらず、アジアの国際秩序の形成・維持過程におけるインド軍の役割が充分に論じられているとはいえない。さらに、イギリス帝国経済史研究の領域で中国を論じた研究でも、一九二七年のこの事件は、前年の「クリスマス・メモランダム」以降のイギリス政府による政策転換の文脈において軽視されているといわざるをえない。[5]

他方、インド・南アジア史の領域では、第一次世界大戦までのインド軍の海外派兵問題は、第1章、第2章で見てきたようにさまざまな論争を引き起こしてきた。しかし、概して戦間期の研究は、インド国内でナショナリズムが台頭する過程を研究する「内向き」志向が強く、インド（南アジア）の対外関係を論じた研究はほとんどない。従って、第一次大戦以降のインド軍海外派兵問題に関する研究も数少ない。そのなかで、トムリンソンとランカ・

スンダラムの研究は重要である。トムリンソンはインド財政問題とインド軍海外派兵の関連を論じている。[6] 他方、インド人学者で国際連盟にも協力したスンダラムは、第一次大戦期以降におけるインドにとっての軍事力のコストを論じている。[7] 彼の研究は、イギリス帝国主義を断罪するナショナリスト史観に従うとはいえ、戦間期のインド軍問題を英印両国の議会資料に基づいて丹念に分析した力作である。本章では、このスンダラムが提起した問題を、現代のイギリス帝国主義をめぐる論争と絡めて再検討する。さらに、上海派兵の舞台になった中国現代史の領域でも、この事件はイギリスの帝国主義的「砲艦外交」の時代遅れな事例として批判されるが、そのアジア国際関係史における意義と影響は等閑視されている。

本章では、それぞれの研究領域で等閑視されてきた一九二七年の上海防衛軍とインド軍派兵問題を、国際関係史的な側面から再考したい。その際に、上海という当時の東アジアにおける最大の国際商業都市の持つ性格と、「防衛」されるべき利害がいかなるものかを考えてみたい。以下では、まず上海防衛軍の派兵にいたる経緯を、主にイギリス外務省とインド省の外交文書を参照しながら確認する。次いで、一九二七年前後の上海におけるイギリスの経済権益の実態を理解するために、現地のイギリス商務官が本国に送った領事・通商報告を参照する。というのも、公式の外交文書だけでは、背後にあった具体的な経済利害の中身を的確に把握できないからである。さらに、英領インドと事件とのつながりを明確にするために、インド立法参事会での議論や現地語新聞の動向を探る。こうした三側面からのアプローチを通して、上海に集中したイギリスの経済的利害と安全保障との関係を、アジア国際秩序の形成・維持とインドの役割、そして「帝国的な構造的権力」イギリスとの関連で考えてみたい。

2　上海防衛軍の派兵とインド軍

(1) 上海防衛軍派兵の経緯とイギリス政府の立場

最初に、上海防衛軍の派兵にいたる経緯を簡単に見ておきたい。防衛軍派兵の直接のきっかけは、一九二七年一月三—四日に揚子江中流域のイギリス租界・漢口（Hankow）が、一月六日には九江（Chiuchiang）が、中国国民党軍によって事実上「接収」されたことに起因する。イギリス側の主張は、以下の通りであった。(1)北伐軍に刺激され、漢口のイギリス租界に侵入した「暴徒」たちは、ロシア政治顧問に指導された国民党左派の影響下にある、(2)彼らは軍事力を背景にして意図的に、列強の条約上の権利である租界を回収しようと企んでいる、(3)「暴徒」は外国人の資産を略奪・破壊したため、居留するイギリス臣民は軍艦で撤退・離脱を余儀なくされた、(4)揚子江流域各地の租界から、多くの避難民が上海に集まっている、(5)上海において同じような略奪・暴行は許されないし、上海の共同租界等からの外国人撤退・避難は不可能であるので増援軍の派兵が必要である。[8] 中国国民党急進派の「挑発」に対して、特に、駐中国イギリス大使ランプソンをはじめとする現地の政策当局は反発し、北伐軍の上海への接近が伝えられるなかで、上海防衛軍の派兵があわただしく決定されたのである。

他方、ほぼ同じ時期に、イギリス本国政府は、関税自主権をめぐる漸進的な条約改正の交渉に応じる意志のあること、中国のナショナリズム勢力、特に南部で実効支配地域を拡大し「国民革命」をめざして北伐を進めつつあった国民党政権に今後協力してゆく意志を持つことを、一九二六年一二月二六日に「クリスマス・メモランダム」として発表していた。[9] 上海防衛軍の派兵は、そうしたイギリス側の政策変更の途上で、漢口事件の再現を恐れた予防措置（precautionary measures）として発動された。

もともと中国におけるイギリスの陸軍力としては、公式植民地の香港防衛のためにインド軍一歩兵大隊（本国が経費負担）とイギリス陸軍一歩兵大隊が、華北の租界・天津には義和団事件以降、北京との交通路確保のために本国陸軍一歩兵大隊、合わせて三歩兵大隊が駐留していた。また、海軍力として東アジアにはイギリス中国艦隊（China Squadron：巡洋艦五隻、河川砲艦一五隻、掃海艇二隻、小砲艦四隻）が存在した。具体的な増援軍派兵の最初の措置は、一九二六年一二月一五日の本国閣議でとられ、ジブラルタル駐屯の第二サフォーク連隊（本国陸軍）を香港に移動させる決定がなされた。同連隊は一二月三一日に出港し、香港には翌一九二七年二月三日に到着した。二七年一月一二日には上海のイギリス総領事が、上海の治安の悪化に備えて香港駐屯のインド軍一歩兵大隊の上海への移動を正式に要請した。また一月はじめに、共同租界の行政当局は、中国の敗残兵と「暴徒」の侵入に備えて有刺鉄線のバリケードの構築に着手し、二月末までには共同租界を囲むフェンスが完成した。

次いで、一九二七年一月一七日に二度にわたって開かれた本国閣議では、(1)インドからすぐに一混成歩兵旅団を派兵すること、(2)本国と地中海のマルタ島から、二イギリス旅団の派兵準備に取りかかること、ただし後述するように、他の列強、特に日本政府の対応を確かめるために二日間決定を保留することが決められた。混成歩兵旅団の派兵の指令を受けたインド政庁は、すぐに準備に着手した。[10] 最終的に一月二一日に、上海防衛軍の派兵が閣議決定され、一月二七日に第二〇インド混成歩兵旅団（四歩兵大隊で編成）がボンベイ、カルカッタを出港、一月二八—二九日には本国陸軍の第一三および第一四歩兵旅団（八歩兵大隊で編成）がサザンプトンを出港し、それぞれ上海に向かった。香港から急派されたインド軍一歩兵大隊は、一月二七日に緊急展開部隊として真っ先に上海に到着し、事態の沈静化に貢献した。次いで、二月一二日に第二〇インド混成歩兵旅団が上海防衛軍の第一陣として到着、二月二六日には本国と地中海からの派遣軍である第一二海兵大隊と第一四歩兵旅団が上海に到着した。

政治・外交面での正式の手続きとしては、まず一月二四日に、インド総督アーウィンがインド立法参事会で以下のような事情説明を行い、インド軍派兵の意志を明らかにした。「中国の情勢は深い憂慮を招く事態にいたった。最近イギリス人だけでなく多くのインド人臣民を含むさまざまな開港場の商業界で、生命と財産に対する攻撃がなされた。（中略）帝国政府はやむを得ず、政府がその安全に責任を持つ人々の生命を守るために、中国に増援隊を派兵する決定を下した。インドが、緊急展開の軍事力を提供できるイギリス帝国内の最近接地域であることを考慮して、インド政庁は、この純粋な防衛活動に対し、インド軍を含めた分遣隊を派兵して協力することに同意した」[11]。この通告をめぐって立法参事会で批判が巻き起こったが、その点は後述する（本章第4節）。

次いで、イギリス本国政府は、一九二七年一月三一日付で中国側に上海防衛軍派兵の通告を行った。その際に、上海に派兵されるイギリス軍は、上海でのイギリス権益の保護・防衛のために必要とされる純粋に防衛目的の軍事力であり、中国の政治問題に関わるつもりはなく、全般的な事態が解決されればすぐに撤兵する旨が強調された[12]。この通告に対して中国政府は、主権の侵害であるとして即刻抗議した[13]。二月八日の議会開会日での国王演説でも、「漢口と他の場所で起きた出来事の結果、我が政府は、暴徒の暴力と武装攻撃に対してイギリスおよびインド臣民の生命を保護するために、十分な軍事力を極東に派遣する必要があると判断した」と、政府の施政方針が述べられた[14]。首相ボールドウィンはその演説のなかで、現在の中国は内戦状態にあり、義和団事件直前を思い起こさせる事態に直面していること、上海からの居留民の引き揚げは問題外であり「我々が極東に送ったのは遠征軍ではない。（中略）我々は共同租界の帝国臣民を守るために必要な軍を送った。（中略）その軍は、生命の保護のために中国に向かったのであり、それ以外の何物でもない」と強調した[15]。本国の保守党政府は、イギリス臣民の生命の保護を派兵の理由にあげたが、議会答弁で明言は避けているものの、その背後には、「(2)共同租界の資産保護と（中略）(3)彼らが条約で保障された諸権利あるいは慣例の享受を妨げるような暴力行為を阻止すること」が意図されていたことに注目しておきたい[16]。人道的理由は、「砲艦外交」を正当化する常套手段であった。

現地の上海では、一九二七年三月二一日に、共同租界の行政当局によって非常事態が発せられた。これによって、上海地域の安全保障は、イギリス単独の問題ではなく、列強諸国に共通の国際的な責任問題になった[17]。三月二六日には、国民党の蔣介石が上海に到着した。敗残兵との小規模な小競りあいはあったものの、上海防衛軍と中国国民党軍との衝突は回避された。

だが、翌三月二七日には、南京で英米日三カ国の領事館が襲撃される南京事件が起こった。国民党の蔣介石は二七年四月一二日に上海で反共クーデタを敢行して、党内の左派勢力の一掃を図った[18]。他方、四月一日のイギリス本国閣議においては、陸軍参謀会議の助言に基づいて、南京事件に対応して増援のために第一五本国歩兵旅団（四歩兵大隊で編成）の派兵が決定された。同部隊は四月一二、一四日に本国を出港し、五月一五日に香港に到着した。また、三月中旬には、アメリカ海兵隊一大隊（一二〇〇名）と、フランス租界の守備隊を補強するために、仏領インドシナから一ヨーロッパ歩兵大隊と二ベトナム歩兵中隊が上海に上陸していた。しかし、他の列強は海軍力を増強するにとどまった[19]。三月の時点で、列強の上海における軍事力は、合わせると約二万二〇〇〇名になった。

この間にイギリス本国議会では、上海周辺の軍事力増強について、幾度か質疑が繰り返された[20]。一九二七年四月六日、外相オースティン・チェンバレンは、改めて以下のようにイギリス政府の政策意図を明言している。「我々は、中国国民と平和で友好的に暮らす以外の利害関係を中国では持っていない。（中略）しかし、外国人を保護する能力と意思の無い政府に向かい合った時、我々は、合法的な職業に従事する我が国民を保護するために、可能な予防措置を取らねばならない。（中略）我々の政策は変わっていない。私は、古い条約が時代遅れであり、新たな体系をめざして我々は前進せねばならぬことを認める。（中略）我々は可能な限り、融和の政策を遂行するであろうし、古い条約上の立場を（中国の）新たな大望と状況に適合させる政策を追求するであろう。しかし、我々は、中国から追い立てられたり、内陸部だけでなく上海から全ての我が国民を撤退させるつもりはない。（中略）我々には、まるで条約上の権利を持たないかのように、あるいは、あたかも我が国民の生命が我がイギリス政府にとって重要でないように扱われる筋合いはないのだ[21]」（傍点は筆者による強調。以下同様）。イギリス政府の表向きの方針は、一九二六年一二月二六日の「クリスマス・メモランダム」で表明された、漸進的な不平等条約の改正に応じる意志を表明した時点とさほど変わっていなかったのである。

しかし、イギリス外務省では、防衛軍の派兵を含めて、幾つかの対応策が検討された形跡がある。一九二七年五月の中国政策をめぐる覚え書きは、問題の核心を衝く次のような鋭い指摘を行っていた[22]。すなわち、イギリス政府が中国で採用した政策は、臣民の生命と財産の保護を超えるはるかに大きな諸問題を含んでいる。通商の発展、公正さと寛大さをめぐる名声、国際政治でのイギリスの影響力がそれだ。イギリスの中国政策では、以下の三点を考慮することが重要であるとされた。すなわち、(1)信頼関係の再構築と、(2)将来の安全が保障される条件のもとでのイギリス貿易の復興が重要であり、そのためには、中国国民の好意、契約の履行を保証する安定した権威、生命・財産に対する適切な予防措置、以上の三つが不可欠である。(3)世界平和の維持と紛争解決のために、強力な影響力行使を可能とする極東政治での地位の確保も必要である。この三つの目標を実現するために、実際、次の三つの選択肢が考えられた。(1)武力干渉・制裁の実施：これは、他の列強の反発とイギリスの外交的孤立、過大な財政負担、世論の反発、従来の懐柔政策から逸脱するなどの理由で、その実施は困難である。(2)現状維持：これは事態の一層の悪化をまねく消極的政策である。(3)中国政府との交渉継続：これには、中国との条約関係を完全に見直し、一方的に有利な特権を放棄することをめざして、漸進的に粘り強く交渉して中国側の信頼と賛同を得るべく努力する必要がある。さもなくば、中国側の政治的不安定、政争や、イギリス通商利害関係者の既得権との抵触、国際協定や租界の退廃をまねくなどの問題点がある。しかし、最も深刻な危険は、中国海関が外国人の管轄を離れることによる中国側の債務不履行である。これは将来の交渉で取り上げるべき最も重要な問題であり、中国側との全面的な協力によってのみ解決できる。

巧みに明言は避けているが、この覚え書きは、東アジアにおけるイギリスの将来展望に影響を及ぼす度合いからそれぞれの政策の功罪を判断して、第三番目の選択肢を薦めていた。外務省にとって最も懸念されたのは、中国側の債務不履行なのであった。

ところで、実際の軍事力の動員と展開は、非常事態の宣言以降急速に進展した。一九二七年四月一三日の外相O・チェンバレンの答弁によれば、以下のような大規模な列強の海軍艦船が中国海域に集結し、事実上の多国籍軍が編成されたような様相を呈していた。

イギリス：巡洋艦一三隻、空母二隻、駆逐艦二〇隻、河川砲艦一七隻、潜水艦一二隻、掃海艇二隻、
　潜水艦支援船二隻、小型砲艦四隻、病院船一隻、武装汽艇三隻、蒸気船一隻。
アメリカ合衆国：巡洋艦四隻、駆逐艦一二隻、小砲艦一一隻、ヨット一隻。
日本：巡洋艦一一隻、駆逐艦二二隻、掃海艇一隻、小砲艦九隻。
フランス：小砲艦八隻、輸送艦三隻、掃海艇一隻。
イタリア：巡洋艦一隻、小砲艦二隻、駆逐艦一隻。
オランダ：巡洋艦一隻。
ポルトガル：巡洋艦一隻、砲艦二隻、小型砲艦一隻。
スペイン：巡洋艦一隻。

イギリスは、この海軍力に加えて、すでに述べたように、一三歩兵大隊（三歩兵旅団と一サフォーク連隊で構成された）、一海兵大隊とその支援部隊から成る陸軍戦力を派兵した。一九二七年二月の段階で上海防衛軍は、イギリスからの分遣隊の将兵が九五〇六名、インドからの分遣隊がイギリス人将兵二二五二名、インド人将兵四一五七名

の合わせて六四〇九名、総計で一万五九一五名に達する一師団規模の兵力であった。[23] さらに四歩兵大隊（第一五歩兵旅団）が増援部隊として香港に向けて移動中であった。[24] また、日本もイギリスに次ぐ規模の海軍戦力を派遣し、上海における列強の軍事力の兵員数が最大規模に達した一九二七年六月には、総兵員数二万三七〇〇余名となった。そのうちイギリスは一万六〇〇〇余名を占め、イギリスの軍事力は突出していた。[25]

（2）上海防衛軍の派兵をめぐる国際関係

次に、上海防衛軍の派兵に関する国際関係を考察しておきたい。というのも、当時の上海は東アジア随一の商業都市であり、列強の利害が共存した国際的性格の強い都市であったからである。上海には、いわゆる不平等条約で認められた共同租界とフランス租界が存在した。外国人の人口は、両方あわせて約三万六〇〇〇名、イギリス系（インド人を含む）の帝国臣民は約九〇〇〇名が居留していた。共同租界地域は、上海参事会（the Shanghai Municipal Council 中国語では工部局：一二名の参事で構成、一九二七年当時の参事はイギリス人五名、アメリカ人二名、日本人二名、中国人三名）の管轄下に置かれていた。租界の防衛は、上海義勇軍（Shanghai Volunteer Corps：将校八〇名、兵員定員一四〇〇名）と列強各国の海兵隊約一二〇〇名が担当した。しかし、有事の際の租界防衛には、少なくとも一万名の増援軍が必要になると考えられていた。[26] 従って、増援軍を必要とする場合には、フランスを含めて、共同租界に利害関係を持つ列強諸国の協調行動と相互の協力、特に日本とアメリカ合衆国の協力が求められたのである。

上海防衛に際してイギリス政府が最も期待したのが、中国に非常に近くて危機に対する即応能力を持った日本であった。一九二七年一月一一日に開催されたイギリス政府の帝国防衛委員会では、国際共同軍の派兵が望ましいとされ、日本が主導的な役割を発揮することを期待した。[27] 前述のように、イギリス政府は一九二七年一月一七日の閣議で、外相O・チェンバレンが日本に四〇〇〇名の国際軍派兵を求めて正式の協力を要請するとともに[28]、日本の回答を得るまでの四八時間、上海防衛軍派兵の正式決定を保留していた。

だが、日本政府は一月二一日にイギリスとの共同出兵を断った[29]。それを受けて、イギリス政府は同日、上海防衛軍の派兵を正式決定するとともに、日本政府に対して遺憾の意を伝えた。あわせて、日本の協力拒否によりイギリスは単独出兵を決断せざるをえない状況に置かれた点を強調した[30]。

イギリスの駐日大使ティリーは、この問題をめぐって一月上旬からしばしば日本の外相幣原喜重郎と会見して、日本政府の出方を探っていた。彼は本国外相O・チェンバレンに対して、日本側の情勢認識を次のように紹介していた。(1)日本は、現在の上海の情勢が危険とは考えておらず、上海と漢口の問題は切り離して考えるのが妥当であると判断している。最悪の場合でも、日本は即座に上海を防衛するのに十分な軍隊を派兵できるので、早急な決断は必要ないし、派兵の決定は時期尚早である、(2)日本からの派兵の動きが中国側に伝わると、現在進行中のものよりもさらに深刻なトラブルが起こるであろう。現在日本人は被害にさらされていないが、派兵によって中国人は日本人に反抗して立ち上がり、日中両国の間で危険な争乱の精神が生じるであろう。日本政府は、イギリス側が恐れている危険は起こりそうもなく、逆に争乱をかき立てるのは賢明でないと確信している[31]。

ティリーはさらに、日英両国の中国に対する政策の相違を明確に指摘した。彼によれば、日本が上海派兵に消極的なのは、目的達成の方法をめぐる意見の違いだけではなく、日本にとって決定的に重要な利害関係がイギリスのそれとは異なるからであった。つまり、中国は日本の外国貿易で六〇%を占めたのに対して、イギリスのそれはわずか五%に留まり、それぞれの国民の保護は、両国にとって同じ重要性を持たないからである。従って、日英両国間には溝があり、現在の困難な状況のもとでは、日本との同盟がイギリスにとって本当に役立つとは思われない。日本にとって究極の政策目標は、貿易の保全であり、日本が満洲で求めているのも自国の経済活動にとっての安全保障である。日本との協商関係の構築は問題外であり、めざすべき日本との和解策は、不干渉政策の枠組みからはみ出さずに、外国租界を防衛するための大規模な兵力と、もっと積極的な措置を援用するほうが賢明であると日本政府を説得することである。(32)

駐日大使ティリーは、日本の対中国利害に占める輸出経済利害の重要性を的確に指摘し、安易な日英同盟復活論に疑問を投げかけた。北京の駐英大使ランプソン、東京のティリー、ロンドンの外相O・チェンバレンらイギリスの外交政策担当者は、緊密に連絡をとりながら日本との協力を模索したが、日本側の拒否回答にあって落胆した。

このように、日本政府は上海の陸軍力による防衛に表向きは消極的であったが、前述のように地政学上の地の利を活かして、中国海域にイギリスに次ぐ艦隊を派遣していた。やがて日本政府の消極姿勢は、一九二七年四月二〇日の政権の交代（若槻礼次郎・憲政会内閣から田中義一・立憲政友会内閣へ）により一転して、積極姿勢に転換することになった。

他方、イギリスが協力を期待したもう一つの列強がアメリカ合衆国であった。アメリカに対してもイギリス政府は、早い段階から事情を説明して、派兵に対する理解を求めた。しかしアメリカ政府は、海兵隊を待機させたものの、一貫して消極的な姿勢をとり続けた。一九二七年一月末には、国務長官ケロッグが、アメリカの対中政策の基本方針を発表していた。その方針は、(1)アメリカ政府は、最恵国待遇、門戸開放、アメリカ市民の生命・財産の保護が与えられることを前提に、関税自主権の回復と治外法権の撤廃に応じる用意があること、(2)アメリカは中国に対して、自由主義の精神（the most liberal spirit）で臨み、注意深く厳格な中立の姿勢をとり、中国の国民的覚醒を共感をもって見守ってきたこと、(3)アメリカ政府は中国に租界を持たず、帝国主義的態度を示したこともない。アメリカ政府は、その市民が中国に居住し合法的職務を遂行するうえで、特権・独占・特定の勢力圏がない状況で、他の列強の市民と対等の機会を与えられることを望む、というものであった。(33) この声明自体は、門戸開放・機会均等・中国の領土保全を原則とする、アメリカ政府の伝統的な対中外交政策とワシントン体制の原理を繰り返したものであるが、不平等条約の全面的改正の意志を、列強の中で最初に明確に表明した点で意義があった。

他方、アメリカ政府は独自の判断で、上海に常駐していた海兵隊約一二〇〇名を上陸させた。アメリカ政府はその海兵隊が、何らかの国際的な合意に基づいて派兵されたのではなく、アメリカ市民の生命・財産を守るために存在し、その指揮系統が完全に自国の管轄下にあることを強調した。さらに、その海兵隊の存在によって、アメリカの対中国貿易に有害な影響が及んでいない事実を確認した。[34] イギリス駐米大使ハワードは、特に最後の点に注目して、中国におけるアメリカ独自の政策の背景には、伝統的な孤立主義と、中国ナショナリズムに対する大衆の生来的な共感に加えて、アメリカ製品のボイコットにつながるようないかなる措置も回避したいというアメリカ政府の願望がある、と外相O・チェンバレンに伝えた。[35] 一九二七年三月の南京事件の後でアメリカ政府は、増援部隊として約二三〇〇名の海兵隊をサン・ディエゴから上海に派兵し、アメリカの動員兵員数は約三五〇〇名に拡大した。しかし、この段階になっても、アメリカの世論は極端に慎重な政策を望んでおり、「合衆国の合法的な権益は守られるべきである、しかし、合衆国政府は自国の対中国政策を、他の列強諸国のそれと同一視されないようにぜひとも努めるべきだ」という考え方が支配的である、とハワードは本国に報告した。[36] 以上の点から、自国民とその経済利害を防衛するために限定的な措置を講じながらも、他の列強諸国、とりわけイギリスとは一線を画して、対中国政策においてリベラルで独自な立場を貫こうとするアメリカ政府の姿勢が明らかになる。

こうしてイギリスは、日本の消極姿勢とアメリカの独自外交のはざまで、結果的に、事実上単独の上海防衛軍派兵を強いられたのである。その過程で、緊急展開部隊としてのインド軍に依存することになった。なおフランスは、自国の租界防衛のためにイギリスに協力的であって、前述のように、仏領インドシナより一歩兵大隊を派兵していた。

(3) インド混成歩兵旅団の経費負担問題と早期撤兵

前述のように、上海防衛軍の約四割の兵力は、インドからの分遣隊である第二〇混成歩兵旅団を中心に構成された。この混成旅団は、二つのインド駐留イギリス本国陸軍歩兵大隊(グロスター連隊、ダラム軽歩兵隊)と二つのインド軍歩兵大隊(第一パンジャブ連隊、第一四パンジャブ連隊)、および支援の砲兵・工兵・輸送隊などから編成されていた。(37) イギリスからインドに派遣されて駐屯していた本国陸軍(イギリス人)部隊と、従来からアジア・アフリカの非ヨーロッパ諸地域、とりわけ中国に派兵されてきたインド軍が組み合わされセットになって上海に派兵された点が特徴的である。緊急展開部隊として、インド軍の軍事戦略的な価値が平時において発揮された事例としては、この一九二七年の上海防衛軍が最後の例になった。

インド混成旅団の派兵をめぐっては、本来インドで、各大隊の不在期間中の代替措置を講じる必要があった。しかし今回は、事態の緊急性と本国・インド双方の財政難から、他の部隊によるインド駐屯の代替措置は取られなかった。(38) 従って当初から、できる限り派兵期間を短縮することが、インドからの派兵にとって不可欠の要件になったのである。実際に中国現地の事態が、蔣介石の反共クーデター以降落ち着いてくると、イギリス政府は、インド混成旅団の早期撤退を模索した。そして、一九二七年七月六日の閣議で、議論の末にインド軍を含む混成旅団の撤退を決定した。(39) 七月末までに二大隊が撤退し、残りの二大隊も一〇月末までには撤退を完了した。帰国の早い部隊では約六カ月間、遅い部隊でも約八カ月弱の短期間の海外派兵であった。

インドからの上海派兵は、本国議会でも何度か議論の対象になった。(40) その関心は、派兵の期間と経費負担問題に向けられた。インド混成歩兵旅団が上海に向けて航海中の一九二七年二月初旬に早くも、インド省は陸軍省に対して、一九〇〇年のウェルビー委員会報告を根拠として、インド側による費用分担の拒否を通告していた。(41) インド省はその論拠として、ウェルビー委員会報告に加えて、一九〇〇年義和団事件出兵の際に本国側が全額負担した前例、一九二五年三月で中国の領事館経費（年間一万二五〇〇ポンド）のインド側による負担が停止された事実をあげた。[42]

経費問題での本格的な議論の応酬は、インド軍の上海駐屯が始まってから約一カ月後の三月下旬に、インド省と陸軍省・大蔵省との間で展開された。大蔵大臣はインド相に対して、公平性の原則から、インド混成旅団の中からイギリス本国陸軍二大隊を除いた、残りのインド軍二大隊に関する通常経費の負担を求めた。[43] この要求に対して、インド相バーケンヘッドは、(1)憲政上の制約と公平性の原則、(2)中国におけるインド利害の小ささを理由に難色を示し、インド総督アーウィンに対して個人的に意見を求めた。[44] インド総督は、以下のような理由から、経費負担要求を受け入れるのがいかに困難であるかを次のように説明した。(1)立法参事会での今までの議論では、インド軍の全経費を本国政府が負担すべきであると想定してきた。それを覆すのは信義に反する行為となる。(2)混成旅団の派兵によって、インドは自己の安全を幾らか犠牲にし、不可欠な防衛体系の一部をカットしている。イギリスの納税者を犠牲にして、インドが余剰の軍隊を預けているわけではない。(3)上海在住の英系インド人は、警官を含めて約一四〇〇名、その資産は約一〇万ポンドにとどまっている。(4)本国財政にとっての節約効果は、月一五万ルピーにすぎない。(5)いずれにしても、その影響は非常に有害であり、軍事政策全般を冷静に議論する機会だけでなく、インドに対して、徐々にイギリス帝国の責務と負担の比重を増やすように促すチャンスも損なわれるであろう。[45]

この意見書を受けて、インド相は覚え書きを提出した。[46] そのなかで彼は、(1)インドの経費負担による節約額はわずか月二万六〇〇〇ポンド（二イギリス歩兵大隊の経費を加えると月四万六〇〇〇ポンド）[47] に過ぎず、実現には本国の議会両院の議決が必要であること、(2)少額のために大きな政治的に不都合な犠牲を払うのは適切でない、と主張した。結局、一九二七年三月二三日の閣議でイギリス政府は、インド財政にインド軍上海派兵経費の負担を強要しないとの決定を行った。[48] この決定は、インド立法参事会の会期が終了する直前であり、インド総督の現地政治情勢に対する懸念を反映した政治的決断であると言える。

また、上海防衛軍の主力であったインド混成旅団の撤退に関して、本国外務省と北京のイギリス大使ランプソンとの間で意見の対立があった。現地の外交責任者であったランプソンは、政治的観点から、インド軍の撤退に反対した。彼は、南京政権との交渉が続いている時点で極東から軍隊を引き揚げることは弱さのサインとみなされ、中国側との政治的駆け引きには軍事力が不可欠である、と主張した。[49] さらに彼は、北京と天津のイギリス臣民の保護に関する事情を説明した急送公文書を本国外務省宛に送った。[50] そのなかで彼は、「防衛軍が上海を救った（中略）それは我々が自己の利害を守る用意があることを実際に示した証拠である。（中略）しかし私は、今や我々が上海よりもむしろ中国のことを考えるべき段階に至ったと痛感している。上海におけるイギリス人の生命と財産への危険が収まったとしても、さらに（中国）北部で危険にさらされている」と主張し、北京と天津の権益を守るために、上海防衛軍から一旅団規模の軍事力を天津に派遣すべきであり、この段階での軍事力縮小は適切でないことを強調した。

これに対して本国政府は、軍事力の政治的な利用に反対する姿勢を明確にした。すなわち、本国外務省は、軍事力の行使と軍事力による威嚇は、緊急の必要性がある場合、あるいは決定的な利益が得られる場合に限定され、他の関係する列強諸国、特に日本とアメリカ合衆国からの支持・協力が得られないのであれば、「中国において軍事力の威嚇あるいは行使を含む（中略）そうした政策は、イギリスの条約上の諸権利と既得権益を守る実行可能で有効な手段としては、放棄すべきである」と主張した。[51]

この点は再度、外務省の事務次官補ウェレズレーの覚え書きでも繰り返された。彼は、以下のように上海派兵の特殊性を強調した。(1)イギリス人の生命ではなく財産の保護は、非常に複雑な問題であり、軍事介入や衝突の危険性・政治的反響・排外的な煽動を招く可能性があること。(2)上海にイギリスの権益の五〇％が集中しているという事情も重要ではあったが、上海派兵の決定的要因は、不幸な結果を招く危険をほとんど犯さずに防衛可能であるという上海特有の地位にあったこと。⑶最初からイギリス外務省は、要求されている目的に対して上海防衛軍の数は過大であると感じてきたし、現在ではその認識が広く認知されていること。⑷撤退計画は、暴徒や敗残兵に対して上海の防衛を危険にさらすことなく実施可能であること。[52] この本国外務省側の見解は、イギリス資産保護のための出兵がいかに問題をはらんでいたかを暗示している。インド混成歩兵旅団の撤兵は、こうした賛否の議論を巻き起こしながらも、短期間で実施に移されたのである。

撤兵が話題になったこの時期に、派兵経費についても、改めて議論が行われている。本国陸相エヴァンスは、一九二七年三月末までに補正予算として九五万ポンドを計上し、同じく兵員輸送費・資本支出として約一〇〇万ポンド、さらに上海防衛軍の維持経費として、毎月約二五万ポンドの経費支出が見込まれることを、議会で報告している。[53]

3　イギリス経済利害と上海

次に、上海防衛軍の派兵と中国におけるイギリス経済利害との関係を考察してみたい。今までの論述は、一九二七年の上海防衛軍派兵の経緯を、政治・外交的側面から明らかにしてきた。随所に、経済に関係する言及が見られたが、本節では、この予防的軍事行動の背後にあった経済利害はいったい何なのかを、当時の領事・通商報告を主な史料として使いながら考えてみたい。当時中国関係では、イギリス本国の商務省海外貿易局（Department of Overseas Trade）から二名の専門家が現地に派遣され、各地の領事と協力しながら経済・貿易に関する情報の収集と分析、提供に従事していた。イギリスの北京大使館の商務参事官（Commercial Counsellor）フォックスと、上海総領事館の商務官（Commercial Secretary）ブレットがその任務に携わっていた。以下では、二人が本国に書き送った通商報告を手がかりにして、上海防衛軍派兵前後のイギリス政府側の中国経済に対する現状認識を考察する。

（1）一九二六－二八年のイギリス通商報告と中国

上海防衛軍の規模が最大に達した一九二七年六月の時点で、フォックスとブレットが書いた一九二六年度の通商報告は、事態を反映して悲観論と危機感に満ちていた[54]。国民党軍が一九二六年九月に漢口を占領して以来、中国の最も重要な商工業地帯であった揚子江流域の交易活動が麻痺状態に陥ったこと、鉄道、河川航行とも沿海諸都市と内陸部を結ぶあらゆる交通手段が一時不通になったことに加えて、外国人への敵意のあからさまな表明と、彼らの生命・財産に対する適切な保護の欠如という危険な徴候が現れた。「この点で情勢は最終的に非常に緊迫してきたため、商人と宣教師を含む事実上全ての外国人居留民を、内陸部だけでなく揚子江流域のほとんどの開港場からも引き揚げることが必要になった。様々な種類の商品の販売と輸出用中国産品の集荷のために、外国企業によって発達した精巧な諸機構は、ほとんど活動停止状況に陥った。（中略）執筆時点において、楽観論を促すものはほとんどない。結局中国は世界の大通商国家の一つとしての地位を占めるであろう、という期待をいかに信じようとも、近い将来に、中国の商工業の発展が現在直面している困難から逃れられる徴候はまだ見えてこない[55]」。また、この報告では、統一的な課税制度の崩壊と混乱、軍閥による身勝手で法外な諸税の徴収、さらに一九二六年から部分的に導入された輸出入付加税（二・五％）をめぐる解釈の違いが、貿易自体の継続を難しくしていると指摘された。

中国の産業発展に関しては、人々の購買力の低下、労働争議の頻発、内陸部の交易の混乱と、信用と安全への懸念から、早急な改善は見込めないとされた。従来から中国では、近代的産業は主に外国の影響力がはっきりと表れ、資本の安全性が保証された「居留地」「租界」地域で発展してきた。しかし、こうした条約上の特権を批判する政治運動と労働問題によって、外資、中国資本を問わず、中国への投資を促す誘因は現在ほとんど存在しないとされた。外国貿易に開かれた大港湾都市に産業立地が集中する傾向は、上海の場合に顕著であった。その上海の工業化については、(1)外国の影響下にある市当局によって提供される「安全性」（immunity）と、外国企業を先例とするモデル効果に支えられていたこと、(2)製品の品質は、ヨーロッパの製品と比べると劣るが、価格差の点で輸入品と十分な競争を展開していること、(3)困難な状況にもかかわらず、輸入代替工業化が進展しており、綿糸・綿布・メリヤス製品の輸出も着実に伸びていること、が指摘されている。その他の外国貿易面については、(1)英領インドからの原棉輸入の増大、(2)イギリス綿布と日本製品との競争激化、(3)近い将来の中国綿布の生産拡大とイギリス製紡績機械の輸出拡大への期待感が表明されていた。

　こうした若干の明るい判断材料があったものの、結論として通商報告は、極度の悲観主義の論調をとらざるをえず、一九二六年の終わり以来、中国における通商状況は着実に悪化の一途をたどっている、今やイギリス単独の通商利害が危機にさらされているだけでなく、中国におけるあらゆる外国貿易に悪影響を及ぼす深刻な状況が生じている、と述べた。イギリスの利害に限定して考えた場合でも、その通商利害は、単に輸出入量の増減によって表される訳ではない、鉱山業・鉄道・諸製造業・中国政府借款に対する投資や、イギリス系銀行・海運会社・保険会社の非常に重要な諸活動に加えて、中国の内陸交易の発展・開発に携わり灯油・煙草・薬品・砂糖などの販売を行ってきたイギリスの流通企業の存在も重要である、しかし、その中国中央部における流通網が麻痺状態に陥り回復が難しいだけでなく、中国に本拠を置くイギリス系の諸商会の営業活動も非常にきわどい状況である、と報告書の著者たちは指摘した。

　以上のように、イギリスの通商活動にとって悲観的な展望のなかで、上海防衛軍が派兵されたのである。商務参事官フォックスは、一九二八年九月に出された通商報告で、一九二七年の中国全体の貿易状態を振りかえりながら、平和の回復と安定した政権の出現を前提としたうえで中国の経済発展に期待する以下のような通商報告を作成した。[56]

まず彼は、「外国の陸海軍力の存在によって、生命と財産に対する保護が与えられた開港場とその周辺においてのみ、中国の作業場や工場は難局を切り抜けることができた。これらの保護を受けた諸産業でさえも、全くいわれのない労働争議、法外な課税、交通手段の不通による製品販路の欠如によって、大きな打撃を受けた。しかし、こうした制約にもかかわらず、中国の繊維産業がゆるやかではあるが着実な進歩を遂げつつあるという、驚くべき事実は残る」と述べ、一九二七年前半の上海防衛軍派兵と中国綿工業の発展を結びつけた。この点は、彼が引用した上海で綿製品の競売に従事していたイギリス商人の、次のような証言からも確認できる。「価格は三―四月にどん底に達し、多くの場合、現地の価格はイギリス本国でのコストを二〇％以上、下回った。上海防衛軍の存在感が明確に感じられ、上海が干渉を受ける恐れがなくなってから初めて、市場の改善が明らかになった」[57]。そのうえでフォックスは、中国の「産業と生産」(Industry and Production) の項目で、(1)煙草・石鹼・ロウソク・小麦粉・電機器具・ソーダ灰・紙など雑工業製品の生産の増加傾向、(2)中国の工場で生産された、綿布・綿糸・衣類・電機器具などが香港だけでなく、海峡植民地・蘭領東インド・英領インド・エジプト・アラビア・モロッコにまで輸出される傾向、(3)綿工場・製粉工場や煙草・石鹼・ロウソクの製造所など中国の消費財産業に、イギリス・日本をはじめとする多額の外国資本が投資されており、その投資と生産の拡大は、産業発展での外国資本と中国人との協力を期待している中国政府当局の意志の反映であること、を指摘した。以上のように彼は、中国の産業発展に対して、好意的な評価を与えていた。この記述からは、イギリスのプレゼンスが、国際平和と安定的国際秩序、治安の維持を前提にしたうえで、イギリス自身だけでなく、他の列強諸国や中国自身の工業化・経済発展にも一定の利益をもたらす一種の国際公共財として機能していたことがうかがわれる。

通商報告の半分以上が、通常は中国の外国貿易、特に、イギリスの製造業者と貿易商に関連する「輸入品目」の分析にあてられていた。フォックスは、中国海関の一九二七年の輸出入総額（二億七二一二万七四〇七ポンド、輸入一億四二七〇万七二九三ポンド、輸出一億二九四二万一一三ポンド）を、逆境にありながらも、中国の海外貿易の並はずれた活力を示す驚くべきものと一応は評価した。しかし、イギリスの製造業者や貿易商にとって一九二七年は、失望を招く年であったと総括し、将来への期待を次のようににじませた。「中国のような規模と富を持つ国は、明らかに、近年の実績を上回るさらに大量の外国工業製品を吸収できる。平和が回復し、現在は退蔵されたり軍事力の維持で浪費されている資金が、外国商品の購入や、中国産業の発展のために解き放たれるならば、我々は確信を持って、中国が世界で最も重要な市場の一つとして、正当な位置を占めることを期待してもよいであろう」。当面、イギリス側にとって重要な中国の綿布輸入に関しては、(1)日本製品によるイギリス製品シェアの蚕食、(2)下級綿布の領域における中国製品の競争力の着実な向上を指摘し、この「二面競争」(double-barrelled competition) に備えてイギリスの製造業者が十分な対抗措置を取るべきだと主張した。その他、人絹の輸入が急増して細糸でイギリスのシェアを増やせること、金属製品の分野でも今後輸入の伸びが期待できるが、亜鉛メッキ鉄板の供給において日本が手強い競争相手になったことなどが指摘された。最後にフォックスは、平和の回復と安定した政府の形成が中国貿易の発展の大前提であるとしたうえで、古くから中国で活動してきたイギリスの在外企業や貿易商会が、イギリス帝国の通商と産業にとって、中国貿易から得られる好機を最大限に活用するための資産となる、と主張した。彼は、中国市場が世界で最も競争の激しい市場であることを認識したうえで、イギリス製品の売り上げを伸ばすためには、徹底したコスト切り下げが必要であることを説いたのである。

(2) 上海からの通商報告

次に、実際に上海防衛軍が展開した現地上海の経済事情を考察したい。イギリス上海総領事館の通商情報収集の責任者であった商務官ブレットは、毎月一回定期的に本国外相O・チェンバレン宛に通商報告を送っていた。[58]

一九二六年後半から二七年にかけて、彼の通商報告は悲観的見通しに満ちていた。一九二六年一二月の月例報告では、「上海の貿易状況は改善が見られるどころか徐々に悪化しており、ビジネスはほとんど休止状態である（中略）輸入に関する限り、貿易の停滞は一層明白であり、政治情勢で何らかの打開策が示されるまで、改善の展望は見いだせない」（No. 84, December 1926）とされた。イギリスの主要輸出品であった綿織物は、為替の大幅な下落により需要の欠如が特に顕著であり、競売も低調で商品の引き揚げが見られ、事実上新たな取引業務は行われていなかった。機械輸入も同様であり既存の工場の設備更新に限定されていた（No. 64, October 1926）。その一方で、貿易の不振にもかかわらず、「外国の商業界は、上海の不動産に多額の投資をすることで、中国の商業中心地（commercial capital）としての上海の未来への確信を依然として示している」（No. 72, November 1926）との記述もある。

一九二七年一月の詳細な報告では、「商人たちは将来に対して悲観的見解を抱き、（中略）中国商人は多大な損失を抱えて破産する者も多く、市場では全く信用が欠如している」（No. 1）と報告された。外国人経営の企業も長期におよぶ事業の不振に悩まされ、あらゆる方法で経費の節減に努めていた。こうした輸入貿易の不振とは対照的に、中国の輸出貿易はすこぶる好調であり、内陸部から上海への集荷が揚子江の上中流域では問題であったが、為替相場下落のため相当量の輸出が可能になった（No. 1, January 1927, p. 314）。

中国で営業するイギリス海運会社も、広東における対英ボイコット運動の中止によって南部諸港との交易が可能になり、事業活動には著しい改善が見られた。しかし、一九二七年二月には、揚子江流域の漢口をはじめとする諸港の需要が途絶え、国民党軍が上海に接近する恐れから、上海における貿易状況の一層の悪化、特に綿・毛織物製品輸入への打撃が報告された（No. 10, February 1927）。三月の報告でも輸入の停滞基調は変わらなかったが、北部諸港や漢口・南京・四川省との交易に動きが見られ、現地の商人のなかには、いささか楽観的な論調が見られる様子が伝えられた（No. 13, March 1927）。

輸出貿易は依然として、一貫して好調さを保っていた。国民党軍が上海に到着した後の四月の報告では、極度に不都合な状況にもかかわらず、通関手続きはかなり満足でき、綿製品の北部や漢口への積み出しが増えたとされた。しかし、特に年度後半の報告でも強調されている点は、「政治情勢に改善が見られるまでは、現地の取引状況に何らかの目立った変化があるかどうかは、ほとんど予測がつかない（中略）一つ希望が持てるのは、大半の商品の在庫が過剰でないことであり、何らかの安全が保障され事業が再開されるやいなや、その回復が急速で全般的であることが確実に予想される」（No. 20, April 1927, p. 223）ことであった。貿易活動の順調な展開を保障する予防措置が求められていた。

五月の報告でブレットは、香港を中心とする中国南部の貿易状況について報告している。そこで彼は、(1)ボイコット運動の終息により綿製品需要の回復が見込めること、(2)香港では、上海と同様に、中国の内戦・失政・無秩序のために機械製品の輸入が極度に停滞し、それが現地産業の発展の足かせになっていること、(3)商人たちは中国南部における通商中心地としての香港の地位が不動であることを確信していること、しかし(4)貿易の回復は中国における政治動向に左右されることを改めて主張した（No. 25, May 1927）。

六月の報告では、揚子江流域の貿易が麻痺状態にあり中小商人が困窮していること、上海港の関税収入が前年に比べて四〇〇万海関両減少したことを伝えている（No. 31, June 1927）。この上海貿易の停滞状況は、一九二八年初めまで続いた（No. 2, January 1928）。二八年一月の報告では、イギリス綿布輸入の減少の要因として、日本との激しい競争の展開と幾つかのイギリス製造業者の撤退に言及している。上海の輸出貿易はさほど打撃を受けていなかったが、その要因としてブレットは、漢口や内陸部諸港の中国商人が、在庫の没収や破壊の危険を避けようとし、また残存資本を比較的安全な上海に移転しようとしているためであると指摘した（No. 2, January 1928, p. 343）。

こうした月例報告を書き送る一方で、ブレットは、一九二七年五月はじめに北京のイギリス商務参事官フォックス宛に送った手紙のなかで、上海のイギリス商業会議所が行ったイギリス資産の推計を紹介しながら、中国におけるイギリス経済利害に対する自己の見解を以下のように紹介した。それによれば、上海の資産は土地・建物・機械設備・公債など合わせて六三九三万七三〇〇ポンド、輸出入商品の在庫・商業債務・中国政府債券などが計四二二八万五四〇四ポンド、漢口の資産が三七三万四一四五ポンド、天津・広東・北京を除く他の諸都市での資産が計二五二九万四三三五ポンド、合計するとイギリス資産は一億三五二五万一一八四ポンドに達するという。しかし、その推計には銀行・保険会社等の資産が含まれておらず、彼によれば、全部合わせるとイギリス資産は中国全体で約二億ポンド、香港を加えると三億ポンドを超える金額になるであろうと査定された。通常の場合、中国は、(1)イギリス商品の市場として、また(2)イギリス資本の有望な投資先として重要であると考えられたが、そうした貿易額や投資額の数字のみを重視するのは遺憾であり、彼の見解は次の通りであった。「我々にとって中国の本当の重要性は、現時点のものよりも、むしろ潜在的なもの（potential rather than actual）である。というのも、中国は間違いなく世界で最大の未発展市場（the largest undeveloped market）であり、（政治的考慮を別にすれば）我々がここで踏ん張ろうとする主な理由は、遅かれ早かれ必ず実現するはずの巨額の貿易において我々の公正なシェアを確保するためなのだ。こうした見方からすれば、中国で貿易を発展させてきたイギリス企業・海運会社などは、彼ら自身の利益のためだけでなく、将来に目を向けるためにも、十分に防衛する価値がある、我々にとって貴重な資産を構成しているように思える。こうした機構が破壊されれば、その再興はありえないと言ってもよいであろう。中国で一定額のイギリス商品を販売することは常に可能であろう。しかし、イギリスの通商業界（trading communities）の消滅は、我々がこの国において貿易の先駆者であった事実から得られるあらゆる利益を、我々から奪い去ることになるであろう[59]」。

このブレットの見解を、北京のイギリス大使館当局（大使ランプソン、公使オマレイ）は全面的に支持した。大使ランプソンは、外相O・チェンバレン宛に送った急送公文書で次のように主張した。「中国におけるイギリス資産を一億三五〇〇万ポンドとする推定値は、商務院総裁が下院で紹介した数字とたまたま符合しているが[60]、地方の海運業・銀行業・保険業・造船業・鉱山業に従事するイギリスの会社や、石油・煙草・砂糖などの商品の製造・販売のために内陸部で広範な機構を構築した大流通会社に投資された資本が考慮されていない」「我々が中国で有する、これらの重要ではあるがほとんど摑みようのない金融利害（important but largely intangible financial interests）は、我々の利害関係を推計しその防衛措置を考える際に見落とされがちである。それ故、私はあえて貴官に、ブレット氏書簡の最後のパラグラフに注目していただきたいと思う。（中略）ブレット氏が指摘するように、イギリス権益を維持し防衛することが本当に重要なのは、次の事実に依っているのだ。（すなわち）中国は間違いなく、イギリス商品にとって世界で最大の未発展市場である。また、中国各地に存在する古くからのよく組織されたイギリス通商業界は、通常の状況が回復した時には、連合王国とイギリス帝国の他の諸地域双方において、イギリス商人と製造業者にとって必ずや最大の価値をもたらす資産である[61]」。以上のように、中国駐在のイギリス外交官たちは、(1)イギリス通商利害、(2)金融・サーヴィス利害だけでなく、さらに(3)中国内陸部に投資して事業を展開するイギリス系多国籍企業の利害、以上の三者から中国におけるイギリス経済権益は構成されており、そのイギリス帝国全体にとっての重要性を明確に認識していた。こうした認識を持つイギリス外交官たちの支援を得て、上海防衛軍は派兵されたのである。

他方で、上海防衛軍を指揮したイギリス本国陸軍省による上海のイギリス経済権益の推計は、現地の情勢が安定した一九二九年六月に出された報告によれば、以下の通りであった[62]。(1)共同租界の人口：一九二九年時点で、外国人の成人男子一万八七八五名。そのうちイギリス人男子は三八二五名。女性を合わせたイギリス人は、約六〇〇〇―六五〇〇名。(2)上海地域でのイギリス金融利害：外国資産の総計の推定値は約二億ポンド。そのうち、土地・建造物・工場・製品在庫・市債・抵当権などを合わせたイギリス資産は、六三二五万ポンド。(3)同租界における一九二七年時点でのイギリス資産：二一〇〇万ポンド（日本三二五万ポンド、アメリカ合衆国一一二万五〇〇〇ポンド、他の諸外国三一万五〇〇〇ポンド）。(4)上海でのイギリス貿易額：正確な金額は計算不能。中国の外国貿易総額の四〇%が上海を経由している。イギリスの中国対外貿易に占める割合は三二%であるので、上海貿易に占めるイギリスの比重も三二%前後と推測される（日本は三〇%、アメリカ合衆国一五%、他の諸外国は二三%）。

4　インドナショナリズムのインド軍派兵批判

以上、一九二七年の上海防衛軍の派兵にいたった経緯と背景を考察してきた。緊急展開部隊として、上海防衛軍の主力となったインドから派兵されたインド混成歩兵旅団は、事態の鎮静化に伴い一九二七年一〇月までには撤退が完了した。この早期撤退には、前述した経費負担問題と並んで、インド現地での派兵に対する批判の高まりがあった。本節では、この派兵が投げかけたインド統治、イギリス帝国の構造をめぐる波紋を、インド側の批判を手がかりにして考えてみたい。

まず、インド軍の上海派兵をインド総督アーウィンが立法参事会で発表した一九二七年一月二四日に、その性急な決定と事前の相談がなかったことが参事会員と現地新聞の批判を巻き起こした。翌日の立法参事会では、マドラス選出の参事会員スリニヴァサ・イェンガーが、インド軍の派兵に際して参事会に事前の相談がなかったことを批判し、総督の報告事項の重大さ、費用負担の可能性などを考慮して、慣例に従って議事の持ち越しと継続審議を求める動議（adjournment）を提案した。M・ネルー（J・ネルーの父）やジンナーは、この問題がイギリス本国政府の外交政策の是非に抵触する可能性を意識したうえで、イェンガーの動議を支持した。しかし形式上は、あくまでも立法参事会への事前相談がなかった点が問題になり、彼らは、参事会でインド軍派兵問題を討議する機会を作ろうとした。[63] この動議に対して総督アーウィンは、公共の利益と安全保障・治安に関わる問題であるとして、動議の受け入れを拒絶し、立法参事会でインド軍派兵問題を審議する機会を与えなかった。[64] この高圧的な総督拒否権の行使が、インド世論の一層の反発を呼んだ。インド政庁側も世論の動向を懸念して、直後に現地の新聞各紙の論調を調査した。ボンベイ管区内の新聞調査資料によれば、以下のような三つの論点が見られた。[65]

第一の批判は、本国に対するインドの従属的地位の再認識である。インド軍の中国派兵の理由として、イギリス帝国内でインドが中国に最も地理的に近いことがあげられたが、そうであるならば、オーストラリアへの派兵要請はなぜ行われないのか。インドだけが一方的に軍事力の提供を求められるのは公平の原則に反するというものであった（*Indian National Herald*, 25th January; *Indian Social Reformer*, 29th January）。この事実は、インドが依然として本国に傭兵を提供させられる従属領であり、巨大な「奴隷の創出機構」であること（*Bombay Chronicle*, 25th & 26th January; *Mahratta*, 30th January）を明確に示した。総督アーウィンは、普段からリベラルでインドの憲政改革・自治領化を促進し支援する政治的意図を表明していたが、今回の立法参事会を無視した手続きは、インドがイギリスの専制支配下にあり、その支配がインド民衆の同意に基づいていないことを改めて明らかにした（*Sind Observer*, 26th January）。こうした批判は、一九一九年インド統治法以降のインド憲政改革の限界を明らかにしている。最も親英的な『インディアン・デイリー・メイル』紙でさえ、手続きの不備を指摘し、インド軍派兵に関する本国政府とインド政庁とのやりとりを早急に公表するよう求めた。

第二の批判は、上海へのイギリス単独出兵の理由である。総督は「インドおよびイギリス帝国臣民の生命・財産の保護」を派兵理由として主張したが、本当の目的は、時代遅れになった租界と治外法権を温存すること（*Bombay Chronicle*, 25th January）、インド財政を使ってイギリスの貿易・経済利害を防衛すること（*Jam-e-Jamshed*, 29th

January)、中国人の自立をめざした大望の邪魔をすること（*Nava Kal*, 27th January）にあるのではないか。この時点で、派兵されたインド軍の経費を誰が負担するのかは必ずしも明確でなかったが、インド現地紙は、インドに経費負担が押しつけられることを懸念しつつ、問題の本質を見抜いていたと言える。

第三の論点は、派兵によるインドの国際的な孤立を危惧しながら、中国ナショナリズムへの理解と共感を示す姿勢である。イギリス帝国内部で、移民問題をはじめとするインドの孤立傾向がさらに強まることへの懸念（*Indian Daily Mail*, 25th January）、自由を求める中国へのアジア諸地域で広がる共感と連帯感（*Indian Social Reformer*, 29th January ; *Sind Observer*, 25th January）、帝国支配に抵抗し民族独立を達成してきたアメリカ合衆国・アイルランド・エジプトの先例と、中国の現状およびインドの将来像を重ね合わせて考える発想（*Swarajya*, 27th January）などが特徴的であった。こうした国際的なナショナリズム運動の連携、世界的な視野を持ってアジア諸地域の連帯を模索する志向は、インド国民会議の運動に受け継がれていく。以上のような現地紙による総督批判は、インド軍の上海派兵問題が、単なる軍事・外交政策に関する論争を超えて、インド憲政と民主主義（*Bombay Chronicle*, 26th January ; *Kaiser-I-Hind*, 30th January）、イギリス帝国内でのインドの位置を根本から問い直す問題を含んでいたことを示している。

前述のように、インド軍の経費負担問題は本国政府内部で議論されたが、当然インド側でも関心が持たれた。しかし、総督の拒否権行使により、立法参事会での議論は行われることなく推移していた。だが、一九二七年三月一六日の質問に答える形で、インド政庁軍事委員（Army Secretary）のヤングは、参事会の会期終了直前の三月二五日になってはじめて、インド軍の経費がインド財政に課されないことを明言した。(66) インド世論を意識した、本国政府の政治的決断が、効果的な形で伝えられたのであった。

次に、インドのナショナリスト勢力の代表として、インド国民会議の対応を見てみよう。国民会議は、一九二〇年代はじめから海外の民族運動との連携にも注目しはじめ、一九二一年一一月にはイギリスの外交政策とは異なる独自の外交に関する方針を打ち出していた[67]。そこで強調されていたのが、帝国主義支配に抵抗し自立を図るうえでの国際協力であり、まずトルコ、次いでアラブ諸国・エジプト・ビルマ・セイロンが共感を寄せる対象になった。しかし、一九二〇年代後半になると、中国が特別の注目を浴びるようになった。その傾向に拍車をかけたのが一九二七年のインド軍上海派兵であった。一九二七年二月には、ブリュッセルで「反帝国主義国際会議」（the International Congress against Imperialism）が開催され、インド国民会議の代表としてJ・ネルーが出席した。ネルーは同会議の開会演説の一つを行い、その中で一九世紀以来の、中国・エジプト・アビシニア・ペルシャ湾・メソポタミア・アラビア・シリア・グルジア・チベット・アフガニスタンおよびビルマへのインド軍の海外派兵を非難した[68]。また彼は、会議の中心的メンバーの一人として、中国を支援しイギリスの派兵を非難する幾つかの決議を取りまとめた[69]。アジア、アフリカ諸地域の民族運動の指導者たちと直接議論する機会を持ったことにより、ネルーとインド国民会議の外交問題に対する関心がさらに高まった。国際会議の常設機構として「反帝国主義連盟」（the League against Imperialism）の創設が決まり、ネルーはその評議会執行委員会の一員になった。

一九二七年五月には、インド国民会議全国委員会（the All India Congress Committee）が、中国の民族運動に対する好意の印として野戦衛生隊を派遣する決定をした。しかし、その派遣は、インド政庁のヴィザ発給拒否のため実現しなかった。インド政庁の非協力的な態度を批判して、同年一二月に国民会議の定例年次大会がマドラスで開催された時には、次のような決議がなされた。「国民会議は、イギリス政府によって、中国における帝国主義的陰謀を促進し中国民衆が自由を獲得するのを妨げるために、再びインド軍が用いられたことに深い憤りを表明してきた。会議は、依然として中国に留まっている全てのインド軍と警察力が直ちに呼び戻されること、並びに、イギリス政府の代理人として、中国民衆に敵対し戦うために、将来ともインド人が中国に行かされることのないように要求する。我々は中国民衆を、帝国主義に対する共同闘争において、インド民衆の同志と考えている。さらに会議は、メソポタミアとペルシャ、全てのイギリス植民地およびいかなる諸外国からも、インド軍警備兵と領事館守備隊を引き揚げることを要求する」[70]。

こうして、インド軍の上海派兵は、結果的に、インド国民会議の指導者層の世界認識・対外観を大きく広げることに寄与した。インドナショナリズム勢力の、いわば独自の「初期外交」政策の構想を立案するうえで、この時期のイギリスの帝国外交政策は反面教師的な役割を果たしたのである。一九二八年の国民会議カルカッタ大会では、対外的な連帯を強化するために、国民会議に外交部（Foreign Department）を設置することが決議された[71]。

5　上海派兵の波紋——経済利害、インド軍、安全保障

以上、一九二七年の上海防衛軍の派兵をめぐる事情を、経済利害とインド軍に焦点を絞りながら論じてきた。最後にまとめを試みたい。

まず、上海防衛軍の派兵の意義と限界について。従来の研究でも評価された通り、上海防衛軍は当面、初期の目的を果たすことができた。外交的にはイギリス単独出兵の形になったが、日米両国の海軍力や海兵隊の増派を含めて、実質的には多国籍軍部隊の軍事力が上海に展開した。そのなかで、インド軍を含めたイギリス軍が最大の勢力を占めた。依然として中国の揚子江流域において最大の経済権益を有したイギリスは、上海の「防衛」に際して、そのイニシアティヴを発揮して主導的な役割を果たした。イギリスは、オールラウンドな影響力は低下したが、軍事力と金融・サーヴィス部門の経済力を通じて隠然たる影響力を行使する構造的権力として、機能した。他の列強諸国だけでなく、抗議した中国側も上海防衛軍の存在を黙認せざるをえなかったのである。しかし、大規模な派兵

は当然多額の経費負担を必要とした。緊縮財政を余儀なくされていたイギリスは、事態の沈静化を口実に、現地の外交当局者の反対にもかかわらず、上海防衛軍の早期撤退・縮小を行った。こうして上海防衛軍は、財政力に限界を抱えたイギリスのディレンマを反映した事例として位置づけられるであろう。

次に、上海防衛軍が「防衛」しようとした対象について。上海防衛軍の公式の目的は、「イギリス帝国臣民の生命・財産の保護」であり、特に生命の保護の方が強調された。しかし、当事者は「財産」保護の難しさを認め、上海のイギリス商務官ブレットが明確に述べたように、イギリスの貿易通商利害だけでなく、上海に集中したイギリスの広範な金融・サーヴィス利害も防衛の対象になった。また、通商報告でも強調されているように、中国内陸部に進出したイギリス系多国籍企業と伝統的な貿易商会の経済活動も保護の対象とされた。イギリスが優位を占めていた上海の金融・サーヴィス利害は、国際平和と安定的国際秩序、治安の維持を大前提にしたうえで、イギリスだけでなく、他の列強諸国や中国自身の工業化・経済発展にも一定の利益をもたらす一種の国際公共財として機能していた。その自由貿易を前提とした国際経済秩序の円滑な機能を支えたのが、上海防衛軍に代表されるイギリスの軍事力であったのである。

最後に、インド軍派兵の意義と限界について。本章では、上海防衛軍の先遣部隊、主力部隊として、インドから派兵された混成歩兵旅団が、上海防衛軍の目的達成のうえで決定的に重要な役割を果たしたことを明らかにした。その意味で、一九世紀以来の「イギリス帝国の軍事力」としてのインド軍の機能は依然として効力を持った。しかし、第4節で述べたように、戦間期になるとインド軍の海外派兵にも、インド現地でのナショナリスト勢力による批判や、インド統治の憲政改革の進展とインド財政問題という制約要因が課せられ、イギリス本国当局の恣意的なインド軍海外派兵に一定の歯止めがかけられるようになった。実際、戦間期において平和時のインド軍海外派兵はこの上海防衛軍のみであった。たとえ、インド立法参事会の抵抗を総督拒否権で押し切ったとしても、経費問題では本国側が全経費を負担せざるをえない状況が生まれていた。公式帝国インドの軍事力の活用を現地からの批判と財政難で制約されるなかで、イギリスは構造的権力としての対応と行動を期待されたのであった。

第4章　イギリス帝国の変容とインドの軍事力

1　帝国主義経費論争とインド

本章では、両大戦間期におけるインドの軍事経費問題の検討を通じて、構造的権力イギリスにとってのインドの位置を軍事的側面から明らかにしたい。考察の主たる対象の時期は、一九三〇年代初頭に限定する。というのもこの時期に、一九二九年の世界恐慌の影響を受けて、イギリス本国、インド現地双方の財政状況が急速に悪化してゆくなかで、「インドの軍事力」(the Army in India) とイギリス帝国、グローバルな国際秩序との関係が改めて問い直されたからである。

本章で言及する「インドの軍事力」には、前章までの議論で取り扱ってきたインド軍(約一五万名)とインド駐留イギリス軍(陸軍を中心に約六万名)とを合わせた約二一万名の兵員が含まれる。前者のインド軍については、今までの議論から明らかなように、その海外派兵の是非と経費負担問題が論争の中心にあった。しかし、この一九三〇年代初頭になって初めて、イギリス人将兵で構成されたインド駐留イギリス軍の経費負担問題が注目を集めるようになった。本章では、一九三二―三三年のガラン裁定委員会での議論を手がかりにして、イギリス帝国とインドの軍事力の関係を考察する。必要に応じて、一九二〇年代の帝国軍事力の再編とインド軍をめぐる議論や、一九三〇年代初頭のインドの憲政改革に関する議論にも言及する。

ところで、両大戦間期のイギリス本国と英領インドとの関係史においては、トムリンソンが指摘するように、次にあげる四つの問題群が相互に関連し合いながら議論されてきた。第一は、インドの憲政改革をめぐる問題である。一九一九年インド統治法、一九二八年からのサイモン委員会での同法の再検討と一九三〇年からの英印円卓会議の開催、そして最終的に一九三五年インド統治法の制定につながる、「自治領（ドミニオン）の地位」をめざした一連の「上からの憲政改革」がそれである。第二は、インド市場をめぐる「モノ」の輸出入の問題、特に一九三〇年代初頭の綿製品輸入関税の引き上げ、オタワ体制と帝国特恵関税の導入をめぐる論争である。第三は、インドの財政・通貨金融政策に関する問題であり、「本国費」の送金問題、ポンドとインドルピーの為替レート（一ルピー＝一シリング六ペンス）固定の是非、インド財政難と緊縮財政、三〇年代末からの「スターリング残高」の蓄積などをめぐる議論がある。第四に、本章で主に取り上げるインドの軍事力の問題、特にインド軍の海外派兵問題、一九三三年以降の再軍備・帝国防衛とインドの軍事編成、インド財政と軍事費負担をめぐる問題があげられる[1]。

このうち第二群から第四群までは、いずれも経済・財政政策に関連し、インド財政のあり方も含めて、一九三〇年代のイギリス帝国と英領インドとの関係を明確に映し出していた。本章では、第四の問題群に重点を置きながらも、第一群の憲政改革をめぐる政治問題、第三群の財政問題との関連性を考えるなかで、イギリス帝国と英領インドとの構造的なつながり、構造的権力イギリスにとってのインドの位置づけを考察する。

さて、序章でもふれたように、イギリス帝国史研究の領域で注目を浴びている論点の一つとして、「帝国主義経費論争」がある。両大戦間期におけるインドの軍事力とイギリス帝国との関係を考察する前に、この論争の当事者の一人であるオファーの議論[2]の軍事・安全保障に関する部分を簡単に参照しておきたい。

オファーの議論は一八七〇年から一九一四年までを対象としている。その論点は、「イギリス帝国は決して浪費

表4-1　外国貿易に対する海軍経費の比率（1907-08年）

国	年度	輸出額（100万ポンド）	輸入額（100万ポンド）	外国貿易総額（100万ポンド）	海軍費（100万ポンド）	貿易額100ポンド当たりの海軍費（ポンド）
イギリス	1907-08	520.14	649.61	1169.75	35.14	3.00
カナダ	1907-08	57.56	76.21	133.76	0.10	0.07
オーストラリア	1907	72.82	51.81	124.63	0.27	0.22
ニュージーランド	1907	20.07	17.30	37.37	0.10	0.27
南アフリカ	1908	45.21	25.26	70.47	0.09	0.12
英領インド	1907-08	125.96	124.17	250.13	0.48	0.19

出典）Avner Offer, 'The British empire, 1870-1914 : a waste of money?', *Economic History Review*, 2nd series, Vol. XLVI, 2（1993）, p.231.

ではなかった」という点にあるが、特に帝国防衛のコストをその論拠の一つに掲げる。まず彼は、第一次大戦前のイギリスの軍事・帝国防衛費が、他の列強と比べて多額であったことを否定する。イギリスの国民所得に占める軍事費の比率と、一人当たり軍事費のいずれにおいても、フランスのそれより低く、ドイツとイギリスの軍事費は同程度の水準であったと主張する。ただし、彼も、一八九〇年代のスペンサー海軍増強計画の時期と南アフリカ戦争とその直後の世紀転換期には、イギリスの軍事・防衛費が突出していたことは認めている。そのうえで、軍事費は脅威に対する一種の「保険」であり、リスクが大きければ、必要とされる保険金（軍事費）も多額になること、従って、対外的な脅威の評価を抜きにした軍事費の比較は有効でないと主張する。

次いで彼は、一九〇九年の帝国防衛に関する帝国会議で議論された、イギリス帝国諸地域の軍事費を比較する（表4-1参照）。その議論でイギリス帝国は、英領インド、それ以外の従属植民地、自治領に三区分された。インドは、イギリスにとって負担ではなく、防衛の点で全く自己充足的であり、インド国境を越えた軍事力の展開や海外派兵の費用負担を通じてイギリスに補助金を支払ってきたと主張する。(3) 他の従属植民地も、海底電信網の維持や海軍基地の提供を通じて本国の利益のために貢献してきたこと、他方、自治領はイギリス帝国の「公共財」であったイギリスの海軍力に「ただ乗り」して防衛費の負担額は少額であったが、これは国益に基づく行動であり、もともと自治領が対外的な脅威をさほど感じていなかった結果であったと主張する。

この点の評価が、一九三〇年代においてインドの軍事費負担の軽重をめぐって展開されたガラン裁定委員会での議論とも重なってくる。オファーは、(1)帝国防衛は一種の「公共財」であり、自由貿易を原則として世界中に経済的利害を展開するイギリスにとって、その経費負担の増大は自然であり当然の帰結であったこと、(2)第一次世界大戦時の自治領諸国の戦争協力、特に兵員の提供を中心とする人的貢献は、帝国への投資・軍事費の負担が長期的に見ると十分に報われる性格のものであったことを強調する。本章では、このオファーの論点の妥当性を、両大戦間期のインドを事例にして検証したい。

2　一九二〇年代のインド軍とインド財政

第一次世界大戦の終了直後、約一八万五〇〇〇名のインド軍が海外に展開し、特に中東地域でイギリス帝国利害の防衛任務に従事していた。一九二〇年の夏の時点で、イラクには一〇歩兵大隊、エジプトには九大隊、パレスティナには七大隊、ロシアの黒海沿岸には六大隊が展開していた[4]。また、マラヤ、中国北部、香港、アデン、キプロス、ペルシャ湾岸にも小規模なインド軍部隊が駐屯していた。さらに同年、イギリス本国陸軍の撤退に伴う代替的な軍事力として、インド軍の一九歩兵大隊がイラクに増派されたうえに[5]、その一層の増強が求められた。従って戦後は、第一次世界大戦での本国側の軍事動員体制が解除されるなかで、平時においてインド軍の果たすべき役割とイギリス帝国との関係を再検討することが課題になったのである。

一九一九年には、重要性を増したインド軍の将来像、特にその指揮系統のあり方を再検討するために「インドの軍事力再検討委員会」（通称エシャー委員会）が設立された。一九二〇年に出されたその報告書では[6]、インド軍を本国政府の指揮系統に直結させる方針が打ち出された。すなわち、エシャー委員会は、インド軍がイギリス帝国のために使用される際には、文民であるインド相とインド総督に代わって、本国陸軍参謀長と陸軍総司令官が直接インド軍を指揮・統制することを提案した。これに対して、本国インド省と現地のインド政庁は激しく抵抗した。両者は、⑴帝国の諸目的のためにインドの財源を使う際には、政治的・財政的な限界があること、⑵インド軍の指揮系統で、インド相とインド総督の全権限を維持することが重要であること、⑶平時においてインド軍は、インドの国境の外側では使用されるべきではなく、インド軍の経費支出は、本国の要求を満たすために膨張させるのではなく縮小されるべきであること、⑷かりにインド軍の海外派兵経費を本国政府が負担したとしても、動員解除の問題、海外派兵手当、将来の関与の仕方が不明確なことにより、インド政庁の軍事費は増大する、と主張した。[7]

このインド省とインド政庁の立場は、第一次世界大戦以前のインド軍動員に関する慣行への回帰を意味した。インド省と陸軍省との議論の応酬は、最終的に帝国防衛委員会の小委員会での検討に委ねられた。一九二二年六月にその勧告が出されて、それは一九二三年一月に、本国閣議で了承された。結果的に、一九二〇年のエシャー委員会の提言はほとんどくつがえされたのである。すなわち、⑴帝国防衛のためにインドからの財政的支援が考慮される前に、インドの政治・財政状況について諮問がなされるべきである、⑵インド軍の海外派兵に関して、重大な緊急事態の場合を除いて、「参事会における総督」(Governor-General in Council) に相談した後にはじめて、インド軍はインド帝国外で使用されるべきである、⑶海外駐屯インド軍部隊の経費は、本国政府か、その駐屯を必要とする従属植民地あるいは自治領が負担すべきである、という三原則が打ち出された。[8]

この基本的立場は、一九二〇年代を通じて維持された。第３章で取り上げた一九二七年の上海派兵の場合に見られたように、一九二〇年代のインド軍の海外派兵はこの一例だけであり、しかもその必要経費は本国政府が負担したのであった。「インドの軍事力」の中核を構成したインド軍に関しては、一九二〇年代にその海外派兵経費の本

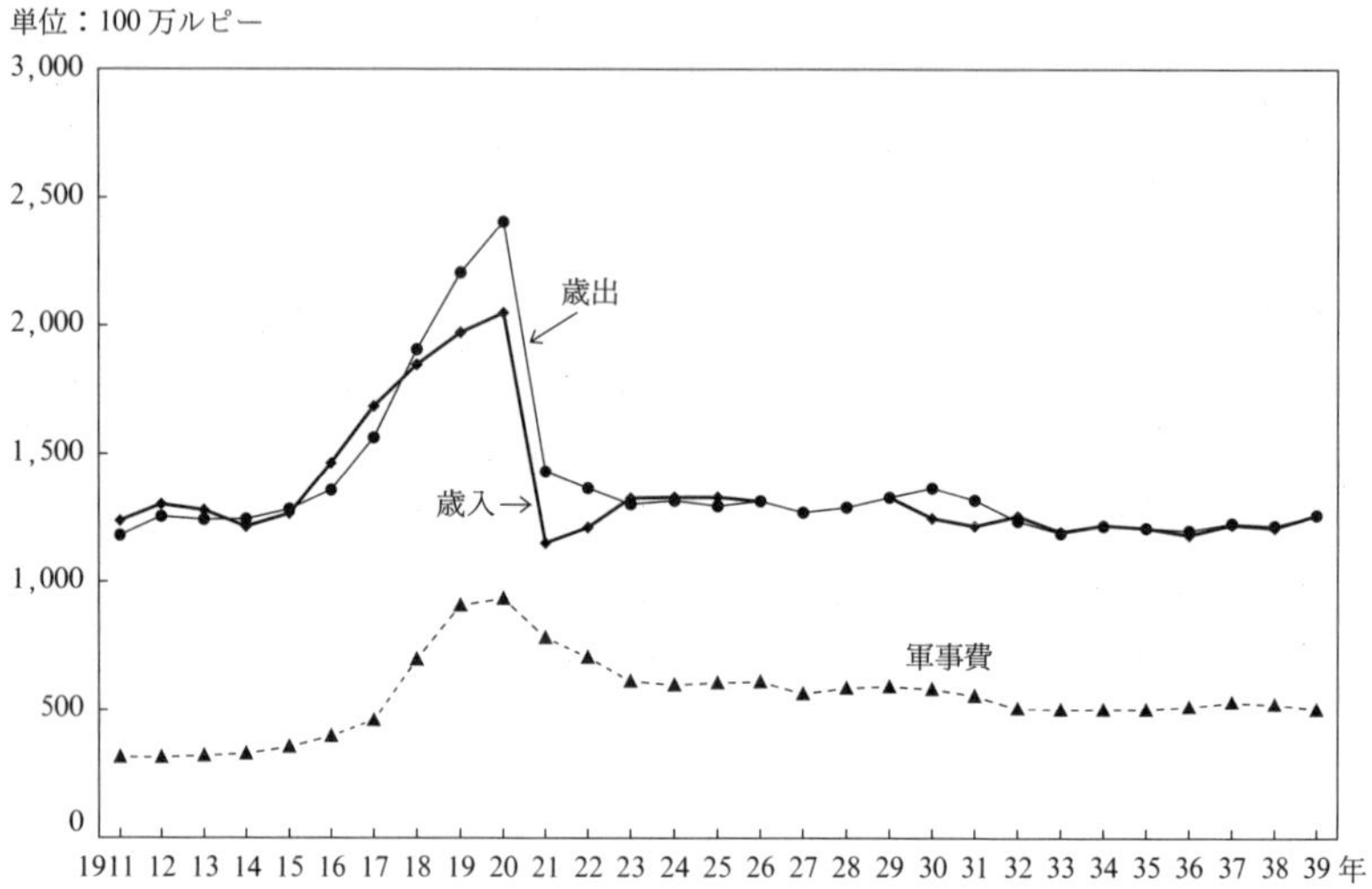

図4-1　インドの財政状況（1911-39年）

出典）注(9)を参照。

国負担の原則がようやく確立されたのである。以後の争点は、もう一つの軍事力である、インド駐留イギリス軍の経費負担問題に絞られていった。世紀転換期のウェルビー委員会でも若干ふれられたが十分に議論されず、その後もインド財政から本国費の一部として支出されていたインドに駐留するイギリス軍部隊約六万名の経費分担が、議論の対象になったのである。

次節で本格的な議論の検討を行う前に、両大戦間期のインドの財政状況を一瞥しておきたい。図4-1と表4-2[9]から明らかなように、インド財政は、第一次世界大戦の後半期と戦争直後に、急増した軍事費を中心とする戦時負債のためにその赤字額が膨張し、深刻な財政危機に陥った。従って一九二〇年代のインド財政運営では、歳出を削減して財政基盤を立て直す努力が重ねられた。一九二二―二三年には、中央のインド政庁財政再建のために、インチケープ卿を中心とする経費削減委員会が設置され、全般的な経費節減が図られた。[10]一九二三年以降、インド財政は黒字に転じたが、それに貢献した最大の要因が軍事費の削減であった。しかしながら、インド政庁の中央予算に占める軍事費

表4-2　インドの財政状況（1911-39年）

（単位：ルピー）

年	歳入	歳出	差引勘定	総軍事費	純軍事費	防衛費の占める割合(%)
1911	1,242,536,247	1,183,431,234	59,105,013	313,524,550	293,378,704	25.23
1912	1,302,938,965	1,256,324,459	46,614,506	314,296,502	293,481,993	24.12
1913	1,278,107,626	1,243,421,277	34,686,349	318,986,474	298,441,702	24.96
1914	1,217,364,987	1,244,144,034	−26,770,047	327,144,044	306,523,724	26.87
1915	1,266,203,049	1,284,032,966	−17,829,917	352,546,402	333,920,295	27.84
1916	1,470,756,443	1,358,583,900	112,172,543	398,501,358	374,862,170	27.09
1917	1,689,935,204	1,568,629,096	121,306,108	461,454,745	435,647,112	27.31
1918	1,848,866,160	1,906,172,296	−57,306,136	700,000,000	667,203,577	37.86
1919	1,974,859,319	2,211,388,144	−236,528,825	910,300,483	869,776,308	46.09
1920	2,050,184,005	2,410,269,281	−260,085,276	932,000,000	873,813,619	45.46
1921	1,152,150,317	1,428,652,017	−276,501,700	778,798,340	698,104,508	67.60
1922	1,214,129,156	1,364,305,548	−150,176,392	710,058,955	652,680,090	58.48
1923	1,327,864,527	1,303,964,769	23,899,758	610,431,760	562,275,363	45.97
1924	1,327,864,527	1,318,492,421	56,825,698	596,651,877	556,340,218	44.93
1925	1,331,730,492	1,298,612,305	33,118,187	603,937,045	559,985,654	45.35
1926	1,316,546,903	1,316,546,903	0	609,163,889	559,695,825	46.27
1927	1,272,277,920	1,272,277,920	0	563,394,893	547,945,581	44.28
1928	1,289,702,416	1,292,856,418	−3,154,002	584,937,451	551,000,000	45.35
1929	1,326,855,102	1,324,171,504	2,683,598	590,808,743	551,000,000	44.53
1930	1,245,955,721	1,361,800,695	−115,844,974	582,889,885	543,000,000	46.78
1931	1,216,465,714	1,322,000,000	−117,473,277	558,874,220	517,600,000	45.94
1932	1,254,369,795	1,238,850,603	−13,205,042	503,749,997	467,400,000	40.16
1933	1,193,730,886	1,193,730,886	0	497,508,929	444,247,000	41.68
1934	1,221,249,472	1,217,640,472	3,600,000	496,427,980	443,426,000	40.65
1935	1,210,726,527	1,210,726,527	0	501,853,253	449,800,000	41.45
1936	1,178,389,192	1,196,260,796	−17,871,604	506,725,572	454,500,000	43.00
1937	1,224,800,000	1,224,800,000	0	526,020,178	473,482,067	42.95
1938	1,210,668,000	1,217,046,000	−6,378,000	520,690,155	461,800,000	43.01
1939	1,257,675,000	1,257,675,000	0	502,642,722	495,391,134	39.97

出典）注(9)を参照。

の割合は四五％前後で推移しており、その一層の削減が求められていた。一九二九年の世界恐慌によって関税収入が大幅に減少したため、ようやく安定化したインド財政は新たな危機に直面した。一九三〇―三一年は一億ルピーを越える財政赤字を記録したために緊縮予算が編成された。軍事費は経費削減の最大の項目になり、さらにその削減がはかられて、軍事費が歳出に占める割合は四〇％前後に低下した。こうした厳しい財政状況のなかで、インド軍事費に関して本国からの財政支援を求めた一九三二―三三年のガラン裁定委員会での議論が、注目を集めたのである。

3　ガラン裁定委員会とインドの軍事力問題

(1) サイモン委員会、英印円卓会議、ガラン裁定委員会

一九二九年二月のイギリス本国閣議において、インド駐留イギリス軍経費のうち、「人頭補助金」(capitation rate of charge)[11]をめぐる問題を解決するために、独立の裁定委員会に検討を依頼する旨の決定がなされた。しかし、その後、一九一九年インド統治法の再検討を行うために一九二八年に任命された「インド憲政委員会」(通称サイモン委員会)の報告書が二年後の一九三〇年に提出され、同じ年に英印円卓会議も開催されたために、この裁定委員会の設立は延期された。

サイモン委員会の調査は、自治の拡大に向けたインドの憲政の再検討が中心課題であった。二巻、七〇〇ページを超える長大な報告書の中で、本章の検討課題である「インドの軍事力」問題も検討された。[12]委員会は、インドの軍事力に関する将来の機構・兵員募集・統制の諸問題が、憲政改革に際して他の自治領の場合と比べても、解決の難しい課題であると認めた。特に、インドの防衛は、「単にインドだけの関心事にとどまらず、イギリス帝国全体

の統合に影響を与え、帝国政策全般とも密接な関係を持つ」[13]ために慎重な検討が求められた。インド防衛に関する憲政上の問題は、サイモン委員会報告書の第二巻第五部で検討された[14]。そこで示された軍事問題をめぐる認識は、その後のガラン裁定委員会の議論でも繰り返され、その提言の前提となったために、その主要な三つの論点を最初に確認しておきたい。

第一の論点は、「インドの軍事力」の存在目的であった。それは対外侵略からのインド防衛と国内の治安維持であり、本国から派遣されたイギリス本国軍（約六万名）がインドに駐屯する理由としては、それに加えて、藩王国との保護条約の存在があった。

第二の論点は、その経費負担にかかわる問題であった。「インドの軍事力の規模と経費が、その目的達成に必要とされる以上に大規模であるかどうかではなく、国境防衛に関して、純粋なインド的要因に対立するものとして、帝国的要因（an imperial aspect）が存在するかどうか」が問題であった（傍点筆者、以下同様）。軍事力の維持に帝国的要因が認められると、軍事費をインドの歳入のみで負担することは不公平と考えられた。

第三の論点は、インド防衛問題とイギリス帝国との関連性であった。「インド北西国境は、インドの国境に留まらず、軍事的観点からは帝国全体にとって第一級の重要性を持つ国際的国境」であった。インドの防衛は、帝国の諸地域も直接に緊密な利害を持つ事項であり、帝国外交政策、帝国の運輸・通信、帝国貿易、アジアでのイギリスの地位全般に重大な影響を及ぼす可能性があった。インド国境の防衛は、帝国全体にとって最も関心の高い事項であり、帝国当局（an imperial agency）だけが有効に管理・統括できる問題であるとされた[15]。

サイモン委員会本来の検討事項であった憲政改革との関連では、委員会は、⑴本国政府がインド防衛の責任を持ち、イギリス兵を含むインドの軍事力の統制権はインド人議会には移管できないこと、⑵インド軍将校職のインド人化は漸進的に行うべきこと、という二大原則を確認した。他方、中央のインド政庁の財政状況について、サイモン委員会は、軍事費の抑制と関税収入の増大によって、財政収支が均衡して黒字になるとのいささか楽観的な展望を持った。[16] そのうえで、インド政庁と本国政府との合意・協定に基づいて、軍事費に関する財政負担の公平な調整と本国からの財政支援が得られれば、インド自治に向けた政策目標の実現も可能であると考えられた。

サイモン委員会では、インドの軍事力問題はイギリス帝国全体に影響を及ぼす重大な問題と位置づけられたが、その勧告は、現状を追認する非常に保守的なものであり、楽観的な財政予測に依拠していたのである。また、一九三〇年一一月から三一年一月にロンドンで開催された第一回英印円卓会議の防衛小委員会でも、インド農村部の貧困問題に取り組む財政的方策として、インド駐留イギリス軍経費の削減と本国からの財政支援が検討課題とされた。[17]

他方、現地インドでは、インド政庁の指令により、一九三一年四月から軍事費問題の調査検討が始められていた。ようやく一九三二年九月に、本国の挙国一致内閣のマクドナルド首相によって五名の委員が任命され、裁定委員会は、拘束力を持たない諮問機関として発足した。本国政府はドゥネディン子爵、トムリン卿を、インド政庁はラホール高等裁判所の裁判長シャディ・ラールと、アラハバード高等裁判所の裁判長シャー・ムハンマド・スレイマンの二人の法律専門家を、それぞれ委員として推薦した。委員長には、検討課題の性格とインドの世論を考慮に入れた結果、中立的な姿勢で臨める自治領（ドミニオン）出身の法律家の起用が望まれた。オーストラリア、カナダ、南アフリカの各政府とインド政庁への候補者の照会が行われ、最終的に、オーストラリア政府の前法務長官のロバート・ガランが任命された。[18]

このガラン裁定委員会に検討が委ねられた事項は、以下の五点であった。(1)インドは、インド駐留イギリス軍(the British Army in India)の英本国における募集・訓練費用（capitation charge）を今後とも負担すべきか、負担する場合その根拠は何か、(2)本国財政からインド軍事費に対して財政支援が行われるべきであるというインド省の主張を検証し、その支援額を査定する論拠を示すこと、(3)インドは予備役（the Regular and Supplementary Reserves）

の経費を負担すべきという本国陸軍省の主張を検証し、その論拠を明らかにすること、(4)インドに対して陸軍省が支払っている兵員海上輸送経費補助金（sea transport contribution：年一三万ポンド）を継続するかどうか検討すること、(5)インド駐留王立空軍の将兵に関して、必要な変更を加えたうえで以上の諸問題を同様に検討すること。[19] 一九三二年一一月に、委員長ガランのロンドン到着とともに初会合が開かれ、一九三三年一月には中間報告が首相マクドナルドに提出された。

以下では、この五項目のうち、インド省が最も重視し強調した第二の論点を中心に検討を加えたい。というのも、残りの四つの項目は技術的な問題であり、本章の課題である「帝国主義経費論争」とインドの役割を検討するには、第二の論点「本国からのインド軍事費に対する財政支援の是非」をめぐる問題を考察することが最もふさわしいからである。

（2）インド省の財政支援要求――インドの軍事力の帝国的側面[20]

最初にインド省は、軍事問題をめぐる本国政府とインド政庁との国制上の関係を概観し、次の二点を指摘している。すなわち、(1)一九一九年インド統治法により、インド政庁に関税政策での自主権が認められたが、[21] その他の側面では依然として本国政府からの制約が大きく、本国のインド参事会（Council of India）が財政面で拒否権を持つこと、特に軍事に関してはインド当局への分権が行われていないこと、しかし、(2)現地のインド立法参事会（Central Legislative Assembly）は次第にその影響力を強め、軍事費の修正権限は持たないものの、その審議を通じて過大な軍事費負担に批判的なインド世論を代弁するようになったこと。

こうした認識を背景に、軍事費に関して本国政府からの財政支援を要求するインド省の主張とその論理は、次の八点に要約できる。

(1)　イギリスの通商と金融利害の保護に必要なインド駐屯イギリス軍

インドの経済開発と貿易に八－一〇億ポンド余のイギリス資本が投資されており、一九三〇年時点でのイギリスの対インド輸出額は五三〇〇万ポンド、輸出総額の九・二五％を占め、「本国費」は年三四〇〇万ポンド、本国政府が債務保証したインド債券は一九三二年時点で三億三二〇〇万ポンドに達している。こうした帝国の経済利害を維持する「保護措置」として、本国政府が将来も長期にわたってインド防衛に関与し、インド駐留イギリス軍に対する支配権を保持することが必要不可欠となる。

(2)　インド国境防衛の特殊性とイギリス帝国

インドは一面において自立した政治体であるが、他方でイギリス帝国の一部でもあり、その国境の保全は、単にインドだけの関心事ではなく帝国事項でもある。アフガニスタンの背後に位置するロシア（ソ連）はインドにとって潜在的脅威であり、北西国境の防衛措置を講じる際にこの脅威は無視できない。サイモン委員会が定義したように、「北西国境は単にインドの国境に留まらず、軍事的観点からは帝国全体にとって第一級の重要性を持つ国際的国境である」。

(3)　帝国防衛計画全般におけるインド防衛の重要性

インドの領土保全とその軍事力は、イギリス帝国の安全保障における重要な要因である。「オーストラレイシアとインド以東のイギリス諸権益の防衛は、インドにおけるイギリス支配権力の保全に大きく依存するはずであり、インドは、イギリス・オーストラレイシア・極東を連結するイギリス帝国のアーチのかなめ石（the keystone of the Imperial arch）であると言っても過言ではない（中略）一大帝国勢力としてのイギリスの存在は、インドとの関係維持に大幅に依存している[22]」。

(4)　イギリス帝国の軍事編成と資産としてのインドの軍事力

インドの軍事力は、帝国の諸目的のために頻繁に利用されてきた貴重な軍事的資産であり、訓練された兵士を抱える帝国の予備兵力である。第一次世界大戦が勃発した時に、インドは、東アフリカ・エジプト・ペルシャ湾岸に遠征軍を提供しただけでなく、十分に訓練されたインド駐留イギリス軍部隊を迅速に増援軍として（ヨーロッパの）西部戦線に送り返した。大戦初期の決定的に重要な段階でこうした措置が取れたのは、インドが毎年数百万ポンドのコストをかけて大規模な陸軍兵力を持続的に維持してきたからである。インドと他の自治領・植民地との決定的違いは、他の自治領・植民地が長年にわたって過大な軍事費の負担を免れてきた点にあった。第一次世界大戦以外にも、一八五六年以来少なくとも一四回にわたって帝国の諸目的のために、インドから陸軍部隊が海外に派兵されていた。インドの軍事力は、帝国の偉大な資産、強みであることを改めて示している。

(5)　イギリス陸軍にとっての貴重な兵士訓練場・予備役供給源としてのインド

毎年インドは五〇〇〇―六〇〇〇名の訓練されたイギリス人兵士を、本国陸軍予備役に提供している。一九二九年にインド軍最高司令官であったフィリップ・チェトウッド将軍が言うように、「イギリス陸軍の軍事訓練場として、国境地帯での小競り合いで頻繁に実戦経験を積める点で、インドはユニークである。全将兵が得た経験と訓練は、イギリス陸軍全体にとって非常に価値があることは疑いえない（中略）イングランドから年若い未経験の兵士を受け取るインドは、陸軍予備役にとって大いに役立つ十分に訓練された兵士として、彼らを本国に送り返している[23]」。

(6)　インドの防衛政策・軍事組織に対する帝国政府の圧倒的な影響力の行使

一八七〇―七四年に導入されたイギリス陸軍特有の制度（短期現役制と二大隊編成）と、インドの軍事力は帝国防衛軍の一部であり本国軍との緊密な協力が必要であるという事実によって、インドの軍事関連事項で本国

表4-3　インド駐留イギリス軍の追加諸経費（1932年）

（単位：ルピー）

イギリス本国陸軍	
人頭補助金	18,667,000
退役手当	648,000
職業訓練手当	368,000
賜暇手当	1,960,000
国民健康保険費	528,000
失業保険費	1,268,000
年金拠出金	1,584,000
海上輸送経費	7,880,000
非実動経費	14,676,000
王立空軍	
人頭補助金	1,480,000
賜暇手当	128,000
海上輸送経費	348,000
各種保険費	87,000
非実動経費	267,000
合　　計	49,889,000 （約375万ポンド）

出典）Statement of main Items of Sterling Expenditure from Indian Revenues on the British Troops on the Indian Establishment, in *Memorandom by the India Office*, p.43.

政府が強力な権限を行使している。インド以外の帝国諸地域に展開する約三万のイギリス軍の経費は年間五〇〇万ポンドを要するが、幾つかの従属植民地（海峡植民地・香港・セイロン・キプロス等）の貢献額は一〇〇万ポンド弱に過ぎない。インドが陸軍経費の全額負担を求められる一方で、歴史的な経緯から、自治領諸国は自発的な献金は行うものの、その強制的な経費負担を求めるのは不可能である。従って、インドだけにコストの全額負担を求めるのは不公平である。

(7)　歳入額に占めるインド軍事費の比重の高さ

一九三二年度のインド軍事費は、執拗な経費節減の努力と再軍備計画の延期により、何とか四億六八〇〇万ルピー（三五〇〇万ポンド）に抑えられたが、これ以上の節約による軍事費削減は無理である。来年度の軍事費予算額は四億八五〇〇万ルピー（三六三七万五〇〇〇ポンド）が見込まれ、それは中央政府（インド政庁）予算の五四％［実際は四一・六八％。表4-2参照］、州政府を合せた全歳入の二九％を占める。他の自治領諸国は、軍事費の割合が七％を越えることはない。この突出したインドの軍事費は、平時に社会サーヴィスに投入すべき資金を厳しく制約している。一九三〇―三一年度の教育費は一億三〇〇〇万ルピー（九七五万ポンド）、医療・公衆衛生費は六五〇〇万ルピー（五〇〇万ポンド）、農業・産業振興費は四〇〇〇万ルピー（三〇〇万ポンド）に留まり、民政費は、インドの二億七二〇〇万人の膨大な人口を考えると不十分な水準にある。

(8)　憲政改革の展望とインド世論による批判

本国政府は近い将来のインドの憲政改革、自治の拡大をめざしており、その方向性は、民主主義に固有なものとして大幅な経費増大を伴うであろう。インド立法参事会で、インドの政治的従属が帝国経費の負担強要につながっていることに対して批判が繰り返されている。将来のインド人指導者層は、現在の軍事費負担の一部が軽減されない限り、新たな憲政改革を成功に導く公平な機会が与えられないとの不満を感じている。

以上の八点が、インド省が軍事費に関して本国からの財政支援を求める根拠であった。インド防衛に関して、純粋なインドの利益にイギリス帝国の権益が付随する以上、インド側に全面的な軍事費の負担を求めるのは公平の原則に反する、というのがその要求の核心にあった。そのうえでインド省は、数通りの財政支援金額の算定を試みた。すなわち、(1)インド軍の事費全体の半額約一八〇〇万ポンド、(2)インド駐留イギリス軍に直接関わる経費約一六〇〇万ポンドの半額（八〇〇万ポンド）、(3)他の従属植民地の事例に倣って、歳入総額の二〇％までの軍事費負担を想定し、その差額の一一二五万ポンド、(4)実際のインド駐留イギリス軍経費を超える追加負担額の軽減として三七五万ポンド[24]、の諸案を提示した（表4-3参照）。そして、(3)の案に基づいて、一一二五万ポンドの財政支援が最も望ましいと主張したのである。

（3）ガラン裁定委員会の勧告

裁定委員会は、諮問を受けた五項目に関して、一九三三年一月に以下のような勧告を行った[25]。しかし、最終報告書の作成までには、さらに修正・削除を経て一年余りの時間を必要とした。

まず委員会は、考慮の対象としない事項として、(1)本国政府と議会が決めるべき政治問題としてのインドに対する「寛大な扱い」(liberal treatment)、(2)インドの本国に対する従属的地位、(3)インド国内の政治的感情、(4)インドの相対的な貧困と支払い能力との関係、(5)歳入に占める軍事費の割合、を列挙した。政策に関わる問題を全て排除して政治的判断を回避し、過去の諸事例にはこだわらず、将来の指針をめぐる原則を決めようとする姿勢に対しては、後述するように、二人のインド人委員から、強い異論が出されることになった。

最大の検討事項になったインド省による財政支援要求の是非について、裁定委員会の意見は二分された。本国イギリスがインドの軍事力から多大な利益を得ていることに関して、五名全員の意見が一致したものの、陸軍省が主張する英印両国の責任分担をめぐり、委員長を含む白人委員三名（多数派）と、インド人委員の意見が対立した。多数派は、国内の治安維持と、北西国境の周辺部族やアフガニスタンに対する国境防衛、すなわち「小規模な脅威」(minor danger) をインドの責務とし、列強によるインド攻撃やインドを経由したイギリス帝国への攻撃、すなわち「重大な脅威」(major danger) に備えた防衛を本国の責任とする、陸軍省の「防衛責任二分論」に賛成した。従って彼らは、幾つかの限定された項目において、本国からのインド軍事費への財政支援がなされるべきであると主張した。本国側の軍事費分担の具体的な論拠としては、インド省の主張の一部（アジアにおける緊急展開部隊としてのインド軍事力の価値と、現役部隊の訓練場としてのインド）を採用した。ガラン裁定委員会の多数派は、イギリス帝国にとってのインド軍事力のメリットを、非常に狭い範囲に限定して定義し、本国政府の財政上の責任を矮小化したのである。

他の四点の諮問事項は、いずれもやや技術的な問題であり、インド駐留イギリス軍に直接関係する問題であった。兵士の本国における募集・訓練費用 (home effective charge)、いわゆる人頭補助金と予備役経費負担の要求は、次のような事情を背景に提起されていた。すなわち、一八七〇年にカードウェル陸相が導入した短期現役制（七年間の現役勤務と五年間の予備役）のもとで、通常新たに募集された二〇歳未満のイギリス人兵士は、一八カ月の本国勤務

（九カ月の訓練期間と九カ月の本国部隊所属）の後に、約五年六カ月のインドでの駐屯（現役）を経験し、その後本国に帰国してから五年間本国予備役に編入されて軍務を終えた。問題の人頭補助金は、新兵募集と最初の数カ月の訓練費用に充当する名目で徴収されていた。裁定委員会の多数派は、この慣行を追認し、英印双方で兵士の定員数に応じてコストを分担する現行の原則が適切であるとし、新兵の訓練期間についても九カ月が妥当であると判断した。他方、予備役に関する新たな費用負担を求める陸軍省の要求は退け、予備役の維持は本国政府の責務の一部であり、インドが予備役の経費を負担する必然性はないと規定したのである。

逆に、裁定委員会は、一九〇〇年のウェルビー委員会の提言以来、本国陸軍省がインド政庁に支払っている年間一三万ポンドの兵員海上輸送費補助金については、陸軍省やイギリス人委員二名（ドゥネディンとトムリン）の反対にもかかわらず、その継続を主張した。その論拠として委員会は、短期現役制の導入によって本国の陸軍省にとっては、兵員数の削減が実現して経費減が実現したが、インドにとっては、インドに赴任する兵士が増大したために経費負担が増し、財政的に不利な状況に置かれていることを指摘した。実際に英印間の兵士の移動は、毎年五〇〇〇―六〇〇〇余名の規模に達し、その海上輸送費用は増える一方で七〇万ポンドを超え、一三万ポンドの定額援助ではとても足らない状況であった。

最後に、委員会はインド駐留の王立空軍に関して、陸軍の場合と同じような検討を行った。空軍兵力の場合、全航空戦力の約十分の一（七五・五飛行中隊のうちインド駐留は八飛行中隊）がインドに派遣されていた。空軍の場合、兵士の訓練期間は四カ月で十分であり、予備役経費をめぐる航空省からインドへの払戻金は妥当であるとされた。

以上のように、ガラン裁定委員会は、インドの軍事力に関する技術的問題に関しては、陸軍兵士の新兵訓練期間の短縮（歩兵の場合は六カ月）を求めるインド人委員二名の主張を退けて、インド財政からの人頭補助金の支払い継続を求めた。他方で、本国陸軍省の兵員海上輸送費補助金の継続も求め、インド省と陸軍省双方の主張の妥協を図った。しかし現実には、インド側の負担額の方が上回っていたことは明らかであった。

4　インド人委員の少数派報告とその修正

このガラン裁定委員会の多数派の勧告に対して、一九三三年一月の段階では、二人のインド人委員が異議を唱えて「少数派報告」を提出した。最終段階で、この二人の現地人委員の留保と批判は、文言が大幅に修正された。この経緯は、修正され削除された少数派報告の部分に、イギリス帝国およびインドの軍事・外交政策に関わる重要な情報が多数含まれていたことを示唆している。本節では、この少数派報告に注目してみたい。

まず、ラホール高等裁判所裁判長であったシャディ・ラールの議論は、以下の三点に要約できる。(26)

(1)　アジアにおけるイギリス帝国権益の現状に関して彼は、「東洋における帝国利害は、エジプトから中国・ニュージーランドにまで広がり、英領インドはその利害の中心的位置を占め、帝国政府にとって有益な戦略的価値を持つ」こと、第一次世界大戦以降、「帝国防衛の重心は東に移動し、インドの陸軍力が、帝国への脅威に対抗する最前線」であり、「帝国政府にとって非常に貴重な予備兵力となっている」ことを認めた。

(2)　インドの国境防衛については、一八七八―八一年の第二次イギリス＝アフガニスタン戦争（アフガン戦争）の際に展開された議会論争を参照しつつ、(27)「インドの北西国境は、軍事的観点からは帝国全体にとって第一級の重要性を持つ国際的国境である」とのサイモン委員会報告を確認した。そのうえで彼は、「インド駐留イギリス軍が、イギリスの貿易を保護・促進し、八億―一〇億ポンドにおよぶ巨額のイギリス投資を保証する限り、イギリスのために役立っている」というインド省が主張した通商・金融権益保護の論理を支持した。また、そのイギリスから派遣された軍事力が、インドにおけるイギリス支配・優位の維持に貢献していることも認めた。

(3) 以上の議論を前提にしたうえで、ラールは、一六〇〇万ポンドにのぼるインド駐留イギリス軍の経費のうち、約三五％を本国側が負担すべきことを主張した[28]。

次いで、アラハバード高等裁判所の裁判長シャー・ムハンマド・スレイマンは、長さと内容の点で本報告をはるかにしのぐ長文の少数派報告書を提出した[29]。それは、インド省覚え書きで提起された論点に依拠しながらも、軍事費に関する帝国諸地域間の比較と国際比較の視点が組みこまれた点で、彼独自のユニークな批判である。彼の少数派報告書は、以下の六項目に要約できるが、非常に論理的で説得力のある構成であった。

(1) インドにとって不当に過重な軍事費負担

一九三二―三三年度のインドの総兵力は、イギリス兵五万八〇〇〇名、インド兵一五万名、訓練中の者や将校団を含めると戦闘要員は二七万四六〇四名にのぼる。軍事費は三六三七万五〇〇〇ポンド（四億八五〇〇万ルピー）に達し、民政費を圧迫している。インド政庁の負債総額は、一九三一年までに七億五〇〇〇万ポンドに達した。過去三〇年間に軍事費はほぼ倍増しており、この過大な軍事費は、「インドのように相対的に貧困で遅れた国にとっては、耐え難いくらいの重荷である[30]」。

(2) インドとイギリス帝国双方の関心事としての北西国境防衛

インドの北西国境はイギリス帝国の国境・ゲートであり、インド防衛はイギリス帝国防衛の一部である。ここでは、サイモン委員会とインド省の現状認識が再度強調されている。

(3) インドの軍事力の機能

インドの軍事力の機能は、①国内治安維持軍、②国境警備軍、③野戦軍の三者に分類できる。国内治安維持軍と野戦軍は、インドとアジアにおけるイギリスの優越的地位の維持に役立つので、イギリス帝国利害に関わっている。当面の北西国境方面での仮想敵国としては、アフガニスタンとロシア（ソ連）が考えられるが、いずれもインド単独の対応を超える帝国全体の外交・防衛問題である。他方、インドはイギリス帝国の一部であることで、日本を除くと、他のアジアの国々よりも安全保障面で良好な立場にあり、世界強国としてのイギリスが、インドにとって対外的攻撃からの安全を保障する保険となっている。

(4) イギリス帝国の一大予備兵力・緊急展開部隊としてのインド軍

一八五六年以来、インドからの英印両軍の海外派兵（表4-4）では、インドが通常経費と、時には臨時経費を負担してきた。帝国の緊急事態の際には、本国政府が軍事力の配備の決定権を持つ。インドの軍事力は、第一次世界大戦の事例が示すように、「重大な脅威」に際して動員可能であり、インドは、重大な危険を回避するうえで、実質的にイギリス帝国を防衛している。インド軍は、将来帝国の緊急事態が生じた時に頼りにできる帝国内で唯一の陸軍戦力であり、「アジア、オーストラレイシア、あるいはアフリカ大陸東岸やインド洋島嶼部のいずれかで紛争が生じた際に、紛争現場に派兵可能な唯一の軍隊がインド軍であろう」。この実例は、三〇日以内の軍隊派兵が求められた一九二七年および一九三二年の上海の場合に典型的に見られた。[31] 帝国防衛の重心は東側に移動し、イギリス帝国の危険地帯は香港と上海に近づいている。帝国戦略の中心が東洋に移ったために、帝国全体に対するインドの軍事力の価値は、大幅に増大している。インド軍は、アジア・オーストラレイシア・アフリカ全体に対するイギリス駐屯兵力の支えになっている。

(5) イギリス帝国防衛負担をめぐる帝国諸地域・列強との相互比較

スレイマンは防衛負担に関して、インドと本国・自治領との相互比較を行っている。この部分が、彼の少数派報告の中で最も説得的な箇所である。比較の項目は、①兵力数、②軍事予算額、③予算総額に占める軍事費の割合から成る（表4-5、4-6、4-7参照）。まず兵力数に関して、インドは、イギリス本国はもちろんのこと、他の自治領や従属植民地をはるかに上回る最大の陸軍兵力（常備軍）を保持していた（イギリス帝国全体で

表4-4　インドおよびイギリスからの海外派兵（1856-1927年）

年度	戦闘地域	インドからの兵員	インドの経費負担	イギリス本国等からの兵員
1856-57	ペルシャ	14,000名	通常経費および臨時経費の半分（900,000ポンド）	なし
1856-57	中国	5,800名	なし	英海兵旅団3,556名
1860	中国	4砲兵大隊 6英歩兵大隊 11インド歩兵大隊	なし	英約10,000名（本国，ケープ植民地およびインド駐留軍）
1860	ニュージーランド	3歩兵大隊	なし	
1867	アビシニア	5歩兵大隊 1英騎兵連隊，4インド騎兵連隊 4英歩兵大隊，8インド歩兵大隊	通常経費	2砲兵大隊
1875-76	ペラック（マレー）	1砲兵大隊 1英歩兵大隊，1インド歩兵大隊	通常経費	海兵旅団およびインド駐留軍
1878	マルタ	2砲兵大隊 2インド騎兵連隊 6インド歩兵大隊	なし	なし
1882	エジプト	2砲兵大隊 3インド騎兵連隊 2英歩兵大隊，3インド歩兵大隊	500,000ポンド	将校781名，下士官63名，兵士15,572名，計16,416名 1歩兵大隊
1885-86	スーダン	1インド騎兵連隊 3インド歩兵大隊	通常経費	ニューサウスウエールズから1歩兵大隊
1896	サーキン	2,440名	通常経費（139,000ポンド）	なし
1896	モンバサ	737名	なし	なし
1899-92	南アフリカ	18,000名	なし	本国337,219名，自治領30,328名，現地徴兵52,414名
1900-01	中国	1騎兵旅団 3歩兵旅団 補助部隊および中国駐屯守備隊	なし	南アフリカから320名 オーストラリアから海兵旅団500名
1914-19	第1次世界大戦	1,380,000名	全通常経費および特別献金1億ポンド（総額約1億4,700万ポンド）	イギリス帝国総動員数（インドを含む）8,975,954名
1927	上海	1混成旅団 インドからの派遣軍6,409名（英2,252名，インド4,157名）	なし	英派遣軍9,506名

出典）Statement of Troops employed from India and the United Kingdom in overseas Expeditions from 1856 to 1927, *Note by Sir Shah Muhammad Sulaiman on Contribution from Imperial Revenues*, p. 51. IOLC L/F/7/1536.

表4-5　イギリス帝国の陸軍力一覧

類型	戦闘員		管理部門		予備役	
	定員	実員	定員	実員	定員	実員
イギリス本国						
	本国駐屯					
正規軍	106,661	93,515	11,108	10,475		137,495
国防義勇軍	162,52	126,010	5,100	3,796	1,263	926
					補助予備役	
					24,621	18,061
	海外駐屯（インドを除く）					
正規軍	24,942	26,979	2,857	3,145		
インド（インド諸藩王国の軍事力は含まない）						
正規軍						
(a)イギリス陸軍	81,999*	83038*	28,812	26,556	—	—
(b)インド軍	108,302	106,279	—	—	45,271	36,599
義勇軍						
(a)予備軍	33,262	28,004	—	—	—	—
(b)インド国防義勇軍	19,896	16,542	—	—	—	—
ドミニオン諸国						
カナダ						
常備軍	—	2,592	—	1,144	—	—
非常備軍	—	45,581	—	3,260		2,506
オーストラリア						
常備軍	1,358	1,372	187	184		—
民兵	31,657	24,260	3,343	3,194	7,000	7,133
ニュージーランド						
常備軍	329	250	193	89		
国防義勇軍	9,045	5,661	1,162	807	—	—
南アフリカ						
常備軍	697	655	290	283		
沿岸警備および民兵	7,871	7,790	879	841	—	—
イギリス帝国						
常備軍	341,768	328,899	45,169	42,362	—	176,597
義勇軍	331,497	272,515	13,774	12,428	—	—

出典）Strengths of Land Armies, *Note by Sir Shah Muhammad Sulaiman on Contribution from Imperial Revenues*, p.58. IOLC L/F/7/1536.

注）＊付属のインド人員を含む。

表4-6　イギリス帝国諸国の陸軍経費比較

	陸軍経費		摘　要
	実動経費	非実動経費	
イギリス本国	39,374,335ポンド	9,068,578ポンド 234,841ポンド	50,353,000ポンドの戦争年金が加わる
インド	457,376,356ルピー (約34,303,227ポンド)	85,303,742ルピー (約6,297,781ポンド)	戦争年金を含む
ドミニオン諸国			
アイルランド自由国	1,152,937ポンド	221,196ポンド	
カナダ	12,066,703カナダドル	879,193カナダドル	44,258,989カナダドルの戦争年金が加わる
ニュージーランド	286,984ポンド	(データなし)	
南アフリカ	592,921ポンド	117,541ポンド	742,236ポンドの戦争年金が加わる
オーストラリア	1,632,809ポンド	27,827ポンド	7,897,291ポンドの戦争年金が加わる
諸植民地	4,002,742ポンド	(データなし)	

出典) Military Expenditure on Land Armies, *Note by Sir Shah Muhammad Sulaiman on Contribution from Imperial Revenues*, p. 59. IOLC L/F/7/1536.

表4-7　インド省による軍事費比較

(単位：100万ポンド)

	歳入	債務返済	戦争年金	差引勘定	軍事費	軍事費の比率(%)
インド	125.8	17	0.8	108	36.4	33.7
イギリス	764.3	276	47.6	440.7	104.4	23.6
カナダ	100	28.7	10	61.3	2.3	3.7
オーストラリア	113.4	26.7	6.9	79.8	3	3.7
ニュージーランド	23.2	10	1.2	12	0.63	5.2
南アフリカ	28	3.7	0.7	23.6	0.74	3.1
アイルランド自由国	25.6	2	—	23.6	1.6	6.8
計	1,180.3	364.1	67.2	749	149	19.9
諸植民地	59				2.5	4.2

出典) India Office Table, *Note by Sir Shah Muhammad Sulaiman on Contribution from Imperial Revenues*, p. 64. IOLC L/F/7/1536.

三二万八八九九名のうち一八万九三一七名、五七・六％を占めた）。次いで軍事予算については、本国が海軍費を中心にインド以上の支出を行っているのは当然としても、インドは他の全植民地の総額よりも多額の支出を行い、その金額はアジア的でなくヨーロッパ諸国に並ぶ水準に達している。予算総額（中央政府財政）に占める軍事費の比重は、本国の二二％に対して、インドは二九％（算定基準に地方財政を加えるとインド二六％、本国一六％）、さらに安全保障に関連する追加諸経費三七五万ポンドを加えると、その割合は三二％に達した。[32]それゆえに、「インドが不釣り合いに高い帝国防衛の重荷を担っている」のは明らかであった。

他方、列強諸国と比較した場合でも、インドの軍事費負担は相対的に重いことが指摘された。その論拠としてスレイマンは、サイモン委員会の議論を引用し、インドの軍事費の支出総額が世界で七番目（アメリカ合衆国、イギリス、ロシア、フランス、イタリア、日本に次ぐ一〇億六九〇〇万金フラン）に多いこと、中央政府予算にしめる軍事費の割合も世界で最高水準（サイモン委員会報告では六二・五％、別のトインビー教授のデータによれば四五・二九％）に達すると論じている。[33]

(6)　具体的な財政支援の算出基準

最後にスレイマンは、本国からの財政支援の算出基準として、インド政庁の覚え書きで提起された方式を支持した。それは幾つかの植民地で採用されている方式、[34]すなわち、①インドの歳入（中央のインド政庁と州政府歳入額の合計）から、上限額二〇％までを軍事費全体に割り振り、②それを超える額は本国政府が負担するという原則が、必要とされている査定基準を満たし公平で適切なやり方であると主張した。一九三二―三三年度予算に従って計算すると、歳入総額一六億七七六〇万ルピー、その二〇％相当額が三億三五五〇万ルピー、軍事費が四億八五〇〇万ルピーなので、その差額の一億五〇〇〇万ルピー、約一一二五万ポンド、インド軍事予算の約三分の一弱に相当する金額が、本国財政からの望ましい援助額であるとされた。しかし、最終的にスレイマンは、具体的な金額や上限の割合を決めるのは高度の政治的判断・政策に委ねられるべき問題であるとして、好ましい算出基準を提示するにとどめた[35]。

以上、インド現地人判事で裁定委員に任命された二人の異議申し立て、少数派報告書の核心の論理と主張を紹介した。いずれも、世紀転換期のウェルビー委員会での議論と、一九三〇年のサイモン委員会での議論を前提にしながら、インド省覚え書きで示されたインド省の論理を部分的に組み込んでいた。そして、インドの軍事力、とりわけ本国から派遣されてインドに駐留したイギリス本国陸軍約六万名の経費の一部負担を求めたのである。彼らの主張は、当時のインドナショナリズムの高揚と過大な軍事費批判のなかでは、比較的穏健な財政負担の要求であるといえる。特に、スレイマンの少数派報告では、イギリス帝国をめぐる軍事編成の概略と具体的な経費額が明記されており、(1)インドの突出した陸軍力、(2)「帝国の予備兵力」としてのインド軍、(3)帝国の有事に備えた緊急展開部隊としてのインド軍事力の重要性が明らかになる。第3章で論じた一九二七年の中国への上海防衛軍の主力になったインドの陸軍部隊派兵とイギリスの帝国外交政策との緊密な関連、帝国防衛戦略に組み込まれたインド軍の姿が改めて確認できるのである。

これら二つの少数派報告書は、一九三三年一月に出されたガラン裁定委員会の「中間」報告に付されていた。しかし、同年一二月に議会に提出された裁定委員会の最終報告では、本文部分は基本的に中間報告を踏襲したが、ラールとスレイマンの少数派報告はその要約のみが添付されるに留まり、その報告書の長さは、九一ページから四五ページに半減した[36]。

少数派報告書をそのまま公表することへの懸念は、一九三三年三月の時点で、現地のインド政庁・陸軍部が表明していた。その反対理由は、(1)外国を利する戦時計画や、秘密の書簡、数多くの数値が含まれていること、(2)仮想敵国として、アフガニスタンとソ連への言及があることの二点であり、その公表は軍事的にも、外交関係上も適切でないとされた[37]。この懸念に対して、ラールとスレイマンは、(1)外交・軍事政策を詳細に記述するのは「公益」に反すること、(2)政治的な理由からアフガニスタンには言及できないことを認め、インド政庁側からの文言修正の要請に応じた[38]。特に、スレイマンの報告に含まれていた詳細なデータが全部削除されたために、最終報告書は全く特色のない無難なものになったのである。

「中間」報告が出された直後の一九三三年二月の時点で、インド政庁は、本国大蔵省が容認できる現実的な財政支援金額として、年間約二〇〇万ポンドを示唆した[39]。同年一二月、本国政府は閣議において、ガラン裁定委員会の勧告に従い、同年四月にさかのぼって、年間一五〇万ポンドの財政支援をインド政庁に行うことを決定した[40]。本国インド省は、本国政府の財政支援は、「インド駐留イギリス軍の経費に対する支援ではなく、裁定委員会の勧告に基づいた一般的な支援であり、その実際の効果は、インドの納税者に対してイギリス歩兵大隊の費用負担を軽減するであろう」と、いささか楽観的な論評を加えた[41]。一五〇万ポンドの財政支援の算定基準は必ずしも明確ではないが、それは、将兵の給与カット等の臨時的な節約措置の解除にともなうインド財政の負担額増加とほぼ見合う金額であった。

5　インドの軍事・財政問題とイギリス帝国

以上、一九三〇年代前半までのインドの軍事力に関する論争を考察してきた。最後に、一九三〇年代末から第二次世界大戦にいたる時期の展望を含めて、まとめを試みたい。

まず、インドの軍事力のうち主力であったインド軍が、依然としてイギリス帝国防衛構想において重要な役割を与えられながらも、その機能の重点が変化した点に注目したい。すなわち、一九二〇年代初頭から一九三〇年代前半までのインド軍の役割として、イギリス帝国の利害を防衛する目的での海外派兵よりも、国内の治安維持とインド北西国境の防衛が重視された。その際には、北西国境のイギリス帝国全体にとっての戦略的意味が問われた。一九二〇年代には、第3章で扱った上海派兵の事例しか海外派兵は行われなかった。このインド軍運用の「内向き志向」は、一九二〇年代の国際情勢とインド国内のナショナリズムの動向を反映していた。例外的にインド軍が上海に派兵された場合でも、その費用は本国政府が負担した。世紀転換期のウェルビー委員会の段階で問題になったインド軍の海外派兵経費の負担問題は、一九二〇年代のうちに本国負担の原則が定着した。ヘゲモニー国家イギリスを第一世界大戦まで軍事面から支えてきたインド軍も、両大戦間期になると、厳しい財政難による制約のためにその運用が制約されるにいたったのである。この制約は、第II部で明らかにするように、アジア世界におけるイギリスのプレゼンスに変容をもたらすことになった。

次に、ガラン裁定委員会の提言に基づいて、高度の政治判断と政策がらみで決定された年間一五〇万ポンドの本国政府による財政支援は、金額としては極めて不十分であり、名目的な支援にとどまった。インド省覚え書きの結論部で示唆された金額一一二五万ポンドと比べると、実際の支援額はその八分の一弱にすぎない。イギリス本国の財政難を考えると、これ以上の大規模な本国による財政支援は無理な状況にあった。しかし、この時点で、インド駐留本国軍の経費の一部を本国財政が負担することが決まり実施されたことが、英印財政関係にとっては重要である。一九三三年以降、緊縮財政のなかで再軍備の方向性が打ち出されてくるが、インドはイギリス帝国全体の再軍備計画を進めるうえで、その要の位置にありつづけた。一九三七年には、インド新防衛計画が策定され、帝国防衛をめぐるインドの役割が復活して、エジプト・香港・ビルマ・シンガポール・イラクへの戦時におけるインド歩兵大隊の派兵構想が立案された。さらに一九三八―三九年には、緊迫化する国際情勢のなかで、帝国防衛委員会によって任命されたチャットフィールド委員会（The Chatfield Committee）が、財政難にもかかわらずインド軍の近代化計画を早急に実現する必要があるとして、二五〇〇万ポンドの本国からの資金供与と九〇〇万ポンドの借款を提言した。[42] アジア国際秩序を維持するための、本国側によるインド軍事費負担原則の第一歩として、ガラン裁定委員会の議論は位置づけられるであろう。

「帝国主義経費論争」との関連で、戦間期のインドの軍事力は、イギリス本国にとって、次第に利益をもたらす資産から、本国の財政負担を増大させるコストに転換しつつあったと言える。一九一九年インド統治法から始まった地方分権化、自治拡大の動きは、その遅々とした展開がインドナショナリズムの側からの批判を引き起こしながらも、一九二〇年代末から三〇年代初頭にかけては不可避の趨勢になり、やがて一九三五年インド統治法に結実した。自治領（ドミニオン）の地位を求めたナショナリストの側も、この財政面でのインド軍事力の性格変化を認識したうえで、巧みに憲政改革の交渉を進めた。軍事面での本国側の財政負担は、第二次世界大戦期にはさらに増大して、ロンドンでのインド政庁スターリング残高の累増につながり、それが第二次大戦後の南アジアの脱植民地化を経済・財政面から加速化することになった。この点が、第一次世界大戦前後の時期とは決定的に異なる。帝国の戦争協力を論拠として帝国支配の「合理性」を主張するオファーの議論も、戦間期にはストレートに適用できない。帝国の経費節減のために利用されたインドの軍事力が、結果的に本国側での経費支出の増大と英印金融・財政関係の逆転を招くことになったのは歴史の皮肉である。

第Ⅱ部　東アジアの工業化とイギリス帝国

第5章　世紀転換期の日本の工業化に対するイギリスの認識

1　イギリス領事報告と日本の工業化

本章では、序章で述べた日本や欧米の学界における最新の研究に依拠しながら、一九世紀末から第一次世界大戦の直前にいたる世紀転換期におけるイギリスの経済利害と東アジア地域の工業化との関係性を、主に日本の事例を取り上げて考察する。世紀転換期の日本を取り上げるのは、この時期に日本は、綿工業を中心にして、急速な経済発展と工業化を達成したからである。

こうした日本の工業化を、イギリスはどのように認識していたのであろうか。そして、アジア間貿易の発展と緊密に結びついた日本の経済発展に対して、イギリスはどのように対応したのであろうか。従来の通説によれば、イギリスと他の列強諸国は、一般的に非ヨーロッパ世界における工業化を認めず、日本は西欧による侵害や衝撃（ウェスタン・インパクト）に対抗することによって工業化を達成した、とされてきた。(1) 果たして、世紀転換期における日本の工業化は、そうした一般的な解釈によって十分に説明できるのであろうか。イギリスの経済利害の実体は、従来いわれてきたように、マンチェスター綿業資本を中心とする製造業利害が中心であったのか。そうでないとすると、東アジアにおけるイギリス経済利害の中核を形成したのは何であったのか。こうした諸問題を、世紀転換期の日本を事例にして考えてみたい。具体的には、イギリス側の日本に関する領事・通商報告を中心的史料として、世紀転換期の日本の工業化と、その製品輸出の対象となった中国市場に対する日本の経済進出をイギリス側がどのように認識していたのかを明らかにしていく。

ところで、領事・通商報告の研究については、日本側の領事報告について、角山榮氏を中心とした京都大学人文科学研究所の共同研究による優れた研究成果がある。(2) また、欧米では、プラットによる先駆的な研究がある。(3) しかし、概して従来の経済史研究において、領事報告は十分に研究されておらず、政治・外交史研究においても、主要な史料として扱われてこなかった。

この時期のイギリス側の領事報告は、世界各地に駐在する領事が本国外務省に書き送った報告書とその要約版から構成された。領事報告の要約版は、毎年定期的に、第一次世界大戦までは、イギリス議会文書（*The British Parliamentary Papers*）の一部としてイギリス政府刊行物出版局から刊行されていた。本章では、この刊行された要約版の膨大な領事報告の中から、日本と中国に関するものを取り上げて分析する。そしてその記述を補い相対化する補完的資料として、同時代のイギリスで刊行された経済雑誌である『エコノミスト』（*The Economist*）、『バンカーズ・マガジン』（*The Bankers' Magazine*）等に掲載された記事を参照する。

2　イギリス帝国と東アジア

最初に、世紀転換期にいたるまでの、一九世紀後半からのイギリス帝国と東アジア地域との関係を概観しておきたい。対象となるのは、日本と中国、および両国を含めた「アジア間貿易」の形成とイギリス帝国との関係史である。

(1) 強制された自由貿易——自由貿易帝国主義

東アジア地域に対して、イギリスの「自由貿易帝国主義」の論理は、英領インドと同様に適用された。一九世紀後半のイギリスにとって重要な地域であったのは、いうまでもなく清朝支配下の中国であった。一八三九—四二年のアヘン戦争の結果結ばれた南京条約(一八四二年)により、清朝中国は、イギリスに香港島を割譲し、広州・厦門・福州・寧波・上海を開港場とし、賠償金二一〇〇万テールを支払った。翌四三年の虎門塞追加条約により治外法権(領事裁判権)、開港場での外国人の借地権、および片務的な最恵国待遇条項が認められた。同様な不平等条約が、一八四四年にアメリカ合衆国(望厦条約)、フランス(黄埔条約)とも結ばれた。開港場には、領事裁判権が行使される租界が設置され、ジャーディン・マセソン商会などの欧米商社の支店が設置された。特に上海では、イギリス、アメリカおよびフランスの租界が設置され(一八六三年に英米両租界は統合され、九九年に共同租界と改称)、対中国貿易の拠点として発展した。また、一八五四年には、関税徴収を行う中国側の行政機関である海関が創設され、イギリス人のロバート・ハートが総税務司に就任した。(4) こうして、中国の領土保全と北京の中央政府の政治的権威を維持しつつ、自由貿易原理を強制するなかで、中国を資本主義世界市場に編入してイギリスの「非公式帝国」に再編する試みがなされたのである。

しかしながら、開港後の中国の貿易構造は、一貫して茶と生糸の対欧米輸出の増大を基調とする輸出超過であり、総輸入の約半分がアジア諸地域からの輸入で占められ、対欧米貿易黒字で対アジア貿易赤字を相殺するような状況であった。イギリス本国側では、産業界から中国市場に対する失望感が表明され、条約の忠実な履行を渋る清朝への批判が高まった。

「本国産業界のために海外で市場を確保するのは政府の使命である」と公言した首相パーマストンは、一八五六年のアロー号事件を口実に、フランスと共に清朝に宣戦し、アロー戦争(第二次アヘン戦争)が勃発した。その結果五八年に結ばれた天津条約では、外国人の内地旅行の自由、揚子江（長江）の開放、開港場の拡大、キリスト教布教の自由などが認められた。批准をめぐる紛糾から、英仏連合軍は北京に侵入して皇帝の離宮・円明園を破壊した。六〇年の北京条約では、九龍半島の割譲や苦力《クーリー》（中国人労働者）の海外渡航の自由などが認められ、中国内外でのモノ、ヒト、カネの自由な移動を保証する「開港場体制」が成立した。この中国の世界市場に対する開放への圧力は、本国の製造業利害だけでなく、インドの対英債務の支払い手段を確保するという関心にも基づいており、その実現のために、本国のみならずインドからの輸出品（アヘンと綿糸）の市場も求められたのである。

こうした、イギリスの砲艦外交を実施するうえで、「イギリス帝国拡張の先兵」であったインド軍が動員された点は注目に値する。二回のアヘン戦争の過程で、数千名のインド現地軍がボンベイ、カルカッタから急派され、イギリス側の主力軍として広東および北京攻略に使われた。第I部で見たようにインド軍は、当初インド財政の負担で維持され、イギリス政府とインド政庁の自己裁量権で自由に運用できる緊急展開部隊として位置づけられ、インド洋世界やインドの北西国境地帯を中心にアジア、アフリカの各地に海外派兵された。中国には、世紀転換期の義和団事件の鎮圧でも動員され、一九〇〇年に再度北京の街にインド軍が姿を現した。その海外派兵問題は、経費負担、本国議会の統制権の範囲、さらに派兵の是非をめぐり一九世紀を通じて論争の的になったが[5]、アヘン戦争の場合は、本国側が派兵の臨時経費を、インド財政がインド軍兵士の給与等の経常経費を負担した。本国政府にとってインド軍は、安価であるうえに戦闘能力の高い、植民地戦争に適合的な軍事力であった。

中国における「開港場体制」の中心は、上海と香港であった。香港は、イギリスの直轄植民地となり、シンガポールと並ぶ東アジア地域における海軍力の根拠地として整備されるとともに、関税が課されない自由貿易港として発展した。香港経由の輸出入額は、中国の対外貿易に関する統計において首位の座を占めたが、実際には中国沿岸諸地域との沿海交易が重要であった。だが、対中国貿易の拡大は、当初の楽観的な予想に反して思わしくなく、中国市場は一八九〇年代になってもイギリスの綿製品輸出のわずか八%を吸収するにとどまった。中国に対する貿易を通じた経済的浸透は、非関税障壁である綿製品の使用価値や嗜好の相違もあって失敗に終わったのである。

こうしたなかで、揚子江の支流黄浦江に接する上海は、当初は広大な後背地を持つ内地通商圏と外国貿易との接点の貿易港として急速に発展したが、一八七〇年代からはイギリスの金融・サーヴィス活動の拠点として重要性を増した。一八六五年に設立された香港上海銀行を筆頭に、イギリス系植民地銀行やドイツ、フランス、ロシアの海外銀行の支店が開設され、七一年には、海底電信が上海まで開通しさらに長崎に延長された。共同租界を有した上海は、海運、海上保険、貿易金融や開港場の公益事業などのサーヴィス業務の中心地として、東アジア随一の国際都市になった。

他方、近代日本とイギリスの関係も、中国と同様に、最初のうちは貿易関係を中心に展開した。一八五八年の日英通商航海条約（エルギン条約）締結後に、横浜を中心とする開港場での対外貿易で首位にたったのはイギリスである。横浜の居留地を警備するために、一時期インド軍が駐留した。明治期の日本外交にとって、いわゆる不平等条約の改正が主要な外交課題になったのも周知の事実である。[6] 日本の輸出貿易は、一八九〇年代初頭までは、生糸のアメリカ市場向け輸出とアジア市場向けの雑貨（マッチ）や第一次産品（海産物・銅・石炭）の輸出で構成された。[7] しかし、九〇年代になると、国内市場を押さえた綿紡績業の発展を背景に、中国市場向けの綿糸輸出が増大し始めた。中国市場をめぐる日本とイギリス綿工業の競合関係が、問題になり始めたのも世紀転換期であった。

（2）中国・日本の外債発行とシティ金融資本

中国はイギリスにとって二次的な貿易相手国であったが、対中貿易黒字はイギリスの国際収支にとり重要であり、特に金融・サーヴィス面での中国の将来性には捨てがたいものがあった。イギリスにとっての好機は、一八九四—

九五年の日清戦争によりもたらされた(8)。清朝は、従来から外債の募集には消極的であり、一八七四―九五年までの外債発行額は、わずか一二〇〇万ポンドに過ぎなかった。しかし、日清戦争の敗北による賠償金二億テールの支払い財源は、外債発行に頼るほかなかった。そこでパートナーとして登場したのが、シティ金融界と緊密な関係を持つ香港上海銀行の副支配人チャールズ・アディスである。アディスは、北京の中央政府の政治的権威が維持され、中国の領土が保全される一方で、イギリスが主導する「責任ある借款」計画を通じて、中国への影響力拡大をめざした。中国の賠償金借款引き受けをめぐるドイツ、ロシアとの国際的競争が展開されるなかで、イギリス外務省の協力を得た香港上海銀行は、中国政府に一八九六―一九〇〇年の四年間に、三二〇〇万ポンドもの巨額な資金を提供した。世紀転換期以降も、イギリスからの借款は緩やかに増え続け、一九〇二―一四年の間に倍増した。外務省と大蔵省の圧力で、イングランド銀行が中国債券を購入したこともあって、中国の外債の売れ行きは良く、北京の国際金融市場での信用力も良好であった。それにつれて、香港上海銀行の収益も急増した。

中国の借款引き受けをめぐる競争は、鉄道と鉱山利権をめぐる争奪戦と並行して展開された。その争奪戦には、中国債券の安全性を保証するために追加財源を確保する必要性が反映されていた。というのも、イギリスは世紀転換期までに、中国海関の関税収入を発行済の外債の担保として確保しており、大規模な借款の抵当として新たな収入源を獲得する必要があったからである。義和団事件の鎮圧後に結ばれたマッケイ条約によって、中国は内国関税を部分的に廃止することを約束し、それと引き替えに輸入関税の引き上げを認められた。結局、マッケイ条約の規定はドイツなどの反対により実施されず輸入関税も引き上げられなかった(9)。しかしこのエピソードは、外債返済手段を重視したイギリス外務省とイギリス金融利害の影響力の大きさを物語っている。

イギリスは、揚子江流域で広大な勢力圏を確保する一方で、他の地域でも「門戸開放」の原則を掲げて諸利権を獲得し、競合する列強が排他的勢力圏を形成して中国の領土を分割することをある程度阻止した。ロンドンの金融界から直接の支援を受けて、新たな投資集団や銀行団が組織された。一八九八年に設立された中英公司では、香港上海銀行とジャーディン・マセソン商会というイギリスの二大在外企業が協力し、シティを代表するマーチャント・バンクであるロスチャイルド商会とベアリング商会も関与した。北京シンジケート（一八九七年）や揚子江会社（一九〇一年）も同様な構成をとった。イギリス外務省は、こうした民間企業が諸利権を獲得するのを精力的に支援したのである。

一九一一年の辛亥革命は、イギリス金融利害の強靭さを試す機会になった。革命の直接的原因は湖広鉄道の借款であり、資金を提供する借款団に英・米・独・仏の主要列強が参加して結成された国際借款団に批判が向けられた。イギリスは清朝が発行済の借款の返済不履行に陥り中国の信用等級が低下するのを避けるために、主導的な役割を演じた。イギリス外務省と香港上海銀行は、ロシアと日本を取り込み両国の行動を抑制するための国際借款団の拡大と、袁世凱が率いる中華民国臨時政府に対する支援で中心的な役割を務め、一九一三年に新国際借款団は、二五〇〇万ポンドの国家再建借款を引き受けた。こうした努力により、国際金融市場における中国の信用等級は維持され、投資家層の新たな期待が高まったのである。

中国市場の潜在力は絶えず注目を集めたが、実際には広大な中国市場は神話にとどまっていた。世紀転換期以降、イギリスの対中貿易シェアは列強との競争により低下したが、イギリスは商品貿易の領域における競争力の喪失を金融・サーヴィス部門で補った。中国政府の借款の引き受けと並んでイギリスからの民間投資額も増大したが、その大半は、海運業や主要な開港場の土地資産と各種公共事業などのサーヴィス部門に流入した。この投資により、対欧米貿易のみならず中国沿岸交易や後述するアジア間貿易において、イギリス船舶が優位を占めることが引き続き可能になった。ロンドンの金融・サーヴィス利害と緊密な関係を持つイギリス系の在外企業は、ますます収益力を強化したのである。

他方、近代日本にとっても、ロンドン金融市場での資本調達は重要な課題になっていった。一八九四―九五年の日清戦争は、中国の対外債務増大の面で転換点になったが、日本に関しても国際金融上で重要な転機になった。というのも、日本政府は、中国から獲得した戦争賠償金をイングランド銀行にそのまま預託したからである。一八九七年には、ロンドン金融市場での資金調達を容易にし、国際社会での一等国としての認知を求めて、日本は銀本位制から金本位制に移行し、ロンドンを中心にグローバルに展開する国際金本位制の構成国になった。さらに、日英両国の友好的な関係は、世紀転換期の南アフリカ戦争（第二次イギリス＝ボーア戦争）で外交的に孤立して「光栄ある孤立」政策の転換を図ったイギリスとの間で、一九〇二年の日英同盟の締結につながった。一九世紀のヘゲモニー国家であったイギリスと東アジアの新興工業国であった日本との同盟は、前年のヘイ・ポーンスフット条約（一九〇一年）を通じた英米協調体制の模索とともに、国際政治のレヴェルでは、イギリスを中心とした世界システムの変容のきっかけになった。

海軍力の拡張を急いだ日本は、当時最先端の建艦技術を有したイギリスのアームストロング社から最新鋭の軍艦を輸入し、世界屈指の連合艦隊を編成して日露戦争に臨むことになった(10)。戦争遂行にあたって日本の最大の課題は、国際金融市場における外債発行を通じて戦費の調達を容易にし、財政面での負担を軽減することであった。そのため、ロンドン金融市場での外債の発行が重要な政策課題になったのである。

(3)「アジア間貿易」の形成とイギリス帝国

以上の世紀転換期の東アジアに関する概観は、イギリスの「非公式帝国」であった中国とイギリス、および新興工業国日本とイギリスとの二国間の個別的関係を見たものであった。次に、近年のアジア経済史研究の成果にもとづいて、アジア諸地域を一つのまとまりをもったアジア経済圏と捉え、その構造的再編とイギリス帝国との関係を概観したい。

いままでの記述から明らかなように、第一次産品の輸出と工業製品の輸入という対欧米貿易の構造は、アフリカやラテンアメリカなどの他の非ヨーロッパ地域と同様に、アジア全域においても第一次世界大戦前まで維持された。しかし、アジアでは対欧米貿易の拡大と並んで、英領インド（南アジア）、東南アジア（海峡植民地を含む）、中国（香港を含む）および日本（東アジア）をつなぐ地域間貿易が発展した。一九一三年に、アジアの対欧米貿易は輸出二億一五〇六万ポンド、アジア間貿易の総額は一億六七三〇万ポンド前後であり、一八八三―一九一三年の三〇年間に、アジア間貿易の成長率は年平均五・五％に達し、対欧米貿易の伸び率（輸出三・八％、輸入四・二％）よりもはるかに高かった[11]。

ところで、こうした世紀転換期のアジア間貿易は、インドの棉花生産―日本とインドの近代綿糸紡績業―中国の手織綿布生産という連鎖を中心に、その半分近くが綿業にかかわる「綿業基軸体制」であった。インドの棉花生産は、一八六〇年代の「棉花飢饉」の際にアメリカ棉の代替供給源として注目を集めた。イギリス本国の自由貿易帝国主義の論理が適用されてマンチェスター綿業資本の要求に応えるかたちで、現地のインド政庁は、レッセ・フェール原理を無視した国家干渉政策の一環として、棉花栽培奨励策をとった。その後もインド棉の欧米向け輸出は重要であったが、世紀転換期になると、生産高の三七％は国内消費、二三％は日本向けの輸出という具合にアジア内消費が上回るようになり、一九一三年には国内消費四一％、対日輸出二八％とその比率はさらに上昇した。インドと日本の紡績業の発展がインドの棉花生産を拡大させ、特に日本のインド棉花輸入は、インドの貿易黒字を維持し、多角的決済網を通じたイギリスの国際収支面での「安全弁」としてのインドの役割を保つうえでも重要であった。

ボンベイを中心に勃興したインド近代紡績業は、一八七〇年代まで内需主導型であったが、八〇年代に中国、日本市場への進出を開始した。対中国綿糸輸出では、七〇年代末に早くもインド産がイギリス産綿糸を抜き去り、二〇世紀初頭にはボンベイ綿糸輸出量の九割、生産量の六割近くが中国に向けられた[12]。この中国市場における英印綿糸の逆転は、銀価格の低落、ルピーの相対的価値の低下を通じた通貨切り下げ効果に負うものが大きかった。従って、一八九三年のインドの銀貨自由鋳造停止、九九年の金為替本位制への移行は、ボンベイ紡績業の輸出力に打撃を与え、新たにアジア市場に参入した日本の綿糸との競合が激しくなった。対中綿糸輸出で、日本綿糸は一九一三年にインド綿糸を凌駕したが、第一次世界大戦前に関する限り、中国の手織綿布の生産に使用される紡績糸はインド綿糸が中心であった。のちに上海を中心に中国の近代紡績業が発展してくると、中国綿糸市場をめぐるアジア間競争は一層激しくなった。いずれにしても、為替面で不利な立場に置かれ、国家の支援も得られなかった植民地インドの紡績業の発展は、アジア間貿易の形成の重要な要因であった。

二〇世紀になると、綿布やマッチ、石鹸、洋傘、ランプなどの日用雑貨製品が日本から東アジア・東南アジア・南アジアの諸地域に大量に輸出されたが、それらは、アジアの伝統的な消費構造に適応した機械化により製造された「アジア型近代商品」であり、欧米の同種の製品と比べて競争力があった。しかし、このアジア型商品貿易の発展は、需要面での対欧米向け輸出貿易の拡大に大きく依存していた。たとえば、海峡植民地（マラヤ）の錫・天然ゴムの対欧米向け輸出が増大すればするほど、現地労働者の生活必需品の需要が増大し、海峡植民地におけるビルマ米、シャム米、ジャワの砂糖、日本製綿製品などアジアからの雑貨・食糧輸入も増えざるをえないという密接な構造的関連（最終需要連関効果）があったのである[13]。

さらに、アジア間貿易の発展には、蒸気船航路網の整備、鉄道・港湾施設の整備、電信・金融・保険など関連サーヴィス部門の発展が不可欠であり、その運輸通信網を整備するために必要であった資本と技術は、欧米、特にヘゲモニー国家イギリスからもたらされた。その意味で、アジア内部の国際分業体制、アジア間貿易の発達は、欧米からの輸入（ウェスタン・インパクト）なしには考えられず、アジア諸地域はイギリスを中心とする世界システムにおいて相対的自立性を保つにとどまった。ジャンク貿易だけでは、東アジアの工業化は実現できなかったのである。

以上述べてきた世紀転換期におけるイギリス帝国と東アジアの関係史に関する概観を前提にして、以下の二つの節では、世紀転換期の日本の工業化をめぐるイギリス側の認識を、具体的に通商・領事報告を手がかりにして対外貿易から考察する。あらかじめ述べておくなら、そこではイギリスと日本の経済利害の相互補完性が様々な場面で見られるであろう。それらは、(1)イギリスの対日資本財輸出と日本の工業化との相補性、(2)イギリスの金融・サーヴィス部門と日本の工業化との相補性、(3)消費財（綿製品）輸出における品質差による相補性、さらに(4)経済利害と外交との間接的補完性、以上の四つのパターンに整理できる。これらの相互補完性の全体としての連関については、本章の最後に考察したい。

3　世紀転換期の日本の工業化とイギリス領事報告

(1) 日本の綿糸輸出とイギリス製機械の輸入の相互補完性

まず、表5-1から明らかなように、一八九六年から日本の対外貿易は赤字基調で推移しており、それがイギリス側の関心を集めていた。例えば一八九八年の『エコノミスト』誌は、一八九七年の日本の貿易状態を次のように要約した。「輸入に表れた特徴は、日本の工業原料輸入、特に棉花と機械類・金属製品の大規模な輸入と、綿製品・羊毛製品の輸入の大幅な減少である」[14]。従って、当該期の日本の工業化との関連では、日本による綿製品輸出と金属・機械の輸入が重要であった。

日本の綿製品輸出の中では、綿糸が生糸に次ぐ主要な輸出品であり、主に中国北部に輸出されていた。一八九九年には中国市場において、低番手の日本綿糸の輸出拡大により、それまで優位を占めてきたボンベイ産綿糸が首位

表5-1　日本の対外貿易（1895-1913）年

（単位：千ポンド）

年	輸入額	イギリスからの輸入(%)	輸出額	イギリスへの輸出(%)	中国への輸出(%)
1895	13,527	4,705（35）	14,624	854（6）	990（ 7）
1896	18,753	6,481（35）	12,629*	976（8）	1,498（12）
1897	22,843	6,813（30）	16,568	861（5）	2,166（13）
1898	28,328	6,401（23）	16,921	795（5）	2,980（18）
1899	22,499	4,578（20）	21,941	1,151（5）	4,109（19）
1900	29,325	7,313（25）	20,869	1,150（6）	3,254（16）
1901	26,115	5,163（20）	25,761	1,172（5）	4,382（17）
1902	27,739	5,141（19）	26,368	1,771（7）	4,781（18）
1903	32,374	4,975（15）	29,553	1,687（6）	6,635（22）
1904	37,903	7,656（20）	32,591	1,801（6）	6,940（21）
1905	49,872	11,778（24）	32,823	1,331（4）	10,074（31）
1906	42,751	10,342（24）	43,258	2,302（5）	12,023（28）
1907	50,477	11,867（24）	44,142	2,291（5）	10,823（25） (2,081)†
1908	44,535	11,004（25）	38,613	2,605（7）	7,937（21） (1,760)†
1909	40,241	8,802（22）	42,172	2,766（7）	9,114（22） (1,653)†
1910	47,391	9,667（20）	46,798	2,632（6）	11,146（24） (1,955)†
1911	52,451	11,347（22）	45,676*	2,432（5）	11,353（25） (2,354)†
1912	63,189	11,857（19）	53,796	3,041（6）	14,533（27） (2,812)†
1913	74,463	12,529（17）	64,564	3,356（5）	18,834（29） (3,046)†

出典）*British Consular Report on Japan*, Nos. 1695, 1937, 2109, 3009, 3675, 3896, 4290, 4769 and 5390.
注）＊日本による併合のため，台湾との貿易は1896年から，朝鮮との貿易は1911年から除外している。
†1907年からは，関東州に関する統計は，中国の数値のなかに含まれている。

の座を追われた[15]。日本の綿糸輸出はその後も増加し続け、一九〇五年にピークに達したが、同年に中国はアメリカ合衆国に替わって日本製品の最大の輸入国になった。こうした日本綿業の発展とは対照的に、イギリス綿糸の日本による輸入は減少し、イギリス綿布も、高価格のために低級品で競争力を喪失した。一九〇三年のイギリス領事報告は、低級品の日本向け輸出の回復を予測できず、翌〇四年には低級綿布における日本市場の完全な喪失を認めざるを得なかった。中国市場でも、イギリス商人は日本との競争激化を感じ始めていたのである。

しかし、中国市場をめぐる日

英綿業の競合は、両国の経済諸関係の一面に過ぎなかった。すなわち、日本綿業の発展は、イギリス製機械・金属製品の対日輸出の増加をもたらし、資本財の対日輸出への高い期待感が、毎年のイギリス領事報告で表明されていた。一八七〇年代からイギリスは、対日資本財輸出において首位の座を占めていたが、アメリカ合衆国のシェアも徐々に増大したため、領事報告はしばしばイギリス製造業者たちに、アメリカの侵害に対し警告を発していた。[16] 資本財市場をめぐる英米の競合が頂点に達したのが、日露戦争期であった。一九〇四―〇五年に、イギリスの対日輸出は、蒸気船・石炭・毛布・綿製品・機械類などの軍需物資の輸入急増で大幅に伸びた（二三％）が、アメリカのシェアも、棉花・皮革・機械類・鉄鋼の輸出拡大で大幅に拡大して二一％に達し、機械・金属製品でのドイツのシェアも増大した。[17] 日露戦争後、イギリスの日本に対する資本財輸出は再び増大して、綿工業機械の分野では一九〇七年に五二％に達した。対日資本財輸出市場をめぐるこうした一連の領事報告と、アメリカとの競合に対する鋭敏な対応は、イギリスにとって、対日資本財輸出の重要性が増大したことを反映しており、イギリスの日本向け機械・金属製品の輸出は、日本の工業化の進展に依存していた。これは、当該期における日英経済利害の相互補完性の一側面であるといえよう（前述の(1)の場合）。

一八九九年に日本政府は、いわゆる不平等条約の部分的改訂を行い、領事裁判権を撤廃するとともに、輸入関税を引き上げて輸出関税を全廃した。同年のイギリス領事報告は、新輸入関税が決して高率ではなく、日本の対外貿易にとって新たな拡張の好機到来を予測した。[18] この楽観的姿勢は、イギリス経済協会の日本担当通信員を務めていた有力な自由主義エコノミストである添田寿一にも共有され、彼は次のようなコメントを行っている。新関税の導入によって「日本は史上初めて真の意味において、文明国の一員と認められるであろう。（中略）しかし、これは、日本の国策が保護主義であることを意味するものではない。というのも、五％に満たぬ低率関税の下で産業の大幅な発展を実現した事実が、日本に、近視眼的な保護主義が決して国家の発展に結びつかぬことを教えているからで

いるといえるであろう。こうした楽観的態度も、日本の工業化とイギリスの資本財輸出との連関性をめぐる同様な認識を反映している[19]」。

（2）日本のアジア向け輸出の加速

次に、日本の輸出貿易の拡大に対するイギリス側の態度を、特にアジア間貿易に注目しながら考察してみよう。一九〇二年の『バンカーズ・マガジン』に掲載された「日本の発展」と題する記事は、一八九三年から一九〇一年にかけての日本の金融・経済状態の統計を引用しつつ、その貿易活動の発展が着実で包括的であることを示し、「日本の通商の成長は網羅的である」と指摘した[20]。同様な観察は、特に一九〇四—〇六年のイギリス領事報告で顕著であり、「貿易および産業の顕著な発展」「驚異的な通商の発展」あるいは「商人および製造業者にとっての大繁栄期」という表現が見られた。これらの領事報告は、日露戦争がもたらした日本の産業生産力の強化を強調し、「日本が来るべき新たな貿易争奪戦で恐るべきライバルになるに違いない」と予測した[21]。一九〇五年四月の『エコノミスト』誌も、「戦場での軍事的勝利に加えて、今や日本は着実に通商国家としての地位を改善しているが、ロシアは、陸軍の相次ぐ敗退だけでなく、経済面でも失地を重ねつつある」と指摘した[22]。

日本の「驚異的な通商の発展」は、主としてアジア市場に支えられていた。一九〇五年に日本の中国向け輸出が一挙に四五％も増大して、中国が日本製品の最大の市場になったことは前述の通りであるが、日露戦争以前にアジア諸国からの輸入は増加しており、日露戦争がアジア間貿易の成長に拍車をかけたのである。『エコノミスト』誌も一九〇五年にこの趨勢をはっきりと認識し、次のようなコメントを加えていた。「地理的位置、国民の勤勉さと節倹および偉大なる国家的偉業により、日本は、アジア市場において工業製品の販路を急激に拡張するよう運命づけられているのは間違いない[23]」。

そのうえ、一九〇六年に日本の貿易収支をめぐって一大変化が見られた。輸出の拡大によって日本の貿易収支は一時的に黒字に転換したのである。一九〇六年のイギリス領事報告は、この点に関して次のように言及していた。「一八九五年以来、初めて、輸出額が輸入額を凌駕した。（中略）輸出貿易の顕著な増加は、日本の産業面での拡張の証左と見なされる。通貨市場も比較的順調であり、あらゆる方面で好況が見られる」[24]。前年の領事報告は、日本の輸出拡大の必要性を次のように指摘していた。「戦争の勃発以来、額面で一億七〇〇〇万ポンド相当の債券が海外で発行された。（中略）海外で保有される内国債を含めると、利払いだけで今や八〇〇〇万ポンド強、あるいは昨年の日本の全輸出額のほぼ四分の一が必要である（中略）輸出の急速な拡大が必要なことは、緊急事項であるように思われる」[25]。従って、日露戦争中に増大した日本の対外債務の返済を容易にするためにも、日本に好都合な貿易収支の好転は歓迎すべき事態であった。シティを中心とする国際金融市場での戦費調達は、日本国内の資金需要に対する圧力を緩和し、民間部門の生産設備への資本投資を促して、日本の工業生産力を強化したのである[26]。こうしたシティ金融市場への依存、緊密な日英の金融関係を背景にした日本の工業化は、次に述べるように、日英間におけるもう一つの相互補完関係の存在を示唆している（前述の(2)の場合）。

(3) イギリスの金融力、日本の工業化と日英同盟

一八九八年に『エコノミスト』誌が指摘したように、日清戦争での日本の勝利は、産業・通商面での開発計画の実施と軍備増強を同時並行的に推進することを通じて、日本の国家財政に過重な負担を押し付けることになった。従って、既に緊迫していた日本の財政状況は、世紀末に重大な局面に達した[27]。そうした状況のもとで、日本政府は一八九七年に金本位制を採用した。『エコノミスト』誌は、その決定を次のように論じている。「苦境を脱するために、日本政府は、海外で資金を調達する必要を認め、金本位国として国際信用力を高め、銀本位国に留まるよりも

諸外国においてより有利な条件で借入ができることを想定して、一八九七年に金本位制を採用した」[28]。前述のエコノミスト添田寿一も、同様に次のような高い期待感を表明していた。「極東における国際政治において二つの島国帝国が一体となって行動するのが望ましいのと同じように、特に日本におけるイギリス資本の投資拡大を通じて、両国の経済諸関係が一層緊密になり、両国が通商上の大義のために文明の擁護者として共闘することが望まれる」[29]。

しかし、イギリスの金融専門家は、日本の金融状況が緩和されるとの見通しに懐疑的であっただけでなく、銀本位制の放棄によって日本の対アジア向け輸出貿易が混乱することに懸念を抱いた。実際にイギリス領事報告は、日本の金融市場の緊迫した状況や資本の枯渇に毎年言及していた。『バンカーズ・マガジン』も一九〇一年に次のような警告を発していた。「日本の近年における経済発展の速さを維持して永続的な繁栄を保証することは、日本が外債の形で、必要な資本を確保できるかどうかにかかっている」[30]。

こうした緊迫した財政状況のもとで、一九〇四年に日露戦争が勃発した。前述のように戦争は好況をもたらし、日本の工業化、特にアジア諸国への輸出貿易の発展を促した。戦争遂行にあたって日本の最大の課題は、国際金融市場における外債発行を通じて戦費の調達を容易にし、財政面での負担を軽減することであった。日本政府は当初、外債発行に対するイギリス政府の保証を求めて、駐英公使林董を非公式にイギリス外相ランズダウンと接触させたが、交渉は失敗に終わった。戦争の勃発とともに日本銀行の金準備は急速に減少し、大規模な外債の発行が緊急課題になった。

日本政府はその打開策として、日銀副総裁の高橋是清を外債発行のための特別代表として一九〇四年三月、ロンドンに派遣し、シティの金融界において民間レヴェルでの公債発行をめざした。高橋は、シティで影響力を持つユダヤ系のマーチャント・バンカー、特にアジア金融で実績のあったアーネスト・カッセルに接近した。そして彼の紹介を通じて、ロスチャイルド、ベアリング両商会をはじめとするシティ金融界の協力を得て、一九〇四年五月に一〇〇〇万ポンドの外債を、ロンドンおよびニューヨークの両金融市場で発行することに成功した。次いで日本政府は、マーチャント・バンクの国際的ネットワークを利用して、四度にわたる外債発行を行い、その総額は一億七〇〇万ポンドに達した。そのうちロンドン金融市場は四二五〇万ポンドを占めた[31]。

こうして、日露戦争期の日本政府の戦費調達は、英米系、とりわけシティ金融業者の支援に依存した。他方で、一九〇〇—一三年において、日本の大規模な資本輸入は、ロンドンにおける外債発行総額の二〇%以上を占めたともいわれる[32]。この緊密な日英間の金融関係と、日本のシティ金融市場への依存は、一つの日英補完関係として解釈できる（前述の(2)の場合）。それは貿易における日本の入超構造とともに、イギリスの多角的決済関係を支えるうえでも重要であった[33]。一九〇五年のイギリス領事報告は、政府の戦争資材調達が日本の製造業に与えた刺激を次のように認識していた。「製造業の発展をもたらした功績の一部は、日本の外債がロンドンおよび他の外国市場で引き受けられた方策に帰されるべきである、というのも、一連の外債は、日本への資本輸入と同等であり、それにより、国内金融市場に影響を及ぼすことなく、大規模な産業の拡張が可能になったからである[34]」。『エコノミスト』誌も同様に、「外債による収入と、ヨーロッパおよびアメリカ合衆国における日本の内国債の大規模な売却を通じた、外国資金の流入が、日本の産業活動に与えた好都合な影響」に言及していた[35]。

こうした日英間の緊密な金融関係の背後に、日英同盟を通じて生み出された日本に対するイギリス側の友好的な感情が存在したことも見逃せない。前述のように、日露戦争が不可避と思われた一九〇三年末に、日本政府は、日英同盟を頼りにイギリス政府の金融的支援を得るように努めた。公使林董は、外債発行に対するイギリス政府の保証を求めて外相ランズダウンに非公式に接触したが、交渉は失敗に終わった。しかし、結果的に日本政府は、五回にわたって大規模な外債発行に成功したのである。『エコノミスト』誌は、一九〇二年の時点で日英同盟の締結に批判的な論調を展開したが、一九〇五年になると日本の外債発行に対して好意的姿勢を示し、以下のような前提に基づいて、日本政府は全公債を低利率である四・五％で整理・統合するように勧告した。「特に、新しい日英同盟が世界強国としての日本の地位に与えた新たな保証を考慮すると、公債整理は困難な作業ではない」「日本が連合王国の同盟国である限り、日本の外債募集活動において感情が重要な役割を果たすのは間違いない」[36]。

こうした論調から判断すると、日英同盟がイギリスの投資家層に、日本の外債投資に対するある種の安心感を与え、シティにおける好意的感情の涵養に大きく寄与したといっても差し支えない。この意味で、東アジアにおけるイギリスの外交政策と日本の産業発展との間で、間接的な補完性を見出せるであろう（前述の(4)の場合）。

（4）「通商国家」日本の台頭

前掲の表5-1から明らかなように、日本の輸出の発展は、一九一〇年代初めに一層加速された。一九一二年に日本の貿易総額は史上初めて一億ポンドを越え、一八七〇年代初頭の二〇倍以上に拡大した。一九一一年に不平等通商条約が最終的に改訂された後に、原料特に棉花の輸入と、半製品（金属）および機械類の輸入増大が目立った。イギリス綿製品の輸入は大幅に減少したにもかかわらず、一九一二年のイギリス領事報告は、こうした変化を満足できるものと評価し、日本綿工業の影響力の拡大を率直に認めた。「関税の引き上げにより、特殊なグレイシャーティングを除くと、全ての（綿布）輸入が消滅する日が近い。（中略）しかし、関税引き上げが無くとも、綿糸で見られたようなこうした事態は起こりうるし、関税は単に事態を加速したにすぎない」[37]。他方で、「日本綿業の拡張は大規模なため、非常に多くの発注が、イギリス製の紡績機械に対して行われている」と指摘していた。

日本の輸出に関してイギリス領事報告は、綿糸・綿布の輸出が大変好調であり、「綿製品の取引は最大規模に達し、史上初めて、あらゆる制約が撤廃されて工場はフル操業が可能になった」と述べていた。前述のように、日本の輸出品の大半は中国市場に向かったが、イギリス帝国は、依然として日本の対外貿易で首位の座（三二％）を占め続けた。というのも、インドからの棉花の大量輸入により、日本の対外貿易における英領インドの比重がイギリス本国とほぼ同等までに高まったからである。それに加えて、「カルカッタ航路をめぐる英印汽船会社と日本郵船との船荷獲得競争により、インドの銑鉄や多様な日本製品（石炭・メリヤス・マッチ）の市場開拓が可能になった」[38]。日本の国際貿易の急速な成長に伴い、貿易相手国としての英領インドと中国の重要性が増大したのである。この趨勢は一九一三年も続き、「通商国家」（commercial nation）として日本が急速に台頭するにつれて、イギリス本国と日本との貿易総額は毎年増え続け、「今やインドは容易に、日本が原料供給を受ける諸国の首位の座に就いた。（中略）そのリストで次に来るのが中国である」と指摘された[39]。

一九一三年のイギリス領事報告は、日本の輸出貿易の明るい展望を予測し、「綿紡績業は、日本の二大産業の一つとして揺るぎない地位を築き（中略）日本は今後も棉花の一大購入者であり続けるに違いない」と述べていた。こうした発展は、イギリス製紡績機械の輸入を促したが、領事報告は、日本の機械製造業の発展に警告を発して、「日本の機械メーカーに着実な発展が見られたことは、注目に値する。（中略）日本の機械は、輸入される機械と比べると、品質が劣り、軽量で安価であるが、市場に適合している」と、イギリスの機械輸出業者の注意を喚起した。

日本の工業化と緊密な関連を持ちながらアジア間貿易が発展した世紀転換期に、イギリス領事報告は、いわゆる「古き良き時代」と現時点でのイギリスから日本への輸入品の比較を試みた。「四七〇品目のうち、減少したのは三八品目に過ぎない（精糖、綿糸、綿布が主要な品目である）。しかし、繊維製品全体をながめてあらゆる糸と布を合計すると、減少は見られず、他方、繊維産業の原料の輸入は大幅に増えている」「一九一三年の輸入額は一五年前よりもはるかに多い。その品目は、ガラス、石鹸、皮革、紙、文具、ダイナマイト、衣服・帽子、自転車および機械類である。これらのうち多くで、日本の生産は伸びており、日本から中国やインド向けの大量の輸出が可能である。しかし、日本における生産の伸びと並行して、高級商品への需要の伸びもあったという事実は変わらない。従って、日本の諸産業の成長と関税率の引き上げにもかかわらず、若干の原料を除く商品の輸入は続くはずであり、その結果として、英知、エネルギーと資本を持つ外国商人にとって、もうけの多い事業の機会は、いわゆる『古き良き時代』に決して劣ることはない」[40]。こうした評価は、イギリスの対日貿易の将来展望に関してあまりに楽観的であるが、日英間の別の補完関係を反映しているのである（前述の(3)の場合）。

4　中国市場をめぐる日英関係

(1)　中国の対イギリス輸入貿易

次に、世紀転換期における中国に対するイギリスの認識を、特に、東北地方（満洲）と華北に対する日本の経済的進出に注目して考察する。

表5-2から明らかなように、一九一〇年代初めまでに、中国は日本の輸出品にとって最大の輸入国になり、アジア間貿易の発展において重要な役割を果たしていた。当時、香港は、「世界に対する中国の貿易品の配達業者・収集者」として機能していた。しかし、自由貿易港であった香港の統計が欠如しているために、中国に関するイギリスの領事報告[41]や中国海関報告書から、英中間の直接的な外国貿易の正確な金額を算出するのは困難である。

ところで、世紀転換期において、イギリスからの中国の主要輸入品は、綿布・金属製品と機械類・毛織物製品で構成されていた。中国に関するイギリス領事報告は、華北と満洲における日本綿布とイギリス製品との競争激化、特に、粗製綿布の領域での競争を「日本製品は、その（中国）市場におけるシェアを、驚くべき勢いで増やしつつあるが、満洲だけでなく華北においても、大阪の綿工場との競争が感じられるようになってきた」と認識していた[42]。しかしながら、この時点でイギリス領事報告は、日本綿布の輸出増加がイギリス製品に深刻な影響を与えていると

表5-2　中国の対外貿易（1895-1913年）

（単位：千ポンド）

年	輸入額	イギリスからの輸入(%)	香港からの輸入(%)	日本・台湾からの輸入(%)	輸出額	イギリスへの輸出(%)
1895	28,080	5,554 (20)	14,423 (51)	2,812 (10)	23,434	1,729 (7)
1896	33,765	7,429 (22)	15,226 (45)	2,898 (9)	21,847	1,880 (9)
1897	30,213	5,961 (20)	13,425 (44)	3,361 (11)	24,355	1,928 (8)
1898	30,236	5,044 (17)	14,025 (46)	3,950 (13)	22,944	1,546 (7)
1899	39,850	6,045 (15)	17,776 (45)	5,403 (14)	29,470	2,102 (7)
1900	32,760	7,057 (22)	14,566 (44)	3,997 (12)	24,678	1,452 (6)
1901	35,185	6,100 (17)	17,798 (51)	4,817 (14)	27,802	1,266 (5)
1902	39,118	7,491 (19)	17,358 (44)	4,595 (12)	30,694	1,345 (4)
1903	40,909	6,668 (16)	17,989 (44)	6,628 (16)	31,125	1,321 (4)
1904	49,280	8,196 (17)	20,207 (41)	7,185 (15)	34,301	2,187 (6)
1905	67,251	13,007 (19)	22,272 (33)	9,223 (14)	34,278	2,717 (8)
1906	67,524	12,959 (19)	23,854 (35)	10,048 (15)	38,917	2,189 (6)
1907	67,665	12,604 (19)	25,292 (37)	9,337 (14)	42,962	1,967 (5)
1908	52,601	9,675 (18)	20,034 (38)	7,000 (13)	36,888	1,674 (5)
1909	54,448	8,884 (16)	19,593 (36)	7,809 (14)	44,140	2,549 (6)
1910	62,331	9,552 (15)	23,085 (37)	10,334 (17)	51,274	2,518 (5)
1911	63,481	12,117 (19)	19,960 (31)	10,704 (17)	50,803	2,328 (5)
1912	72,197	11,423 (16)	22,555 (31)	13,890 (19)	56,543	2,426 (4)
1913	86,118	14,638 (17)	25,924 (30)	18,026 (21)	60,916	2,469 (4)

出典）*British Diplomatic and Consular Report on China*, Nos. 2912, 3092, 3725, 4152, 4751 and 5424 ; China. *Imperial Maritime Customs, Trade Reports for the Year 1900*.

注）香港からの輸入品の大半は，当初はイギリス，大陸ヨーロッパ，アメリカ合衆国，日本，オーストラリア，英領インド，海峡植民地および中国の沿海部からもたらされた。
1895-1900年の数値は本来海関両で表示されていたが，以下の交換レートでポンド表示に換算した。
1895年　1海関両＝3シリング3ペンス　1898年　1海関両＝2シリング10ペンス
1896年　1海関両＝3シリング4ペンス　1899年　1海関両＝3シリング
1897年　1海関両＝2シリング11ペンス　1900年　1海関両＝3シリング1ペンス

は考えておらず、中国市場におけるイギリス製品の将来について非常に楽観的であった。北京のイギリス公使館の商務官代理であったカーは、この点について一九〇九年に次のように明言していた。「イギリス製品は概して日本品よりも優れている。（中略）すでに中国における多くの外国商品に関しては、現地の購入者の嗜好が日本の輸出業者によって作り出され、それによって、彼ら購入者が最初に満足していたものよりも、より上質の製品に対する需要が生み出される。日本の安価で粗雑な商品が、より上質で高価なイギリス製品の販路を切り開いた」「西洋文明の普及にともなって急速に需要が増えつつある上質の綿製品は、海外から輸入され続けるであろう」[43]。これは、イギリス製品の優れた品質に対する自信の表明であり、品質に差のある日英両国の製品は、中国市場において共存できるというのであった。彼は、中国の現地人購入者の間で、イギリス製品に対する日本品からの「実物宣伝効果」を期待していた。こうした発言は、イギリスと日本の綿製品の競合よりも、ある種の相互補完性、共存関係を示唆している（前述の(3)の場合）。これと対照的に、日本製品との競争の影響は、イギリスの綿工業者よりもアメリカの製造業者によってより深刻に受け止められていた。

他方、綿糸の輸入に関して領事報告は、中国の紡績工場の成長・発展を強調し、特に、日本資本による上海での新たな綿紡績・織布工場（在華紡）の設立に注目していた。その中国における紡績業の発展は、安価な粗製品の市場において、日本や英領インドからの輸入綿糸と競合して、激しいアジア間競争を引き起こした。「インド綿糸の大幅な輸入の増大にもかかわらず、この綿糸取引は、決して満足できる状態であるとは考えられない（中略）日本品との競争、とりわけ上海の紡績工場からの競争が、毎年激しさを増している（中略）品質と重さの点で、ボンベイ産の綿糸は、日本品や中国製品よりも劣っている」「日本品との競争によって、中国産綿糸の品質が保持されるという有益な恩恵が生じている」[44]。一九一三年に、日本からの輸出品の大幅な増加によって、英領インドと日本は、中国への輸入綿糸の供給面でほぼ拮抗する事態になった。しかし、「両者とも中国の綿紡績工場との競争の激化に直面しており、中国紡績業は、再び異例の繁栄を享受していた」。アジア間競争は、第一次世界大戦前に強まる傾向を見せて、イギリス商務官は一九一三年に、「イギリス（および香港）と中国との貿易それ自体が増え続ける限り、それは不健全な状態であるとは言えない。しかしながら、挑戦を受けない圧倒的優位の時代は終わりを告げた」と認めざるをえなくなった[45]。

この中国市場をめぐる三つどもえの争奪戦において、イギリス領事報告は、中国の工業化に対して好意的な姿勢を示して、次のように、中国における鉄道と各種工場の発展によりもたらされる新たな貿易の機会に期待した。

「中国は工業国としての歩みを始めている。イギリス製造業者にとっての最も手近な好機は、まさに中国の必需品を供給する方向に求められるべきである」[46]。中国における諸工場の設立は、従来海外から輸入されていた綿糸・綿布や他の商品を生産するためであり、ある種の輸入代替工業化と考えられた。北京のイギリス商務官フォックスは一九一〇年に、中国現地での工場の出現について次のように述べていた。「数年ためらった後に、中国が機械の購入者として世界市場に参入したのは明らかである。中国人は、自国の天然資源の開発にとって鉄道が不可欠の要素であること、また、中華帝国のいたる所で眠っている状態の膨大な鉱物資源は、科学的手段を使って開発しない限り自分たちにとって役にたたないことを、ようやく理解するようになった。（中略）だから各州で鉄道が計画・建設されており、炭坑や鉱山が開発され、さまざまな工場があらゆる方面で出現している。（中略）それは中国人の産業的覚醒であり、遅かれ早かれ中国と諸外国との通商関係の性格を変えてしまうに違いない」[47]。彼は、中国に対する諸機械の供給と資金融資をめぐる、ヨーロッパやアメリカの製造業者間でのますます熾烈になった競争についても言及していた。先に述べた日本の場合と若干の時間差はあったけれども、イギリスの領事報告は同様に、上海での綿紡績業の発展に結びついたイギリスからの機械輸出の伸びを予想していた。そのうえで、イギリスの製造業者に対して、中国市場でもっと積極的な企業活動を行うように要請していたのである。

（2）中国の輸出貿易と満洲開発への高い期待

日本の場合と同様に、中国も毎年、膨大な貿易赤字を抱えていた。しかし、一九〇八年から、中国の貿易収支はきわだって改善され始めた。同年のイギリス領事報告はこの新たな趨勢を評価して、「健全な輸出貿易の増大は、著しく膨張した輸入貿易よりも一層有望な徴候である」「中国の対外貿易が経済的に安定するには、外国からの必需品の輸入と足並みをそろえて国内資源を開発することが必要である」と、コメントを加えた[48]。別のイギリス商務官は、工業原料の輸出の伸びを、鉄道による輸送手段の改善と、中国政府による天然資源開発の努力の成果であると説明した[49]。彼が述べたように、中国の輸出経済の発展と、広大な内陸部の開発に対する期待によって、中国における鉄道投資が促進された。

鉄道建設に対する関心の高まりは、特に、南満洲鉄道会社（満鉄）に関連するイギリスの領事報告にも反映されていた。日露戦争の際に、日本陸軍は満洲における中国東清鉄道の支配権を握り、軍事上の目的からその幹線部分を改良した。戦後の一九〇六年に、南満洲鉄道会社が設立され、同社は大規模な路線の近代化計画に着手した。この段階においてイギリス領事報告は、満洲における日本の経済的浸透に対する懸念よりもむしろ、満鉄によって提供される潜在的な貿易機会の拡大に対して、次のような高い期待感を表明した。「満鉄は、あらゆる国家の商品や工業製品の運搬に好都合なように、全てのシステムを維持し、運営し、改善するであろう」「大連と満洲の東部・北部国境における中国政府海関の設置、あらゆる者に対する平等な取り扱い、さらに商品の原産地に関係ない鉄道運賃の設定、換言すると『門戸開放』(the open door) は、対等な条件のもとで貿易が行われるように進められるべきである[50]」。一九〇七年に『エコノミスト』誌も、満鉄は「あらゆる国家の貿易に対して満洲の広大な領土を開放するであろう」と予測していた[51]。

「門戸開放」あるいは満洲における自由貿易政策への期待感は、満洲からヨーロッパに向けた大豆の大規模な直接輸出が始まった一九〇八年に、部分的に現実のものになった。その輸出貿易は、「一九〇八年の中国貿易の最も興味深い特徴」であった。満洲産大豆のヨーロッパ向け輸出の急速な拡大は一九一一年まで続き、「イギリスは事実上、ヨーロッパ向けの船荷を独占した」。また、別の領事報告は、満洲における小麦生産の急速な発展を予想し、「来たる数年のうちに中国は、世界の小麦供給において重要な貢献者になるであろう」との高い期待感を表明した[52]。

さらに、大連から中国や日本各地の港に向けた石炭の輸出も始まり、一九一二年には、「香港・シンガポール・ペナン・サイゴン・マニラさらにボンベイでさえ、直行の蒸気船を通じて（大連から）石炭の供給を受けた」[53]。

こうした満洲からの輸出品に加えて、租借地の関東州が新興の自由貿易港として注目を集めた。大連と旅順は日本の当局によって自由貿易港として取り扱われ、一九一〇年代初めに日本の海外貿易の膨張にともなって、イギリスからこの二港への中古蒸気船の輸出が増大した。一九一三年の日本に関する領事報告は、次のように指摘していた。「その二港［大連・旅順］に適用される条件を利用して、これらの汽船は日本の国旗を掲げ、通常の日本の蒸気船と同じ諸特権をほとんど享受している。従って多くの船主が、廻り道ではあるが安上がりに日本に船舶を持ち込めるこの方法を好んで利用している」[54]。

これら一連の記述から判断すると、イギリス領事報告は、大連と満鉄を利用することを通じて、自由貿易あるいは「門戸開放」の原則を満洲に拡大することを望んでいたといえる。日本政府が満洲における経済的機会を独占しようと試みない限り、イギリス領事報告は、満洲での日本の経済的進出を受け入れ、満洲の天然資源の商業的開発と潜在的な輸出市場に対する、高い期待感を表明したのである（前述の(3)の場合）。

（3）イギリスの金融利害と中国の対外貿易

しかし、一九一〇年代初めの時点においては、一九一一年の辛亥革命に続く政治・経済的な不安定によって、イギリスの金融利害にとっては中国の対外貿易の発展が不可欠であった。一九一一年のイギリス領事報告は、以下のように指摘していた。「辛亥革命の勃発以来、関税が外債に対する中国の信用力を維持するために活用できる唯一の資金である限り、関税収入の柔軟性の確保は、現在のところ特別の関心事である」[55]。また、一九一二年の領事報告は、中国との「国家再建借款」（the Reorganization Loan）の交渉過程に関して論評し、「その借款は、市場に対する圧力を軽減して、商業的繁栄の時代の幕を切って落とすことが期待されていたのだが」と失望感を表明していた[56]。

国家再建借款の総額は、当初の提案の六〇〇〇万ポンドから二五〇〇〇万ポンドに減額され、最終的な合意文書は、一九一三年三月二六日に結ばれたのである。

こうしたイギリス側の懸念は、イギリスの金融・サーヴィス利害と中国の輸出貿易の発展との緊密な相互連関に依拠していた。一九一二年の領事報告は、中国による債務不履行、国際金融市場での信用失墜を防ぐために、中国の資源開発とその資源輸出が不可欠であると認識していた。「イギリスの通商・金融利害は中国国民の利害と完全に同一である、と述べたとしても不都合ではなかろう。（中略）中国に融資された資金にとって本当の担保は、国内秩序を維持できる政府の存在である。（中略）独立喪失の危険性は、特定の産業部門が外国の監督下に置かれることではなく、外国政府に対する債務償還の失敗からもたらされる。現在の状況において、債務償還の失敗は、中国の天然資源が首尾よく開発されない限り不可避であるように思える」[57]。中国の関税収入の増加と柔軟性が保証される限り、満洲と華北に対する日本の経済的進出を通じた内陸資源の開発と輸出の拡大は、中国におけるイギリス金融利害にとっても好都合であると考えられたのである（前述の(2)(3)の場合）。

5　経済利害の相互補完性と工業化

以上、世紀転換期におけるイギリスと東アジア地域との経済関係史を、日本と中国に関するイギリス領事報告やイギリス側の各種経済情報の記述を事例にして論じてきた。その要点をまとめると、以下のようになるであろう。

非ヨーロッパ地域におけるアジアの独自性は、最近のアジア経済史研究で明らかにされたように、ヘゲモニー国家イギリスを中心とする世界システム（パクス・ブリタニカ）に編入されながらも、アジア内部で独自の国際分業体制を確立し、世界市場において相対的自立性を維持したことにある。英領インドと日本の近代的綿業の勃興に支えられたアジア間貿易の形成と発展は、アフリカやラテンアメリカ地域には見られない特異な経済発展である。特に、中国の綿糸市場をめぐる日本と英領インドとのアジア間競争は熾烈であり、その競争を前に、マンチェスターの綿糸輸出市場におけるシェアは急激に低下した。勃興するアジアの綿工業が、マンチェスターの経済利害を弾き飛ばしたといえる。

世紀転換期のイギリス領事報告では、日本の資本財市場の成長・発展に対して高い期待感が表明されていた。この点に着目すると、ケインとホプキンズが提唱するジェントルマン資本主義論を日本の工業化との関連で考えた場合、一定の留保が必要になる。イギリスの経済利害を、シティを中心とする金融・サーヴィス利害を中心として考える点は、大枠では賛成できる。しかし、本章で明らかにしたように、イギリスからの資本財輸出は世紀転換期における日本の工業化に貢献した（前述の補完性(1)の場合）。イギリスの海外膨張を論じる際に、資本財産業の果たした役割や、その資本輸出との関連性も改めて問われるべきであろう。

また、イギリス領事報告は、一九一〇年代初めにおいて、アジア間貿易の急速な成長をもたらすことに貢献する、高度に発展した「通商国家」日本の形成を奨励していた。こうした認識に見られた日本の輸出貿易の拡張に対する好意的姿勢は、ロンドン・シティの金融・サーヴィス利害と符合していた。世紀転換期のアジア間貿易の発展は、対欧米貿易の拡大と欧米からの資本・技術の供与を前提にして初めて可能になった。とりわけ、借款による鉄道建設や、蒸気船航路の整備、金融・サーヴィス機能の提供が重要であり、その領域ではイギリスのシティが優位に立った。そのイギリス金融利害を最大限に活用して、急速な工業化に成功したのが日本であった（前述の補完性(2)の場合）。日露戦争から第一次世界大戦前夜にかけて、日本は「通商国家」として台頭したが、その背後には日英同盟を通じた親密な外交関係があった（前述の補完性(4)の場合）。イギリスの経済利害と日本の工業化との間には、以上見たような多面的で緊密な相互補完関係が存在したのである。

この種の経済的利害の補完性は、とりわけ非ヨーロッパ世界においては非常にユニークな関係である。それは、ヘゲモニー国家であったイギリス・シティの金融・サーヴィス利害が設定した「ゲームのルール」が遵守されて、関係諸国の経済利害が全体として相互に調和する限り、敵対関係ではなくて、すなわち競合は部分的なレヴェルにとどまり（前述の補完性(3)の場合）、全体としては協力あるいは緊密な提携を意味した。この経済利害の補完的な関係は、後述するように両大戦間期の中国や英領インドでも見られるようになった。世紀転換期における東アジア地域の工業化は、パクス・ブリタニカの枠組みのもとで、イギリスのシティを中心とする金融・サーヴィス利害と相互に影響を及ぼしあいながら展開したのである。

第6章　戦間期日本の経済発展に対するイギリスの認識

1　戦間期日本の経済発展とイギリス帝国

本章では、戦間期のイギリス側の領事・通商報告を分析して、前章の第5章で世紀転換期に関して指摘した日本とイギリスとの経済利害の相互補完性が、戦間期においてどのように展開・変化したかを検討したい。

ところで、杉原薫は、戦間期のアジア国際秩序の特徴を、欧米のバックアップのないアジア間貿易の発展と捉え、戦間期の日本帝国主義をめぐって独自の解釈を提示している。まず、アジアにおける植民地帝国の構造（戦間期の公式帝国）に関して、一九三〇年代のいわゆるブロック経済化を二類型に分類する。すなわち、植民地と本国経済（産業）との連関性が弱い「英蘭型」と、逆に、植民地経済と本国経済が緊密な連関性を有する「日米型」の指摘がそれである。こうした植民地帝国の類型化は、戦間期における各列強の政治経済構造の特徴を理解するために一つの示唆を与えてくれる。特に、「英蘭型」の植民地帝国は、シティに代表される金融・サーヴィス利害の優位を前提にするとよく理解できる。

また杉原は、一九三〇年代前半の日本に関して、円為替圏構想（井上準之助）と軍事力をバックにした円ブロック拡大構想との対抗、その共存関係に注目して両者を統一的に把握する必要から、それらを自由貿易帝国主義と規定している。[1]従って杉原は、日本が欧米との国際協調主義を模索しつつ、東南アジアでは欧米列強植民地への経済的進出をはかり、帝国主義下のアジア市場で「一方的乗り入れ」体制を事実上実現した、と主張する。

こうした、戦間期日本のいわば非公式帝国（経済力を武器にした影響力の拡大）を射程に入れた議論、あるいは経済外交論は、戦間期のイギリス本国およびイギリス帝国と、日本との関係を再考するうえで有効である。本章では、戦間期、特に世界恐慌以降の一九三〇年代における世界経済、世界システムと日本との関係を、イギリス側の通商報告を手がかりにしながら考察する。果たして、従来の研究で強調されてきたように、戦間期のブロック経済体制は、本当に排他的な性格を持った閉鎖的なものであったのか。一九三〇年代前半における日本の経済・財政政策は、世界経済のゆくえに対していかなる影響を与えたのだろうか。また、日本経済の発展によって、イギリス本国およびイギリス帝国との経済的関係はどのように変化したのであろうか。そうした点を、日本に関するイギリス通商報告や各種の経済情報と、一九三〇年に日本を訪れた極東経済使節団の報告書等を手がかりにしながら考えてみたい。

2　ジョージ・サンソムとイギリスの領事・通商報告

戦間期のイギリス政府の通商振興政策は、一九一九年に商務省海外貿易局が創設されて、政府が統括する世界中に展開した通商ネットワークが拡大・強化される中で一層助長された。日本との関係では、三名の通商問題担当者が大使館に常駐し、経済情報の収集が重視されるようになった。その中心に位置したのが、商務参事官ジョージ・サンソムであった。[2]一九二六年から通商問題担当になった彼が、戦間期の日本関係の領事・通商報告を事実上一貫して統括していたのである。従って本章の前半では、サンソムの日本経済の動向分析を手がかりにしながら、その記述を『エコノミスト』誌の関連する記事やサンソム自身の回想録で補うことで、イギリス政府当局の対日経済認識の一端を明らかにしたい。

はじめに、戦間期の日英経済関係の分析にあたりサンソムに注目する理由を明らかにするために、彼の人物像を改めて紹介しておきたい。サンソムは、三つの異なる経歴を持つユニークな人物であった。まず彼は、ライシャワーと並んで、アメリカ合衆国における第二次大戦直後の日本研究第一世代の中心的学者として、日本の歴史学界では著名である(3)。また一九四七年から七年間、コロンビア大学教授として、東アジア研究所の初代所長を務め、ドナルド・キーンら日本研究の第二世代の学者を育てた。一九五四年にスタンフォード大学に移り日本研究を続けるとともに、ライフワークの三巻本 *History of Japan* を完成させた。

しかし、彼はもともと領事部門のイギリスの下級外交官であった。彼は、フランスの高校で学び、奨学金を得てドイツのマルブルク大学で二年間ドイツ語を習得した。帰国後、イギリス外務省の領事事務の試験を受け、一九〇四年に日本語研修生として来日した。一九四〇年夏に帰国するまでの約三六年間東京のイギリス大使館に勤務し、歴代のイギリス駐日大使に仕えながら頭角をあらわし、日本通のベテラン外交官として活躍した。彼は、一九二六年に商務参事官になると、経済・通商問題の専門家として領事・通商報告の作成に携わった。この時期の日英関係は、後述するように、貿易問題が主要な課題になり注目を集めていた。一九三三―三四年の経済摩擦をめぐる日本とインドとの第一次日印会商には、イギリス政府代表団の一人としてだけでなく、インド政庁への助言者としても参加し、重要な役割を果たした(4)。一九三五年には、外交官としての優れた業績に対して、サーの称号が与えられた。

サンソムは、一九三九年夏に休暇で帰国中に、第二次世界大戦の勃発をむかえた。一九三七年九月に着任した駐日イギリス大使ロバート・クレイギーとサンソムは、日本に対する宥和政策の是非と効果をめぐって意見が対立していた。宥和政策に対して批判的なサンソムは、その意見対立を理由に、いったん日本への帰任を拒否し辞職を表明した。しかし、国際情勢が緊迫化するなかでイギリス外務省の要請を受けいれて、一九四〇年五月末から、八月に辞職するまでの三カ月間、東京に帰任した。外交官を辞職した後、彼は、一九三五年に次いで一九四〇―四一年にかけて、再度アメリカのコロンビア大学で教鞭をとった。

東アジア情勢の緊迫化に伴って、一九四一年春にサンソムは再び外務省に呼び戻され、一九四一―四二年に、経済戦争省の極東使節団（the Far Eastern Mission of the Ministry of Economic Warfare）の顧問として、シンガポールに派遣された。そこで彼は、東南アジア地域の政治情勢に関する情報収集に従事した。日本軍のシンガポール攻略戦のさなかに同島からかろうじて脱出した彼は、ジャワ島・バンドンの連合軍司令部を経たのち、日本軍の追撃を逃れるように、オーストラリアに脱出した。その後、アメリカに渡った彼は、一九四二年九月に駐米イギリス大使館の極東問題担当公使に任命され、一九四三年四月からは、イギリス外務省と合同参謀本部の連絡任務を担当した。その間、彼は、アメリカの戦後対日処理構想にイギリス政府の意向を反映させる努力を行い、一九四五年六月に、戦後の間接統治方式と天皇制維持を支持する「覚え書き」を本国政府に提出した。(5) 一九四六年初めには、連合国軍極東理事会のイギリス主席代表として、敗戦後の日本を訪れて占領政策について占領軍司令部（GHQ）と意見交換を行っている。サンソムの見解は、労働党内閣の外相ベヴィンから高く評価された。また、商務参事官としての長い経験をかわれて、サンソムは、極東理事会の経済・財政委員会委員長に任命された。最終的に、彼は一九四七年秋に外務省を辞して、コロンビア大学での研究生活に入ったのである。

こうした多彩な経歴を有するサンソムの対日認識は、その博識ぶりと本国政府、外務省内部での信望により、イギリス政府内部でも高く評価されていた。例えば、前述のように、一九三三―三四年の日印会商には、イギリス政府の利害代表兼インド政庁の顧問という二重の任務を帯びて参加したが、これは異例の措置であった。また、一九四〇年にはチェンバレン内閣の閣議での外交委員会に文官として異例の出席を求められ、対日通商政策について意見を具申している。(6) この背景には、外相ハリファックス（一九三八―四〇年在任）の彼に対する信任があった。一九四一年以降、緊迫する東アジアに関するイギリス外交の表舞台で外交官として活躍できたのも、一九四〇年に駐米大使に転出したハリファックスとの信頼関係と引き立てがあってのことであった。サンソムが、日本問題に関する「最高権威」として、イギリス外務省内で深い敬意を払われて、その意見が重視されたことは、一九四五年の対日戦後構想問題をめぐるイギリス政府案の作成の過程でも明らかであった。(7) 従って、以下で言及するサンソムが関わった通商報告には、イギリス政府、特に外務省レヴェルの認識が反映されていたと考えられる。もちろん、彼の叙述は関連資料と突き合わせた上で、ある程度割り引いて考える必要があるのはいうまでもないが、本章では、サンソムの多彩な経歴のなかでも特に、彼の活動の原点といえる領事・通商活動に焦点をあてる。

3　サンソムの日本経済認識

サンソムの日本に関する領事・通商報告は、一九二〇年代後半の一九二六年から日中戦争が勃発した一九三七年までの一二年間におよび、その内容も多岐にわたった。本節では、(1)イギリス本国経済利害と日本の経済発展との補完性のゆくえ、(2)一九二九年世界恐慌前後における、日本の輸入貿易に対する評価、(3)一九三〇年代初めにおける日本の輸出貿易に対する評価、(4)日本政府の経済・財政政策に対する評価、(5)一九三六年以降の日本軍部の影響力拡大と日本経済の動向に関する見解、以上の五点に絞ってまとめてみたい。

(1)　イギリス本国経済利害との相互補完性の弱体化

まず、日英経済利害の補完性をめぐる議論を見てみよう。

前章で強調した、イギリス本国の経済利害と日本の工業化との相互補完性は、戦間期において、特にイギリスの機械輸出を中心とする資本財輸出に関して低下する傾向にあった。すなわち、第一次世界大戦直後から、「アメリカとの競争が激しくなり、永久的な危険性が高まり」「イギリスとアメリカの戦前の立場は逆転して、（輸出）市場を取り戻すことは非常に困難になり」、さらに「日本の機械製造業も大きく進歩した」[8]。こうしたイギリス資本財の対日輸出にとって不利な競争の激化はその後も続き、それに加えて、日本の機械製造業の急速な成長が、一九二〇年代と三〇年代初めに「国産品奨励の強力なキャンペーンに刺激されて」、特に電機製品の場合にはさらに促進された。こうした事態は、「国内の機械需要を満たす日本の製造能力の増大」[9]を反映しており、一九三一年に日本は繊維機械の輸出国に転換し、満洲向けの輸出に着手した。従って、日本の輸入市場におけるイギリス製機械の競争力は失われ、日本の工業化が一層高度化するにつれて、資本財をめぐる日英間での補完関係（前章の補完性(1)の場合）は弱体化したのである。

他方、イギリスの金融利害も、日本における影響力を低下させた。日本は一九二三年に、関東大震災の復興諸計画のために外債発行を再開した。イギリスが金本位制を放棄し、日本も再び金輸出禁止措置の採用を余儀なくされた一九三一年末までに、日本は、五億三六〇〇万ドル（五七〇〇万ポンド）を海外の金融市場から調達し、この時期は「第二の外資導入期」と呼ばれた。しかし、イギリス資本の占める割合は、一九二〇年代に多額のアメリカ資本が流入したために低下して、シティの日本に対する金融的な影響力（前章の補完性(2)の場合）も大幅に減少した。そうした情勢の下で、日本政府は、後述するように世界恐慌からの回復策の一環として、一九三二年から国内での資金調達を重視し自立を図ろうとする新たな金融・財政政策を採用したのであった。

（2）日本の輸入貿易の性格変化

次に、戦間期の日本の輸入貿易に対する評価を見てみよう。

一九二九年の世界恐慌の直前に、日本の経済発展は、一九二七年の金融恐慌にもかかわらず、顕著であり持続性を持っていた。輸入品の過半が第一次産品であり、「日本の立場はイギリスのそれと違っていない。（中略）日本は工業原料を海外で購入し、貿易の利益で必要とする完成品を調達せねばならない」[10]。こうした日本の輸入貿易の性格変化は、徐々にインド（原棉と銑鉄）、海峡植民地（鉄鉱石と天然ゴム）、オーストラリア（羊毛）、カナダ（パルプと木材）および蘭領東インド（砂糖）からの輸入額を増大させた。一九三〇年の通商報告によれば、「工業生産力が伸びるにつれて、日本はさらに多くの第一次産品を購入して完成品の輸入を減らしているが、その趨勢は、原棉・羊毛・小麦・石油・木材のような商品を供給する諸国にとって有利である」と指摘されている[11]。日本の輸入貿易におけるイギリス帝国諸地域、特に英領インドの重要性が大幅に増大した一方で、イギリス本国からの工業製品の輸入は劇的に減少した。

サンソムは、「この現象は、世界貿易において不可避の趨勢と思われる。（中略）これら諸地域が輸出する巨額の第一次産品は、長期的に見ると、諸地域の購買力と工業製品の消費を増大させる」とコメントした[12]。また彼は、「混乱した状況、あるいは中国や英領インドで購買力を減退させるいかなる要因も、日本の輸出総額に深刻な影響を与え、間接的に、日本の海外市場での購買力全般を左右する。（中略）ある市場における顧客の挫折は、別の市場における顧客の喪失を意味する」とも指摘した[13]。こうしたサンソムの見解は、杉原が定義した、輸出市場向けの第一次産品生産者による消費需要から生み出される、いわゆる「最終需要連関効果」[14]の具体的事例にほかならない。世界恐慌からの迅速な回復過程を通じて、サンソムによれば、日本は「世界市場における第一次産品の重要な購買者」であり、「第一次産品の最も重要な消費国の一つ」になった[15]。従って、第一次産品に対する日本の需要と輸入の拡大は、第一次産品諸国の経済を刺激し、活性化させることに大いに貢献した。その意味において、日本の経済発展は、一九三〇年代初頭の時点で、世界恐慌から世界経済が回復する過程で重要な影響力を及ぼしたと評価できる。

(3) 強力な日本の輸出競争力

次いで、戦間期の日本の輸出貿易に対する評価を見てみよう。

すでに述べたように、日本経済は一九二八年に急速な発展を遂げ、「日本は既に輸入国から、国内の必需品の生産という中間段階を経て、製品輸出国に発展し」「工業製品の輸入国であるだけでなく、他の諸市場における潜在的な競争者であった[16]」。この傾向は、世界恐慌にもかかわらず続き、一九三二年に「日本は、他国の工業製品市場としての展望はますます小さくなっている。（中略）今や日本は、これら諸国の最も手強い競争相手として地位を固め、同時に第一次産品の最も重要な消費国になった」のである[17]。消費財、特に綿製品と雑貨の輸出で、日本はイギリスにとって強力な競争相手として台頭した。この消費財輸出の面において、前章で指摘した日英間の補完性(3)は完全に消滅した。

そうした工業化と経済発展を背景にして、日本の輸出市場は、一九三〇年代初頭に劇的な変容を遂げていた。一九三〇年一月一一日に、日本政府はデフレ政策の下で金解禁を行い、その経済は異例の困難に直面したが、サンソムは次のような指摘を行っている。「日本の主要な経済利害は、二つの地域、すなわちアメリカ合衆国とアジアに関わっており、両地域が日本の外交政策に重要な意味を持つのも当然であった[18]」。

しかし、アメリカ合衆国における金融恐慌と、中国の政情不安および中国における製造業の発展ともあいまって、一九三四年に「(日本の) 二大市場は、その相対的な重要性を喪失した」「一九三四年の英領インド向け輸出額が、二億三八〇〇万円に達する一方で、日本の貿易統計に占める中国向け輸出がわずか一億一七〇〇万円にとどまったのは、いささか驚くべきことである[19]」。この結果、英領インドは一九三三年に日本の最大の貿易相手国になり、日本からの綿製品のインド向け輸出急増が、インドとの貿易摩擦を引き起こした。その問題解決のために、一九三三—三四年にかけて日印会商が英領インドのシムラとデリーで開催された[20]。前述のように、サンソムはその政府間交渉に、イギリス政府の代表団の一員としてだけでなく、現地のインド政庁側の顧問としても参加したのである。

サンソムは、すでに一九三〇年に次のように主張していた。「日本は既存の諸市場に供給するだけでなく、従来は主にランカシャーが握ってきたアフリカ、近東および南アメリカ諸地域に参入するためにも、完成品の生産にますます転換するに違いない[21]」。『エコノミスト』誌も、「中国におけるボイコットの圧力とインドの輸入規制の下で、日本は自国製品の新たな市場を模索することを余儀なくされ、中央・南アメリカ、アフリカおよび東ヨーロッパにおいて、新しい取引関係をつけることに成功した」と、日本の輸出市場の拡大と再編について、同様な指摘を行っていた[22]。

一九三〇年代初めに、新しい輸出市場を開拓するために、多くの日本の通商使節団がこれら諸地域に派遣されたが、一九三四年に新市場は、日本の輸出総額の約四分の一を占めていた。また、世界恐慌からの急速な回復の過程で、日本の輸出貿易は多様化した。イギリス通商報告によると、レーヨン、毛織物、鉄鋼のような新たな輸出品目が増大し、「缶詰・瓶詰の食品、化学製品、機械・器具、ランプ、鋳鉄製品、およびガラス」が加わった。「それらは、単一の圧倒的な商品（生糸）の販売に対する日本の依存を軽減して」「重工業部門で重要な発展が見られ、従来、日本の産業経済において最も弱体であった部門が、主要産業になりそうな勢いであった[23]」。日本の輸出品の品質も大幅に改善されて、特に綿製品の場合には、商品の品質をめぐる競争が始まった。サンソムは、こうした日本の輸出貿易の変容を高く評価していたのである。

（4）日本の経済ナショナリズムに対する積極的評価

次に、一九三〇年代前半の日本政府の経済・財政政策に対する評価を見てみよう。

サンソムは、一九三二年以来大蔵大臣の高橋是清が指導した日本の経済・財政政策を高く評価している。高橋の政策は、「国家の借入により資金調達された国家支出政策」、レフレーションおよび寛大な経費支出として特徴づけられた。イギリス通商報告によれば、「政府の借入金で調達された歳出が、解放を待ち望んでいた経済的諸要因を解き放ち、好都合な状況を生み出した」「急速に生産を増大させつつある国が、生産の停滞的な国に比べて、より安全に金融上の正統説から逸脱できるのは少なくとも真実である」「その政策は、公債により資金調達し公共事業を行うという非正統的な計画によって不況からの回復を図ろうとする、一つの実験と見なすこともできる[24]」。当時、日本政府は二億ポンド相当（約三〇億円）の国内債を発行したが、サンソムの判断によると、この国債は「決して償還できないほどの巨額ではなかった」のである。

こうした高橋の一連の積極的な財政政策は、一九三〇年代の前半であったにもかかわらず、ケインズ政策と呼んでも差し支えないものである。もちろんサンソムは、国債で調達された歳入が主に軍事費に投入されて、日本の農民層の貧困につながっていること、「日本の資金源は、従来のような速さで満洲の経済開発を行うには十分でない」ことも指摘し、「日本＝満洲経済ブロックは、未だに構築されていなかった」と判断していた[25]。しかし、一九三二年以降、高橋が行った意図的な為替の切り下げ政策による円の価値低落と為替レートの下落が、日本の輸出を促すうえで有利に作用した。「ほとんどの輸出諸産業が利益を得て」「対外貿易の驚くべき復活」が短期間のうちに達成されたのである。サンソムは、日本の国際競争力の分析を試みて、諸産業の合理化、生産効率の増大、そして政府からの財政的な支援、特に海運補助金に言及している。こうした日本政府の経済政策と、国家が果たした積極的役割が、当時のイギリス政府の低調な実績とは対照的に、高く評価されたのである。

（5）軍部の影響力拡大と日本経済

最後に、一九三六年二・二六事件以降の日本軍部の影響力拡大と、その日本経済への影響に対するサンソムの見解を見てみよう。

一九三六年の通商報告では、日本経済の将来に対して、一時的にいささか悲観的な見方が表明された。二・二六事件で、大蔵大臣高橋是清が暗殺されて、日本における親欧米派の政治勢力が大きく削がれた衝撃が、サンソムの見解に暗い陰を落としていた。一九三六年の報告では、(1)国債の増発によってインフレ傾向が見られること、(2)日本の輸出の増加傾向が鈍化する一方で、軍備増強のために輸入は増加しつつあり、国際収支が悪化していることが強調された。特に、綿製品生産が、各国政府の取った輸入規制措置とレーヨン（人絹）生産拡大との競合によって、海外輸出市場の伸びが限界に達して収縮の危険もあることが指摘された。それまで順調に拡大してきた新市場の開拓が行き詰まるなかで、日本にとって交易条件が大幅に悪化してきたこと、軍備増強と工業化のさらなる発展のためには、資本財と工業原料の輸入拡大がますます必要になり、輸入の拡大に見合った輸出の拡大が不可欠であることが強調されていた。[26]

また、日本の繊維産業にとって、原料の確保・供給問題が重要な課題であることが示唆された。すなわち、「日本は、繊維産業が必要とする原料に関して、世界の主要な購入者の一つであり」、一九三五年時点でその輸入額は五五六〇万ポンドに達していた。輸入原料への依存を、貿易摩擦において交渉の道具として使ったのは日本政府自身であって、一九三三―三四年の日印会商時のインド原棉ボイコット、一九三五年のカナダへの報復関税、一九三六年のオーストラリア産羊毛ボイコットの脅し等に、そうした経済外交の典型が見られたことをサンソムは指摘した。安価な原料の確保とその供給源の多角化が、日本の繊維産業が発展した重要な要因になっていたことが改めて強調された。[27] この指摘は、日本の経済外交における原料問題の意味と、貿易相手地域にとっても、いかに日本による原料の大量輸入が重要であったか、経済的相互依存を活用した日本外交の実績を評価したものといえる。

一九三七年の通商報告では、前年の悲観的な色合いが若干薄れて、経済の継続的な発展が予想されていた。すなわち、交易条件の悪化と原料の輸入増加という基本的な要因は変わらない状況のもとで、日本の国際収支が悪化して、一九三七年初めに日本政府は為替規制と輸入統制を実施せざるをえなかった。軍備増強のために資本財と原材料の輸入拡大が不可欠であった軍部は、産業資本との妥協を余儀なくされて、軍部と民間経済部門との間で微妙な均衡・バランスが保たれるようになった。その均衡が長続きするかどうかは予断を許さないが、(1)増税、(2)資本財産業の発展と国内市場の有効活用、(3)対外貿易の効率化、(4)新たな輸出品目の確保、(5)低賃金・長時間労働の継続を通じて、日本経済にはさらに一―二年はうまく成長を続けてゆく経済的余地が存在している、というのがサンソムの希望的な予測であった[28]。日中戦争が勃発する直前の一九三七年前半においても、サンソムは、日本経済のゆくえに関しては、軍部の影響力の拡大に懸念をいだきながらも、決して悲観的ではなかったのである。

4　一九三〇年のイギリス極東経済使節団と日本

前節では、一九二〇―三〇年代に東京のイギリス大使館で商務参事官として活躍したジョージ・サンソムが、本国の商務省海外貿易局に書き送った日本の通商報告を分析するなかで、日本の経済発展に関するイギリス政府当局レヴェルでの認識と評価の一端を考察した。海外の一出先外交官の考察ではあるが、すでに述べたように、イギリス外務省のなかでサンソムの見解は、日本事情に通じた専門家の見解として高い評価を得ていた。

本節では、日本の経済発展に対するサンソムの見解と評価を相対化して考えるために、一九三〇年に日本に派遣された「イギリス極東経済使節団」(The British Economic Mission to the Far East) の報告書の内容を検討してみたい。というのも、経済使節団派遣の背景には、本国イギリス政府の対日経済認識が色濃く反映されていたと考えられるからである。

（1）極東経済使節団と綿業使節団の派遣

イギリス商務省の海外貿易局は、一九三〇年七月三一日に、中国と日本に経済使節団を派遣するとの公式発表を行った。[29] 海外貿易局の海外貿易発展協議会（the Overseas Trade Development Council）は、「極東」諸国、特に中国との貿易が停滞・伸び悩みの状況にあることを懸念して、その打開のために極東経済使節団の派遣が有益であるとの結論に達した。それを補完する役割を期待された綿業使節団も同時に派遣されることになった。一九三〇年八月一八日に、外務大臣と商務院総裁によって両使節団が正式に任命された。

この極東経済使節団の目的地は日本と中国であったが、日本訪問は、一九二二年にイギリスを訪れた日本使節団（団長：団琢磨）への儀礼的な答礼であるとされた。使節団は、一九三〇年九月一九日にロンドンを発ち、コロンボ、ペナン、シンガポールを経由して一〇月三〇日に東京に到着した。東京に一二日間滞在した後、名古屋・大阪・神戸で視察・調査を行い、一一月二七日に中国に向かい三〇日に上海に到着した。その後、使節団は、中国各地を調査してまわり、報告書自体は一九三一年二月二八日付で香港において作成された。最終的に使節団は一九三一年四月四日にイギリスに帰国したが、全部で六カ月半におよぶ東アジアの両国訪問であった。

ところで、極東経済使節団の目的は、「中国・日本とのイギリスの貿易の現状を調査し、その貿易を発展させ増大させるためにどんな行動を取るべきか報告する」ことであり、綿業使節団は、特に綿製品に関する調査・提言で経済使節団を補完することにあった。経済使節団の団長は、前マンチェスター商業会議所会頭で綿工業界代表のアーネスト・トンプソンが務め、綿業使節団の団長を兼務した。その他に、毛織物業界、機械（銑鉄・鉄鋼を含む）

業界代表、生協運動と織布工労働組合の代表、さらに中国経済事情に詳しい海外貿易局特別委員のルイス・ヴィール（後のイギリス上海商務官）が加わり、経済使節団は、東アジア地域との貿易に密接な関連を持ったイギリス各界を代表する計八名で構成された。

他方、綿業使節団は、東アジアにおけるイギリス輸出貿易に占める綿製品貿易の特別な地位を考慮して任命されたもので、労使双方のイギリス綿工業界の多様な代表八名で構成されていた。ランカシャーの綿工業界は、綿業使節団派遣の重要性に同意し、派遣費用の一部として六〇〇〇ポンドを寄付した[30]。両使節団の構成と、世界恐慌直後の貿易停滞の時期であったことを考えあわせると、この時期の極東経済使節団の派遣には、閉塞状況の打開を求めたイギリス政府と産業界双方の強い期待が寄せられていたといえる。

（2）極東経済使節団の日本市場認識

最初に、経済使節団の日本市場に対する認識を考察する（中国については第7章を参照）。

次の表現に、使節団の日本の工業化に対する認識が凝縮されていたといえる。「日本と中国は完全に異なる市場を構成している。日本は工業化された、あるいは急速に工業化しつつある人口約九〇〇〇万の島国帝国である。（中略）イギリスと異なるのは、日本の経済構造は、工業製品の国内需要のほとんどを自国の工場から供給できるように計画されてきた点であり、この政策で日本はますます成功を収めている。実際、綿工業において、自国のニーズ全体を事実上満たすだけでなく、世界市場においてランカシャーの最も手強い競争相手になった。（中略）一九二九年に、日本の綿布輸出は四一〇〇万ポンドに達し、それは中国・インド・蘭領東インド・エジプトのようなイギリスにとって最良の市場の幾つかに送られた」「中国と対照的に、日本には未開発のまま残っている市場はほとんど、あるいは全く存在しない[31]」（傍点筆者、以下同様）。綿工業部門で急速な勢いで工業化を達成し、現在もそ

表 6-1　工業製品および半完成品の日本への輸入

年	1913	1922	1929
工業製品・半完成品輸入額（万ポンド）	1,740	4,960	4,720
総輸入額に占める工業製品・半完成品の比率(%)	24	26	21
輸入工業製品に占めるシェア(%)			
イギリス	42.2	31.1	23.4
ドイツ	22.7	11.6	21.2
アメリカ合衆国	11.6	32.8	29.0

出典）Department of Overseas Trade, *Report of the British Economic Mission to the Far East 1930-31* (London, 1931), Japan, p. 14.

の勢いを持続しながら経済発展を続ける新興工業国家のイメージがこの記述には反映されていた。サンソムの通商報告と同様に、綿製品輸出においてイギリスにとって今や手強い競争相手になった日本と、その輸出市場の多角化・拡大志向が明確に指摘されていた。

では、彼らは日本の輸入貿易の特徴について、どのような見解を持ったのであろうか。「一九一三年と一九二九年の間に、日本の輸入の性格は実質的に変化した。工業化が原料輸入の増加と製品輸入の比重の低下を引きおこした。非常に多くの工場や新外洋航行船の完成、および一九二三年の関東大震災後の復興計画終了によって、かさばる商品への需要、特に銑鉄・鉄鋼・機械の需要が減少した(32)」。第一次世界大戦前にイギリスが日本に供給してきた工業製品の多くで、日本はいまや自立しつつあり、一九二五年以来、原料・食糧の輸入が輸入総額の五〇%を超えて、製品・半完成品の輸入はわずか二一%にとどまった。この相対的に小さな製品輸入額をめぐって、日本は全世界の製造業者から輸入先を選択できるために、日本市場は買い手市場（buyer's market）であった。従って、売り手は日本側に買ってもらうために、互いに厳しく競争せざるをえない状況にあった。

この競争のなかで、イギリスは、アメリカ合衆国とドイツとの販売競争に敗れて、製品の輸入市場に占めるシェアはかろうじて二位にとどまったものの、一九一三年と比べると、大幅に後退した（表6-1参照）。特に、原棉に次いで日本の輸入品目のなかで第二位を占めた機械・鉄鋼・銑鉄部門において、アメリカの躍進とドイツの復興はめざましく、機械類の輸入だけ見ても、一九二九年時点で、アメリカが四二〇万ポンド、イギリスは三四〇万ポンド、ドイツが二一〇万ポンドの順であった。特に、日本の資本財市場をめぐって、厳しい売り込み競争が展開されている実態が明らかにされた。

こうして日本の輸入貿易を概観したあとで、次に、日本の主要な輸入品目の検討が行われた（綿製品については、後述の「綿業使節団報告書」を参照）。その検討の重点は、金属・機械製品の輸入の実態分析に置かれた。

まず、日本の金属製品と機械類の生産が、政府の全面的な支援策（補助金の支給・研究教育の支援・有利な銀行融資・効率的な鉄道の運営などの諸政策）のもとで、過去一〇年に約七倍の伸びを示したことが強調された。こうして、銑鉄・鉄鋼の国産化が進むなかで、報告書は、金属製品の輸出業者にとって日本市場は、低価格が支配的であり輸出量も国産品によって左右される「困難な市場である」（a difficult market）と規定した。

機械類の輸出については、金属製品と同様に、日本市場の困難な側面と希望が持てる側面との両方が指摘された。日本政府が輸入品に対する保護関税を引き上げて、国産機械の使用を奨励する政策をとっており、輸入された機械の無許可での勝手な模造も行われていた。この結果、日本の機械製品市場七〇〇〇万ポンドのうち、六〇〇〇万ポンドが国産品で占められ、輸入品の割合はわずか一四％にとどまった。しかし、この国産化政策にも限界があることが指摘された。特に、国産機械の品質が輸入機械よりも劣るために、やがて日本政府当局も資金の無駄遣いに終わるおそれがあることを理解するであろう、という希望的観測が読み取れる。

また、今後道路の整備・公衆衛生設備の拡充・教育の進展などが求められるようになると、公益事業の拡充と改善に関する大きな需要が生じる可能性があり、不況が去って通商活動が活気を取り戻すであろうと思われる遠い将来に、機械類やプラントの輸入市場が再び拡大するであろう、との期待感が表明された。その輸入が復活する時に備えて、次のようないくつかの提言と見通しが提起されていた。

(1)　日本人はもともと完璧さを好むため、生活水準の上昇とともに、再び品質の良さが重視されるようになる。

それはイギリスにとって有利であり、安物販売や劣悪商品ではなくて、品質重視の市場（a quality market）に流れは傾くであろう。

(2) 日本市場で優位を占めるためには、効果的な宣伝と販売外交的な手腕が必要である。その面で過去のイギリスの実績は非常に貧弱であり、イギリス製品を売り込むためには、国家的な努力が必要である。イギリス金融界と産業界との協力は全く欠如しており、他の諸国が行っているように、借款の供与と自国製品の輸出促進の努力を結びつける必要がある。

(3) アメリカ合衆国が実践しているように、工場で訓練を受けた技術に詳しい専門家を日本の販売代理店に派遣して、イギリス製品の顧客の相談に柔軟に対応できる体制を整備すべきである。イギリス製品の存在感を身近に感じさせるような、きめ細かなサーヴィスの提供が必要である。

(4) 日本の機械輸入市場の問題は、フランスやイタリアのように十分に発展し、整備された国との取引と全く同じやり方で議論すべきである。日本側との合意に基づく部分生産や、ライセンスの供与を通じた現地生産などによる日本側との協力関係の模索が、日本との競争よりも、より良い将来の展望を約束してくれるであろう。そうした相互協力の可能性を詳細に調査することを強く薦めたい(33)。

いずれにしても、日本市場は困難な市場であり、日本政府も国産化政策を推進してはいるが、外国製の機械や金属製品を完全に無くしてしまえるかどうかははなはだ疑わしい、製品価格の最大限の引き下げと専門知識に支えられた販売とサーヴィスが、機械製品の対日輸出を増やすには不可欠の必要条件である、との認識が示されていた。日本側との合弁事業やライセンス生産の可能性を模索するなど、日本の工業化の高度化に対応した経済進出のありかたが提起されている点に注目したい。

イギリスが競争力を持つと考えていた毛織物製品の輸出についても、機械製品輸出の場合とほぼ同じように、(1)

日本側の国産化が急速に進むなかで、日本市場への輸出は減少傾向にあること、(2)日本の毛織物製品の輸出能力は、低価格品に限られており、中国本土と関東州でのみイギリス製品と競合している。しかし、日本人は他の等級品目でも改善と適応が可能であり、技術水準の改善に努めて低生産コストが維持できる限り、日本はイギリスの輸出貿易にとって深刻な潜在的脅威であること、(3)従って、綿製品の輸出貿易で起こった日英間での競争・競合の経験が決して繰り返されないように、イギリスの毛織物産業界は前もって十分に注意すべきであること、が指摘された[34]。

最後に、イギリス経済使節団の報告書は、イギリスの対日輸出貿易が減退した理由を考察して、次の四点をその原因としてあげている。

(1) 日本政府の国内産業保護・育成政策

日本は、製品輸入国から、輸入代替工業化を経て、製品輸出国に発展してきた。工業化の後発国として、日本は最新式の装置や生産設備を利用することが可能であり、多くの製品分野でイギリスの手強い競争者となった。保護関税、国産品愛用キャンペーン、輸出組合設立への助成など日本の工業化の時代を通じて、日本政府は、日本の通商・産業におけるパートナーとして貢献してきた。こうした政策によって、輸入市場が縮小してゆくのは避けられず、日本市場は、将来価格のみが輸入品の供給源を決める高度に競争的な市場になるであろう。

(2) 日本の生産コストの低さ

日本の成功の主要な要因である低価格は、大部分は、低賃金に支えられた労働コスト面での優位に支えられている。イギリス製品の高価格は、高い課税・輸送費・梱包費、製造と輸出業務の完全な分離に起因している。

(3) 他の諸国との競争

日本が国産化できない製品の分野での輸入は、アメリカ合衆国およびドイツとの激しい競争にさらされてい

表6-2　日本の主要な工業製品および半完成品輸入額

（単位：千ポンド）

	イギリスから			ドイツから			アメリカ合衆国から		
品　目	1913	1929	1930	1913	1929	1930	1913	1929	1930
鉄および鋼鉄	2,400	2,420	1,290	1,490	3,630	1,860	870	3,900	2,900
機械類	1,720	3,430	2,380	920	2,100	1,650	910	4,180	2,600
硫安	1,570	1,770	840	—	2,330	1,700	—	640	390
毛織物	950	1,500	890	220	390	200	*	*	*
綿織物	920	630	370	40	20	20	10	20	20
ソーダおよびソーダ灰	270	380	300	*	*	*	*	450	280
毛糸およびそ毛糸	60	340	190	610	720	460	*	*	*
アルミニウム塊および石材	*	130	40	*	40	70	20	590	200
印刷用紙	140	170	120	120	80	100	20	20	10
皮革	40	90	70	10	60	50	120	300	160
羊毛	730	90	30	30	*	*	*	*	*
パルプ	30	70	20	220	70	60	10	230	80
自動車および自動車部品	30	50	30	20	*	*	50	3,100	1,990
染料	*	*	*	700	540	260	*	120	130
合　計	8,860	11,070	6,570	4,380	9,980	6,430	2,010	13,550	8,760

出典）Department of Overseas Trade, *Report of the British Economic Mission to the Far East 1930–31* (London, 1931), Japan, p. 50.

注）＊僅少

る。世界恐慌以降、購買力が縮小気味の市場に対する製品の供給能力で、イギリスは競争相手国よりも劣っている（表6-2参照）。アメリカは、高価でない価格で、自動車に代表される数多くの耐久消費財を日本市場に供給できる聡明な進取の気性（intelligent aggressiveness）を持っているし、原料の輸出や日本産品（生糸）の輸入を通じて、日本と恒常的で緊密な通商面での接触を維持している。ドイツは、詳しい市場調査に基づいて、競争的な価格で日本市場が必要とする商品を供給している。

(4)　イギリスの流通・販売機構の不備

日本におけるイギリス製品の販売に携わる輸入商会は非効率的であり、知的創造性と熱意に欠けている。従って、イギリスの製造業者自身が、日本市場をはじめとするあらゆる市場で、製品の販売に努力すべきである。日本に、技術と販売術に詳しい専門家を派遣するか、現地代理人を確保して、産業の発展に伴う日本市場の需要の変化を的確に把握する必要がある。

「われわれが事実上貿易を独占していた時代と違って、イギリスの製造業者は、われわれの競争者たちが取って替わるあらゆる機会を狙っているだけでなく、（輸出先の現地と）はるかに緊密な接触を保ちながら、世界市場の需要・要望・生産力・消費能力を調査していることを理解すべきである。（中略）海外でイギリス製品を果敢に販売する政策を推し進めるうえで、国家は自国の製造業者に対して責務がある」[35]。こうした現状認識に基づいて、経済使節団の報告書は、イギリス政府に対して、専門知識を持つ貿易調査官（trade commissioners）を任命するよう求めた。彼らは、日本の工業化の急速な進展を大前提としながら、いかにすれば資本財輸出においてイギリス製品の輸出シェアが確保できるのか、いくつかの対策を提言するなかで、イギリス政府の貿易政策への積極的な関与を求めたのであった。

（3）綿業使節団の日本綿業市場認識

次に、経済使節団と同時に日本を訪れた、綿業使節団の日本に対する認識を考察する。

ここでも議論の大前提として、経済使節団報告書の冒頭で強調されたように、日本の綿工業は飛躍的な発展を遂げて、今やランカシャーにとって強力な競争相手になったという事実認識があった。すなわち「綿布市場として、日本は事実上あらゆる外国からの競争に対して閉じられている。日本はある種の特別な製品を除くと、自国の必需品をまかなうことができ、自国産業の地位を確固にするために、高い関税を課している」「日本は、自国の生産品を通じて、また同じく重要な中国の綿製品工場［在華紡］を通じて、未漂白布・漂白布・安価な染色布・捺染布のような基幹商品において、中国市場でランカシャーを打ち負かしつつあり、毎年その品質を改善しつつある」[36]。

こうした厳しい競争に対する現状認識に基づいたうえで、綿業使節団の報告書は、日本綿製品の強力な競争力の原因、製品の低価格を維持できる要因を探ろうとした。しかし、日本の綿工業界が、競争相手の強さの秘訣を探ろうとする外国の綿業使節団の受け入れに対して消極的であったのは当然である。大日本紡績連合会（紡連）は、加盟の各企業に対して、イギリス綿業使節団による工場や生産設備の視察を拒否する旨の決定を事前に行い、その周知徹底をはかった。紡績部門のほぼ全てと、織布工程の半分以上を統括していた紡連の非協力の方針は、綿業使節団にとって打撃となった。使節団は、三井財閥の団琢磨の斡旋と尽力により、大阪・神戸でかろうじていくつかの大規模紡績工場を視察できた。逆に、日本側は、名古屋で最新式の豊田自動織機工場を公開して、繊維機械の分野で日本が優れた技術を持つことをアピールしたのである。従って、綿業使節団の日本に関する報告は、総花的で一般的な指摘にとどまらざるをえなかった。

綿業報告書で最初に強調された点は、日本政府が綿工業界を積極的に支援して、その輸出振興政策が成果をあげている実態である。一九三〇年には商工省に外国貿易局（Bureau of Foreign Trade）が創設され、その外国貿易局は、新市場を開拓する目的で主要な商業会議所や自治体の賛助を得て、世界各地に通商使節団（the Trade Commission）を派遣した。その派遣対象地域は、南アフリカ、東アフリカ、エジプト、中東、インド、ロシア、ヨーロッパ全般、中南米、オーストラリア、アメリカ合衆国およびカナダに及び、さらに一三名の査察官が各地に派遣された（綿工業関係では五名）。また、一九二五年以来の日本政府は、輸出商組合や協会の結成に補助金を支給することで、法律面からも輸出貿易の振興策を採っており、植民地の台湾でも、総督府が輸出貿易支援のために、貿易業者やプランターに利子補給を行っていた。こうした日本政府の積極的な干渉政策、輸出振興政策を肯定的に評価する点では、綿業報告書は経済使節団の報告書とも共通していた。

日本の綿工業の強力な国際競争力について、報告書は、次のような四つの諸要因を列挙していた。

(1)　原棉供給源の多角化と低価格

日本の紡績業は、インド・中国の品質の劣る棉花を使いながら競争力のある品質の製品を生産することに成功している。綿糸・綿布を兼業する三大商社（東洋棉花・日本綿花・江商）が、長期的な観点からリスクを負って、あえて利潤がなくても安価な原棉を供給している。こうした綿製品販売政策での大きな流動性と柔軟性が、日本の紡績業に大きな利益を与えている。さらに、インド棉の輸入に際しても、日本郵船をはじめとする関連の海運会社から割り戻し金が支払われている。

(2)　低い労働コスト

日本の紡績工場は二交代制を採用しているので、一紡錘当たりの生産性が高く、イギリスと比べると低賃金・長時間労働であるため、労働コストが低い。

(3)　最終仕上げ工程の簡略化と需要に適合したデザインの採用

日本の綿布製品は、漂白・染色工程が簡略化されており、ランカシャーほど最終仕上げ工程が洗練されておらず、生産工程で最も重視されているのはただ安さだけである。製品の検査と梱包も簡単である。だが、製品のデザインは、極東市場の需要に適合するように工夫されている。しかし、近い将来、中国における工業化が進展するにつれて、中国で低級綿製品の生産が拡大することを予想して、日本の製造業者は、より上質の綿製品の生産に移行せねばならないと自覚してその努力を行っている。

(4)　販売・流通競争と華僑商人

流通面では、三大商社に加えて中小の輸出業者を巻き込んで、激しい価格競争が行われている。中小の業者は、品質は劣るけれども安価な綿布を各地の小規模な織元から仕入れて輸出している。それに加えて、大阪・神戸に居住して必需品を直接買い付ける輸入商会代理人を通じた輸出業務もかなり広範に行われており、彼ら代理人の大半は、中国人商人（華僑）である。(37)

以上のような諸要因に支えられた日本側の努力の積み重ねが、日本綿製品の競争力の原点であった低価格を実現していた、と綿業報告書は分析した。「紡績業者による原棉の購入から、最終製品の綿布の梱包に至るまで、それぞれの段階において、日本はランカシャーに対してコストの点で有利な条件を有している。いくつかの段階の利点は小さいかもしれないが、その累積された相乗効果は無視できない(38)」。

イギリス綿業使節団の日本に関する報告書は、イギリスの製造業者に対して、特殊な品質の綿布の対日輸出において彼らの努力を促しつつ、できる限りの生産コストの引き下げを求めた。

しかし、第7章で述べるように、綿業使節団の主眼は、輸出市場としての将来性が依然として見込まれた中国市場に注がれており、日本輸出市場に対する関心は、困難な市場として事実上弱くなる傾向にあったといえる。資本財輸出の場合に比べると、日本市場に対する力点の置き方は相対的に低く、綿製品の対日輸出の将来については、あきらめに近い論調が見られたのである。消費財輸出の側面では、イギリス本国と日本との経済的な相互補完性（前章の(3)の場合）は、戦間期の早い時点で完全に崩れ去っていたのである。

5　戦間期の世界経済システムと日本

以上、戦間期、特に一九三〇年代前半の時期について、イギリス側の日本経済分析を考察してきた。イギリスの商務参事官サンソムの通商報告に見られた議論の分析が中心になったが、第5章で取り扱った世紀転換期と同様に関連する経済情報誌を参照し、さらに、一九三〇年のイギリス極東経済使節団報告書を併せて分析することで、できる限りイギリス側の客観的な見方を提示できるように努めた。

最後に、サンソムの日本経済論を整理する形で、論点整理を行いたいと思う。

第一に、戦間期、とりわけ一九三〇年代前半において、日本に関するイギリス側の領事・通商報告の議論は、イギリス本国経済からイギリス帝国の諸市場へと焦点を移す傾向にあった。英領インドの日本の輸出経済に対する重要性は、日本綿工業の拡大する輸出市場として、また重要な原棉供給源として、一九三〇年代初頭に増大した。英領海峡植民地（マラヤ）とオーストラリアも、世界恐慌からの急速な回復と日本の輸出のさらなる拡張のために重要な役割を果たした。従って、世紀転換期に見られた日英間の経済諸利害の相互補完性は、戦間期においては、サンソムが指摘した日本の輸入貿易の性格変化に見られるように、イギリス本国と日本の間よりもむしろイギリス帝国と日本との間で存続したといえる。一九三〇年のイギリス極東経済使節団と綿業使節団の報告書に見られたように、日英二国間の経済利害の相補性は、日本の工業化が高度化するにつれて明らかに弱体化した。しかし、新たに帝国スケールでの「最終需要連関効果」を通じてイギリス帝国と日本との経済関係は強化されたのである。

第二に、日本経済の急速な発展が世界システムの拡張と存続に果たした肯定的な役割、世界経済と日本の経済発展との連関性に対する評価の問題がある。サンソムは、一九三三―三四年に、イギリス政府のオブザーバーとして日印間の貿易交渉である日印会商に参加し、実質的にはインド政庁の相談役を務めた。日本に帰国後、彼は日印二国間の通商合意について、次のように評価している。「新たな日印会商と議定書は（中略）綿製品貿易をめぐるインドでの日本製品の競合問題を当面は解決したといえるかもしれない」。しかし、「二国間で貿易を均衡させる政策は、国際貿易を大幅に削減するであろう」「一時的な解決策が適用されたが、日本製品との競争が提起した諸問題の根本的な解決は、未だに見出されていない[39]」。このように、サンソムは、ブロック経済の形成につながる経済摩擦と二国間交渉に対して懸念を抱き、世界的規模での自由貿易体制の維持と、主要列強諸国の経済協力に対する強力な支持を表明した。こうした認識に基づいて、彼は、日本の産業経済の急速な発展を肯定的に評価したのである。

第三に、アジアの経済ナショナリズムとグローバルに展開した世界経済との間にも、間接的な補完性がみられた。

一般的に、アジア諸地域のナショナリズムと欧米列強を基軸とする国際経済秩序とは親和性がないものと考えられる傾向が強い。それは特に、一九三〇年代におけるブロック経済体制の構築を強調する通説において顕著である。しかし、杉原薫や籠谷直人のアジア経済史に関する一連の研究で明らかになったように、戦間期のアジア間貿易の発展は、特にブロック経済体制の開放性を強調して従来の排他的イメージを相対化する一方で、ケインとホプキンズのジェントルマン資本主義論は、戦間期の英領インドと中国の事例研究を通じて、自由貿易を基軸とする国際経済秩序と経済ナショナリズムとの親和性を示唆している[40]。三〇年代初頭における日本の高橋財政期の急激な輸出拡大に対するサンソムの高い評価に見られるように、経済ナショナリズムと世界経済の拡張との間にも、経済ナショナリズムに支えられた輸出経済の拡大が、イギリス帝国諸国を中心とする第一次産品生産国からの輸入をふやして、結果的に停滞した世界経済の活性化につながるという間接的な相補性があったと考えることが可能である。この点は第7章と第8章においてさらに検討する。

第7章　戦間期中国の工業化に対するイギリスの認識

1　戦間期中国の工業化とイギリス

本章では、前章で論じてきた日本の工業化、経済発展の高度化に対するイギリスの認識と比較しながら、一九二〇年代後半になって本格的な工業化がみられた中国に対して、イギリスはいかなる認識を持っていたのか、当時の通商報告や経済雑誌を手がかりにして明らかにしたい。

序章でも言及したように、戦間期の中国をめぐる対外経済関係・国際関係史は、近年内外で新たな研究が出されて大きな変容を遂げている。ケインとホプキンズによるジェントルマン資本主義論では、ロンドン・シティの金融・サーヴィス利害が、借款の供与を通じて香港上海銀行の活動を中心にして影響力を拡大したとされる。(1)他方、この時期に関する日本における最新の中国経済史研究である久保亨の研究は、一九二八―三〇年の関税自主権回復、その後展開された国民政府による関税政策、一九三五年の幣制改革と中国の経済発展の過程を当時の国際関係と関連づけながら、その自立性と主体性を明らかにしている。(2)また、杉原薫は、最近、グローバルヒストリー研究の一環として、スターリング圏と一九三〇年代の世界経済との連関性を再考し、一九三〇年代後半の中国通貨がポンドに事実上リンクしており、そのリンケイジが中国の工業化に大きく寄与した点を明らかにした。(3)最近のこれらの諸研究は、戦間期の中英経済関係と中国工業化の進展を、一国史の枠組みを超えたグローバルな文脈のなかに位置づけて考察している。

中国の工業化に対するイギリスの期待感と評価が一層明確になるのは、中国国民党による北伐、北京占領によって名目的に全土が統一的な支配圏下に置かれ、南京の国民政府の関税自主権が回復された一九二九年以降のことであり、特に一九三〇年代前半になってからであった。戦間期において、イギリス商務院の海外貿易局は、北京大使館に商務参事官、上海総領事館に商務官それぞれ一名を配置し、中国各地の領事と協力しながら経済情報を収集・分析して本国の経済界に提供する体制を取っていた。第3章で触れたフォックス、ブレットのほか、ヴィール、ジョージなどの専門家が克明な経済情報を送っていた。本章では、最初に一九二〇年代のブレットが中心になって書いた通商報告を分析する。次いで、前章と同様に、一九三〇年九月から翌一九三一年三月にかけて日本と中国に派遣されたイギリス極東経済使節団と綿業使節団の報告書の中国関係部分を考察し、さらに、それとの関連で一九三〇年代のフォックス、ヴィールによる通商報告を考察する。最後に、同じ時期の日本の中国に対する経済的進出とその評価について言及する。

2　一九二〇年代の中国に対する認識——綿布輸出の競争激化と中国の工業化

一九二〇年代前半の中国に関するイギリス通商報告で目立つのは、中国の内戦状態や一九二五年のイギリス製品ボイコットという逆境にもかかわらず、中国市場への一貫した期待感である。二〇年代は、上海商務官のブレットが通商報告の執筆に大きく関わった。

一九二三年の通商報告では、綿紡績業の急速な発展とマッチ製造業の伸びを事例にあげて、中央政府の不在・軍閥支配に伴うさまざまな障害にもかかわらず、近代主義に基づいた中国の工業化が着実に進行しつつあることを評価した。外国租界や居留地として安全を享受した上海や他の開港場で既に示された先例が、まもなく他の諸地域でも模倣されるであろうと、楽観的見通しを表明した[4]。中国の工業化が順調に進むと、機械輸出、特に織機部門や機械工具などの需要が期待でき、その分野においてイギリスの製造業者は有利に競争できること、実際、綿布に関しては日本製や中国現地製、機械類ではアメリカ合衆国やドイツからの競争が強まりつつあるが、こうした分野でのイギリスの強固な地位が脅かされているという証拠はないことが強調された[5]。この時点では、まだ中国市場をめぐる競争はさほど意識されていない。

しかし、一九二四年からは、不況と政情不安で伸び悩む中国市場における製品の売り込み競争の激しさが表面化した[6]。翌一九二五年の通商報告では、新たな産業の発展が緩やかではあるが着実に進みつつあるとする一方で、初めて綿布製品をめぐる日英間の競争の実態が本格的に明らかにされた。すなわち、第一次世界大戦前の一九一一—一三年と一九二一—二三年の間に、綿布輸入の市場占有率でイギリスと日本の立場が逆転した（一九一一年：イギリス六一・八二%、日本一三・四九%。一九二三年：イギリス三五・〇三%、日本五三・〇四%）だけでなく、実際の輸入金額でも、イギリスは戦前の水準を下回ったのに対して、日本は戦前の実績の四倍以上となる大幅な躍進を示していた。「他の工業国との競争が着実に厳しくなっている。多くの場合価格が支配的要因であるので、イギリス製品の高品質は、ヨーロッパと日本におけるより低い生産コストが有する利点に対抗するのは、それ自身では十分でない。（中略）他の多くの領域でも、イギリス製品とほぼ同等なヨーロッパ諸国の商品との同じ価格差によって、イギリス製品はほとんど売れなくなる傾向が見られる[7]」（傍点筆者、以下同様）。停滞気味の機械類の対中国輸出では、ヨーロッパ諸国、特にドイツ製品が、イギリスにはまねのできない信用貸し制度を活用してシェアを伸ばしていることを指摘し、競争的市場へのイギリス製造業者と商人の柔軟な適応力と市場調査能力が必要であることが強調された。中国は、近い将来も「依然として世界で最大の潜在的市場の一つであり続けるはずだ」と指摘された。

一九二六年になっても政情不安と軍閥割拠、イギリス製品ボイコット運動の余波はあったものの、対外貿易額は前年を上回った。その理由として、通商報告では上海・漢口・広東・天津などの開港場の役割が強調された。すなわち「大部分の貿易がいわゆる開港場を通じて行われており、そこでは、十分に組織された外国租界の存在によって、相対的な安定が保たれている。確かに全人口のわずかな部分しかこれら港湾都市には居住していないが、最近の専門家の推定によれば、外国からの輸入品の三五―五〇％がそこで消費されているという。近年の中国各地での政情不安によって、膨大な量の原料・機械を輸入する近代的な産業組織の大部分だけでなく、富裕な階層の中国人の多くが、こうした地域に集中するようになった(8)」。中国の輸入貿易と工業化の牽引車的な存在として、開港場が対外貿易の水準を支えてきた事実が的確に指摘されていた。第3章で論じた、翌一九二七年のイギリスによる上海防衛軍派兵の背景には、こうした開港場の経済的重要性があったのである。この年は、中国からの綿糸輸出が大幅に減少した（一九二四年の七五〇万ドルから一九二五年の三七〇万ドルへ）ために、世界の工業製品市場における中国の役割は依然として小規模にとどまり、そのなかでマッチ製造業のみが輸入製品（日本製品）と競争する力を持つことが指摘された。

戦間期を通じて、中国の対外貿易に占めるイギリス本国の比重は約一割前後であり、日本、アメリカ合衆国に次いで第三位であったが、香港、英領インド、オーストラリア、カナダを含むイギリス帝国全体は低下傾向にあるとはいえ首位の座を占めていた。なかでも特に、香港向けの中国からの輸出の比重が大きかった。中国の輸入貿易をめぐっては、綿工業を中心とする消費財産業で中国の工業化が進展するにつれて、綿製品を中心とする消費財の輸入は確実に減少した。一九二八―二九年の通商報告（第3章第3節を参照）は、中級の品質レヴェルにおけるイギリス綿製品と日本製品との競合、低級品での中国現地産品の急増を指摘し、「ランカシャーにとっていくつかの分野でアジアの綿紡績工場との競争に勝つのは全く不可能である」と述べて、中国の綿製品市場をめぐる価格競争の激しさを強調している。[9]中国現地産の大幅な伸びは、翌一九二九年報告でも指摘され、綿布市場で中国産が日本製品を抜いて首位になったことが特筆すべき事項とされた。

一九二八年一二月の新関税法が翌一九二九年二月一日から施行されて、中国は関税自主権を回復した。一九二九年の通商報告では、新関税が七・五―二七・五％の従価税であり、イギリスが主要な関心を持つ綿布（一〇％）、毛織物製品（一五％）、金属・機械製品（一〇％）に関しては、その税率が比較的低い部類に属しており「不当な耐え難い負担ではない」ことが強調された。上海の海関収入が前年比で二一％の伸びを示したことからも「新関税は、輸入額に対してここまでの時点では有害な影響を及ぼしていない」と、好意的な評価を下していた。[10]さらに、新関税によって関税収入の大幅な増加（約八〇〇〇万―九〇〇〇万元）が見込めるために、それを使った債務不履行状態の外債の整理統合に期待を寄せていた。

ところで、一九二〇年代末になると中国の輸出貿易にも変化の兆しが見られ、中国産の軽工業製品が海峡植民地、蘭領東インド、英領インド、エジプト、アラビア、モロッコに向けて輸出されるようになった。[11]一九二七年度には過去最高の輸出額を記録し、中国の対英貿易収支も赤字額が大幅に減少した。イギリスの通商報告は、こうした中国の産業発展を積極的に評価していた。一九二九年の通商報告書では、上海の産業発展と中国市場の回復傾向が強調された。すなわち、いまや上海が中国の一段と優れた産業中心地になったこと、その背後には、投下資本の安全性が保障される共同租界の存在があることが改めて指摘された。一九二七年の上海防衛軍派兵の効果を、間接的に確認している。

中国の工業化の進展にともなって、金属製品や各種機械などの資本財輸出は、イギリスの輸出業者にとって最も期待が持てた分野であった。この中国市場をめぐって、激しい機械製品の売り込み競争が展開されていた。一九二九年の通商報告では、「イギリスがかつて占めていた優越的地位は失われ、ドイツとアメリカ合衆国がますます増大するシェアを確保している」ことを銘記すべきであり、中国市場は、世界で最も価格が規定力を持つ競争市場であるとされた。従って、イギリスの機械製造業者に対して、価格を抑え、納期を短縮することが重要であると助言するとともに、資本財輸出にとっての中国市場の巨大な可能性を次のように指摘した。「この国（中国）は、一〇年以内に衣料品と食糧に関して外国の供給からは自立する方向に大きく進むであろう。しかし、自国の諸産業が必要とする各種の精巧で複雑な機械を自分で生産できるようになるまでには、多くの年月を要するであろう」[12]。さらに報告書では、通商条約の改正によって、イギリスの通商利害を守るためには、条約・協定・本国政府の直接介入ではなくて、むしろ中国民衆の好意を得ること、中国市場の需要を的確に把握することが不可欠な点が強調された。中国ナショナリズムの勃興を意識しつつ、いっそう緊密な中国市場への接近と理解が必要であるとされた。一九三〇年代をにらんだ積極的な提言といえる。

こうしたなかで、一九三〇—三一年にイギリス極東経済使節団が派遣された。のちに商務参事官として活躍することになるヴィールが、使節団の中心的メンバーとして詳細な市場報告・分析を行っている。

3　一九三〇年のイギリス極東経済使節団と中国

(1) 中国重視の極東経済使節団

前章の後半で述べたように、イギリス商務省海外貿易局は、一九三〇年七月三一日に、中国と日本に経済使節団を派遣するとの公式発表を行った[13]。この経済使節団の目的地は日本と中国であったが、本当のねらいは中国訪問に絞られていた。使節団は、数カ月間中国に滞在して上海・漢口だけでなく、広東周辺の中国南部や北部地域、さらにできれば満洲を含めた将来の発展が望める各地を直接訪問して、「イギリス貿易の現状、現在の貿易・生産方法、輸送・売買、顧客の嗜好、および極東でのイギリス製品販売に影響するあらゆる問題」を調査し、貿易の改善・促進に寄与するような提言を行うことが求められた。その背景には、(1)内戦状態にもかかわらず、中国の輸入貿易が毎年大きく伸びていること、(2)特に一九二九年は過去最高を記録し、一九二八年の輸入貿易額一億七〇〇〇万ポンドも、前年比で二四〇〇万ポンド増加したこと、(3)それにもかかわらず、イギリスは相応なシェアを占めていないという事情があり、その原因を突き止めて改善策を提言することが使節団の目的であった[14]。

この中国市場重視の姿勢と基本方針は、使節団の報告書の構成にも明確にあらわれていた。経済使節団、綿業使節団の双方の報告書に、日本と中国両国に関する現状分析と提言が含まれているが、両国に共通する部分では中国市場に重きが置かれた。経済使節団報告書の「序章」では、東アジアにおいて中国を重視する方針が、両国の相違を強調しつつ、次のように表現されていた。

(1)　日本と中国は完全に異なる市場を構成している。日本は工業化を達成して、今や世界市場においてランカシャーの最も手強い競争者であるが、中国は、少数の限られた産業で部分的な工業化が起こっている段階で、その産業は、上海のような外国の影響力が及ぶ新しい中心地域とその周辺に位置している。

(2)　現在の中国の購買力は、最下級で最も安価な商品の購買に限定されている。中国市場の最大の問題点は、鉄道・道路等の輸送手段の欠如である。恒常的に拡大した市場に先だって、国内の平和と外国からの資金援助と同時に、まず輸送・生産手段の整備の時期が必ず訪れるはずである。問題は、イギリスが、このインフラ整備の時期に必要な機械設備・素材・商品を中国に供給するうえで、相応なシェアを占めるかどうかにある。

(3)　一九一三年と一九二九年を比較した場合、イギリスの対中国輸出額は、シェアを大幅に伸ばした他の競争相手国と比べて、一九一三年を基準にした相対金額で三三％の減少を示している。この失敗の原因は、イギリスの製造業者が、競争的価格で（中国市場に）ふさわしい商品を製造することに失敗したことと、流通手段の欠陥に求められる。特に、今日の極東貿易では、価格が支配的要因である[15]。

ここでは、工業化に成功して、今やイギリス製造業にとって脅威をもたらす存在になった日本よりも、発展途上の中国市場に対する高い期待感と、その市場争奪競争におけるイギリスの対応の遅れに対する懸念が表明されていたことを確認しておきたい。

（2）経済使節団報告書に見られる中国経済認識

次に、中国輸入市場に関する経済使節団の報告内容を、各項目ごとに分析する。

まず、中国情勢の「概観」の部分では、カナダ、アルゼンチンと比較した場合、平和、安全保障や輸送交通手段という必須要素の欠如によって、一人当たりの購入額で算定した場合、中国は世界で最も貧困な市場、低価格市場（low price market）であるとされた。一九二九年の時点で、中国、インド、ブラジルなど、多くの人口を抱えるが購買力が低い市場に対するイギリス製品の輸出は、一九一三年と比べると軒並み減少していた。その原因は、イギリスが相手国のニーズに合わない高品質・高コストの製品販売に専念し続け、一般大衆向けのかさばる低級商品（bulk goods）の供給に失敗した点にあった。今日の世界では、以前のように製品の品質・耐久性・信頼性がさほど重視されておらず、こうした世界市場の変化に対してイギリスの生産者は適応せねばならない、と指摘されていた。

では、こうした中国市場自体を変えるためには何が必要なのか。報告書本文では、概観での分析と同様に、中国は効率的な生産・輸送手段の整備によって、世界貿易においてその膨大な天然資源に相応した地位を占めることができること、中国の貿易国家への転換は可能であることが強調された。そのためには、イギリスの金融利害と産業利害が協力して、経済発展を可能にするインフラ手段の提供の側面で中国を手助けする必要があり、それが実現で

表7-1　イギリスが関係する中国の主要な工業製品輸入額（1913年と1929年）

輸入額（単位100万ポンド）			各国のシェア（%）				
			イギリス	日本	アメリカ合衆国	ドイツ	他の諸国
綿布	1913	17.2	53	20	—	—	—
	1929	23.3	21.5	66	—	—	—
綿糸	1913	10.8	—	45	—	—	英領インド 25.75
	1929	1.9	—	40.5	—	—	英領インド 11.25[1)]
金属製品	1913	4.5	21	26	7	8	ベルギー 10
	1929	9.5	13.5	20	17	4.5	ベルギー 20
染料・顔料	1913	2.6	3.5	—	—	34	ベルギー 41
	1929	4.4	9	—	16.5	43	—
タバコ	1913	1.9	68	—	5	—	—
	1929	2.8	42.5	—	48	—	—
毛織物・毛糸	1913	1.3	43.5	5.5	—	15.5	—
	1929	6.0	46	7.5	—	24	—
化学製品	1913	1.1	21	13.5	1.5	4.5	—[2)]
	1929	4.6	16	18.75	5.5	12	—
紙	1913	1.1	12	17.75	—	15	—
	1929	4.6	3.5	37.75	10.75	9	—
機械類	1913	0.9	37.5	10.25	9	16	—
	1929	4.1	32.5	21	18.5	13.5	—
自動車	1913	0.08	26	6	22.25	20	—
	1929	1.5	5.5	36.5	46	—	—

注1）1929年の綿糸輸入残額の大半は，香港から。

注2）化学製品・医薬品等の輸入の大半は，香港から。

出典）Department of Overseas Trade, *Report of the British Economic Mission to the Far East 1930-31*, (London, 1931), China, p. 61. CO 825/8/2.

きれば、イギリス産業への即効的な刺激と、将来の拡大するイギリス製品市場が得られるであろうという展望が示された(16)。

次いで、中国の輸入貿易に関して詳細な分析が行われた（表7-1を参照）。報告書では、(1)中国の輸入総額に占める製品輸入の比率（三九％）が、食糧・原料輸入の割合（四八・二％）よりも低く、その製品輸入額は一九二九年で約七八〇〇万ポンドであること、(2)価格の上昇を考慮すると、イギリスの対中国輸出量は第一次世界大戦前と比べて大幅に減少したこと、(3)アメリカ合衆国の比率は戦前の三倍に増え、日本の輸出額はイギリスの三倍弱に達していること、(4)最も人目を引く特徴として、中国の最大の輸入品である綿製品において日英両国の立場が完全に逆転したこと、が強調されている。この報告書の記述から、日本と同様に、中国の場合も第一次産品の輸入額が製品輸入額を凌駕し、その点で原棉・石油・木材等を供給できるアメリカ合衆国が対中輸出で優位に立ち、イギリスは中国への製品輸出で日・米・独三国と競争し苦戦を強いられる立場に追い込まれたこと、日本が最大の競争相手国であったことを確認しておきたい。

最大の輸入品目であった綿製品に関しては、綿業使節団の報告書（後述）に考察を委ねながらも、日本の低コストの生産が日英の地位逆転の主要要因であることを強調し、ランカシャーにおけるコスト・価格・生産方法に大幅な変更が行われない限り、イギリスの対中国綿製品輸出の大部分が失われると警告した。

だが、輸入貿易をめぐる経済使節団報告書の考察の大半は、綿製品に次いで輸入額が多かった金属・機械製品（約二〇〇〇万ポンド）と、毛織物製品の対中国輸出の分析に充てられていた。

まず、金属・機械製品の領域では、次のような現状認識が示されていた。(1)中国では国家再建の必要性から、まず鉄道・道路等のインフラの改修・整備が必要であり、鉄道建設の機材やプラントの引き合いがすぐにでも見込めること、(2)中国からの受注を確保するには、ヨーロッパ諸国の競争相手が行っているように、発注者への寛大な条件での信用供与が必要であること、(3)現在ほとんど操業停止状態の鉱山の再開と近代化のために、炭坑と鉄鉱石鉱山や銑鉄・鋼の分野でかなりの機械取引が発生するが、それを確保するためには、中国政府に協力する姿勢を明確に打ち出すべきであること、(4)中国の近代産業の発展と工業化は、外国の影響力が強い場所で外国のモデルに沿って展開されており、特に、日本の事例が中国政府に大きな刺激と誘因を与えていること、(5)繊維機械の輸出ではイギリスが優位を取り戻し一九二九年には六三％のシェアを占めたが、今後とも優位を保つには、詳しい市場調査と精力的な実物宣伝が必要になること。

平和の回復とともに、インフラの整備と工業化のために、中国では資本財の需要が将来的に増えることを見越したうえで、報告書では、イギリスからの金属・機械製品の対中国輸出を増やすために、次にあげるような具体的な五つの方策が提言された。

(1)　輸出信用保証の供与

長期信用の供給・確保には、中国国民政府の支援と積極的な役割が必要である。当面は中国国内での資金の調達が難しいため、外資導入を容易にする条件整備に中国政府は努力している。今後、イギリス政府の後援による何らかの信用保証の供与が必要である。

(2)　中国人の訓練

急速な成長が始まると、新産業を統括する中国人の訓練が重要になる。中国人学生の技術訓練やイギリスで研修を受ける機会を与えるための奨学金制度の導入が必要である。他の競争国はすでにこの分野で先行しているが、イギリスは現地の香港大学を活用できる。

(3)　専門技術者の派遣

製品の販売だけでなく、プラントの購入者を教育しイギリス製品に慣れ親しんでもらうためにも、できるだけ多くの専門技術者をイギリスから中国に派遣する必要がある。その技術者は、中国現地側の技術者と緊密な接触を保つ必要がある。この点は、報告書の後半部分においても、文化的・教育的な絆の重要性として改めて強調されている。(17)

(4)　中国側との提携

イギリスに留学経験を持つ中国人技術者を重用したり、中国人をパートナー（共同経営者）や契約子会社として、イギリス系企業の販売組織網のなかに徐々に取り込むことは、十分な考慮に値する課題である。

(5)　過当競争の抑制

イギリス企業同士の不必要で浪費を招く受注競争を抑え、イギリス製機械の存在感を強化するためにも、イギリスの機械輸出業者たちのグループ化、組織化も十分考慮に値する。

また、金属・機械製品に次いで製品輸出で有力であった毛織物製品に関しても、ほぼ同様の認識が示された。すなわち、毛織物製品も、競争的価格に左右される市場構造であるが、中国での国産化・輸入代替化は当面不可能であるので、長期的に見れば中国市場は拡大の余地がある、しかし、中国における毛織物製品愛好者の大部分を占める階層の購買力に見合う低価格製品の分野で、イギリスは充分な対応ができておらず、ドイツ・日本等の競争国に拡大する毛織物製品の需要を奪われている、従って、低価格製品の部門で、大量生産・販売のための機構改革とコストの劇的な引き下げが必要とされた。

ところで、一九三〇年に改訂された国民政府の新関税について経済使節団報告書は、基本的に理解ある姿勢を示していた。新関税の基本的な目的が、実質的な歳入の確保を目的とした収入関税であることを認識したうえで、初めて中国政府が、国内産業をある程度保護し支援する手段として、輸入関税を利用する意図を持ったことを的確に指摘した。すなわち、中国製品と競合する綿衣料製品（レース、ソックス、タオルなど）に対する非常に高率の輸入税の課税と、金属・機械製品など工業化に必要な資材に対する税率引き下げが、中国産業に対して事実上の保護関税として機能していることが強調された。そのうえで報告書は、「全体として、毛織物と人絹部門を例外とすれば、中国とイギリスとの貿易の主力品目は、新たな関税で課された高い税率により直接的には脅かされないように見える。しかし間接的には、この引き上げられた関税から生じる追加コストによって、品質よりも安さを求める需要が一層刺激され、イギリス製品がより低価格の外国製品や国産品と競争することがさらに困難になることが懸念される」[18]と指摘した。これは、品質よりも低価格競争に左右された中国市場の特徴を的確にとらえていたといえる。

次いで、経済使節団報告書では、日中両国の金融問題が取り上げられた。両国ともに、機械・資本財の需要を増やすには、長期輸出信用を供与できる枠組みが必要であるとされた。中国の場合、日本以上に信用供与問題が重要であり、輸出信用制度（the export credits scheme）のような機構を通じた政府の支援と援助が必要であった。日本との違いについて、報告書は以下のように指摘した。「実際中国は、工業化を志向するようになった。中国は隣国の日本を十分に模倣し、同様な方針に基づく産業発展を立案している。しかし、（両国間には）その計画を実行するために、中国はほぼ完全に外国の信用貸し（foreign credits）に依存せねばならないという相違点が存在する。中国政府はこの点を認識しており、中華民国総統は、（一九三〇年一一月に南京で開催された産業・通商専門家）会議の挨拶のなかで、中国産業を発展させるためには外国資本（の流入）を奨励することが重要であることを強調した[19]」。この発展において、イギリス資本はその役割を果たすべきであり、何らの制約も課されるべきではないと主張した。

しかし、中国の輸入貿易で全ての諸国が直面した問題は、銀価下落とそれに伴う輸入購買力の減少という銀問題であった。この問題の深刻さと波紋は、次のように把握されていた。「銀価値の継続的な下落は、中国の購買力を大幅に減退させてきた。それが続くと、中国の諸産業の成長が促され、その中国製品はイギリスからの輸入品と競合するであろう。また、銀価値の減少は、外債の利払いの面で中国の困難を増大させ、中国は輸入関税を引き上げることで一層の歳入を確保することを余儀なくされている。銀の下落が外債の償還に支障を及ぼすような事態になると、イギリスの利害に多大な損害が与えられるであろう。（中略）我々は、銀の安定をもたらし、中国本来の購買力を回復させるあらゆる手段が模索されるべきであると考える。国際的な協定によってのみ、この目標は達成が可能であり、イギリスは、そうした合意を得るように努力するうえで主導的な役割を担うべきである[20]」。この問題の解決に国際商業の将来がかかっている、との認識が示されていた。これ以降、イギリス政府は銀価低落問題の解決策を模索するようになり、第9章で言及するように、一九三五年の国民政府による幣制改革の直前にリース=ロス使節団を派遣することになった。

経済使節団の報告書全体の結論は、いたって簡潔である。イギリスの輸出貿易促進のためには、(1)専門家による市場調査と、世界各地のニーズに適応した生産の調整が必要である、産業界単独での対応はコストがかかるので、イギリス政府の支援が必要である、具体的には、市場が未開発であるか、あるいはイギリスの貿易が大幅に減少した国を対象に、イギリス本国政府が専門知識を持つ貿易調査官を任命して、現地事情の調査と報告に従事させる、(2)輸出市場と受注の争奪をめぐる不必要な競争をなくすために、鉄鋼輸出協会や南ウェールズブリキ組合のような、イギリス企業を幾つかの産業集団に再編するのが望ましい、(3)しかし最終的には、極東市場は低価格市場であるため、イギリス企業の製品価格と競争者のそれとの価格差をあらゆる努力を払って是正するしかない、というのが結論であった。[21]

(3) 綿業使節団の中国市場認識

次に、経済使節団と同時に派遣された、綿業使節団の報告書で示された中国市場認識を考察したい。中国における約三カ月にわたった綿業使節団の任務は、次の三点であった。(1)中国の綿工場の実態と潜在能力の調査、(2)上海、天津、漢口、満洲、香港での販売・流通問題の調査、(3)イギリスの対中貿易の行方に関係すると思われる現地中国の政治経済状況の検討。[22] 以下それぞれの項目について、綿業使節団の報告内容を見てみよう。

まず、中国綿製品市場と中国綿工業の実態については、次のような分析がなされていた。(1)中国綿工業が上海を中心に展開しており、上海では、総投資額の約三分の二、一億八九五五万八〇〇〇ドル、労働者の約四分の三、一一万四〇〇〇名が繊維部門に関係している。(2)近代産業としての中国綿工業は、わずかこの二五—三〇年間に急速に発展した新興産業であり、綿糸は国内需要を満たすだけでなく輸出もされており、綿布は莫大な需要がある中国国内の低級綿布を大幅に供給する能力を持つ。(3)中国における綿工業は、イギリスと日本の在外企業と資本、特に日系の在華紡に支えられてきた。それら外国系資本は、低賃金・長時間労働・休業の少なさ・関税障壁の回避や、最低価格の綿製品供給を待つ広大な市場の存在に引きつけられて中国に進出したと考えられる。(4)綿糸の輸入は、第一次世界大戦前と比べて（一九一三年の三億六〇〇〇万ポンドから一九二九年の三一二〇万ポンドに）激減した。日本とインドがその主要な受難国であり、現在ではイギリスのシェアはほとんどない。(5)中国における綿布生産量の四分の一から三分の一が、中東・インド・マラヤ・蘭領東インドに輸出されており、その輸出額は年間二〇〇〇万ポンド強に達している。(6)綿布輸入額で日英両国の立場は完全に逆転した（シェアの比較で、一九一三年のイギリス六〇%、日本一五%から、一九二九年のイギリス二二%、日本六六%に）。ランカシャーは直接的には日本との競争の増大で、間接的には中国の現地生産の増加から打撃を受けた。日本は中国の綿工業が低級品の生産を増やすにつれて、以前ランカシャーが供給していたクラスの製品の生産に移行し、低価格を武器に成功を収めた。香港においても綿布の日英輸出のシェアは逆転した。[23]ここでも前述の経済調査団の報告書と同じように、綿製品においても中国が低価格市場であり、イギリス製品のシェアを確保するために、あらゆる形でのコスト引き下げが必要であることが強調されていた。

　第二番目の調査項目であった販売・流通面の分析は、綿業使節団報告書の半分近くを占め、イギリス綿工業とその輸出利害が抱えていた幾つかの問題点が次のように指摘されていた。(1)日英の販売流通面での主要な違いは、日本の輸出業者が中国の主要港の支店に商品在庫を抱え、その在庫を利用した販売を行うのに対して、イギリス製品は注文制であり、商品の納入までに注文から数カ月を要し、顧客に対して柔軟な対応ができないことである。(2)日本は中国への地理的な近さを活かし、商品納期の時間と配送コスト面で優位に立つ。(3)日本製品は、大阪・神戸に居住する中国人代理商を通じた中国企業が取り扱い、素早い利益の回収と利幅の大きさで中国商人にとって人気がある。(4)中国人販売商・ブローカーに大きく依存したイギリス系輸出商の間では無駄な販売競争が展開されている。帝国化学産業（ICI）、英米タバコ会社、アジア石油会社のように、中国内陸部での直接販売を手がけるにはイギリス製造業者を統括する機構が必要であるが、現時点でその実現は無理であり、中国人販売商への依存を続けざるをえない。

こうした流通面での問題点を前提に、報告書では具体的な対策として、(1)ランカシャーの主力商品の在庫を中国に置いて迅速な顧客への対応を図る、(2)中国市場をもっと詳しく調査・研究して中国市場に適合するような品質の標準化を図る必要があること、そのための機構設立を提言した。イギリスの競争相手である日本の輸出体制の効率性と柔軟性が賞賛された。しかし、あくまでも流通問題は二次的な問題であり、競争できる水準までの製品価格の引き下げが最も優先されるべき事項であるとされた。

最後に、綿業報告書は、中国の政治経済情勢に関して南京の国民政府の権力強化を好意的に評価していた。すなわち、一九三〇年の西洋グレゴリウス暦の採用と、一九三一年一月の厘金（輸出業者から評判の悪い国内消費税）廃止、統合事業税と特別消費税による置き換え措置を、中国内外の通商と貿易活動を復興させるために必要な法と秩序の確立、自制を導く動きであるとして歓迎した。さらに、一九三一年から施行される予定の中国の新工場法にも、公平な価格競争の条件を整備するものとして期待を寄せていた。

以上のような現状分析と具体的な幾つかの提言を行ったうえで、イギリス綿業調査団の報告書は、ランカシャー輸出利害の危機的な状況を強調しながら、次のようにイギリス綿業関係者の協力と団結を求めた。「急激な変更が行われない限り、東洋の市場でランカシャーがその貿易を増やすことは望めない。実際、競争的価格で商品を提供できるまで、ランカシャーは後退を続けるであろう。成功にいたる安易な道は存在しない。現時点における何らかの犠牲が求められるかもしれない。業界の全ての構成員は重大な責任を負っている。ランカシャーは、その歴史上最も深刻な危機に直面している。ランカシャーはこの難局に対処し、一致団結した努力で貿易を取り戻すことができるであろうか。その意志さえあれば、それは可能であると我々は確信している」[24]。経済使節団の報告書と比較すると、綿業使節団の報告書はいささか技術的な項目に力点が置かれすぎている感が強い。資本財の輸出部門に見られた、中国市場に対する建設的で前向きな期待感は存在せず、輸出市場喪失に対する強い危機感と悲壮感を基調にした分析と提言であったと言える。この綿業報告書は、一九三一年二月末日に香港で書かれた。香港では、商品決済が現地通貨で行われていたために取引は銀価下落の影響をさほど受けなかったが、中国全体の綿製品輸出の先行きについて使節団は、決して楽観視していなかったのである。

4　一九三〇年代の中国工業化に対する認識――資本財輸出

次に、世界恐慌後の一九三〇年代における中国に対するイギリス側の認識を考察する。この時期は、久保亨の研究で明らかにされたように、国民政府の関税・通貨政策が本格的に展開されるなかで、中国の工業化が急速に進展した時期であった。

一九三〇年代に入っても、資本財の輸出に関して、中国市場に対して一貫して期待と予測が表明され、中国は、機械類、建設資材、化学薬品、鉄道資材、自動車などの、イギリスにとって有望な輸出市場と見なされた。「中国における将来の輸入市場は、少なくとも数年間は、消費財よりもはるかに資本財から構成されるであろう」「中国における（産業）発展は、イギリスからの高品質な商品、資材、機械類および生産設備の輸入増大につながるはずである」[25]。特に、中国の綿工業と毛織物工業の発展に牽引されて、繊維機械の輸出の伸びが期待できた。しかし、この有望な輸出市場をめぐる争奪戦も激しさを増し、価格競争が激化した。この時期の中国市場は、売り込みに際して価格が最も重要な意味を持つ世界有数の市場であった。三〇年代になると、対中輸出にイタリア、ベルギー、チェコスロバキアが新たに参入したために、中国市場をめぐる競争はますます激化した。一九三〇年の通商報告では、「古くからの基幹商品の販売で巨額の利益を得られた時代は終わり、製造業者と代理商あるいは商人との緊密な協力があって初めて、イギリスの対中貿易が従来からの優位を確保できる」と指摘された[26]。長期間の貿易信用の供与や中国側の実業家、産業界の指導者たちとの全面的な友好協力の必要性が強調された。この点は、前述のイギリス経済使節団報告書の論調と同じである。一九三五年のイギリス通商報告でも、世紀転換期の日本の場合と同様に、イギリス本国からの資本財輸出の伸びに対する高い期待感が一貫して表明されていた。しかし、同時に、アメリカ合衆国、日本、ドイツとの輸出競争激化によるイギリスのシェア低下に対する懸念も表明された。高い成長が期待できる新興市場（emerging markets）であるだけに、不安感も強かった（表7-2および表7-3を参照）。

一九二九年に関税自主権を回復して以降の中国政府の関税政策についても、イギリスの通商報告は好意的であった。一九三一年の輸入関税は、産業発展に不可欠な資本財の税率引き上げが緩やかであり、鉄道建設資材や機械類は税率が引き下げられたことから、収入関税とみなされた。だが、一九三二—三三年の税率改訂では機械類・車輛の輸入税率には変化がなかったものの、国内産業保護のための関税引き上げが明確になった。その改訂によって、消費財の現地生産が加速されて一種の輸入代替化が進んだが、逆に、輸入関税に依存した中国政府の歳入が減少して、外債返済をめぐる担保が弱体化する可能性も指摘された[27]。それにもかかわらず、イギリスの通商報告は、「国民意識が高まるにつれて、確立された経済政策遂行の努力が大いに促進されるのは当然のことである」と、中国側の保護関税容認の姿勢を示したのであった[28]。

ところで、中国の国内産業は、後述の金融危機にもかかわらず国内市場を基盤にして順調に発展していた。一九

表7-2　1930年代初頭における中国の対外貿易相手国

（単位：千海関両）

	純輸入額					
	1929		1930		1931	
	海関両	%	海関両	%	海関両	%
英領インド	54,180	4.28	132,093	10.09	84,989	5.93
カナダ	38,413	3.03	13,488	1.03	22,572	1.57
フランス	18,044	1.43	16,758	1.28	21,420	1.49
仏領インドシナ	14,263	1.13	27,831	2.12	11,364	0.79
ドイツ	66,753	5.27	68,799	5.25	83,168	5.80
イギリス	118,657	9.37	107,118	8.18	119,344	8.33
香港	210,412	16.62	211,423	16.14	218,170	15.22
日本（台湾を含む）	319,075	25.21	322,303	24.61	290,386	20.26
韓国	14,868	1.17	13,022	0.99	10,069	0.70
オランダ	11,826	0.93	10,627	0.81	13,493	0.94
蘭領東インド	54,262	4.29	47,450	3.62	54,201	3.78
英領海峡植民地	11,096	0.88	8,831	0.67	8,390	0.59
アメリカ合衆国	230,109	18.18	231,653	17.69	320,266	22.34
ソ連（ロシア）	18,148	1.43	18,461	1.41	24,565	1.71
他の諸国	85,673	6.77	79,899	6.10	151,092	10.54
合　計	1,265,779	100.00	1,309,756	100.00	1,433,489	100.00

	純輸出額					
	1929		1930		1931	
	海関両	%	海関両	%	海関両	%
英領インド	17,815	1.75	16,953	1.89	18,118	1.99
カナダ	2,160	0.21	3,491	0.39	3,736	0.41
フランス	56,319	5.54	42,700	4.77	34,111	3.75
仏領インドシナ	5,754	0.57	3,882	0.43	2,394	0.26
ドイツ	22,458	2.21	23,361	2.61	23,138	2.54
イギリス	74,334	7.32	62,669	7.00	64,526	7.09
香港	173,581	17.09	158,018	17.66	148,312	16.31
日本（台湾を含む）	256,428	25.25	216,555	24.20	264,956	29.13
韓国	39,784	3.92	44,175	4.94	29,631	3.26
オランダ	39,543	3.89	44,944	5.02	49,528	5.45
蘭領東インド	12,459	1.23	11,707	1.31	12,987	1.43
英領海峡植民地	23,560	2.32	19,177	2.14	15,916	1.75
アメリカ合衆国	137,836	13.57	131,880	14.74	120,205	13.22
ソ連（ロシア）	55,986	5.51	55,413	6.19	54,657	6.01
他の諸国	97,670	9.62	59,919	6.70	67,261	7.40
合　計	1,015,687	100.00	894,844	100.00	909,476	100.00

出典）China. *Maritime Customs, Trade Reports for the Year 1931*, Vol.I, p.41. この数値は，各年ごとのデータであり，為替の変動による数値調整を行っていない。

三三―三五年の通商報告では、注目すべき産業発展として、上海以外の地域で、小規模で多くの場合手仕事に依存していたものの地方産業が発展してきたことを指摘し、それは「中国全土で徐々に確立されつつある安全保障の徴

表 7-3　1930年代半ばにおける中国の対外貿易相手国

（単位：千中国両）

	純輸入額							
	1935		1936		1937		1938	
	両	%	両	%	両	%	両	%
英領インド	35,470	3.86	24,712	2.63	12,467	1.30	16,214	1.81
ビルマ	—	—	—	—	8,220	0.86	12,801	1.43
カナダ	20,413	2.22	19,782	2.10	17,093	1.79	7,872	0.88
フランス	13,336	1.45	18,311	1.94	15,106	1.58	18,304	2.05
仏領インドシナ	59,648	6.49	17,922	1.90	29,991	3.14	27,351	3.06
ドイツ	103,184	11.22	150,051	15.94	146,374	15.31	112,939	12.64
イギリス	98,070	10.67	110,332	11.72	111,695	11.68	70,606	7.90
香港	16,816	1.83	16,554	1.76	19,078	2.00	24,589	2.75
日本	139,320	15.16	153,369	16.29	150,432	15.73	209,864	23.49
韓国	2,738	0.30	2,931	0.31	2,346	0.25	5,577	0.62
オランダ	4,509	0.49	4,763	0.51	6,053	0.63	4,640	0.52
蘭領東インド	58,345	6.35	74,359	7.90	80,718	8.44	45,744	5.12
英領海峡植民地	10,245	1.11	10,761	1.14	10,362	1.08	7,313	0.82
アメリカ合衆国	174,678	19.00	185,134	19.66	188,859	19.75	151,254	16.93
ソ連（ロシア）	7,687	0.84	1,221	0.13	704	0.07	5,491	0.61
他の諸国	174,752	19.01	151,342	16.07	175,795	16.39	172,941	19.37
合　計	919,211	100.00	941,544	100.00	975,293	100.00	893,500	100.00
	純輸出額							
	1935		1936		1937		1938	
	両	%	両	%	両	%	両	%
英領インド	20,328	3.53	18,685	2.65	11,791	1.41	19,720	2.58
ビルマ	—	—	—	—	4,503	0.54	4,661	0.61
カナダ	4,198	0.73	5,270	0.75	7,091	0.85	3,675	0.48
フランス	29,243	5.08	30,388	4.31	32,643	3.89	20,402	2.67
仏領インドシナ	5,643	0.98	9,891	1.40	12,827	1.53	15,816	2.07
ドイツ	28,926	5.02	39,173	5.55	72,477	8.64	56,440	7.39
イギリス	49,458	8.59	64,882	9.19	80,380	9.58	56,769	7.43
香港	94,502	16.41	105,979	15.02	162,904	19.42	243,395	31.87
日本	82,047	14.25	101,947	14.45	84,306	10.05	116,547	15.26
韓国	11,564	2.01	9,740	1.38	7,712	0.92	6,873	0.90
オランダ	15,251	2.65	16,546	2.34	14,261	1.70	8,170	1.07
蘭領東インド	4,987	0.87	4,733	0.67	6,228	0.74	6,664	0.87
英領海峡植民地	12,896	2.23	15,644	2.22	19,213	2.29	17,546	2.30
アメリカ合衆国	136,394	23.69	186,320	26.4	231,449	27.59	86,853	11.37
ソ連（ロシア）	4,239	0.74	4,210	0.60	4,915	0.58	613	0.08
他の諸国	76,133	13.22	92,333	13.07	86,070	10.27	99,587	13.05
合　計	575,809	100.00	705,741	100.00	838,770	100.00	763,731	100.00

出典）China. *Maritime Customs, Trade Reports for the Years 1936*, Vol. I, p. 55 and *1938*, p.35. この数値は，各年ごとのデータであり，為替の変動による数値調整を行っていない。

候であり（中略）たとえ小規模ではあろうと、原料・市場・輸送面で特別の利点を享受する所はどこであっても、広範な諸産業の確立が、産業発展のあらゆる可能性のなかでは将来最も有望である」と高く評価した。(29) マッチ生産や毛織物製品などが、その典型であった。一九二〇年代末の通商報告や綿業使節団報告書にも見られたが、中国の低級品綿布生産の増大が、日本の中級・上級品の生産を刺激して、日英間での競争激化を招いているとの指摘もある。日英両国と中国現地の三カ国間での綿布市場の「棲み分け」と競合関係が見られた(30)。

他方、中国の輸出貿易を見ると、一九二九年の世界恐慌の影響で国際貿易全体が停滞し、保護関税障壁の影響もあって一九三一―三三年には輸出貿易額も大幅に減少した。しかし、その状況下でも英領インド向け輸出は、綿糸・繊維製品・生糸を中心に増大して（一九二九年の一・八％から一九三二年の五・一九％へ）、仏領インドシナ、タイ、海峡植民地、蘭領東インド、フィリピンなどの東南アジア諸地域にも輸出された。この時期に中国は限定的ではあったが、メリヤス製品、マッチ、石鹸、ランプ、ガラスなどの輸出国であった（一九三〇年で六〇〇万ポンド相当(31)）。一九三二年には中国の原棉輸入額が初めて綿製品輸入額を凌駕したが、イギリスの通商報告は、中国の綿工業の急速な発展を反映するものとしてこれを好意的に評価した。

前述のように、イギリス本国は対中貿易額において第三位であったが、日本とアメリカ合衆国は対中貿易の首位の座を争っていた。また、両国は中国産品の最大の輸入国（合わせて約四割を占めた）であり、輸出入双方向での貿易拡大が見られた。中国からの輸入の拡大が対中国輸出の増加に結びつく貿易連鎖が見られ、それは、太平洋を挟んで向き合う日米中三国間の地理的位置と迅速な輸送網に支えられていたのである(32)。

以上のような中国における工業化の進展と製品輸出の拡大傾向を背景に、イギリス通商報告は、中国がやがて工業化で先行した日本の経済発展に追いつく可能性を示唆するまでになった。しかし、それがすぐに可能になるわけではなく、その実現にはインフラの整備と投下資本の安全性の保証が必要とされた。中国の貿易収支は一貫して赤字を記録し、その赤字額も増加傾向にあり、「中国の諸資源と産業の発展が、輸入の増加のペースに合わなかった」。その打開策としては、産業発展のため長期外債の発行が必要であると考えられたのである(33)。

一九三一年九月以降、ポンド、インド・ルピー、円が相次いで金本位制を離脱し、中国通貨がこれらの貨幣に対して切り上がった結果、それまで世界恐慌の打撃をさほど受けていなかった中国経済は深刻な苦境に陥った。一九三二年には、輸出の減退と貿易赤字、国際収支の赤字増大を背景に、銀の流出が始まった。一九三四年六月のアメリカ合衆国の銀購入法は、国際的な銀価格の高騰を招き、中国からの銀流出が加速されて、中国はデフレと購買力の大幅な低下を伴う金融・通貨危機に陥った。一九三三―三五年のイギリス通商報告では、抜本的な幣制改革と中国の慢性的貿易赤字改善の必要性が強調された(34)。それに加えて、イギリス側の懸念は国民政府の経済政策に対しても向けられた。中国政府の早急な輸入代替策と外国資本への差別的待遇は、イギリスを中心とする外国からの経済協力が不可欠な段階では時期尚早であり、国民政府主導の工業化政策は、民間からの参入意欲や企業家精神を妨げる過剰な介入であるとして、中国の過度な経済ナショナリズムに対する警戒感が表明されたのである。また、ドイツと中国国民両政府間での機械輸出をめぐるバーター貿易も批判され、多角的貿易の必要性が強調された(35)。

だが、中国におけるイギリス経済利害にとって最も重要であったのは対中投資（一九三〇年の推計値で直接投資・債券等の間接投資合わせて二億四〇〇〇万ポンド）であった。「中国におけるイギリスの利害の卓越した重要性は、決して新しい展開ではない。一世紀にわたってイギリスは、中国の対外経済活動のあらゆる領域に関わってきた。鉄道、海運、鉱山業、中国政府への借款、不動産の開発と投資、公益事業、銀行・金融、輸出入貿易、産業発展において、さらに海関や塩税監督官のような民政業務を中国が構築するのを援助することで、イギリスの利害は非常に重要であり、しばしば主導的な役割を果たしてきた(36)」。イギリスの経済利害は、この膨大な対中投資、銀行・海運・保険のサーヴィス部門、現地に基盤を置く貿易商会等の在外企業（expatriate business）のネットワークで支えられていた。通貨危機はこれらを根本から揺るがす可能性があったのである。

中国の金融危機と鉄道債券の債務不履行の問題を克服したのが、一九三五年一一月三日の国民政府による幣制改革である。中国の幣制改革に対するイギリスの関与については第9章で論じるが、幣制改革自体は、通貨の安定と中央政府の権威拡大をもたらし、それにより中国の債務不履行の問題は解決されて新たな鉄道借款が可能になった。国際金融市場における中国の信用等級が大幅に改善されて、シティ金融利害の利益が擁護されたのである。[37]

これを受けて、上海商務官ヴィールが執筆した一九三五―三七年の通商報告の論調は、一転して楽観的になった。「中国全体で、不況の谷は過ぎ去ったという明確な証拠がある。（中略）通貨の安定、一九三六年の豊作、中央政府の権威の着実な拡張――それは経済発展計画全般を促進してきた――が、二年前の状況の逆転に貢献した主要な要因である。（中略）過去一八カ月間、中国は安定した為替の利益を享受してきた」。[38] 彼が懸念したのは、中国側の過剰な自信により経済発展のペースが加速しすぎることと、国民政府の過剰な経済介入であった。彼は、中国の現状を「工業化の初期段階」と位置づけて、(1)鉄道や大規模公共事業を除く分野の事業は民間の手に委ねるべきこと、(2)外資と外国人による技術指導が不可欠であること、(3)イギリスは中国への資本財輸出を増やすために、もっと多くの専門家・技師を中国に派遣すべきことを提言した。[39] 幣制改革の成功が、中国の工業化に安定した基盤を提供し、今やイギリスは「公益事業、運輸・通信、基幹産業の立案および創設面で中国を支援することで好機を得られる」[40]と、金融・経営・技術各側面での援助と支援が求められたのであった。

一九三五―三七年の通商報告からは、これ以外にも中国の工業化に関して多くの貴重な情報が得られる。まず、輸入貿易に関しては、原棉と綿布輸入の重要性の低下と、機械・備品の輸入の増大という性格の変化が起こりつつあることが指摘された。食糧・原料・燃料の比率が輸入総額の三一％に低下し、代わりに半製品・完成品の比率が六一％に上昇した。一九二〇年代末の日本の場合と同じ現象が中国でも見られたのである。その製品輸入に占めるイギリスのシェアは一七％で第三位にとどまり、ドイツと日本が二一％でトップ、アメリカ合衆国が一六％で四位であった。問題は、資本財輸出の重要性が高まるなかで、イギリスのシェアの伸び悩みであった。具体的には、繊維機械や毛織物製品での日本との競争、耐久消費財と輸送機械（自動車・飛行機）でのアメリカの優位、鉄鋼等の金属製品でのドイツの躍進が指摘された。

しかし、それ以上に、中国の工業化の急速な進展に伴う国内産業の発達と、イギリスのシェアの低下が強調された。それが最も顕著に現れたのが、綿製品と原棉輸入の急減であった。「中国の綿製品輸入貿易は急速に減少している。(中略)それは日本からの厳しい競争のためではなく(それも一因ではあるが)——高い輸入関税によって促された発展からすると自然な成り行きであるが——中国における綿工業の成長による」。この対中輸出減退の打開策としては、技術者の派遣による中国側のニーズへの柔軟な対応と、中国での国産化の進展を前提にした積極的な対応が改めて強調された。それは、前述の綿業使節団報告書の結論と同様であった。今後中国は、自国で生産できない基礎的な必需品——石油・特殊な木材・精密加工器具・特定の鋼・重量機械類・あらゆる奢侈品、そして不足時には食糧を——ますます海外から輸入するようになる、というのが中国の輸入貿易に関する全般的結論であった。[41]

一九三五—三七年のイギリス通商報告では、工業化の進展が、現代中国の最も注目すべき特徴の一つであるとされた。「中国は依然として第一に農業国である。しかし、中国は時がたつにつれて、自国の日用必需品や資本財の大部分を供給できるだけでなく、自国産と輸入された原料から製造した製品を他国に輸出できる能力を備えた産業国家に成長する展望を与えてくれる。この過程は、最初は日常使うような輸入品の需要の減退につながるかもしれないが、それは、あらゆる種類の機械・器具の輸入増大、最終的には生活水準全般の向上によって、高級で特別な奢侈品の購入の大幅な増加を導くはずである」[42]。こうした工業化の展開は、国民政府の輸入代替政策と、中国農業の好調さによる購買力の増加に支えられていたとされた。それは、もともと需要のある製品を、自国産の原料と安価な労働力を活用して現地で作ろうとする正常な趨勢(normal tendency)であるとして、好意的に評価された。この過程で生産された中国産の綿製品が海外に輸出されるようになり、輸出貿易の面でも注目を集めたのである。

5　中国市場をめぐる日英協調の模索

以上述べてきたように、中国の工業化をめぐるイギリス側の認識は概して好意的であった。発展途上の新興市場として輸出面での期待が高かったと言える。しかし、一九三〇—三一年のイギリス綿業使節団報告書でも特に指摘されていたように、中国市場に対する日本の経済的進出は著しく、綿布輸出では日英の立場が完全に逆転したことが強調された。前章では、一九三〇年代の日本の経済発展に対するイギリス側の認識を考察したが、中国市場をめぐる日英経済関係はどのように認識されていたのであろうか。

消費財部門の中心であった綿布輸出では、前述のように日本の圧倒的な競争力に対抗するのはかなり困難であることが認識されていた。だが、資本財輸出の部門では、中国市場に対するイギリス側の高い期待感が一貫して表明されていた。日本の中国における経済的プレゼンスをめぐる議論は、その資本財需要と密接に結びついていた。この連関性は、イギリスの経済外交をめぐる政府内部の意見対立の過程で見られた。それは、一九三四—三五年の中国の金融・通貨危機と一九三五年の幣制改革にいたる過程で明らかになり、経済的協力を日英間の関係改善の手段と考えて重視したいわゆる大蔵省グループと、それに慎重であった外務省グループの意見対立であった[43]。

前者の日英協力重視の立場を取ったイギリス蔵相ネヴィル・チェンバレンと商務院総裁ランシマンは、幣制改革の直前、中国経済危機の最中の一九三五年五月初めに、中国の経済と金融状況に関して以下のような覚え書きを閣議に提出していた。「中国が復興し豊かになるにつれて、その国にはイギリス製品の市場が、(すなわち)ヨークシャーとランカシャーの高級品や、我々が日本よりも良いモノを供給できる蒸気機関車・鉄道資材・汽船のような資本財の大きな潜在的市場が依然として存在する。(中略)世界貿易と我が国の繊維産業や重工業が不況に陥っている現状では、我々が、中国における既存の市場から追い立てられ、あるいは、特に上記のような資本財の潜在的な市場のシェアを奪われることを想定するのは、全く問題外である。それは、三億ポンドにのぼるイギリスの中国投資を擁護し、中国で活動している特定のイギリス企業の利害を守る問題だけではない。イギリスの貿易と雇用のために、我々は、中国で進展する現在の趨勢を単に許しておくだけの余裕はないのだ」。具体的に両者は、イギリス政府が、日本の積極的な外交攻勢を意識しながら、断固としてイギリス経済利害を擁護する姿勢を打ち出すことを主張した。しかし、彼らは、日本との共存・協力は可能であると判断していた。「イギリスは、日本にとって困難な金融の領域で貢献できる手だてを有している。中国には、我々が日本よりも供給能力の優れた資本投資と資本財の供給の側面で大きな余地がある。中国市場は、(日英) 両国にとって (協力する) 余地があり、経済的見地からは、中国市場の復活に関して両者が互いに協力し、また中国側と協力すべきでないとする理由は存在しないし、政治的理由から、日本がこの領域での協力に反対する可能性もないように思われる」[44]。

こうした積極策の提言の背後には、中国の在外イギリス企業の代表たちが表明した、イギリス政府に対する積極的な支援の要請があった。その要請とは、帝国化学産業 (ICI)、香港上海銀行、ユニリーバ、英米タバコ会社、アジア石油会社、ジャーディン・マセソン商会など、中国市場で活動していたイギリス系企業一八社の社長や支配人が連名で提出した請願であった。彼らは、国民政府による「取り扱いの公平さ」(equality of treatment) を要求し、イギリス政府の断固たるイニシアティヴの発揮とビジネス利害の擁護、政府と財界の協力による資本財市場の確保を求めていた[45]。その要求に沿った方針を打ち出したこの覚え書きは、日本との経済利害の調整と共存が可能であるとする、N・チェンバレンに代表される経済的宥和政策の表明でもあった。

他方で、日英経済協力に慎重なイギリス外務省の代弁者として、前章で詳述した日本駐在の商務参事官サンソムは、一九三四年一〇月末に、中国をめぐる日英関係について経済・通商の観点から次のような覚え書きを記していた。「現在の問題は極めて単純である。(1)イギリスは日本の競争圧力からの解放を望み、(2)日本は、世界中からの政策批判の圧力からの解放を望んでいる。(3)この基盤のうえで何らかの取引が可能であろうか。（中略）私は、仮に日本政府の側が外国市場での日本の競争を緩和する心からの意図を持っていると考えたとしても、実際に彼らが、自国の産業と貿易に対して我々が満足するような規制を課すことができるかどうか、大変懐疑的である。（中略）我々は貿易に関して、日本の言質の価値をかなり厳密に評価できないまま取引を行うことに慎重であるべきだ。（中略）日本との競争は非常に深刻な事態であるが、その（競争の）度合いと範囲は幾分誇張されがちである。（中略）時が経過するにつれて、我々がまさにつけこむことができる日本の経済構造の弱さが露呈するであろう」[46]。この覚え書きでサンソムは、安易な日本との政治的妥協を戒める立場を明確にした。その背後には、日本の中国市場における競争力の過大評価に対する懸念があった。彼のこうした慎重な見解は、三〇年におよぶ日本滞在経験に裏打ちされたものとして、外相サイモンによっても強く支持されたのである[47]。

しかし、いずれの立場の政策をとるにしても、中国市場における日本の経済的プレゼンスが大きくなった事実が大前提になっている。その日本とどう向き合いながら、中国市場におけるイギリスのシェアをどうやって確保するのか。両者の相違は、従来主張されるほど大きくはなく、日本とイギリスがそれぞれの経済的強みを活かして中国の経済開発に関わろうとする主張である。しかし、両者の見方で完全に抜け落ちていたのが、国民政府の国産化・輸入代替政策と経済ナショナリズムに支えられた、中国の現地産業の急速な発展に対する評価であった。この点を最も明確に認識できたのが、イギリスの上海商務官であったヴィールであった（彼は、イギリス極東経済使節団の一員でもあった）。それは彼が執筆した一九三五―三七年の通商報告に最も顕著に表現されていた（本章第４節参照）。待望の中国市場の発展が消費財部門を中心に現実のものになった時、皮肉にもイギリスにとって手強い競争相手として登場したのは、中国の国内産業であったのである。

6　東アジアにおける経済的相互補完関係

最後に、前章の日本の場合と比較しながら、論点の整理を試みたい。

第一に、イギリス経済利害と東アジア世界の工業化との関連を考えてみたい。イギリスから見た場合、日本の工業化は輸入代替型の工業化である。戦間期の日本は、綿製品輸出をはじめとする手強い競争相手となったが、同時に、日本はイギリス帝国、特に英領インドから大量の原料を輸入し、その輸入がコモンウェルス諸国の不況克服を助けることになった。その意味で、経済諸利害の補完性は前章で強調したように、イギリス本国と日本の間よりもむしろイギリス帝国（コモンウェルス）と日本との間で存続した。他方、中国の場合は、イギリスにとって資本財の輸出志向型の工業化であり、約三〇年前の世紀転換期における日本の場合と同様に、プラット社の繊維機械などイギリス本国からの資本財輸出の拡大に高い期待を表明することができた[48]。経済利害の補完性のあり方も時代に応じて変化したが、戦間期、とりわけ一九三〇年代は、中国の工業化の始動とアジア間貿易の拡大を前提に、日本、中国、イギリス帝国の三者間で補完性が見られた。ジェントルマン資本主義論で主張されるシティの金融利害と東アジア圏の工業化との親和性も、通商報告や『エコノミスト』や『バンカーズ・マガジン』などの各種の経済情報誌において当然確認できる。東アジアの一九三〇年代は、イギリス経済利害と中国・日本の工業化との間で三つのレヴェル、すなわち、(1)イギリスから中国への資本財輸出の拡大、(2)シティ金融利害と日本・中国の工業化、(3)日本の経済発展の高度化とイギリス帝国スケールでの最終需要連関効果、以上の三点で相互補完性が確認できるユニークな時期である。従来、わが国の研究では、とかく一国史的な「国民国家」と国民経済の建設を強調する議論が支配的であったことを考えると、こうした国際関係史的な視点、特に経済利害の重層的な相互補完関係を背景とした一九三〇年代における経済的な相互依存関係の萌芽が、東アジア世界の工業化を考える際にも重要であろう。

第二に、戦間期、特に一九三〇年代のアジア国際秩序とイギリスとの関係を考察する場合、イギリスの経済的影響力は、従来から「非公式帝国」と位置づけられてきた中国だけでなく、前章で論じたように、イギリス帝国を媒介にした最終需要連関効果を通じて、独立した主権国家日本にも及んでいた。また本章で明らかにしたように、一九三〇年代初頭には、消費財生産部門での中国の工業化が進展して東南アジア諸地域や英領インドへの消費財輸出も始まった。従って我々は、東アジアだけにとどまらず、次章で考察するように、公式帝国の英領インドを含めた「帝国的な構造的権力」としてのイギリス経済利害と東アジアの工業化との関連をさらにグローバルな視点から考察する必要がある。

第8章　東アジアの工業化と英領インド
──「アジア間貿易」、インドの工業化をめぐるイギリスの認識──

1　英領インドの工業化とアジア間貿易

本章では、第5章から第7章で述べた東アジアにおける工業化の進展が、英領インドの経済発展といかなる関係にあったのか、イギリスのインドにおける帝国経済政策にどのような影響を及ぼしたのか、世紀転換期から一九三〇年代までの時期を対象に考察する。

世紀転換期の英領インドは、イギリス帝国経済政策との関連で重要な位置を占めていた。ソウルの多角的決済機構の研究が明らかにしたように、インドはイギリス本国の国際収支黒字を支える「安全弁」の役割を担わされてきたのである。(1) 他方、世紀転換期のイギリス本国では、統一党政権の植民地相ジョセフ・チェンバレンを中心に、自由貿易政策の転換と帝国特恵関税の導入を要求する関税改革運動が展開されていた。しかし、本国経済政策の転換を要求したこの運動も、一九〇六年総選挙で統一党が大敗することによって挫折を余儀なくされた。(2) その「チェンバレン・キャンペーン」が挫折した大きな要因が、多角的決済機構における英領インドの位置にあったことは、最近のイギリス経済史研究でも改めて強調されている。(3) この世紀転換期の英領インドに関して、関税改革運動との関連では、インド現地産業に対する保護主義の是非が問題になった。しかし、この保護主義の問題は、最近のアジア経済史研究の成果で明らかにされてきた一八七〇年代後半以降のインド綿工業の発展、特にボンベイを中心とした綿紡績業の発展に関わってくる。この点で注目に値するのが、杉原薫が提起したアジア間貿易論である。(4) 杉原の論点は多岐にわたるが、世紀転換期の英領インドとの関連で以下の二つの点に注目したい。

第一の論点は、アジアにおける綿業関連の貿易連鎖が世紀転換期に形成されたこと、杉原のいうアジア内部における「綿業基軸体制」の形成である。具体的には、インドで生産された原棉を用いて、ボンベイおよび日本の機械紡績業が発展した。そのボンベイ産と日本産綿糸の両方が中国市場に輸出され、その綿糸が中国で手織布製品として生産された。このような一連の流れを通して、アジア独自の綿布消費市場が形成されたのである。この世紀転換期のアジア世界での貿易連鎖が綿業基軸体制であった。

第二の論点は、この綿業基軸体制に支えられたアジア間貿易の発展が、当時の資本主義的世界経済の中でどういう位置にあったのか、イギリスを中心としたいわゆる「ウェスタン・インパクト」とアジア間貿易がどういう関係にあったのかという問題であり、杉原が主張する「最終需要連関効果」に関する問題である。すなわち、世紀転換期において日本と英領インドで工業化が進展したのに対して、欧米の東南アジアにおける諸植民地、特に英領海峡植民地や蘭領東インドは世界市場に向けて輸出する第一次産品の生産に特化していくという傾向があった（のちに、この傾向は戦間期の英領インドでも顕著になるとされる）。それら東南アジア諸地域が第一次産品の生産に特化していくにつれて、その生産によって得られた外貨（スターリング）は、イギリス本国から海峡植民地あるいは蘭領東インドへ輸出された工業製品、後に日本から輸出された消費財・工業製品の購入に費やされた。それは結果的に、イギリスや日本から第一次産品生産国への消費財輸出の拡大につながった。この経済連鎖が最終需要連関効果である。

以上の二つの論点をふまえたうえで、杉原の主張するアジア間貿易は、決してグローバルスケールで展開した資本主義的世界経済、あるいはウェスタン・インパクトから切り離されていたのではなく、それと密接につながった形で展開していたという点が重要である。英領インドは植民地支配下に置かれていた。一八八二年のインド綿製品輸入関税の完全な撤廃以降、「強制された自由貿易」体制の下で、インド綿工業は保護を欠如したまま発展したという歴史的事実は、世界経済システム内部における綿業基軸体制の地位を反映しており注目に値する。一八九六年には、インド財政状況の悪化のため二年前の九四年に復活した綿製品輸入関税と引き換えに相殺国内消費税が導入されたが、ボンベイを中心としたインド綿工業の発展の勢いは止まらなかった。従来のイギリス経済史研究において、こうしたインド綿工業の発展は、マンチェスター綿業資本との対抗関係で理解されてきたが[5]、アジアの工業化と関連づけて論じる観点はほとんどなかった。本章では、杉原のアジア間貿易の研究をふまえたうえで、改めて英領インドの工業化と東アジアを関連づけてみたい。ただし、世紀転換期における英領インドの工業化は、後述するように綿糸紡績業に限定された、括弧付きの「工業化」であったことを忘れてはならない。のちの戦間期の一九二〇年代以降においては、そのインドの工業化の範囲と規模も拡大し多様化していった。

具体的に本章では、こうしたインドの工業化の進展を、イギリス側がどのように理解し、捉えようとしていたのか、そこに東アジアにおける工業化はいかなる影響を及ぼしていたのかを考察する。インド政庁（The Government of India）は、毎年本国に対して貿易・通商関係のレビューを作成し送付してきた。その詳細な報告書は、毎年のイギリス議会文書に掲載された[6]。戦間期に関しては、商務省の海外貿易局に提出された通商報告が存在する。本章ではこれらの経済情報史料を使いながら、イギリス側が英領インドの貿易・通商・産業の発展をどのように捉えようとしていたのか、その論理の構造をまず世紀転換期の「工業化」に関して、ついで戦間期の一九三〇年代の経済発展について考察する。

2　世紀転換期のインドの「工業化」と東アジア

最初に、世紀転換期のイギリス議会文書に収録された、英領インド関係の通商報告を概観してみたい。一八九三―一九〇七年の比較的限定された期間の文書を考察した結果、次の三点が指摘できる。

第一は、世紀転換期のインド綿業部門での括弧付き「工業化」の進展である。この点は、アジア間貿易論の主要な論点の一つであり、どの年度の通商報告からも明確に読み取れる。インドへの綿糸輸入に関して、イギリス産綿糸の輸入とインド現地生産の綿糸との競合関係が強まりつつあること、輸入代替化が進みつつあることが明確に認識されていた。一九〇二―〇三年の通商報告では、三一番手から四〇番手の中級レベルの綿糸におけるインド現地生産の伸びと、インドの紡績工場で生産された製品による輸入綿糸代替が不可避であることが指摘されていた。具体的には、インドでの綿糸生産一に対してイギリスからの輸入は一・五の比重であり年々その格差が縮小している事実、三〇番手以下の綿糸についてはインドの現地生産が七七・五対一の比率でイギリス品を圧倒する状況が明確に認識されていた。(7)他方、綿布に関してインド現地産の生産の増大、イギリス産の漂白綿布の輸入量減少が指摘されている。さらに、一九〇三―〇四年の通商報告は、インドにおける産業の発展、経済全般の繁栄が顕著であると分析している。(8)その結果として、イギリス本国からの機械製品の輸入が増大し、さらに金属製品の輸入も増加しているという事実も明らかになる。従って、世紀転換期の英領インドで綿紡績業を中心とした「工業化」が進展していたという事実は否定できない。

第二は、英領インドで生産された商品の輸出地域と、それがインドの輸出に占めた比重の問題である。図8-1と表8-1「インド輸出品の順位と輸出額」から明らかなように、インドの輸出品の上位四品目が第一次産品で占

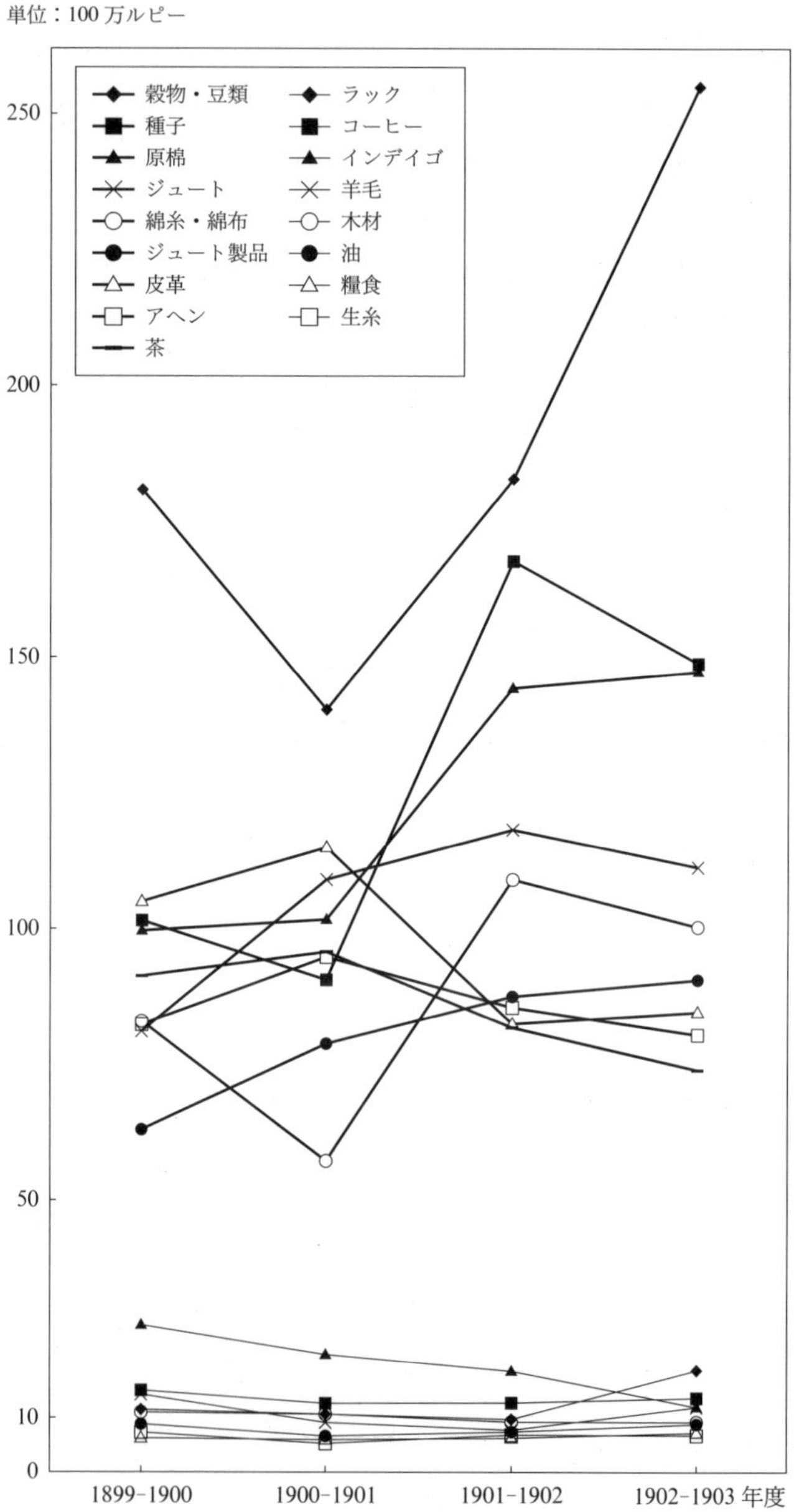

図 8-1　インド輸出品の順位と輸出額

められ、穀物・豆類、種子、原棉、ジュートという順位であった。それに続いて、輸出品の第五番目に綿糸・綿布が、第六番目に加工品のジュート製品が登場した。これら二品目は年度によって若干の変動はあったが、当時のインド全輸出額の一八・五%から約二割、二〇・五%を占めていると認識されていた。この数字を見る限り、製造品の輸出が限定的で小規模であったのは事実であり、輸出品の残り八割は、従来の研究でも指摘されてきたように第一次産品であった。しかし、通商報告では、輸出品とりわけ製造品輸出の中心は繊維製品であり、それは初期段階(initial or preparatory stage) にあってこれから益々発展する傾向にあると認識されていた。(9)

では、輸出の約二割を占めたこれら繊維製品はどこに輸出されたのか。まず綿糸は、圧倒的に中国市場向けであり、その生産・輸出の九三%が中国向けであった。インド綿布の場合は、綿糸に比べてその輸出量は十分でなかった。しかし、その海外での需要は増加する傾向にあり、その輸出先は広義の「環インド洋世界」、具体的には、英領海峡植民地、セイロン、ペルシャ湾・紅海・東アフリカ諸地域に向けられていた。従って、「工業化」が進みつつあったインドで生産された製造品の輸出市場として、中国市場と環インド洋世界が重要な意義を持ち始めていたといえる。この点は従来の研究成果からも確認することが可能であり、対中国綿糸輸出では、早くも一八七〇年代末にインド産がイギリス本国産の綿糸を抜き去るという英印綿糸輸出の逆転現象が起こっていた。(10)

世紀転換期におけるインドの「工業化」の波は、主に綿製品に限られていたわけであるが、表8-1では、

表8-1　インド輸出品の順位と輸出額

(単位：ルピー)

	1899-1900	1900-1901	1901-1902	1902-1903
穀物・豆類	180,982,330	140,313,382	182,884,425	254,807,880
種子	100,995,284	90,140,351	167,792,684	148,825,711
原棉	99,250,646	101,274,007	144,260,933	147,571,981
ジュート	80,716,465	108,677,562	117,972,723	111,264,752
綿糸・綿布	82,741,246	57,029,566	108,653,008	100,076,891
ジュート製品	62,643,495	78,546,012	87,114,174	90,198,987
皮革	104,628,753	114,826,371	82,306,848	84,351,524
アヘン	82,037,148	94,554,357	85,229,854	80,169,354
茶	90,921,120	95,509,301	81,494,893	73,616,421
ラック	11,366,597	10,653,970	9,605,279	18,507,872
コーヒー	14,847,146	12,284,498	12,502,200	13,212,628
インディゴ	26,925,107	21,359,808	18,522,554	12,056,819
羊毛	13,563,745	9,029,944	7,938,259	11,653,204
木材	10,869,202	10,706,089	8,915,416	8,751,055
油	8,686,481	6,565,180	6,917,507	8,576,793
糧食	6,170,586	5,775,562	6,096,611	6,788,510
生糸	6,986,106	5,122,057	6,634,209	6,548,153

出典) *Review of the Trade of India in 1902-03*, in *British Parliamentary Papers*, 1904, Vol. LXVII, Cd. 1802.

表 8-2　英領インドの貿易相手国

（単位：千ルピー）

順位	国名・地域名	1900-1901	1901-1902	1902-1903
1	イギリス	807,097	836,617	846,641
2	中国	143,952	194,789	181,911
3	ドイツ	118,225	132,142	123,376
4	フランス	71,256	102,717	105,695
5	英領海峡植民地	94,101	89,434	100,971
6	アメリカ合衆国	84,822	95,683	97,480
7	ベルギー	59,912	77,362	80,572
8	エジプト	48,166	56,081	80,205
9	日本	29,364	76,776	66,703
10	オーストリア＝ハンガリー	58,564	63,244	57,709
11	セイロン	56,991	54,946	52,332
12	イタリア	39,228	39,142	42,547
13	モーリシャス	37,280	33,459	31,320
14	ロシア	30,879	33,995	30,964

出典）*Review of the Trade of India in 1902-03*, in *British Parliamentary Papers*, 1904, Vol. LXVII, Cd. 1802.

インドの第六番目の輸出品目として綿製品に並んで、ジュート製品があげられている。このジュート製品とは、ジュートで作られた布と袋を意味しており、その生産も世紀転換期において拡大し、主としてアメリカ合衆国市場向けに輸出されていた。この傾向は、後述する一九三〇年代でも同じように指摘できる。

第三は、インドの貿易構造全体にとってもアジア・アフリカ諸地域が重要であった点である。表8-2「英領インドの貿易相手国」を見ると、一九〇二―〇三年までの段階で、インドの最大の貿易相手地域はイギリス本国であったが、どの年度を取り上げても第二位の貿易相手国として中国が登場する。さらに、この表8-2では他のアジア・アフリカ諸地域の貿易相手国として、第五位に英領海峡植民地、第八位にエジプト、第九位に日本、第一一位にセイロン、第一三位としてモーリシャスがあげられている。また、一九〇三―〇四年の通商報告から、インドの輸出入における対ヨーロッパ貿易の比重は全体の六六・一%、そのうち約半分がイギリス本国との貿易であったことが判明する。他方、対アジア貿易の比重は二三・四%を占めた[11]。従って、インドの貿易相手としては、全貿易額の四分の三が対欧米地域（非アジア地域）との取引であってその比重が重要であった点は変わりないが、残り約四分の一の対アジア地域向け貿易が有した意義も無視できない。

さらに、このアジア間貿易の相対的重要性は、世紀転換期の関税改革運動の研究で重視される別の二つのイギリス議会文書からも読み取ることができる。一九〇四年のイギリス議会文書での中で、ロバート・ローは、インドの対中貿易が実際の数値に表れる以上に多いこと、つまり香港経由、海峡植民地経由という経路を含めると、当時の英領インドの対中貿易額は約一一〇〇万ポンドに膨れ上がり、この貿易額は対イギリス貿易に次いで多い金額であると指摘している。対日貿易は三二五万ポンドで、その大半がインドからの原棉の対日輸出であった。[12] また、本国の関税改革論争に決着をつける上で決定的な重要性を持った一九〇七年のインド省覚え書きも、従来のイギリス帝国経済史研究とは全く別の読み方が可能である。[13] 表8-3「インドの対外貿易」は一九〇七年インド省覚え書きの冒頭に掲載されているが、特に、アジア・アフリカ諸地域向けの総輸出と、セイロン・英領海峡植民地・モーリシャスを含むいわゆる王領植民地（Crown Colonies）向けの輸出に注意する必要がある。この表の輸出の項目を見ると、アジア諸地域が占める割合は二三％、ヨーロッパ地域は二七％であった。しかし、アジア諸地域向け輸出にアフリカ向け輸出を加え、さらに王領植民地（セイロン・英領海峡植民地・モーリシャス）を加えると、アジア・アフリカ諸地域向けの総輸出額は、ヨーロッパ大陸向け輸出額を凌いで一躍トップになる。この点は、先に指摘した第三の特徴とも重なり、世紀転換期のインドの対外貿易構造、特に輸出面で占めたアジア・アフリカ諸地域の重要性は注目に値する。

以上の世紀転換期におけるインド通商報告の考察から、二つの一般的論点が指摘できる。第一は、インドの貿易構造を考える際の欧米諸国向けの第一次産品輸出に加えて、中国や日本に代表される東アジア地域との貿易の重要性である。これら東アジア地域が占めた資本主義的世界経済、世界システム内部での地位は、イギリスを中心とする多角的決済網の維持にとって非常に重要であったが、アジア間貿易論という新たな研究視角からその意義を再評価すべきである。確かに世紀転換期の東アジア地域においては、特に中国においていわゆる不平等条約体制が依然

表 8-3　インドの対外貿易（インド省覚え書き）

（単位：千ポンド）

	インドの輸入	割合(%)	インドからの輸出	割合(%)
イギリス帝国				
イギリス本国	45,852	66.7	26,663	25.0
王領植民地	3,907	5.7	10,220	9.5
自治植民地	600	0.9	2,676	2.5
小　計	50,359	73.3	39,559	37.0
外国諸国				
ヨーロッパ	11,430	16.6	28,547	27.0
アジア	5,120	7.5	23,957	23.0
アフリカ	84	0.1	2,897	3.0
アメリカ	1,707	2.5	10,525	10.0
小　計	18,341	26.7	65,926	63.0
総　計	68,700	100.0	105,485	100.0

出典）India Office Memorandum, in *British Parliamentary Papers*, 1907, Vol. V, Cd. 3524, p. 454.

として存続していた。その意味で、イギリスを中心とした世界システムは、東アジアにとっては「強制された自由貿易」あるいは自由貿易帝国主義であった。だが、アジア内部の国際分業体制にとって、たとえ「強制された自由貿易」であったとしても、イギリスが構築した自由貿易体制は不可欠の要素になっていた。この文脈において、インドのナショナリストの保護貿易主義やインド産業保護という主張も、英領インドが世界システム内部で占めた位置を十分に認識していなかったのである。

従って、この「強制された自由貿易」あるいは自由貿易帝国主義のもとで、アジア諸地域間の貿易連鎖が発展したこと、特に、英領インドとその東側に位置した東南アジア・東アジア諸地域との経済・貿易関係が形成されたことに注目する必要がある。世紀転換期の東アジアでは、インドのボンベイ綿紡績業と対中国向け綿糸輸出で競合した日本の綿紡績業が発展し、中国でもまだ限定されていたとはいえ「工業化」が始まったのである。英領海峡植民地に対しては、インドから綿布が輸出され、ビルマからは米が労働者の食糧として英領インドや東南アジア地諸域に輸出された。世紀転換期の英領インドにおける「工業化」を考察するなら、欧米諸国対英領インドという視点から「西側」の世界だけを考えるのではなく、インドにとって「東側」のアジア諸地域との関係も重要であった。東側での国際分業体制と自由貿易体制を維持するためには、J・チェンバレンが提唱した帝国特恵と関税改革は不適切であったといえる。

第二の論点は、世紀転換期の公式植民地支配下におけるインド綿工業の発展、「工業化」の進展の歴史的意義に関する問題である。確かに、この時期のインドの「工業化」は綿糸生産に限定されていたが、それは綿布やジュート製品の生産にも波及しつつあった。アジア経済史の研究で強調されているように、アジア間貿易拡大の一つの核がインド綿業の発展であったのは明白である。この点で、「帝国特恵の導入はランカシャー綿工業の輸出市場の喪失につながる」という帝国特恵関税に反対する論理自身が、インド現地の綿工業の発展により次第に掘り崩されつつあった。イギリス本国の経済利害として、ランカシャー綿工業を重視する見解は説得力がない。むしろ、ケインとホプキンズがジェントルマン資本主義論で主張するように、イギリス経済利害の重点がロンドン・シティの金融・サーヴィス部門に置かれていたと考えるならば、イギリスの公式帝国であった英領インドの「工業化」と本国の経済利害とは十分に共存・両立できたのではないだろうか。シティの金融・サービス利害にとって、インドの第一次産品と消費財（綿糸・綿布・ジュート製品）の輸出拡大、それを通じた貿易黒字額の増大、その獲得した黒字による対英債務の返済が保証される限りにおいて、インドの「工業化」は容認できたのではないか。次節以降では、インドの工業化が加速された戦間期の一九三〇年代に着目して、二つの論点をさらに掘り下げて考察する。

3　英領インドとオタワ体制

まず、戦間期におけるインドとイギリス帝国の関係史をめぐる研究動向と、その主要な論点を整理しておきたい。この分野での先行研究としては、第4章でも言及した、トムリンソンによる一連の研究が注目に値する。トムリンソンは、その主著において、戦間期の英印関係を次の三つの問題を絡ませながら論述している。(14) 第一の問題群は、モノの輸出入に関する市場の問題であり、特にインド綿製品輸入関税の引き上げ、オタワ体制と帝国特恵関税の導入をめぐる問題、インド産品の保護をめぐる英印間の交渉過程である。第二の問題群は、インド財政と通貨金融政策に関する問題である。具体的には、「本国費」の送金問題、ポンドとルピー為替レート（一ルピー＝一シリング六ペンス）の固定化の是非、インドの財政難と緊縮財政、さらに一九三〇年代末から累増した在ロンドンのインドのスターリング残高をめぐる諸問題が含まれる。第三の問題群は、軍事力の問題であり、インド軍の海外派兵問題、イギリス帝国防衛、軍事費の増大にともなう財政負担とインド財政との関係が論じられている。第4章では、このトムリンソンが行った問題提起のうち、第二と第三の問題群を取り上げて軍事・財政面から一九三〇年代の英印関係を論じた。本章では、改めて第一の問題群に立ち返って、イギリス帝国と英領インド、および東アジアの工業化の問題を考えてみたい。

戦間期のインドは、第一次世界大戦での戦争協力、インドの多大な財政的貢献を背景にして、関税問題を中心とする貿易政策において、イギリス本国に対する自主性を高めていった。一九一九年には、インド財政の安定的な財源確保のために、関税に関する大幅な「財政自主権」(fiscal autonomy) が現地のインド政庁に与えられた。一九二〇年代以降のインド政庁は、この財政上の自主権を活用して、財政難を緩和するための収入関税として輸入工業製品に対する関税率を徐々に引き上げていった。当然、その関税の対象には、イギリス本国から輸入されるランカシャー産の綿製品が含まれていた。本国の綿工業利害関係者は、こうしたインド政庁の政策に抗議し、本国政府を通じて関税の引き下げを求める圧力を行使したのである。(15) 従来の研究においては、戦間期のインドに関して、本国の政治的圧力に抵抗しながら工業化を進めたインド側の主体性と、イギリス本国の経済利害との対抗関係に即した二項対立的な図式でインドの工業化が強調されてきた。その代表的研究が、イギリス帝国とインド関税政策の関係を扱ったチャタージの研究である。(16) マンチェスター綿業資本とインド現地の産業利害との角逐、後者の最終的な勝利という構図が描き出される。

この問題をさらに複雑にしたのが、一九三〇年代のオタワ体制と帝国特恵問題である。世界恐慌に対するイギリス帝国の対応策として、一九三二年の夏にカナダのオタワでイギリス帝国経済会議が開催された。その結果、世紀転換期からの懸案であった帝国特恵関税が導入されて、イギリス公式帝国を基盤とする帝国経済ブロックであるオタワ体制が形成された(17)。インド政庁代表団もオタワ会議には参加しており、英領インドもオタワ体制に組み込まれたが、その対応は消極的であり綿製品特恵問題は議論の対象にならなかった。オタワ体制のもとでは、本国と各植民地が個別に相互優遇の関税率を取り決めることになったが、インド現地では、立法参事会のナショナリストを中心に、イギリス本国の綿製品を帝国特恵関税で優遇することに抵抗があったのである。議論の末にオタワ会議後の一九三三年に成立したインド綿業保護法は、五年間の時限付きで限定的な帝国特恵を認めた。トムリンソンは、帝国特恵関税体制に支えられたオタワ体制は、イギリス帝国内部の経済的な結びつきを強化する効果はほとんど持たず、英領インドへの帝国特恵の適用は「全くの的はずれ」であったと指摘している(18)。このトムリンソンの考察も、本国経済利害と植民地インドのそれとの角逐を論じる点では基本的に従来の研究の延長線上にあるが、本当に妥当な結論といえるのであろうか。ここでは、前節でも指摘したように、英領インドのアジア内部における位置、東アジアと英領インドとの関連性を考察することで、オタワ体制の見直しを行いたい。

ところで、オタワ会議の翌年、一九三三年九月から三四年一月にかけて、日本と英領インドの間で貿易摩擦解消のための外交交渉が行われた。第一次日印会商がそれである。この経済外交の経緯に関しては、既に日本経済史からの籠谷直人の優れた研究がある(19)。籠谷は、日本側の史料を駆使しながら、一九三〇年代半ばに日本政府が展開した経済外交政策の重要な一環として、日印会商を位置づけている。本章のテーマである英領インドと東アジアの工業化との関連を考察するうえで、日印会商をめぐるイギリス本国、英領インド、日本三国間の綿業の展開と綿製品の輸出入問題を中心とした経済関係の解明は重要な研究課題である。[20] 次節では、オタワ体制の外側に位置した日本および中国の工業化と英領インドとの関係を、イギリス通商報告に依拠しながら考察する。

4　一九三〇年代の英領インドの工業化と東アジア

第6章で述べたように、戦間期においてイギリス商務省海外貿易局は、イギリスの対外貿易を促進するため世界各地に通商代表を配置していた。イギリス帝国に関しては、通商弁務官（Trade Commissioner）と帝国貿易通信員（Imperial Trade Correspondence Services）が任命されて、一九三〇年代末の時点で、英領インドのカルカッタとボンベイを含めて一八カ所に通商弁務官が駐在していた。[21] 当時インドにおける海外貿易局の代表は、インド・セイロン・ビルマ担当の上級通商弁務官（Senior Trade Commissioner）を務めたトマス・アインズコフであり、その他に二名の通商弁務官が活動していた。従って以下で考察する英領インドの通商報告書は、全てアインズコフが中心になって執筆したものである。

一九三〇年代のインド通商報告書の論点は多岐にわたったが、本節では、インドの工業化を取り巻く対外的な環境とその影響を明らかにするために、(1)オタワ貿易協定、帝国特恵とインドの利益、(2)東アジア工業化のインパクト、(3)インドの工業化、経済ナショナリズムと資本財輸出、(4)イギリス金融利害とインドの工業化、以上の四点に分けて分析を試みたい。

（1）オタワ体制、帝国特恵とインドの利益

一九三二年度と一九三三年度の通商報告は、イギリス本国との貿易に関してオタワ貿易協定が生み出したプラス

の効果と影響を査定するため、特別に同協定の分析に紙幅を割いた。その全般的評価は非常に高く、「この極めて重要な協定は、英印両国民の貿易関係史上初めて帝国特恵の原理を実行に移すものであり、英印経済関係に新たな時代を画す。それにより相互利益の絆が強化され、両国民の物質的繁栄への貢献が期待される」「オタワ貿易協定の明白な利点はインドが帝国特恵の原理を受け入れたことであり、インドにとってコモンウェルスの経済ブロック(the economic bloc of the British Commonwealth of Nations)に参加することが物質的利益をもたらすことが理解されたこと」(22)であった。この時点でイギリス本国の立場からは、オタワ貿易協定は、インドや他のドミニオン諸国と一種のブロック経済を形成する第一歩であると見なされていた。一九三三年には、このオタワ協定によってコモンウェルス諸国がお互いの貿易にとって好都合な貿易体制を保持する諸国家の集団になるであろう、という期待感が改めて表明された(23)。当時インドは、一九二六年のバルフォア報告書と一九三一年のウェストミンスター憲章によって発足したコモンウェルスの一員ではなかったし、オタワ帝国経済会議に代表団を送るに際しても慎重であり、帝国特恵関税の採用にも消極的であった。それにもかかわらず通商報告では、コモンウェルスの将来に対する高い期待感が表明された点が特徴的である。

一九三二年度の通商報告は、オタワ貿易協定の成果についてさらに詳細な分析を行っている。その分析によれば、イギリス本国にとっての利益総額は、五五一〇万ルピーあるいは四一三万二五〇〇ポンドと計算されている。このうち三三七〇万ルピー(二五二万七五〇〇ポンド)は、インドの消費者を差別的保護(discriminating protection)政策がもたらす影響から保護するために、オタワ協定に先立って課された差別関税からもたらされた利益であった。従って、オタワ貿易協定で認められた帝国特恵に直接帰することができる本国側の利益は、二一四五万ルピーあるいは一六〇万八七五〇ポンドと算出された。この本国側の利益と比較して、インドが帝国特恵から得た利益は、八〇二〇万ルピーあるいは六〇一万五〇〇〇ポンドとされた(24)。この数字が示すように、帝国特恵制度の導入によって、イギリス製品のインド市場における競争力がある程度相対的に改善されたことがわかる。しかし、それ以上に英領インドは、イギリス本国市場向けのインドからの輸出増加を通じて、オタワ貿易協定から一層大きな利益を得ていた。「茶・亜麻仁・米・ジュート製品・銑鉄・半製品のスティールのようなインド産品に付与された貴重な帝国特恵の効果が平常の年に感じられる時、イギリス本国市場はインドの輸出可能な余剰品にとって一層価値ある販路となり、そのシェアがさらに伸びると推定できる。これは、両国の経済利害を一層緊密に結びつけるうえで最も重要な発展になるであろう[25]」。我々はこの記述から、オタワ体制が英領インドに対して全く一方的に利益をもたらしたことを理解できる。それは、近年のイギリス帝国史研究で明らかにされた研究成果、すなわちオタワ体制はイギリス本国の工業製品輸出よりも、世界恐慌で市場を失った植民地側の第一次産品に最大の輸出市場を提供し、結果的に植民地側の本国に対する債務返済の円滑化に大きく寄与したという解釈を肯定するものである[26]。同時代の王立国際問題研究所の出版物でも、同様な認識が示されていた[27]。一九三〇年代のイギリス本国市場は、第一次産品の輸出国にとって世界最大の開放市場であった[28]。一九三六年度には、インドからイギリス本国向けの商品輸出の比率が過去最高の三四・九％に達し、英印間の貿易収支は一九世紀以来初めて逆転して、インド側に貿易黒字一億六〇〇〇万ルピーが生じたのである[29]。

しかし、これはオタワ貿易協定が生み出した効果の一面にすぎなかった。最近のアジア経済史研究では、一九三〇年代のアジア国際秩序における貿易体制の対外的な「開放性」と非帝国地域との貿易の重要性が強調されるようになった[30]。その開放性の典型が、一九三〇年代の日本に対するインド原棉の大量輸出であった。一九三二年度は「インド経済史のどん底」であり、第一次産品価格の大幅な下落は抑制されないまま続いていた。しかし、一九三二—三三年に「日本向け輸出は一億四〇〇〇万ルピー弱の一定水準で維持されていた[31]」。その後オタワ貿易協定のおかげでインドの輸出貿易は着実に回復し、一九三五年度にその回復は事実上インドの主要輸出品の全体に波及していた。インドのイギリス本国向け輸出貿易は三五・二%伸びたのに対して、他の諸国との伸びは一四・七五%に留まったが、「イギリス本国以外の諸地域に対するインドの輸出は、一九三三年のインド棉ボイコットによる輸入減少を埋め合わせるための、日本による例外的な原棉の大量輸入により支えられていた」[32]。当時、日本はインド原棉の最大の輸入国であった。他方、イギリス本国は、インド棉輸入拡大を取り決めた一九三三年のリース＝モディ協定とインド棉使用の促進を図ったランカシャーインド棉委員会の努力によっても[33]、インド棉花の輸入実績では第二位に留まっていたのである（表8-4を参照）。

表8-4　1930年代初頭のインド原棉輸出と国内消費

（単位：千梱；400重量ポンド）

輸出先	1930	1931	1932	1933	1934
イギリス	233	286	274	125	242
ヨーロッパ大陸	1,429	1,505	1,003	424	862
中国	456	555	626	243	169
日本	1,722	1,409	1,753	757	1,426
その他	93	113	73	33	42
輸出合計	3,933	3,868	3,729	1,582	2,741
インド国内消費	1,992	2,373	2,271	2,346	2,360
総　計	5,925	6,241	6,000	3,928	5,101

出典）Department of Overseas Trade, *Conditions and Prospects of United Kingdom Trade in India, 1930-31* (London, 1932), p. 166 ; Ibid., *1931-32* (London, 1932), p. 142 ; Ibid., *1933-34* (London, 1935), p. 160.

インド棉の輸入は日本の工業化にとっても不可欠であったが、この大量輸入は日本が経済外交政策を展開するにあたって重要な交渉カードになった。一九三三年四月にインド政庁は、日本の綿製品輸出急増を抑える方策として日本品に対する輸入関税率を七五%に引き上げるとともに、最恵国条項を含んだ日印通商協定の破棄を通告した。日本側は対抗措置としてインド棉花のボイコットに踏み切り、両国間で貿易摩擦が深刻化した。問題打開のために、一九三三年九月から翌三四年一月まで、インドのデリーとシムラで日印政府間交渉が行われた（第一次日印会商）。この交渉に際して、通商報告の作成者であったインド上級通商弁務官アインズコフは、イギリス帝国と英領インドにかかわる利害の調整役として活躍した。また、第6章で詳述した日本駐在の商務参事官ジョージ・サンソムも、インド政庁への政治的助言者と、イギリス政府オブザーバーとして日本とイギリス帝国利害の調整役として、二重の任務を帯びて日本側代表団との交渉に臨んだ。[34] アインズコフとサンソムは、互いの役割分担を守りながらも緊密に協力することで、インド政庁が管轄する経済外交での事実上の責任者として、それぞれの通商報告作成の経験を活かすことができた。特に、サンソムは、日本側にとってインド原棉ボイコットが交渉の切り札であること、インド政庁と英領インドの農業利害にとっても日本向け原棉輸出が不可欠であることを十分に認識していた。従って、交渉が山場に差し掛かった三三年一〇月末にサンソムは、日本綿製品の輸入規制（輸入割当制）緩和と引き換えに、インド原棉の輸出促進策（日本側の購入義務化）を図ることが重要であると判断していた。[35] つまり、日本側に綿製品輸出と原棉輸入とのリンケイジを認めさせること、それを通じてインド原棉の販路拡大を図ることが、インド政庁にとって是非とも必要であったのである。インド政庁財政委員でインド財政問題の責任者であったジョージ・シャスターも、日本の原棉輸入の重要さをインド政庁側の会議で繰り返し主張していた。[36] この文脈において、オタワ体制はイギリス帝国圏以外の諸国にとっても「開かれた」貿易体制であった。

（2）東アジア工業化のインパクト——「アジア間競争」の展開

第6章と第7章で論じた一九三〇年代における日本と中国の経済発展、工業化の進展は、英領インドの通商報告の記述にも反映されていた。特に、一九三〇年代初めの通貨切り下げを契機にした日本からの輸出急増は、イギリス工業製品にとって重大な脅威になった。一九三〇年度の通商報告は、綿製品における「日本との競争」を次のように明確に分析していた。「日本はイギリス製品のボイコットを自国に有利になるように活用し、（綿製品）全貿易でのシェアを三六％にまで高めた。（中略）日本の競争力は、専ら価格要因に依存している。（中略）高度に集権化され緊密に結びついた日本の綿工業界を支配する指導者たちは、東洋において規格化された安価な綿布に対する需要があることを理解している。その製品価格は、窮乏化したインド・中国・アフリカ諸地域の大衆の縮小した購買力の限度内に収まっている。（中略）インドの工場ですら、粗製品に関して日本からの非常に厳しい競争に曝されている」「貿易史上初めて、（未漂白・未染色綿布で）日本製品の輸入が量と金額の両面でイギリスからの輸入品を凌駕した」(37)。通商報告は、日本円の為替レートの下落とインドの購買力の大幅な減少が、インド市場への日本製品浸透の主要な原因であることを的確に認識していた。

日本の安価な消費財、特に綿製品は、インド政庁が設定した関税障壁を乗り越えてインド市場に浸透することができた。一九三三年度の通商報告は次のように指摘している。「昨年の輸出実績は、日本との競争の打撃がなくとも一層深刻になったであろうが、日本との競争は（イギリスからの輸出に）二重の影響を及ぼしている。第一に、日本の輸出業者は、以前イギリスが享受していた一定額の貿易を確保した。第二に、彼らはヨーロッパ大陸の輸出業者からさらに多額の貿易を奪取することに成功したが、その金額のかなりの部分は、本来ならばイギリスの輸出業者が確保すべきものである。イギリスと日本の製品価格の格差は非常に大きいので、一〇％の帝国特恵では埋め合わせることができない。（中略）一九三四年インド関税（修正）法のもとで一定の範囲内の外国製品輸入に対して追加的に課せられる最低限の特定関税によって、こうした商品における日本からの輸入品の洪水がある程度は抑制された。しかし、日本との競争はその激しさを増し、常に広がっていく一連の広範な商品に及ぶであろう」(38)。日本綿製品の英領インドへの大量流入は、既に見たように一九三三―三四年の日印会商と三四年一月の印日貿易協定の再締結にむすびついたが、以上の通商報告は、安価な消費財の流入を制限するうえでの関税政策の限界を示唆している。

また、日本製品と同時に中国の綿製品も、特に綿糸が、一九三〇年代初めにインドに輸出された。英領インドの通商報告は、その様子を断片的であるが次のように記述していた。「中国からの輸入綿糸の比重は実際には増大し

表 8-5　インドの綿糸輸入と国内生産

（単位：ポンド）

輸入国	1930-31	1931-32	1932-33	1933-34	1934-35
イギリス	10,314,913	11,912,546	13,357,065	9,952,435	9,792,311
オランダ	15,015	—	—	—	—
スイス	73,600	51,201	65,900	13,500	—
イタリア	64,435	142,489	5,444	18,090	—
中国（香港を含む）	11,743,238	13,215,238	13,325,400	10,229,275	12,767,925
日本	6,894,903	6,206,197	18,148,809	11,683,936	11,339,411
その他	33,811	47,429	200,764	157,927	122,203
輸入合計	29,139,915	31,575,100	45,103,382	32,055,163	34,021,850
インド国内生産	867,279,000	966,407,000	1,016,418,000	921,061,000	1,000,756,000
総　計	896,418,915	997,982,100	1,061,521,382	953,116,163	1,034,777,850

出典）Department of Overseas Trade, *Conditions and Prospects of United Kingdom Trade in India, 1930-31* (London, 1932), p. 141 ; Ibid., *1931-32* (London, 1932), p. 121 ; Ibid., *1933-34* (London, 1935), p. 143 ; Ibid., *1935-36* (London, 1936), p. 117.

たが、低価格のために輸入金額は低下した」[39]「四〇番手（綿糸）以上の貿易における中国製品の侵入は、最近の顕著な現象の一つである」[40]。日本と中国の綿製品は英領インド市場で競合した。一九三二年度の通商報告によれば、「一一番手から二〇番手（綿糸）における増加分は中国を犠牲にして、日本綿糸がほぼ全部を確保した。（中略）二重紡ぎの製品で中国製品はその年（一九三二年）前半に市場から駆逐されたが、日本からの着荷が落ち込むにつれて一〇月以降市場に再び参入した」「日本は円切り下げの結果、（未漂白・未染色の）市場から中国製品をほぼ完全に追い出した」[41]。しかし、この日中間のインド綿糸市場をめぐる競争は、一九三〇年代の綿製品をめぐるアジア間競争の一側面に過ぎなかった。インド現地での大規模で急速に増大しつつあった綿糸の生産と比較すれば、インド市場での輸入綿糸の比重は取るに足りなかった。インドでの生産業者を巻き込んで、綿糸のアジア間競争はさらに大規模に展開したのである（表8-5を参照）。

インドに対する日本製品の輸出拡大は、綿製品だけに限られたわけではない。通商報告は、陶磁器・ガラス・ガラス製品・ブーツおよび靴のようなその他の消費財の輸入増大にも言及していた。その一例をあげると、「日本のゴム靴の販売が非常に広く行き渡ったために、カーンプル、アグラ、デリーのインド人靴製造業者たちも競争するのが困難な状況にあった」[42]。こうした多種多様で雑多な消費財輸出に加えて、一九三〇年代半ばには日本からの資本財の輸出も少額ではあるが始まっていた。「日本からの輸入品は、過去数年間着実な増大を見せており、そうした品目の中には、綿製品の機械、縫製・編み物の機械、軽工業向けの安価な産業設備が含まれている。（中略）この分野では将来の競争激化が予想されるので、事業を確保するために一層の努力が必要である」「日本との競争は、今やトタン板と丸釘で厳しく、チューブでも増大している」[43]。これら雑工業製品もアジア間貿易を構成する重要な品目であった。

(3) インドの工業化、経済ナショナリズムと資本財輸出

一九三〇年代の英領インドにおける印象的な出来事は、インドの工業化の進展であり、特に綿工業の急速な発展と、前述のような日本製品・中国製品・ランカシャーの外国製品との競争の展開であった。従来の研究では、チャタージの研究に発表されるように英印間の競争が強調されてきたが、実際は東アジア産品を交えた三つどもえの競争の展開であり、最終的にはインド国産品の圧倒的優位の確立であった（図8-2および表8-6を参照）。一九三三年のインド綿業保護法は、競合する外国製品との関係でイギリス製品に税率で一〇%優遇する帝国特恵を認めたが、前述の日本製品との競争よりもインド現地産業からの競争増大の方がもっと深刻であった。一九三〇年代のアインズコフの通商報告は、一貫してこの点を強調している。さらに三〇年代後半になると、インド綿布は、日本製品が海外市場において輸入割当制を課せられた時に、海峡植民地・セイロン・ペルシャ湾岸・エジプト・ナイジェリアやタンガニーカなどのアフリカ市場にも輸出されるようになった。インドの工業化の進展に伴い、環インド洋世界で綿布輸出に関しても、日印間でアジア間競争が展開されたのである[44]。

インド綿工業の発展には幾つかの要因があった。早くも一九三〇年に、通商報告はインドの経済発展の必然性を

図 8-2　綿布輸入量及びインドでの生産量

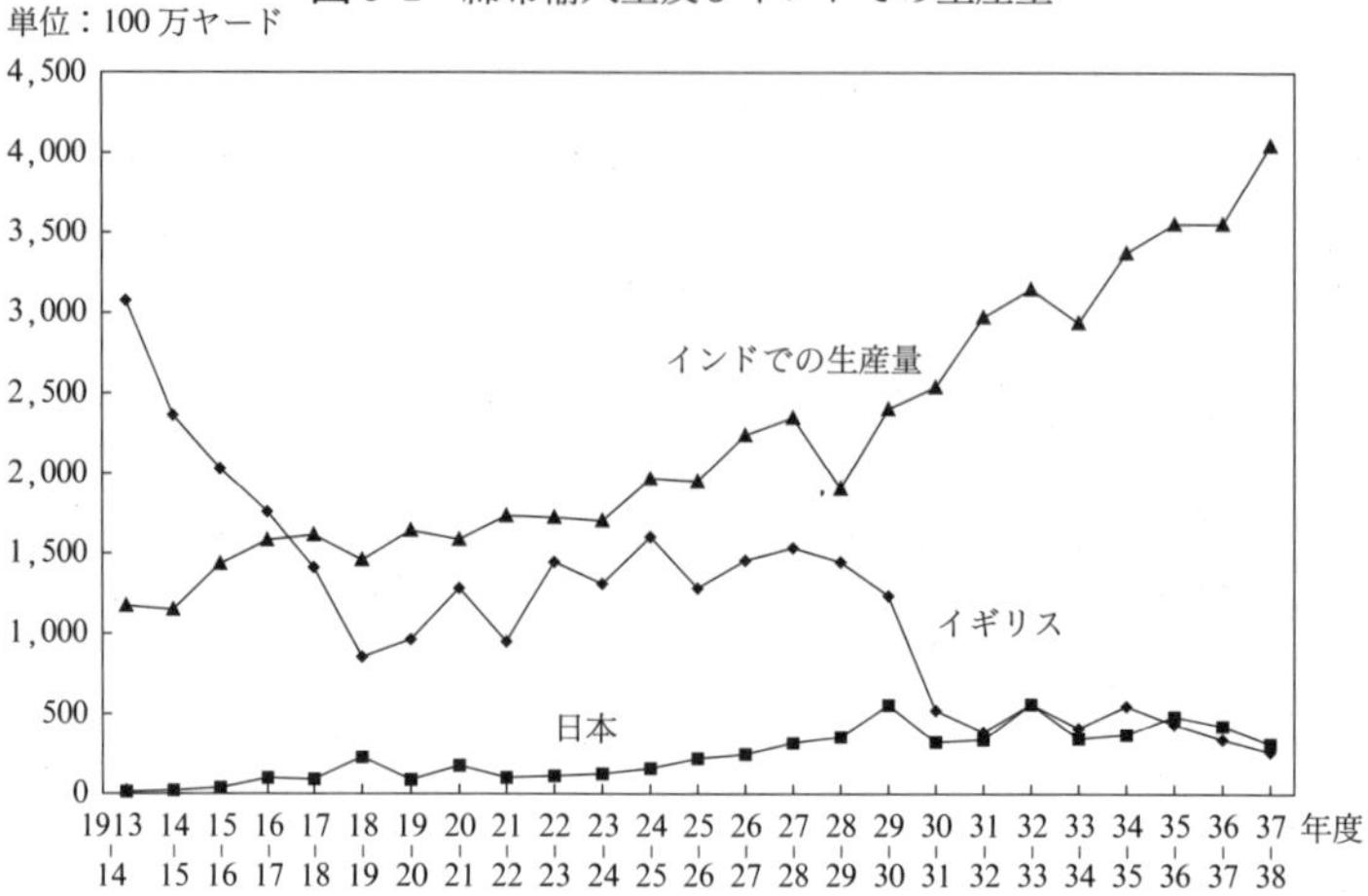

表 8-6　綿布の国別輸入量及びインドでの生産量

（単位：100万ヤード）

年度	イギリス	オランダ	イタリア	アメリカ合衆国	スイス	日本	中国	その他	全輸入量	インドでの生産量	総　計
1913–14	3,068	25	23	9	6	9	—	19	3,159	1,164	4,323
1914–15	2,354	21	10	10	3	16	—	6	2,420	1,139	3,559
1915–16	2,022	21	13	14	4	39	—	5	2,118	1,442	3,560
1916–17	1,748	14	14	8	3	100	1	4	1,892	1,578	3,470
1917–18	1,404	6	7	7	1	95	1	3	1,524	1,614	3,138
1918–19	851	1	1	2	1	238	—	3	1,097	1,451	2,548
1919–20	963	8	1	6	2	76	—	8	1,064	1,640	2,704
1920–21	1,278	13	10	9	4	170	1	7	1,492	1,581	3,073
1921–22	947	12	2	21	1	90	1	6	1,080	1,732	2,812
1922–23	1,440	13	2	5	3	108	3	3	1,577	1,725	3,302
1923–24	1,306	11	6	1	7	123	6	7	1,467	1,702	3,169
1924–25	1,599	12	10	3	7	155	5	10	1,801	1,970	3,771
1925–26	1,275	16	11	3	7	217	2	9	1,540	1,954	3,494
1926–27	1,457	20	17	5	12	244	2	10	1,767	2,259	4,026
1927–28	1,530	20	26	5	15	323	7	10	1,936	2,357	4,293
1928–29	1,442	20	38	7	11	357	13	12	1,900	1,893	3,793
1929–30	1,236	22	25	9	10	562	10	8	1,882	2,419	4,301
1930–31	520	13	10	4	6	321	2	6	882	2,561	3,443
1931–32	376	7	11	3	8	340	4	4	753	2,990	3,743
1932–33	586	5	8	1	10	579	1	3	1,193	3,170	4,363
1933–34	415	2	—	—	1	341	—	2	761	2,945	3,706
1934–35	552	2	2	1	8	374	1	4	944	3,397	4,341
1935–36	440	2	1	1	6	496	—	1	947	3,571	4,518
1936–37	334	2	1	—	8	417	—	2	764	3,572	4,336
1937–38	267	1	1	—	9	308	—	5	591	4,084	4,675

出典）Department of Overseas Trade, *Conditions and Prospects of United Kingdom Trade in India 1937–38* (London, 1939), p. 170.

注）1937–38年はビルマを除いた数字

認めて次のように述べていた。「自治権を有するインドが自国の産業を保護するために、財政自主権を最大限に活用することは疑いない。（中略）インド市場で足場を再び確保しようとする（ランカシャーの）努力は、自治権を持つインドの財政政策により挫折させられるかもしれない[45]」。ここでは、インド政庁に与えられた一九一九年以降の財政自主権と関税政策の独自性が特に強調されている点に注目しておきたい。

当面は、関税収入の減少に備えた緊急措置として一九三三年に導入された課徴金（関税率の一律二〇％の上乗せ、ただし日本製品の税率は五〇％から七五％に引き上げ）が問題になった。その課徴金は当初意図されていなかった保護効果を持ち、発展の初期段階にあった非常に多くの現地産業に刺激を与えたのである。一九三三年度の通商報告は、インド輸入貿易の展望を以下のように要約した。「インド諸産業との競争は、保護関税と収入関税、経済ナショナリズムの最も顕著な表現のひとつである『スワデシ』運動、さらにインド政庁の備品購入の際に政庁諸部門が認容する特恵措置により刺激を受けている。それは輸入製品にとってのインド市場を必ず制約する。（中略）近い将来、イギリス産業は、特恵関税と（インド側との）産業協力による複合的な影響力に頼ることを通じて、他の諸外国の競争者を犠牲にしながら、限られた市場においてより大きなシェアを確保せざるを得なくなるであろう[46]」。

しかし、インド産業との厳しい競争に直面しながらも、一連の通商報告はイギリスからの綿製品輸出の将来に関して決して悲観的ではなかった。むしろ、インドの工業化は経済ナショナリズムによって促進される不可避のプロセスであり、イギリスはこの好機を積極的に活用してインド側の業界と協力することができる考えられていた。一九三〇年代初めの時点でさえ、次のようなインド産業の一層の発展とイギリス製品との共存が予想されていたのである。「細糸を紡ぐために益々多くのアメリカ棉とエジプト棉が使用されるにつれて、インド企業がより精巧なタイプの無漂白・無染色の製品分野に急激に進出するのは避けられない」「インド製品との競争は絶えず拡大していく多様な製品分野において展開されているにもかかわらず、インド企業は、金銭的な余裕がある時に消費者が好むような品質・デザイン・色彩・スタイルの製品をいまだに供給できていない。インドの消費者は、過去四年間のような厳しい農業・産業不況の時代には、以前から購入する傾向があった精巧な輸入品に代わってインド産の安価・粗製で魅力に乏しい製品を購入せざるをえなかった。しかし、第一次産品の価格が上昇して彼らの購買力が増大する時には、ランカシャーのより上質で意匠を凝らした基幹商品に対する需要が広がることを期待しても、決して的はずれではないだろう[47]」。

一九三三年の一連の出来事は、英印綿工業界が将来的に協力する可能性に関して、希望の持てる状況を生みだした。同年の通商報告は次のように指摘した。「イギリスの繊維・銑鉄・鉄鋼産業の代表団のインド訪問とリース＝モディ協定は、二国間の産業面での協力政策を永続的なものとして確立した。そうした政策は、経済的な競合関係と敵意の根源を取り除き、両国民の間で利害共同体の意識を生み出すことによって、経済分野だけでなく政治の領域においても大きな影響力を及ぼす効果を生み出すように計算されている[48]」。この時期、英印の民間産業界における協力、市場分割のカルテル形成の模索と並行して、一九一九年インド統治改善法を見直すための政治交渉が英印円卓会議などを通じて同時並行で行われていた。やがてそれは一九三五年八月のインド統治法の制定につながったが、インド国制面における政治問題の緊張緩和と経済協力との密接な関連性が強調されている点は注目に値する。インドのナショナリストの側も政治と経済の関係を十分に認識できており、政治交渉と民間の経済外交をからめたしたたかな交渉を展開したのである[49]。

さらに、アインズコフは一九三五年度の通商報告で、英印経済関係に関してもっと先見の明のある長期的な見解を提示した。それは、インドの急速な経済発展を支持し、機械類・化学製品・輸送車両のようなイギリスからの資本財輸出が増大することに期待を寄せるもので、次のように論じていた。「問題の部分的な解決策はインドの急速な発展に見出されるであろうが、それは既にインドの必需品の驚くべき多様化につながっている。（中略）イギリスの製造業は、新しいハイテク産業で外国との競争に対抗して成功を収めつつあり、インド現地における販売・技術・サーヴィス面で十分な組織化を通じてその競争力を強化しつつあることは、非常に刺激になる。幸いなことに、そうした大規模な拡大が可能なこれらハイテク産業の輸入品は、インド自体の自然な産業発展とは競合せずに伸びることが可能である。技術面での経験と世界的規模での市況情報を持つイギリスの製造業界と、現地の事情に詳しいインド産業界との友好的な協力は、製品の消費を促すための研究活動において最も貴重である。（中略）我々は将来、インドに対して資本財と専門的装置を供給することに益々依存しなければならない、従って、我々の経験と専門技術を活用してインド自体の発展を援助せねばならないと、私は確信している」[50]。

実際一九三七年度には、長年インドの輸入品において首位の座を占めてきた綿製品に代わって、機械類の輸入が全輸入額の一〇%を占める最も重要な輸入品目に躍り出た。インドの工業化が進展するにつれて、資本財輸出の拡大の可能性がさらに高まり、しかも最新式の機械に対する新たな需要が期待できた[51]。我々はこの点で、植民地支配下にあった英領インドにおいても、第5章でみた世紀転換期の日本や、第7章で考察した一九三〇年代初頭の中国の場合と同様に、たとえ程度の差はあったとしても、現地における工業化の進展とイギリスからの資本財輸出の増大との連動性を見出すことができる。

（4）イギリス金融利害とインドの工業化

世界恐慌とそのインドへの波及、第一次産品価格の暴落は、インドの購買力を大幅に減少させた。インドの貿易収支の悪化は一時的に深刻な問題となり、インドからの金塊の輸出によって貿易収支の急激な悪化はかろうじて回避できた。金塊輸出に補完された貿易黒字の維持は極めて例外的な現象であり、一九三二年度の通商報告は次のように指摘していた。「インドの商品貿易における黒字額が少なくとも五億ルピーの水準に回復するまでは、永続的

表8-7　1930年代インドの貿易収支

（単位：100万ルピー）

	インドの商品輸出	外国商品の再輸出	外国商品の輸入	商品に関する貿易収支	金	銀	通貨	財貨の取引収支	全貿易収支
1913-14までの10年平均	1,946.7		−1,229.3	717.4	−208.7	−76.7		−285.4	432.0
1929-30までの10年平均	3,140.4	116.8	−2,425.9	831.3	−240.4	−154.9	−2.7	−398.0	433.3
1930-31	2,204.9	51.4	−1,635.8	620.5	−127.5	−116.5	−0.3	−244.3	376.2
1931-32	1,558.9	46.6	−1,257.2	348.3	579.8	−25.9	2.6	556.5	904.8
1932-33	1,324.3	32.2	−1,322.7	33.8	655.2	−7.3	1.3	649.2	683.0
1933-34	1,472.5	34.2	−1,150.0	356.7	570.5	−0.1	1.9	572.3	929.0
1934-35	1,516.7	35.5	−1,318.0	234.2	525.3	−3.7	3.7	525.3	759.5
1935-36	1,643.7	37.8	−1,387.8	293.7	373.5	−12.7	2.9	363.7	657.4
1936-37	2,007.9	62.2	−1,275.0	795.1	278.5	−135.9	2.4	145.0	940.1
1937-38	1,996.1	75.5	−1,636.2	435.4	163.3	−15.0	2.8	151.1	586.5

出典）Department of Overseas Trade, *Conditions and Prospects of United Kingdom Trade in India, 1931-32* (London, 1932), p. 36 ; Ibid., *1935-36* (London, 1936), p.30 ; Ibid., *1937-38* (London, 1939), p. 44.

な輸入貿易の改善はありえない。五億ルピー（三七五〇万ポンド）の貿易黒字は、インドがロンドンで欠かすことのできない債務返済に必要な金額である。（中略）貿易収支悪化の深刻さはインドの場合特に際だっている。なぜなら債務国として、インドは商品取引において多額の貿易黒字を維持する必要があるからである」[52]。これは、インド政庁財政委員のジョージ・シャスターのオタワ帝国経済会議での発言とも一致していた[53]。商品貿易における貿易黒字額の一時的な激減は、ロンドンのシティ金融利害と結びついた債務返済に悪影響を及ぼす可能性があったのである（表8-7を参照）。

それに加えて、輸入の減少と関税収入の逓減との間で、次のような悪循環が生まれていた。「この五年間において、インドの輸入の二五億三〇〇〇万ルピーから一一億五〇〇〇万ルピーへの減少は、歳入面で最も深刻な影響を及ぼした。（中略）輸入が低下しそれに対応して（関税）収入が減少したために、赤字を補填する目的で、新たな関税と課徴金が収入関税に付け加えられた。これらの新たな負担は、多くの場合収穫逓減の法則が作動し始めるポイントまで輸入品の一層の減少をもたらした。さらに、高い関税水準は（インド現地で）新たな諸産業の創生を引き起こし、それらが輸入商品に取って代わって、輸入品と関税収入の一層の縮小をもたらした[54]」。結果として、一九三二―三三年に採られた緊急措置が、インドの輸入貿易の縮小と歳入減による財政難を引き起こし、インド政庁の財政状況はさらに悪化したのである（第4章を参照）。

一九三〇年代後半になると、オタワ貿易協定のおかげでインドの本国向け輸出は増加したが、インドの輸入額はそれと同じ程度には回復しなかった。むしろ通商報告では、インドでの急速な工業化の進展と輸入代替化によって、縮小することが予想される消費財市場の喪失への危惧が表明されるにいたった。一九三七年度の通商報告は、過去二年間のうちに、英領インドがイギリス製品にとって世界最大の市場の地位を南アフリカ連邦とオーストラリアに明け渡して、第三位に転落したことを確認したうえで、輸入代替工業化の行き過ぎに対して次のような警告を発した。「インドの公人は政治家も企業家もともに、インド国内の生産が輸入に取って代わって次第に輸入が減少すればするほど、国家が益々繁栄するという確信を抱いているように思える。（中略）こうした最大限の工業化政策は、第一に、人口のほぼ七〇%を占める農業部門との深刻な利害対立を、第二に、インド政庁が歳入の約六〇%を関税収入に依存しているという理由からインド財政の危機を、そして最終的に、インド政庁の金融・経済構造の崩壊を必然的に招来するに違いない。というのもインド政庁の金融・経済構造は、ロンドンにおける（年間五億―六億ルピーに及ぶ）インドの財政的義務を遂行するために、またルピー為替レートを維持するために、輸出の超過に依存しているからである[55]」。このアインズコフの警告は、イギリス本国製品の輸出促進を任務とする通商弁務官として、インドの輸入の一方的な減少によって生じた貿易構造の極端な不均衡に向けられていた。しかし、第一次産品輸出に大きく依存したインド農業利害と工業化政策の矛盾に関する彼の警告は、必ずしもその論拠が明確でないし説得力もない。他方で、彼の警告の第二と第三の論点は、イギリス金融利害とインド工業化との関連性を的確に表現している。インドの工業化の進展は、彼が危惧するのとは逆に、インド側の円滑な債務履行を期待するシティ金融利害にとっては好都合であり、歓迎すべき現象であったのである。

5　アジアの工業化とイギリス経済利害

最後に、以上考察してきた英領インドの工業化をめぐる論点を要約してみたい。

まず、一九三〇年代の一連の通商報告で繰り返し強調されているように、イギリス帝国主義、あるいは植民地支配の下でもインドの工業化が急速に進展したことは否定しようのない事実である。綿工業を基軸としたインドの工業化は、一九三〇年代半ばになると銑鉄・鉄鋼の生産や多様な雑工業製品にも波及しつつあった。第5章から第7章で考察した同時代の東アジア地域における工業化の場合に見られたように、消費財生産を中心とした工業化の進展はイギリス本国からの資本財輸出を促す効果があった。現地インド政庁の経済・財政政策も、インドにおける工業化の進展を前提にして立案・構想されていた。インド政庁の備品購入政策でも、インド産品（インド現地で生産された多国籍企業の製品も含む）を優遇する方針が明確に打ち出されていた。他方で、輸入代替工業化を積極的に推進しようとしたインドのナショナリズム勢力も、この趨勢を的確に捉えていたのである。工業化を容認する公式帝国支配とインドの経済ナショナリズムとの利害の一致が指摘できる。

第二に、インドの工業化は東アジアの工業化のインパクトを受けながら展開した。通商報告で最も頻繁に言及されているのが消費財生産をめぐる日本との競争激化であった。やがてそれは、一九三三―三四年の第一次日印会商、日本綿製品の輸入割当制とインド原棉購入義務を定めた三四年の印日貿易協定の締結につながった。限定的ではあったが中国綿糸のインド市場への流入も見られた。広大な英領インドの国内市場をめぐって、日本、中国、現地インド産業の間で三つどもえのアジア間競争が展開されたのである。そのアジア間競争は、一九三〇年代後半になると、英領海峡植民地・セイロン・中東・アフリカを含む環インド洋世界にも広がった。消費財生産をめぐるアジア間競争の激化を前に、イギリス本国のマンチェスターに代表された本国製造業利害の影はすっかり薄くなった。この一九三〇年代にみられた経済関係の萌芽的な形態は、すでに世紀転換期から形成されつつあった。英領インドにとっては、その東側に位置したアジア諸地域とのつながりとアジア内部の国際分業体制の形成が、インドの工業化を考える際に無視できない重要な要因であった。

第三に、英領インドを含めたアジアの工業化を可能にした対外的環境と国際秩序を重視したい。オタワ体制は帝国特恵関税制度を通じて、英領インドからイギリス本国向けの第一次産品の輸出拡大を可能にした。他方で、本国からインド向けの製品輸出は伸びず、総合的に見るとインドはオタワ体制の受益者であった。しかし、そのオタワ体制自体もイギリス帝国以外の広範な地域・国家に対して「開かれた」性格を有していた。日本によるインド原棉の大量輸入はその典型であり、日印双方にとって相互依存的な経済関係が維持されたことが重要であった。この開放的な貿易体制は、ロンドンのシティを中核とするイギリス本国のサーヴィス・金融利害、ジェントルマン資本主義の経済利害に支えられており、第一次産品の輸出拡大と工業化の進展を通じたインドの貿易黒字額の拡大は、シティにとっても債権回収を容易にする必要条件として歓迎されたのである。ここに、公式の植民地帝国を抱えつつグローバルスケールで展開する「帝国的な構造的権力」としてのイギリス経済利害とアジアの工業化との整合性が見出される。「帝国的な構造的権力」としてのイギリスが構築した枠組みである自由貿易体制と経済利害の補完性に支えられて、英領インドの工業化は可能になったのである。

第9章　一九三〇年代におけるイギリスのプレゼンスの変質

――一九三五年の中国幣制改革をめぐって――

1　中国の幣制改革とイギリスのプレゼンス

本章では、一九三〇年代に国際社会と世界システムにおけるイギリスのプレゼンスが、ヘゲモニー国家から構造的権力に変質したこと、その変質とアジア国際秩序の形成・維持とが整合的・補完的であったことを、一九三五年の中国の幣制改革を事例として取り上げて検討したい。

第4章で論じたように、ヘゲモニー国家イギリスの世界的影響力の基盤であった軍事力の展開能力において、一九三〇年代のイギリスは大きな制約を受けることになった。とりわけ、インド軍の海外派兵は、インドとイギリス本国双方における財政的な制約と、インド統治の安定への配慮、インドナショナリズムの穏健派をイギリス統治体制への「協力者」として取り込み懐柔する必要性から、実施が困難になった。海軍力に関しても、東アジア地域においては、ワシントン、ロンドン両海軍軍縮条約によって日本の海軍力の拡張を抑えたとはいえ、一九二七年の上海防衛軍の派兵をめぐる交渉の過程でも見られたように、日本の海軍力はいまだ潜在的な脅威として存在し、その動向に注意せねばならなかった。卓越した軍事力をベースにしたかつてのヘゲモニー国家としてのイギリスは、その世界政策の再編を余儀なくされていたといえよう。

こうした状況のなかで、軍事面で相対的に弱体化を余儀なくされた一九三〇年代のイギリスにとって、残された金融・サーヴィス部門での比較優位が、その影響力を行使するうえで唯一の選択肢となった。第7章で述べたように、一九三〇年代のイギリス側の通商報告では、中国の工業化に伴うイギリス本国からの資本財輸出拡大への期待だけでなく、中国の通貨不安への懸念が強く表明されていた(1)。中国国民政府による幣制改革にイギリスが関与する前提条件は、十分に準備されていた。

ところで、一九三五年一一月の中国幣制改革に対するイギリスの関与については、その実効性と役割をめぐって評価が分かれている。ケインとホプキンズは、イギリス政府による中国幣制改革への積極的な関与とその強い影響力を強調している。特に両者は、一九三五―三六年に日本と中国を訪問したイギリス政府主席経済顧問のリース=ロスが果たした役割を重視している。彼らは、リース=ロスの南京国民政府に対する助言に基づいて幣制改革が実施され、改革後も新中国通貨はポンドにリンクして為替価値の安定が実現されたと主張する(2)。このイギリス側の研究者の主張に対して、中国経済史研究の久保亨は、最近利用可能になった中国側史料の分析に基づいて、国民政府の財政部長を務めた宋子文・孔祥熙ら中国人政治家・官僚層の自主性と幣制改革に向けた独自の努力を強調している(3)。また、城山智子は、国民政府の財政政策の国内的な制約と当時の国際金融システムとの矛盾を論じている(4)。

他方、一九八一年に出された中国の幣制改革に関する優れた共同研究では、当時の国際関係の中で幣制改革を理解する重要性が主張されている。イギリスの政策に関して木畑洋一は、イギリス政府内部に、中国を重視する外務省と、日本との外交関係を重視して対中国政策でも日本との協調路線を主張した大蔵省のネヴィル・チェンバレン蔵相らの政策路線の対立があったことを明らかにしている(5)。筆者は、一九三〇年代の世界システムの変容を考慮したうえで、台頭しつつある新興勢力であったアメリカ合衆国の政治的・経済的影響力が、中国幣制改革の成功を保証するうえできわめて重要であったことを主張した(6)。すなわち、アメリカ合衆国から派遣されていた財政顧問団の国民政府の財政・金融政策に対する影響力と、幣制改革によって国有化された銀塊売却のための四次にわたる米中銀協定の締結、それを通じたアメリカ政府による膨大な量の中国銀の購入（一九三四―四一年までに五億五三〇〇万オンス、総額二億五二〇〇万ドル）が、中国の幣制改革の円滑な実施を可能にしたのである。

筆者のこうしたアメリカの影響力を重視する見解に対して、ケインは反論を寄せている。彼は、南京国民政府の側が幣制改革の主導権を握っていたことを認めたうえで、一九三〇年代のアメリカ合衆国政府の対中国政策は十分に体系化されておらず、政策的対応に一貫性を欠いていたこと、そして、それとは対照的に、イギリス側の改革への積極的な協力姿勢が顕著であったことを再度強調する(7)。

さらに、幣制改革後の中国通貨の安定に関連して、最近の論考で杉原薫は、東アジア「通貨切り下げ圏」の成立、日本と中国のスターリング圏への実質的な包摂を主張している(8)。

本章では、こうした中国の幣制改革に関する諸議論と論争をふまえたうえで、中国の幣制改革に対するイギリスの姿勢と対応を肯定的に再評価したい。その過程で、一九三〇年代のアジア国際秩序におけるイギリスの影響力とプレゼンスを、構造的権力論と関連づけて再考する。

2　リース＝ロス使節団派遣の政策的意図

一九三五年六月一七日に、イギリス政府主席経済顧問のリース＝ロスを、中国に派遣する旨の発表がなされた。その背景には、一九三四年六月にアメリカ合衆国が銀買い上げ政策を採用して以来、中国から銀が大量に流出する事態が生じて、中国経済が深刻なデフレ状況に陥ったことが挙げられる。

中国経済の不振、対中国輸出貿易の停滞、中国政府の財政難に伴う鉄道借款の債務不履行という三重苦に直面して、中国現地のイギリス貿易・金融利害関係者は深刻な危機感を抱いて、イギリス政府の積極的な対応を求めた。一九三五年四月に大蔵大臣に提出された覚え書きでは、中国の現状を、(1)通貨・財政の危機、(2)日本の影響力増大によるイギリス権益の深刻な立場という二重の危機と捉えて、本国政府の積極的な関与を求める次のような提言がなされている。「中国の通貨・財政に関する現在の危機は、イギリス本国政府に対して、中国の財政難を緩和し、イギリスを一層活動的な舞台に引き出すような建設的支援を行う好機を与えている。今日とられるべきイギリスのイニシアティヴは、イギリス利害の侵害に対する抗議ではなく、極東におけるいずれの当事者に対する敵対行為でもなく、実用的な目標達成のための現実的な措置となるであろう[9]」。

こうした中国現地のイギリス通商利害からの提言に先立ち、イギリス政府は一九三四年一二月に、中国の金融情勢、特に銀問題を検討するために、大蔵省・インド省・植民地省・商務省海外貿易局・外務省およびイングランド銀行の関係者から成る政府部局間委員会（interdepartmental committee）で対応策を協議していた。翌一九三五年一月一七日に、委員会報告書が提出された[10]。その報告書は、一九二六年以降の銀価格の変動を基準に、中国経済の状況を次の四期に分けて分析している。(1)一九二六―三一年：銀価格の低下による相対的な繁栄期、(2)一九三二―三四年五月：ポンド、日本円、米ドル切り下げに伴う銀価上昇と不況、(3)一九三四年六―一〇月：アメリカ合衆国の銀買い上げ政策による銀価の一層の上昇、(4)一九三四年一〇月一五日以降：中国政府による高率の銀輸出税賦課の時期。

報告書では、中国政府が一九三四年に採用した銀輸出税と銀平衡税が、デフレと国際収支の悪化に対応する最善の手段であると評価された。米国財務省のような大量の銀購入者が存在する限り、中国銀の大規模売却は不可避であるとしたうえで、報告書では別の対応策の是非も検討されている。その選択肢の中には、(1)金本位制、(2)ポンドへのリンク、(3)中国銀貨切り下げ、(4)不換紙幣への転換、(5)ロンドンでの外債発行への協力が含まれていた。しかし、いずれも現時点では実施が難しいとされた。

だが、その後のイギリスによる中国幣制改革への関与の仕方を考える際に、中国通貨のポンドへのリンク（スターリング本位制 The Sterling Standard）の可能性が、付属文書で特に検討されている点は注目に値する。[11] そこでは、中国への金融的支援に際して、他の列強（アメリカ合衆国・日本・フランス）との協調性と、スターリング本位制の事前通告が必要である点が強調された。また、その通貨改革の必要条件として、(1)中国通貨とポンドの交換レートを現行よりも低いレートに固定すること、(2)中央銀行による一元的な通貨発行、(3)中国政府による銀の接収、(4)接収した銀売却のためのアメリカ政府との折衝、(5)新中国通貨の価値を支えるための外債発行の必要性、(6)補助コインの鋳造、(7)銀平衡税の廃止、が指摘されていた。

この時点では、新中国通貨のスターリングへのリンクは、中国政府自身が真剣に検討しない限り純粋に理論的な問題にとどまる、と慎重な留保がなされていた。だが、この付属文書の中に、イギリスが実際の幣制改革を支援し関与する過程で問題となった主要な論点が全て含まれていた点には注目しておきたい。

一九三五年六月中旬にリース＝ロスの中国派遣が決定してから、実際にカナダ経由で日本・中国に向けて出発した八月一〇日までに、あわただしく準備が行われた。リース＝ロスの派遣が急遽決まった背景には、中国の金融・通貨事情の急激な悪化と、早急な支援を求めた中国国民政府の要請があった。国民政府から財政顧問派遣の要請を受けたイギリス政府は、当初、対中国際借款団の構成国であったアメリカ・日本・フランスにも経済顧問の派遣を呼びかけた。しかし、これら諸国が派遣の要請を拒否あるいは無視したために、当面はイギリスが単独でリース＝ロスを中国に派遣することになったのである。[12]

この単独派遣に応じたイギリス側の意図は、どこにあったのであろうか。その点を明らかにするヒントは、派遣直前のリース＝ロスとイングランド銀行総裁のモンタギュー・ノーマンとの意見交換の中に見出すことができる。

リース=ロスは、一九三五年七月初めに、中国幣制問題に関してノーマンの見解を確認する質問状を送った。[13]その質問事項は、以下のように一三項目にわたる広範な論点を含んでいた。(1)中国は銀を廃棄すべきか、(2)中国は銀を全面的に廃棄し、不換紙幣に転換できるか、(3)それが不可能であれば、中国元の切り下げは可能か、(4)中国政府が銀撤廃を決めるならば、中国通貨は金、スターリングあるいは円にリンクすべきか、リンクする場合の為替レートはどの程度がふさわしいか、(5)民間銀行（外国銀行を含む）が保有する銀準備は新通貨発行のために接収されるのか、(6)外貨に支えられた新通貨のために、中国にとって、外債発行あるいは借款の供与が必要不可欠なのか、(7)上海あるいはロンドンでの起債は可能か、(8)起債の交渉は、現在の債務不履行問題の解決、あるいは解決の口約が前提条件となるのか、(9)起債交渉はどのくらいの時間を要するか、起債に代わる銀行からの融資は可能か。上海の外国銀行団からの融資が可能な場合、イングランド銀行の助力は得られるのか、(10)中国の中央銀行の再編に関して、どういう条件を要求すべきか、またどの程度まで外国からの統制が加えられるのか、(11)多額の資本提供と引き替えに、中国が満洲国の承認に同意した場合、日本の保証の有無に関わらず、満洲国の歳入を担保にしてロンドンでの起債が可能なのか、(12)外国鉄道借款を整理するために、債権者団の組織化は可能か、(13)国際借款団の協約、特に門戸開放条項の修正は可能なのか。

以上のようなリース=ロスの包括的な質問事項には、中国幣制改革の前提条件となる幾つかの重要な事項が含まれていた。ノーマンは、慎重な検討を加えたうえで、特にリース=ロスの前半の質問事項に重点を置いて、次のような暫定的回答を提示した。[14]

(1)(2)(3)の質問事項に関しては、銀の撤廃は理論的に実現可能であり、現地の事情が許せばそれは最も容易で最良の解決策である、しかし、銀に代わりうるものは考えにくく、中国元の切り下げが唯一可能な方策であろう。(4)の外貨と中国通貨とのリンクに関しては、以下のような詳細な回答が示された。（すなわち）スターリングとのリンク、スターリング為替本位制（Sterling Exchange Standard）が最良の解決策である（傍点筆者、以下同様）。というのも、①中国の対外（貿易）関係はスターリング圏諸国が最大の相手地域（約二五―三五％を占めた）であり、②ロンドンは世界で最も重要な金融市場であるため、外貨残高を保有すべき最良の場所であり、③スターリングの価値が最も安定しており、④金へのアクセスも将来的に想定できるからである。こうした利点と比較すると、日本円へのリンクは、政治的にも貿易面からも（約二〇％のシェアを占めた）中国にとって有利ではない。また、米ドルへのリンクは、銀政策と対外金融関係の両面でアメリカの将来の政策が計算できない限り、危険なギャンブルとなり、金とのリンクも、中国の金圏との関係がさほど大きくないので正当化できない。従って、一中国元あたり一シリング二ペンスの低い為替レートで、ポンドと中国通貨をリンクさせるのが得策であろう。しかし、スターリング為替本位制の採用は、日本・アメリカ・フランス三カ国の反発を招き、三カ国はスターリング本位制を開始するための金融支援を拒否するであろうし、他方、中国は、外債発行を（幣制改革の）必要条件とみなすであろう。従って、四大国の効果的な協力が、中国幣制改革にとって不可欠の条件となる。

(5)(6)銀の接収とその銀準備を売却するまでの間に、中国の通貨当局は外貨為替準備を必要とするために、外債の発行が不可欠である。外債発行を通じて中国に対して、①堅固な対外的緩衝物と、②為替を効率的に管理する手段を提供できる。

(7)(8)(9)(10)ロンドンでの起債は、幣制改革実施前には不可能であるが、起債の条件として、①特定の担保と減債基金、②イギリス人による海関管理、③収益の管理、④中央銀行に対するイギリス人助言者、⑤信用を回復するための国内財政の調整、⑥十分な安定化計画、⑦債務不履行の債権への配慮、が必要である。

(11)満洲国については政治的判断が必要である。

(12)(13)国際借款団の枠組みを基本的に遵守しながら、イギリス単独の借款の可能性も考慮する余地がある。

このイングランド銀行総裁ノーマンの回答には、中国の幣制改革で最終的にスターリング為替本位制の実現をめざそうとする意図と、他の列強に対する配慮と協調の模索、特に、四国国際借款団の枠組みを重視する姿勢が表明されているといえる。幣制改革のためのロンドンでの起債の可能性に関しては、中国側に厳格な条件の遵守を要求している。こうした方針は、イギリスが抱えた微妙な立場を反映していた。それは、その後のリース＝ロスの活動にも影響し、彼の行動を制約することになった。

リース＝ロスは、出発前にさらに二度にわたって、中国に同行する使節団員のホール・パッチ（外務省）、シリル・ロジャース（イングランド銀行）を交えて、ノーマン、外務省事務次官フィッシャーとの会談を大蔵省で行った。七月二四日の会談では、(1)アメリカ合衆国が最大のクレジット保有者であり、ロンドンは長期にわたる中国の資本発展に資金を完全に供給できないこと、(2)ロンドンと上海での同時起債は困難であり、世界市場での起債に関しては、国際借款団の構成国が必ずしも参加する必要はないこと、(3)イングランド銀行からの融資は無理であること、(4)イギリスの貿易利害の重要性と、イギリス政府による強力な支援策が望ましいことが確認された。[15] リース＝ロスは、満洲国経由の中国への借款供与の有効性を主張した。

次いで、七月二九日の第二回目の会談では、リース＝ロス使節団派遣の目的の一つが、（中国における他の列強との協調と、中国政府に受け入れ可能な幣制改革案の作成という）二つの相反する立場を調和させることにあることが再確認された。それに加えてノーマンは、(5)アメリカ合衆国の銀買い上げ政策の継続性に対する懸念と、アメリカの協力を獲得するには、中国自体の自主的選択による外貨為替本位制の確立が重要であること、(6)中国政府の信用を維持するための長期借款の有効性、(7)満洲国経由の借款（＝満洲国の承認）が実現すると、イギリス政府がたとえ（債務）保証の義務を負ったとしても、極東での緊張緩和にとって有効である、との意向を表明した。[16]

こうしたリース＝ロス使節団の派遣直前に行われた一連のやりとりからは、スターリング為替本位制の実現可能性の模索、その過程でのアメリカ合衆国と日本の意向に対する配慮と懸念、中国政府への影響力行使、という三つのイギリス側の政策意図が読み取れる。一九三五年九月以降、実際の交渉の過程でも、この三要因は相互に関連しながら展開したのである。

3　中国幣制改革に対するイギリスの関与

リース=ロスは、一九三五年九月六日に横浜に到着し、日本政府や日銀関係者との会談を終えて、九月一八日に神戸港を発ち二一日には上海に到着した。以後彼は、翌一九三六年六月にあわただしく日本を再訪した後に、六月末に帰国の途につくまでの約九カ月間、精力的に中国政府との折衝・交渉や中国現地の視察を行った。(17)

幣制改革に対するイギリスの関与は、中国の新通貨の国際的信用力をいかに支えるのかという幣制改革の国際関係に関する問題と、再編される中国の中央銀行に対していかに制度的・技術的な支援と協力を行うのかという実務的な問題の二点にまとめることができる。(18) リース=ロスの使命は主として前者の問題に関わり、後者の実務的な問題は、イングランド銀行から派遣されたシリル・ロジャースに託された。両者の問題は、中国政府への金融・財政政策での要求、特に財政均衡主義の採用や、鉄道借款の債務不履行問題の解決、担保の財源確保という諸要求を通じて緊密に結びついていたことはいうまでもない。ここでは、前者の問題を取り上げる。

幣制改革を実現させるために、イギリス側が重視した対外的条件は、新通貨のスターリングへのリンクと、中国政府に対する借款の供与、アメリカ政府の銀購入政策の継続性であった。この点は、中国国民政府の側も十分に認識していた。一九三五年九月以降、リース=ロスは国民政府の金融・財政政策の事実上の責任者であった前財政部長で中国銀行理事長の宋子文、財政部長の孔祥熙の要請に応じて、精力的に公式・非公式の会談を重ねた。(19)

一九三五年九月の時点で宋子文は、(1)スターリング圏が最も重要な貿易相手地域であり、ロンドン市場が資金を調達して準備金を保有する最善の場所であるため、スターリングと新中国通貨とのリンクが望ましいこと、(2)日本円は事実上スターリングにリンクしており、アメリカ合衆国の反発も考慮すると、日本円と同じように、明確にスターリングにリンクさせないが、事実上対スターリングの通貨価値を同じ水準で維持できるような新通貨を模索したい、という趣旨を表明した。[20] さらに具体的に中国側からは、(1)一中国元を一シリング二ペンスとするスターリング為替本位制の採用、(2)中央銀行の再編、(3)二億オンス相当の銀のアメリカ合衆国への売却、(4)一、〇〇〇万ポンドの借款供与要請、の諸提案がなされた。[21] この最初の接触の時点で、中国国民政府の宋と孔は、イギリス政府の政策的意図と一致する具体的な幣制改革の素案を提示したのである。

この提案に対して、リース=ロスは、借款の供与に厳格な条件をつけたうえで中国側の計画案を支持した。本国政府は、リース=ロスの中国側への対応を基本的に承認したが、中国への借款供与の前提条件として、国際借款団参加の列強（米・日・仏）の協力、特に日本の全面的な協力と、アメリカ合衆国への改革案通告と技術的協力の確保を重視し、リース=ロスに対して適当な時期に日本を再訪するように要請した。[22] この点に関して、イギリス外務省の姿勢はさらに明確である。リース=ロスに対して、外務事務次官フィッシャーは、「銀売却に関して米国財務省の技術的協力だけでなく、スターリング本位制の採用に際しても、合衆国の政策当局の好意を得ることが不可欠である」と書き送った。[23] 別の外務省からの文書では、「日本政府に通告せずに、イギリスの助言に基づいてスターリング案を導入することは、東京の感情を大きく害して、日中関係をさらに悪化させる危険を冒すことになる。こうした政策は、いかに困難であろうとも、特に極東情勢に関して日本との友好と協力を維持し増進しようとするイギリス政府の政策全般に全面的に抵触するであろう」という警告がなされた。[24] 中国の幣制改革への関与に際して、当初イギリス政府は、東アジアでの対外関係に配慮した非常に慎重な姿勢をとっていたといえる。

一九三五年一一月三日に、中国国民政府は幣制改革を実施した。不換紙幣である法幣（法定通貨）の発行、銀の回収と国有化、外国為替の無制限売買を柱とする画期的な改革であり、改革案の作成と実施の主導権は国民政府の宋子文が握っていた(25)。翌日の一一月四日に、イギリス政府は国王命令を発し、在中国のイギリス系銀行に対して、法幣の使用と中国政府への銀引き渡しを命じた。この決定は、リース＝ロスの助言と工作によるもので、イギリス政府が中国の幣制改革を積極的に支持する姿勢を明確にした点で重要である(26)。

改革直後にイギリス側は、幣制改革の行方、新通貨の対外的価値の安定を左右する条件として、借款の供与問題と中国の対米銀売却を重視していた。たとえば、一一月一五日に外務省から蔵相に送られた文書では、日米両国のスターリング本位制と借款案への対応に関して、次のような三つの問題と懸念が表明されていた。

(1)　我々は借款提案を放棄すべきか？

「使節団の目的は、技術的に堅実で、しかも日本・アメリカ・フランス各国の全面的な承認を得られる改革案を作成することであった。しかし、事実上中国政府は、自己責任で幣制改革案に着手し、我々の借款承認が幣制改革案と同時に行われるという意味合いで、改革を提唱することは不可能になった。合衆国政府は、問題を政治的な観点から捉えており、中国がスターリング本位制のもとに置かれることに反対するであろう。フランス政府も同様にスターリング本位制に反対である。日本自体はスターリングにリンクしており、中国がスターリングにリンクすることに反対する理由はない。しかし、日本人は政治的理由から中国への外債に反対し、日本の軍当局は、中国幣制改革と借款案に反対する強烈な新聞キャンペーンを展開している。従って、当面借款提案が、日本・アメリカ・フランスの賛意を得る見込みはほとんどない。しかし、列強側の不合理な反対により借款提案を破棄することは、我々の威信と、中国における貿易に深刻な影響を与えるであろう」。

(2)　中国銀の買い上げに対するアメリカ合衆国の拒否は致命的か？

「それは困難な技術的問題である。（中略）合衆国が中国銀を買い上げれば、中国は、提案された一〇〇〇万ポンドの借款の収益だけでなく、銀売却から得られる三〇〇〇万ポンドの通貨（米ドル）を保有するであろう。しかし、合衆国が銀買い上げに難色を示せば、中国は、ロンドン市場が吸収しきれないほど大量の銀を（ロンドンで）売却せざるを得ず、銀価格の急落を引き起こす。そうした状況のもとで、まとまった（銀の）売却が行われる以前に、中国の新通貨が暴落しないという保証はない。（中略）我々は当面この技術的な問題を解決できない。（中略）中国の銀買い上げの要請に対する合衆国の返答を待つしかない」。

(3) どのような条件のもとでスターリング借款を認めるのか？

①スターリングに基づく安定化が不可欠の条件である（中略）「我々は、中国が事実上（一元あたり）一シリング二・五ペンスのレートでスターリングにリンクしているという前提に立ってのみ、借款の供与を考えることができるであろう」。

他の条件としては、②中国の海関総税務司へのイギリス人就任、③債務不履行の鉄道借款の清算、④中国中央銀行へのイギリス人助言者の任命、が挙げられた[27]。

ほぼ同じ時期に、リース＝ロスも、アメリカと日本両政府への通告を前提にして、報告草案を起草していた[28]。その中で彼は、次のような見解と見通しを表明していた。

(1) 日本の新聞と軍部による幣制改革反対キャンペーンに対する懸念

「経済的観点からすると、新政策の成功は正に日本の利益と一致することは確かであろう。幣制改革の結果生まれるであろうと思われる安定し繁栄する中国は、日本の工業製品に対して最も重要な市場を提供する、他方、もし幣制改革が失敗すれば、日本は中国で、益々強力な競争者と貧困な消費者を見出すであろう」（草稿第九項）。

(2)　借款の重要性

中国の幣制改革成功にとって不可欠の条件は、①内政改革と②対外的干渉の排除である。さらに、国際的な信用供与が成されれば、改革案の早期の達成が期待できる。「外国為替と国内の観点の両面から、借款の締結は、幣制改革の成功を保証し、中国の経済的回復にとって必要な一層の措置を促すうえで、最も重要である」(同第一五項)。

(3)　借款供与での国際協力

中国政府が諸条件を満たし、スターリングと中国元を安定化することを望むという事態を前提に、イギリス政府がロンドンでの中国政府の起債、あるいは上海で起債された債券のロンドン証券市場での販売に同意することを望む。「しかし、私は、その借款が中国で主要な利害関係を有する他の諸国、特に日本、アメリカ合衆国、フランスの好意と、もしも可能であるならばその賛同を得ること、またそれが、中国の安定化と再建のための国際的な共同の努力と見なされることが最も望ましい(中国政府もこの見解に全面的に同意するであろう)、と考える」(同第一八項)。

この時点でのリース=ロスの見解は、中国政府をスターリング為替本位制に誘導することを前提にしたうえで、日米両国の参加も視野に入れた国際協力の枠組みを模索していたといえる。構造的権力としてのイギリスが、中国幣制改革をめぐって「ゲームのルール」の設定をめざしており、その交渉にあったのがリース=ロスであった。リース=ロスが国際的な協力の枠組みにこだわったのは、それなりの理由があった。彼は、米国財務省が「イギリスのスターリング政策を嫌っており、スターリング圏にいかなる国が参加するのも手助けする用意はない」こと、従って、アメリカ政府が直接中国と交渉して、米ドルとのリンクと一部の銀保有を条件に、中国の為替を支える政策に乗り出す可能性があることを認識していた(29)。そうした条件のもとで、借款を成功させる唯一の手段がイギリス政府による債務保証であった。

しかし、同時に彼は、国際的枠組みを確保し、過去の債務不履行が清算されない限り、債務保証に対する本国議会の承認を得るのは政治的に困難であること、従って、イギリス単独での債務保証借款は排除して考えざるをえない、と考えていた[30]。この点に、当時のイギリスが抱えていたディレンマと矛盾が象徴的に現れていたといえる。

このディレンマは、日本の幣制改革への非協力と妨害工作によって増幅された。日本軍部は、華北分離工作の一環として、一九三五年一一月二四日に河北省東部で冀東防共自治委員会を擁立した。そこでは、日本軍の保護のもとで大規模な密輸が行われて、中国国民政府の関税収入に大きな打撃を与えていた。イギリスの駐中国大使のカドガンとリース=ロスは連名で、一九三六年一月に、この事態に対して強い懸念を表明して本国外務省の対日政策転換を求めた。「もし日本政府がそうした保証を与える用意がないのであれば、我々は、日本政府が中国の安定を促進することを望んでいないと結論づけざるをえないし、日本側のそうした姿勢が、ロンドンでの日本の信用力に深刻な影響を与えるはずであるとの警告を発せざるをえない。将来、日本が金融的支援を必要とする時に、日本はロンドンからの支援を期待できないであろう。日本の金融情勢は決して非常に強力なわけではなく、こうした方針に基づく断固とした主張によって、（日本の）文民当局が中国政策の指導権を軍部から取り戻す可能性が依然としてあるかもしれない。もっとも、我々は、日本に対してそのような強力な方針をイギリス政府がとれるかどうか、明言はできないのであるが[31]」。

イギリス本国外務省の日本に対する弱腰の政策（宥和政策）に対して、中国現地の出先の外交担当者が批判を寄せて、政策転換を求めたわけである。その際の交渉力として期待されたのが、国際金融市場としてのロンドンの役割と機能であった。両者のアメリカ合衆国に対する姿勢は、たとえアメリカの協力が得られなくとも、アメリカと中国との直接交渉が中国の金融的立場を強化して、アメリカの援助責任が増大する一方でイギリスの責任は軽減される、というものであった。[32]中米両国間の銀売却交渉の行方を肯定的にとらえる姿勢が見られた点に注目しておきたい。

4　リース＝ロス使節団覚え書きと諸提言

リース＝ロスは、一九三六年六月に日本を再訪した後に、いったん上海に戻って六月末に帰国の途についた。彼は帰国に際して、活動の経緯をまとめた覚え書きを作成した。九カ月におよんだ中国と日本での諸活動の総括文書ともいうべきこの覚え書きは、(1)上海での新聞声明、(2)日本の政策、(3)中国国内の政治情勢、(4)金融・通貨改革、(5)中国におけるイギリスの貿易、(6)鉄道借款の債務不履行と鉄道財政、(7)中国海関の責任者の人事問題、という七項目を含む広範な事項を扱っていた。[33]

ここでは、使節団の主要な使命に関する事項(1)(4)(5)を取り上げて、彼の現状認識を再確認したい。まず、六月二二日に上海でなされた新聞声明では、以下の点が特徴としてあげられる。

①中国国民政府の自主性

管理通貨制度に移行した幣制改革が、あくまでも中国国民政府自身の判断・決定により実施されたこと。

②有望な資本財の輸出

貿易活動の基盤として金融の安定が必要であるために、通貨問題に取り組んだが、今や幣制改革の成功によって、貿易の拡張の基盤が形成されたこと。中国の（経済）発展は大量の資本財の輸入を必要とし、資本財がイギリスからの輸出品にとって最も有望な分野であること。

③全ての貿易関係国の利益

中国におけるイギリスの主要な利害は、平和と繁栄と中国の貿易を促進することである。そうすることで「我々は中国と貿易関係を持つあらゆる諸国の利害のために働いていると思われる。中国の再建は数年間を要する巨大な課題であり、中国を支援するうえで全ての関係国に機会が与えられる[34]」。構造的権力として、中国自身を含めて、関係する諸国全ての利益の促進に言及している点が特徴的である。

本題の通貨・金融改革については、中国政府側の当初の意図が、中国元のスターリングへのリンクであり、その点ではイギリス政府側の意図と同じであったことが強調されている。すなわち、「借款が得られない状況では、中国にとって、大量の国有化した銀をアメリカ合衆国に売却することが不可欠であったために、中国元を明確にスターリングにリンクさせることを通じて合衆国を敵に回す余裕はなかった。中国は、アメリカとの直接交渉により、一億二五〇〇万オンスの銀を売却して金と外国為替（米ドル）を得たが（中略）、中国元を米ドルにリンクさせることは拒否して、結果的に、米ドルとスターリングに二股をかける中間的な立場（intermediate position）を維持している」。リース＝ロスは、スターリング為替本位制をめぐる英中両政府の見解の一致を主張しているが、結果的に、中国元がスターリングと米ドル双方と安定的な為替レートを保つという、中国側の巧みな通貨政策とその運用の有効性を認めたことになる[35]。

幣制改革自体は、中国の金融・財政状況の再生に向けた第一歩にすぎないとし、均衡予算の達成や中央銀行の改組など未完の課題が山積していること、特に、軍事費と国債費が急増すると共に、経済発展のために必要な資金額が増大するために、国民政府の財政難が深刻であることを指摘している。

他方で、リース＝ロス使節団覚え書きの主要な項目として、(5)「中国におけるイギリスの貿易」という事項が組み込まれた点が重要である。これは、幣制改革の実施とその支援が、イギリス側の通商・貿易利害にとっても不可欠であったことを反映している。覚え書きでは、以下の五点が指摘された。①幣制改革により「気持ちの面での顕著な改善と、貿易量での幾らかの改善」が見られたこと、②イギリス商人が抱いている中国当局への不満は、中国ナショナリズムの高揚を前提にしたうえで、中国当局や中国人実業家との良好で緊密な関係の構築によって解消できること、③しかし、関税全般の大幅な引き下げを中国側に期待するのは賢明でないこと、というのも「中国政府には関税収入を犠牲にする余裕は無く、担保が保証された借款と中国の金融的安定を望むイギリスの金融利害は、我々が得る何らかの貿易上の利点のために、中国側に関税の引き下げを要求することを是認しない」というイギリス側の事情があったからである、④イギリスにとって対中貿易で増大が期待できるのは資本財市場であるが、日本・アメリカ・ドイツに対抗して輸出を伸ばすには、長期にわたる輸出信用を供与することが不可欠であり、輸出信用保証局（the Export Credits Guarantee Department）の積極的な役割が重要であること、⑤上海をはじめとする中国各地で、大使館や領事館からの支援が不十分であり、特に現地のイギリス領事が貿易問題に関して協力的でないとの不満が寄せられているので、改めて領事活動の見直しが必要であること。[36] ここでは特に、通商・貿易利害に対するイギリス本国の金融利害の優越性が明確に主張されていることに注目しておきたい。

さらに、金融利害に関連して、中国滞在中に、未払いで債務不履行の借款問題の解決に努力した点が強調された。中国政府は大規模な鉄道建設計画に着手しているが、その計画を円滑に進めるためには、中国政府がロンドン金融市場で資本を調達できること、長期借款の供与が両国に利益になること、そのためには、唯一の安定した収入源である関税収入が借款の担保として優先的に確保されることが必要であった。当面は、四国国際借款団の枠組みを重視して、列強間での国際協調に配慮しながら、鉄道借款の再開と拡大に努力すべきであるとされた。[37]

以上の論点は、リース＝ロスが帰国後に行った商務省海外貿易局での関係者との会談でも繰り返し表明された。その際、特に、上海に関して次のような特別の言及がなされた点は注目しておきたい。「上海は中国ではない。上海の特徴の幾つかは、そこでのイギリス商業界に全て帰せられるわけではない。それでも上海は、中国の発展に関わるイギリス事業にとって注目すべき金字塔であり、中国におけるイギリスの利害の中心に位置している。共同租界の地位は最大限維持されるべきである。租界当局が日本人居留者の正当な要求に適切な配慮を行う限り、我々の上海における優越的地位は日本により挑戦されることはないであろう」[38]。イギリスにとって、上海の経済面での重要性が改めて確認できる。

5　イギリスのプレゼンスの変化

最後に、構造的権力論と関連づけて、一九三五年の中国幣制改革をめぐるイギリスの対応を整理してみたい。中国の幣制改革は、大きな成果をあげて成功した。第7章で触れたように、イギリスの上海商務官ヴィールが執筆した一九三五―三七年のイギリス通商報告の論調は、将来に対して楽観的であった。幣制改革の成功が中国の工業化に安定した基盤を提供し、今やイギリスは「公益事業、運輸・通信、基幹産業の立案および創設面で中国を支援することで好機を得られる」とされ、金融・経営・技術の各側面での援助と支援が求められたのである[39]。幣制改革後、中国の新元通貨の価値は安定し、対外貿易、とりわけ中国からの輸出が急激に伸びた。南京国民政府は、新元通貨がイギリスのスターリング、あるいはアメリカのドルのいずれにもリンクしていないとの公式見解をとり続けた。しかし、実態としては、中国の新元通貨の為替相場はポンドに事実上リンクして安定的に推移したのである[40]。構造的権力としてのイギリスの影響力がいかんなく発揮されたといえる。

しかし、第1章、第2章で論じたように、パクス・ブリタニカ全盛期のヘゲモニー国家であった世紀転換期におけるイギリスの影響力と比較すると、その影響力に翳りがみられたのも事実である。一九三〇年代のイギリスは、ヘゲモニー国家から構造的権力へと移行した。その変化が、アジアにおけるイギリスのプレゼンスにも反映されたと考えられる。幣制改革をめぐる国際関係を論じられること自体が、一九三〇年代半ばの時点において、イギリスの国際的な影響力が低下する傾向にあったことを示唆している。

この時期、アジアの国際秩序の構築に関係した多くの要因の中でも、他の列強の政策、とりわけアメリカ合衆国と日本の動向が重要になった。第3章で論じた一九二七年の上海防衛軍の派兵をめぐる国際関係に、イギリスが直面したディレンマが象徴的に表されていたといえる。一九三五年の中国幣制改革の場合、さらに日本政府の政策と軍当局の動向が、政策の行方を左右する重大な要因になった。リース＝ロスもこの点は十分に認識しており、一九三五年九月と翌三六年六月の二度にわたって、日本を訪問して幣制改革問題にとどまらず、英日・日中関係を含む東アジアの国際関係を日本政府関係者と議論している[41]。

幣制改革直後の一九三五年一二月以降、中国滞在中のリース＝ロスの関心はもっぱら日本側の対中政策に向けられ、特に、華北における日本軍部の妨害工作に対して強い懸念が表明された。一九三六年になると、前述のように、本国外務省に対して対日政策の転換を求める意見表明もなされた。第4節で触れたリース＝ロス使節団報告書においても、「II　日本の政策」という項目を特に設けて注意を喚起している。そこでは、以下のような意見が表明されていた。「日中両国間の経済的つながりは非常に緊密なので、交渉を通じての合意は容易なはずである。（中略）しかし、あらゆる機会に日本側は、中国政府を侮辱し、見返りを与えずに特権を無理強いするのを楽しんでいるように思える。この威信を求める政策が、中国側で国民的な覚醒を促している。（中略）最初に日本の政治的要求を満足させずに、中国の経済的再生のために我々と協力するように、日本を説得することができるとは思えない。我々が行うあらゆる懇請は、弱さの証拠と受け取られ、日本側の批判と妨害を招くだけである。仮に、イギリス本国政府がもっと広範な政治・経済的取り決めを行う用意があれば、日本政府はその中国政策を修正できるかもしれない。（中略）しかし、そうした全般的な合意を取り付けるうえで多くの困難が存在する[42]」。日本軍の支援による冀東密貿易と中国海関収入への打撃が、中国滞在後半のリース=ロスにとって最大の懸念材料であった。イギリスは、一九三〇年代のアジアにおいて、軍事面で影響力を行使することが困難になった。従って、中国の幣制改革への支援過程で見られたように、金融・サーヴィス部門を通じてその影響力を行使したのである。

さらに一九三〇年代になると、新たに、中国国民政府当局の政策とその経済ナショナリズムも、アジア国際秩序の形成にとって有力な要因となった。この点で、オスターハンメルの議論は示唆的である。彼は、一九三一年以降の南京国民政府の政治的権限が強化されてゆく過程と、イギリスの対中国政策の転換を結びつけて、イギリスが中国の官僚資本主義と協力した事実を重視する。リース=ロス使節団は、そうした中国側の「協力者」と提携して自国の影響力を温存しようと試みる政策路線の延長線上でとらえられる。それは、長期的な展望をもって、より目立たない形でイギリスに対する中国の従属的状況を確保しようとするダイナミックな帝国構想（dynamic imperial vision）と位置づけられた[43]。

中国のナショナリスト勢力も、そうしたイギリス側の姿勢の変化を十分に認識しており、むしろそれを積極的に利用しようとするしたたかな対応を示したのである。この点で、一九三〇年代のアジア国際秩序は、構造的権力論だけでは十分に論じることはできない。むしろ、中国国民政府が、対等な国民国家の間での交渉・妥協の過程で見られた関係的権力の行使に参与して自立性を強め、中国幣制改革の場合のように主導権を発揮できたことが一九三〇年代のアジア国際秩序の特徴として指摘できる。

ところで、第7章において、中国の工業化の本格的な始まりと上海を中心とした工業化の進展をイギリス側が高く評価していたことを指摘した。その際、世紀転換期の日本に対する場合に見られたように、イギリス本国からの資本財輸出と中国工業化の進展、中国での鉄道投資をはじめとするインフラ投資とシティ金融利害との相互補完性を強調した。この補完関係は、東アジアの工業化に連動して変化してゆく性格を有していた。構造的権力としてのイギリスは、経済構造の生産面において消費財の生産を東アジア諸国に事実上委譲して、資本財の輸出でもアメリカ・ドイツ・日本に急速に追い上げられる状況にあった。安全保障構造の側面でも、第3章の上海防衛軍の派兵の場合に見られたように、インド軍の海外派兵に関してインドナショナリズムに配慮する必要を高め、一九三〇年代には制約を受けるようになった。従って、経済構造での金融・サーヴィス部門が、イギリスが指導的な影響力を発揮できる残された領域であり、ロンドンのシティを中心とするイギリスの経済利害にとっても利益が得られた領域となった。それが最も顕著に表れたのが、一九三五年の中国の幣制改革をめぐるイギリスの対応である。

終　章

以上本書において、イギリス帝国と国際秩序の関係を、世紀転換期から一九三〇年代にいたるアジアにおける国際秩序の形成と維持を中心的な事例にしながら、インド軍の海外派兵をめぐる安全保障構造（第I部）と、東アジアの工業化とイギリス経済利害の関係という経済構造（第II部）に即して考察してきた。最後に、全体の要約と次の時代への展望を提示したい。

1　イギリス帝国とインド軍

一九世紀後半のイギリスは、帝国外交政策をめぐる国内での論争と本国の国制の実質的な変質を伴いながら、公式帝国の領土拡大と非公式な経済的影響力の拡張、非公式帝国の構築を同時に実現した。従って、一九世紀から二〇世紀への世紀転換期におけるイギリスは、広大な公式帝国を保有したヘゲモニー国家であったといえる。

ヘゲモニー国家の安全保障構造において、第I部で考察したように、本国議会の予算面での統制を受けない、インド財政に支えられたインド軍の恣意的な海外派兵が、アジア・アフリカ等の非ヨーロッパ世界で（また時にはヨーロッパ世界においても）イギリス主導の国際秩序を構築・維持し、グローバルな規模でイギリスの軍事的・外交的な影響力を行使するうえで不可欠であった。インド軍の海外派兵にあたっては、本国議会が制定した共同抗命法や一八五八年インド統治改善法の諸規定、国制上の制約が無視されて、本国政府の帝国外交政策を実現する手段としてインド軍が活用されたのである。一九世紀末の本国政界でみられた帝国・植民地問題をめぐる論争の展開は、こうしたイギリス帝国の一体化と相互連関性を強化するイギリス国制の「帝国化」を反映していた。

世紀転換期の南アフリカ戦争と義和団事件に対するイギリスの軍事的対応は、ヘゲモニー国家イギリスの安全保障面での優位を維持しようとする国家意思を反映していた。そこでは、「帝国拡張の先兵」あるいは緊急展開部隊としてのインド軍と、白人自治領諸国からの志願兵部隊を組み込んだ帝国スケールの軍事動員体制が構築されて、安全保障面でのイギリス帝国の一体性と構造的な連関性が誇示された（ただし、南ア戦争においては人種主義的な理由からインド軍の直接的で大規模な動員は回避された）。一九〇〇年に提出されたウェルビー委員会の最終報告書は、広大なアジア・アフリカ諸地域に伸びる「エンパイア・ルート」防衛のためのインド軍の海外派兵と軍事的動員を正当化するガイドラインを提示した。同時に外交面でも政策の転換が図られ、一九〇二年に締結された第一次日英同盟の締結は、外交政策転換の必然的な帰結であった。この安全保障面での帝国体制は、第一次世界大戦においても遺憾なく活用された。英領インドからは百万人を超えるインド人が、中東戦線を中心として海外に派遣された。

だが、両大戦間期の一九三〇年代になると、軍事・安全保障面でのイギリスの影響力は明らかに低下し、アジアにおけるイギリスのプレゼンスに変化が見られた。第3章で論じた一九二七年のインド軍の上海派兵は、弱体化したヘゲモニー国家イギリスにとって、経済構造と安全保障構造との相互連関性をはっきりと示す事例であり、本書では、上海に集中した中国におけるイギリス経済利害を防衛するために、平時において最後のインド軍海外派兵が行われたことに注目した。上海防衛軍は当初の目的を当面は達成することができたが、英印双方の財政難と、インド現地におけるナショナリストの政治的批判に制約されて、上海に派兵されたインド軍は早期の撤兵を余儀なくされたのである。本書では、こうした安全保障面では弱体化しヘゲモニーの弱まりを見せたが、依然として隠然たる影響力を行使して国際秩序における「ゲームのルール」を維持しようと努めたイギリスのプレゼンスを、構造的権力と呼んできた。

第4章でも論じたように、イギリスは一九三〇年代の英領インドにおいても、現地ナショナリズム勢力に対して懐柔と妥協に努めた。現地人の穏健な協力者階層を体制側に取りこんで、統治の安定と政治的・経済的な影響力の温存を図る点で、イギリスの政治戦略は、中国での国民政府への協力の姿勢と一致していた。インドにおいてその方針は、一九三五年インド統治法の制定につながった。中国、インド双方のナショナリスト勢力も、そうしたイギリス側の姿勢の変化を十分に認識しており、むしろそれを積極的に利用しようとするしたたかな対応を示したのである。第9章で論じた中国国民政府だけでなく、公式帝国内部のナショナリスト政治勢力であったインドの国民会議派までもが、関係的権力の行使に参与するようになり、逆にイギリス側も現地の協力者階層との間で関係的権力を行使して、公式帝国を持つ「帝国的な構造的権力」としての影響力を補うことができた。

2　東アジアの工業化とイギリス帝国

他方、第II部で論じたように、経済構造面でのヘゲモニー国家イギリスの要は、ロンドン・シティの金融・サーヴィス利害であった。その中でも特に、シティを中心とする多角的決済構造を支えた「安全弁」として、英領インドからの本国送金（本国費）が決定的に重要であった。帝国主義経費論争での実証的な反証にもかかわらず、イギリスがあえて公式帝国の領有にこだわった理由は、軍事上のみならず経済的な英領インドの重要性にあった。ただし、本国送金を円滑に行いインドの経済的価値を維持してゆくためには、英領インドからの第一次産品輸出の拡大が必要であり、世紀転換期において、東アジアにおけるイギリスの非公式帝国であった中国や、海峡植民地などの公式帝国、さらに新興工業国の日本を含めたアジア間貿易の拡大が、イギリスにとっても必要であった。こうして一九―二〇世紀の世紀転換期において、イギリスは広大な公式帝国と非公式帝国を有するヘゲモニー国家として、アジアと関わったのである。

第5章で考察したように、シティの金融・サーヴィス利害と主として資本財輸出に支えられたイギリス本国の経済利害は、世紀転換期においては、日本の綿工業を中心とした工業化の進展と整合的、相互補完的な関係にあった。同じような経済利害の相互補完性は、第7章で見たように、中国の工業化が一九二〇年代後半以降に急速に進展するにつれて、資本財輸出の増大や、鉄道建設をはじめとするインフラ投資のための借款供与などを通じて、中国とイギリス本国との間でも見られるようになった。

だが、第6章で考察したように、一九三〇年代における日本の経済発展の加速化、消費財を中心としたアジア諸国への製品輸出の拡大は、結果としてイギリス本国と日本との経済利害の相互補完性を低下させる結果となった。しかし、一九二九年の世界恐慌以降、特に顕著になった日本による第一次産品の大量輸入が、自由貿易主義を原則とする資本主義的世界経済、世界システム自体を活性化した。第8章で見たように、日本によるイギリス帝国＝コモンウェルス諸国からの第一次産品の輸入拡大、とりわけ英領インドからの原棉輸入も、帝国スケールでの相互補完関係の構図の中に組み込まれた。第一次産品の大量輸出を通じて、これらイギリス帝国諸地域は、イギリス本国に対する債務返済を滞りなく円滑に行うことができたのである。一九三〇年代のアジア国際秩序は、東アジアにおける工業化の進展を前提に形成され、帝国スケールでの最終需要連関効果がアジア間貿易とイギリス帝国を結びつけたのである。

このイギリスを中心とした経済利害の補完関係は、第9章で論じたように、アジア側の工業化の進展に応じて変質してゆく性格を持っていた。シティの金融・サーヴィス利害は、アジアの工業化を仲介することによって強化されたのであり、戦間期に重要性を増し構造的権力の中心的位置を占めるようになった経済構造を支える原動力が、ケインとホプキンズが提唱するジェントルマン資本主義、ロンドン・シティの金融・サーヴィス利害であった。

3　イギリス帝国とアジア国際秩序

以上の安全保障構造と経済構造に関する第I部、第II部の議論を合わせたうえで、イギリス帝国とアジア国際秩序との関係は、次のように整理できる。

まず、「長期の一九世紀」におけるヘゲモニー国家であったイギリスは、一九世紀から二〇世紀への世紀転換期において、インド軍と王立海軍に代表される卓越した軍事力を持つとともに、多角的決済構造を通じてロンドン・シティの金融・サーヴィス部門の経済的影響力を行使できた。いずれの影響力行使の場合も英領インドの植民地支配、とりわけインド財政に密接にかかわっており、特に、シティの多角的決済構造にとっては、インドからの本国送金がその円滑な運用を保証する「安全弁」として機能していた。従って、第一次世界大戦までのイギリスは、英領インドに大きく依存した領域性が強い、帝国依存型のヘゲモニー国家であった。

しかし、第一次世界大戦を経て戦間期の一九三〇年代になると、安全保障面でのイギリス帝国の脆弱さが一層明らかになった。それへの対応策として、イギリスの帝国政策と対外政策の重心は、第4章と第9章で明らかにしたように、軍事力の行使からロンドン・シティの金融・サーヴィス利害に支えられた財政・金融政策へと大きくシフトし、イギリスの対外的な影響力とプレゼンスも変質していくことになった。イギリスは安全保障構造において、第3章で考察したように、既に一九二〇年代の後半からインド軍の海外派兵に関して、インドのナショナリズムに配慮する必要性が高まって制約を受けるようになっていた。従って、卓越した軍事力を喪失した一九三〇年代の

「帝国的な構造的権力」としてのイギリスにとって、経済構造面での影響力を強化することによってそれを埋め合わせる必要性が生じた。だが、経済構造の一部である生産面においてイギリスは、綿製品に代表される消費財の生産を東アジア諸国と英領インドに事実上移譲し、資本財の輸出でも、アメリカ合衆国・ドイツ・日本に追い上げられる立場にあった。従って、経済構造のなかの金融・サーヴィス部門は、イギリスが比較優位を発揮できる残された数少ない領域であり、その部門でイギリスは優位を維持すべく努力を重ねたのである。

以上のように考えると、一九三〇年代のイギリス帝国は、弱体化しつつあったとはいえ、依然としてアジア国際秩序の維持において重要な役割を果たす「帝国的な構造的権力」であった。東アジアの工業化がシティの金融・サーヴィス利害を中核とするイギリスの経済利害によって促進されたこと、逆に、イギリスは、その東アジアの工業化を利用して国際的な影響力を温存し構造的権力としての地位を維持できたこと、この両者のつながりを考えることによって、われわれはグローバルな諸地域間の相互連関性を考慮したグローバルヒストリーの構築が可能になるのである。イギリス帝国史研究は、その意味で、グローバルヒストリーへの「ブリッジ」を提供してくれるのである。

4 第二次世界大戦とインド軍

最後に、「帝国的な構造的権力」としてのイギリスの、その後の展開を概観することで、第二次世界大戦以降の戦後世界への展望を示してみたい。具体的事例として、「帝国的な構造的権力」の中核であった英領インドとイギリスとの関係の変化を取り上げる。

最初に、世紀転換期のヘゲモニー国家を支え、構造的権力においても安全保障構造の支柱であり続けたインド軍と第二次世界大戦との関係について概観してみたい。一九三三年以降、イギリス本国の緊縮財政のなかで再軍備の方向性が打ち出された。イギリス帝国全体の再軍備計画を進めるうえで、インドの軍事力が再び注目を集めるようになった。というのも、新たなドイツ・イタリア・日本からの脅威に対して、イギリス本国が単独で対応することは不可能であったからである。(1)

まず、一九三七年には、インド新防衛計画が策定され、帝国防衛をめぐるインドの役割が復活した。インド政庁は、戦時において、エジプトと香港にそれぞれ二歩兵大隊、ビルマ・シンガポール・イラクにそれぞれ一歩兵大隊を派兵し維持する準備を行うように指令を受けた。インド総督は、インド国内での政治的反発を懸念して、この新防衛構想の公表を手控えたまま本国政府と二年間協議を続けた。最終的に、一九三九年七月の本国閣議において、インドはエジプトとシンガポールの防衛経費の一部を負担すべきであるとの決定がなされて公表された。エジプトとシンガポールは、インドにとって、西と東の出入り口（gateways）であるからというのが、その経費負担要請の理由であった。しかし、インドの財政難がその帝国防衛構想の実現にとってネックになった。

さらに、一九三八―三九年になると、緊迫化する国際情勢のなかで、帝国防衛委員会によって任命されたチャットフィールド委員会が問題の再検討を行い、二〇年前のエシャー委員会の勧告を思い起こさせる決定を下した。その結論によれば、財政難にもかかわらず、インド軍の近代化計画を早急に実現する必要があるとして、二五〇〇万ポンドの本国からの資金供与と、九〇〇万ポンドの借款を提言した。インド軍は、インド防衛と、スエズからシンガポールにいたる戦略拠点の防衛に対して「共同責任」を負うものと位置づけられた。インド軍を帝国参謀幕僚の統制下に置くことで、インドの防衛政策を本国の要求に完全に従属させることが、軍近代化のための財政的支援を本国側が行う前提とされたのである。

一九三九年までに、インド政庁は、エジプト・イラン産油地域・シンガポール・英領マラヤ・ビルマへの歩兵大隊の派兵を、自国の防衛構想の一部として受け入れていた。第二次世界大戦が勃発した際に、エジプトにはインド歩兵二大隊が、シンガポールとアデンにはそれぞれ一歩兵大隊が駐屯しており、開戦直後には、さらに英領マラヤに一歩兵大隊、エジプトに二歩兵大隊が急遽増派されたのである。

残された問題は、海外に派兵されたインド軍の経費負担問題であった。一九三九年一一月の防衛費協定(The Defence Expenditure Agreement)によって、その問題にも決着が図られた。その協定によると、インド政庁は、平時の通常経費相当額と、純粋なインド利害の防衛に関わる全ての戦時支出を負担するのに対して、イギリス本国政府は、残りの全経費を負担するとされた。インド軍の近代化や、インドにおける戦時経済向けの増産体制整備に必要な諸経費も、本国政府が全面的に負担した。この協定締結に対して、W・チャーチルは懸念を示したが、インド政庁の戦時協力を得るためには不可欠な措置として、最終的には容認したのである(2)。

第二次世界大戦でも、イギリスは、第一次世界大戦時と同様に、イギリス帝国諸地域からの戦争協力によって大戦と戦時体制を乗り切った。一九三九年から四六年までに、イギリス政府は、主として海外に派兵されたインド軍や労働者、計二一五万名の戦時動員に対して、総額一三億四三〇〇万ポンドを支出することになった。ドミニオン諸国からのカナダの七八万名、オーストラリアの六八万名、ニュージーランドの一五万七〇〇〇名、南アフリカの一四万名と比べても、インドの戦時協力は格段に大規模の動員態勢であった。インド軍は主に、東南アジアと中東方面の戦線に動員された。一九三九年までに、「東洋の海に浮かぶイギリスの兵舎」としての、帝国防衛における一九世紀的なインドの役割は完全に復活したのである。ただし、その背後の経費負担の点で、事情は根本的に異なっていた。三九年の防衛費協定は、英印間の債務・債権関係を劇的に逆転させることになった。インド軍の海外派兵を含めたインドの戦時協力は、次節で述べる在ロンドンのスターリング残高の蓄積を通じて、インドを債権国の立場に立たせることになったのである。

インド軍は、第二次世界大戦後の国際秩序の復興にも利用された。インド軍は、日本が降伏した戦後直後に、東南アジア地域で旧宗主国の植民地支配体制を復活させるために、連合国東南アジア方面軍司令部の指令により、仏領インドシナと蘭領東インドの「再占領」に三〇歩兵大隊が投入された。(3) 一九四六年九月初めの時点で、海外に駐留していたインド軍は、総計二七万四九〇〇名にのぼった。(4) このインド軍の旧欧米植民地の再占領に対する動員に対して、四六年初めのインド立法参事会での討議で強い批判がなされ、同年一一月末までにインド軍は全軍両地域から撤退した。

ほぼ同じ時期の一九四六年九月末に、本国インド相ペシック・ローレンスからインド総督ウェーヴェルに送られた文書には、戦後のインド軍の役割が詳細に記されていた。それによれば、海外でのインド軍の役目は、(1)東南アジア方面軍および中東の軍政、(2)中東およびバスラ派遣軍、(3)ビルマ・英領マラヤ・蘭領東インド・香港での軍事力、(4)日本占領軍、の四つに分けられていた。特に重視されていたのは、第一番目の軍政を支えるインド軍の存在であった。早急なインド軍の撤退を行うとなると、交代要員として約一五―二〇万名のイギリス人兵士が必要になると想定された。

しかし、現実にインド軍に代替可能な本国軍兵士の確保は不可能な状況であり、インド中間政府との交渉では、インド軍撤退の引き延ばしを図るべきであるとされた。インド軍を駐屯させる表向きの口実としては、(1)中東の場合、インド北西国境の前哨地点としてのペルシャとイラクの重要性、インド経済にとって不可欠な石油の確保が、(2)東南アジアのビルマ・英領マラヤの場合、経済復興への貢献と、ビルマ米・マラヤ産ゴムの輸入の重要性が挙げられた。(5) インド中間政府の指導者J・ネルーは、一貫して海外駐留インド軍の早期撤退を要求し、特にビルマ駐留インド軍の治安維持目的での使用に強硬に反対した。

戦後のイギリスは、依然としてインド軍に代表されるインドの軍事力に依存して、帝国＝コモンウェルス体制の再建を図ろうとしていた。しかし、その前提が、インド軍に対する統制力の弱体化と、ナショナリスト主導のインド中間政府側の批判によって崩れると、南アジアにおける脱植民地化は不可避となった。

5　スターリング残高の累増と脱植民地化

しかし、南アジアの脱植民地化を加速したもう一つの重要な要因が、スターリング残高の累増と英印間の債務・債権関係の逆転であった。それは、構造的権力としてのイギリスの経済構造面、特にシティの金融・サーヴィス利害に直接関係した。

前述のようにイギリスは、一九三九年の防衛費協定によって、インド軍の海外派兵費用を負担した。その額は、四六年までに一三億四三〇〇万ポンドに達した。ただし、その金額が直接インド側に支払われたわけではなく、実際には、インド準備銀行のロンドン残高（スターリング残高）にイギリス大蔵省証券として蓄積されたのである。戦前の英領インドは、本国に対して約三億五〇〇〇万ポンドの債務を負っていたが、戦後は一転して約一四億ポンドの債権を持つにいたった。この債務・債権関係逆転の最大の要因が、インド軍の海外派兵経費であった。英印財務関係は、早くも一九四二年七月に逆転し、インド側の債権が急増していった。ロンドンの財政当局はこの趨勢に懸念を示していたが、スターリング残高が本格的な問題になったのは、一九四五年秋に行われたイギリスの対米借款交渉の席上であった。アメリカ側は、借款供与の見返りとして、四七年七月からのポンドの交換性回復と、スターリング残高の縮小を求めた。しかし実際には、翌四六年のイギリスの国際収支危機によって、ポンドの交換性回復はなされないままスターリング残高は「凍結」されて封鎖勘定とされ、その自由な引き出しと米ドルとの交換は事実上禁止された。この微妙な時期に、スターリング残高の取り扱いをめぐって、イギリス本国とスターリング圏の関係各国・諸地域との間で交渉が行われて、多くの二国間協定が締結された(6)。英印間でも、一九四七年二月から五二年二月まで、合計六回にわたる複雑な交渉が行われた。

イギリスと印パ両国の本格的な交渉は、一九四八年の夏から開始され、三年間の協定締結が模索された。印パ両国は、スターリング残高から、イギリス支配の資産継承の代価として一億ポンド、旧官僚・軍人への年金支給のために一億七〇〇〇万ポンドをイギリスに支払った。その結果、スターリング残高は、インドが九億六〇〇〇万ポンド、パキスタンが一億七〇〇〇万ポンドとなった。そのうえで、インドには年間六〇〇〇万ポンドの引き出しと一五〇〇万ポンド相当額の米ドルの割り当てが、パキスタンには年間一〇〇〇万ポンドの引き出しと五〇〇万ポンド相当額の米ドルの割り当てが認められた。

しかし、翌一九四九年春のインド国際収支危機のため、同年夏に再交渉が行われた。その結果、インドは封鎖勘定より三年間にわたって、年間五〇〇〇万ポンドの引き出しを認められ、スターリング圏の米ドルプール制度に再加入した。この点では、同年のインドのコモンウェルスへの残留問題と同様に、原則を修正してインド側を懐柔する柔軟な解決策が採られた。さらに、四九年九月のポンド切り下げにより、イギリスにとって財務状況は好転した。一九五二年二月に結ばれた最後の英印協定（五七年まで有効）では、インド政府がロンドンで三億一〇〇〇万ポンドのスターリング残高を持つことが確認され、毎年三五〇〇万ポンドの引き出しを認めることで合意された(7)。

以上のような経緯をたどって、ロンドンに蓄積されていたスターリング残高は、一九五六年までに事実上消滅した。このスターリング残高問題は、(1)独立直前の英領インド（後の継承国家インド・パキスタン）が経済的には、本国イギリスとスターリング圏にとって、資産から負債・重荷に転換したこと、(2)イギリス本国が決済手段として米ドルを確保するうえでインドは攪乱要因になり、本国の国際収支への短期的な悪影響を考慮しながら、スターリング残高の凍結・封鎖をめぐる交渉が行われたこと、(3)戦後復興の過程で、イギリスからの対インド資本財（機械）

輸出は、本来ならばドル決済圏の諸国に輸出されて米ドルを獲得する機会を減らすものとして、本国経済にマイナスに機能したこと、以上の三点を示している。スターリング残高の累増によって、英印経済関係は根本的に変化し、イギリスにとって南アジア両国の経済的重要性は大幅に低下した。この点で、経済的側面からも、南アジアの脱植民地化は不可避となったのである。

6 戦後世界への展望

以上、「帝国的な構造的権力」としてのイギリスを支えてきた、安全保障構造と経済構造面での第二次世界大戦期における変化を概観した。南アジアにおける脱植民地化の進展、公式帝国の解体によって、「帝国的な構造的権力」としてのイギリスの国際的な影響力は打撃を受けたのである。軍事力としてのインド軍を喪失したイギリスは、戦後世界において、とりわけアジア世界においてその影響力を行使するうえで、残されたロンドン・シティの金融・サーヴィス利害に益々依存せざるをえない状況に追い込まれた。

従って、イギリスにとって第二次世界大戦後は、ポンド通貨（スターリング）を通じた金融的な影響力の行使が決定的に重要になった。イギリス本国にとって、一九三九年以降のスターリング圏の公式化と第二次世界大戦以降のその存続と拡大、スターリング圏を活用した戦後復興が構造的権力として生き残るために死活的な重要性を持ったのである。そのスターリング圏の維持と拡大にとっては、前述のスターリング残高を通じた影響力の行使、米ドルの共同プール制と為替レートの固定による通貨管理が不可欠であった(8)。一九五〇年代のイギリスは、米ソ両国の冷戦体制が構築されていく中で、スターリング圏を通じた第三の大国としての影響力の温存をはかり、冷戦体制は、公式帝国・植民地を保有した「帝国的な構造的権力」イギリスに対して、社会主義陣営に対する自由主義陣営の防壁としての利用価値を新たに付与することになった(9)。

アジアにおいてイギリスは、前述のようにインド、パキスタンに対してスターリング残高の活用を促すとともに(10)、戦後日本の経済復興の過程でも、貿易決済通貨としてスターリング通貨の採用を積極的に働きかけた(11)。また、東南アジアの英領マラヤ植民地が、アメリカ合衆国への天然ゴムとスズの輸出を通じたドルの稼ぎ手として、スターリング圏の維持にとっては南アジア諸国に代わって決定的に重要になった(12)。従って、一九五〇年代後半からの、脱植民地化の一層の進展とスターリング圏の解体への動きが、「帝国的な構造的権力」としてのイギリスの影響力と国際秩序維持における役割とを大幅に低下させることになった。イギリスは、二〇世紀後半の新たなヘゲモニー国家・アメリカ合衆国に対する従属的な同盟国（junior partner）の地位に転落した。

ヘゲモニー国家および構造的権力としてのイギリスの特徴は、広大な公式帝国と非公式帝国を持つ領域性に大きく規定された点にあった。この点でイギリスは、二〇世紀後半以降の現代世界におけるヘゲモニー国家であるアメリカ合衆国とは大きく異なる。ヘゲモニー国家として英米両国を比較した場合、自由貿易主義や基軸通貨など、経済構造面において国際公共財を提供する役割で共通性が見られる。自由主義（liberalism）も、ヘゲモニー国家に共通のイデオロギーであり、英米両国を通じて世界中に広められた。卓越した軍事力の展開能力を持った点でも、両国は共通している。

しかし、安全保障構造面の軍事力とその展開能力に関しては、軍事技術を含めた利用可能な技術体系の変化、航空宇宙産業の発展、コンピュータ・ＩＴ技術の発達などが原因となって、英米両国の影響力とその浸透の度合いには格段の相違がある。また、アメリカ合衆国の場合は、公式の植民地・帝国を伴わないままグローバルな影響力を行使しうる、非領域的なヘゲモニー国家である。特に、一九九一年冷戦終焉以降のアメリカ合衆国の影響力は、先進工業国を含めて世界中に及んでおり、まさに現代のアメリカ合衆国こそが、ヘゲモニー国家の典型であるといえよう。グローバリゼーションの歴史的起源とその展開過程を探究するグローバルヒストリー研究も、公式の植民地帝国を保有したイギリスを中心とした段階と、第二次世界大戦後のアメリカ合衆国を中核とする現代世界の段階とを区別して考える必要がある。(13)

あとがき

本書は、一九八〇年代後半から続けてきた研究をまとめたものである。一冊の本にまとめるにあたって、既発表のいくつかの論文を大幅に改稿・補正した上に、新たな書き下ろしの論稿を五編加えた結果、半分以上が新規の論考となった。参考までに、本書の構成と、そのもとになった諸論文との関係を記すと、次のようになる。

・序章：書き下ろし

ただし、もとになった原稿は、本来一九九八―二〇〇〇年度に京都大学人文科学研究所で行われた共同研究「帝国の研究」（班長：山本有造教授）の報告書（未刊行）作成のために執筆した。

・第1章：「インド軍海外派遣問題とイギリスの帝国外交政策――一八七八―八三年」『西洋史学』第一五二号（一九八九年）を中心にして、「一八七〇年代末のインド政策とイギリス政党政治――第二次アフガン戦争を中心にして」『大阪外国語大学学報』第七二―三号（一九八六年）と、「グラッドストーンのイギリス帝国認識――第二次ディズレリー内閣の帝国外交政策批判を中心にして」『大阪外国語大学・英米研究』第一五号（一九八七年）を統合。

・第2章：松田武・阿河雄二郎編著『近代世界システムの歴史的構図』（溪水社、一九九三年）第5章「第二次ボーア戦争とインド」をベースにして、木畑洋一編『大英帝国と帝国意識――支配の深層』（ミネルヴァ書房、一九九八年）第8章「植民地エリートの帝国意識とその克服――ナオロジとガンディーの場合」の一部と、濱下武志・川北稔編『地域の世界史11　支配の地域史』（山川出版社、二〇〇〇年）第II部第2章「帝国と軍隊――イギリスの植民地支配とインド軍」の一部を統合。
・第3章：書き下ろし
・第4章：書き下ろし
・第5章：『岩波講座世界歴史18　工業化と国民形成　一八世紀末—二〇世紀初』（岩波書店、一九九八年）「論点と焦点：イギリス帝国とアジア」と、"'Gentlemanly Capitalism', Intra-Asian Trade and Japanese Industrialization at the Turn of Last Century", *Japan Forum*, Vol. 8, No. 1 (April 1996), pp. 51-65 を翻訳のうえで統合。
・第6章：「ジェントルマン資本主義と「開かれたアジア間貿易論」——日本の工業化に対するイギリスの認識一八九〇—一九三〇年代」『史学研究』第二一六号（一九九七年）に大幅に加筆。
・第7章：秋田茂・籠谷直人編『一九三〇年代のアジア国際秩序』（溪水社、二〇〇一年）第11章「ジェントルマン資本主義と東アジア——日本・中国の工業化に対するイギリスの認識　一八九〇—一九三〇年代」の一部を利用したが、大半は書き下ろし。
・第8章：書き下ろし
ただし、第二節は、「関税改革とインド——「アジア間貿易」、インドの工業化をめぐるイギリスの認識」（一九九九年度大会共通論題報告：イギリス帝国主義と世紀転換期の世界）『西洋史研究』第二九号（二〇〇〇年）を一部利用した。
・第9章：書き下ろし
・終章：書き下ろし
ただし、第二次世界大戦後の記述に関しては、「現代南アジアの構造変動」に関する特定領域研究の成果、秋田茂・水島司編『現代南アジア6　世界システムとネットワーク』（東京大学出版会、二〇〇三年二月出版予定）第1章

「イギリス帝国の再編――軍事から財政へ」と部分的に重なっている。

以上の構成に見られるように、本書には非常に多くの方々との共同研究を通じた研究成果が反映されている。

筆者は、もともと故・吉岡昭彦先生の集中講義を受けた広島大学で、故・隅田哲司先生や向山宏先生の御教示を受けて、イギリス近代史研究の一環として英印植民地関係史の研究を始めた。一九八五年に大阪外国語大学に職を得てからは、アジア地域研究を専門とする多くの同僚とアジア太平洋研究会を通じて共同研究を行ってきた。赤木攻学長や桑島昭先生、西村成雄先生、松田武先生、田中仁氏らと交流するなかで、英印二国間関係を超えるアジア現代史と、国際交流の重要性を考えるようになった。他方、角山榮先生、川北稔先生を中心に二カ月に一回京都で開催されているイギリス都市生活史研究会では、「関係史」の視点からの歴史学的考察の重要性と柔軟な発想法を学んだ。本書の第1章と第2章のインド軍海外派兵問題に関する関係史的研究は、この時期に始められた。後にグローバルヒストリー研究を考えていく上で、両先生、特に川北先生から学んだ世界システム論に基づいた関係史の方法論は決定的に重要であった。

筆者の研究の転機は、一九九一年に結成されたイギリス帝国史研究会と、翌九二年に京都を訪れたトニー・ホプキンズ氏との出会いである。川北先生、木畑洋一先生、木村和男氏、平田雅博氏らと組織したイギリス帝国史研究会は、イギリス本国史だけでなく帝国諸地域をカバーする数多くの専門家との交流を可能にして、常に学際的で刺激的な学問的交流の場になっている。南アジア史の松井透先生からも、毎回研究会の運営と中身について建設的なご助言をいただいた。竹内幸雄氏の御尽力で九二年に来日したホプキンズ氏は、セミナーとその後の滞在中に、拙稿に対するコメントだけでなく、執筆中であったピーター・ケイン氏との大著 *British Imperialism* に関連して多くの教示を与えてくれ、非力な筆者のやる気を引き立たせてくれた。後に、彼らが提唱したジェントルマン資本主義論を竹内氏らと翻訳・紹介するとともに、日本におけるイギリス帝国史研究の立場から論評を試みることになった。

一九九四年四月から翌九五年八月まで、文部省在外研究員（若手枠・10ヵ月間）としてロンドン大学で勉強する機会を与えられた。角山先生から紹介を受けた杉原薫先生のおられた東洋アフリカ研究学院（SOAS）と、歴史学研究所（Institute for Historical Research）に所属して、友人の高田実氏とともに手当たり次第にセミナーやワークショップに参加してイギリスの学界の研究動向と議論のやりかたを学んだ。歴史学研究所のイギリス帝国史セミナーの組織者であるピーター・マーシャル氏から報告依頼を受けた時、杉原先生の助言で、LSE（London School of Economics）図書館の地下に所蔵されている膨大なイギリス領事・通商報告書を史料にして、アジア間貿易論とイギリス帝国史研究を結びつける新たな研究に着手した。本書の第II部、特に第5章は、このロンドンでのセミナー報告が起源になっている。アンドリュー・ポーター氏、フレーダ・ハーコート氏、グリン・ウイリアムズ氏、ジョン・マーサー氏らセミナーの常連である友人諸氏からは、貴重な助言と励ましをいただいた。歴史学研究所に滞在中に、高田氏の紹介で当時の所長パトリック・オブライエン氏、アカデミックセクレタリーのスティーヴン・スミス氏の知己を得ることができたことも、その後の交流のネットワークを広げていく上で大きく寄与することになった。

帰国後の一九九六年春に、籠谷直人氏、脇村孝平氏らとアジア国際関係史研究会を組織して、本格的にアジア国際秩序とイギリス帝国の関連を問う研究を共同研究の一環として始めた。その成果は二〇〇一年に秋田・籠谷共編『一九三〇年代のアジア国際秩序』（溪水社）としてまとまったが、本書の第6章と第7章もその成果の一端である。籠谷、脇村両氏からはその後も、著書への取り組みも含めて常に刺激を受けている。

一九九八年からは、さらに筆者の研究の視野を広げてくれた三つの共同研究プロジェクトに関わってきた。第一が、文部省科研費・特定領域研究「現代南アジアの構造変動」（代表：長崎暢子先生）である。百名近い南アジア研究者を組織したプロジェクトに、筆者は計画研究「南アジアと世界システム」の班長として参加を許され、広瀬崇子、水島司、柳沢悠、絵所秀紀の各氏らと三年間にわたって、現代南アジアの構造的変化を歴史的観点から考察した。国際シンポジウムの講師として、トム・トムリンソン氏とロジャー・ルイス氏をお招きして、グローバルな視点から英印関係を再考することができた。この特定領域研究によって、しばらく停滞していたインド軍の海外派兵問題の研究を新たな角度から問い直す機会を与えられたが、本書の第3章、第4章と、終章の一部はその研究成果である。プロジェクト全体の成果は、東京大学出版会より『講座現代南アジア』（全6巻）として二〇〇二年度中に刊行される予定である。

第二のプロジェクトが、二〇〇〇年の日本西洋史学会に向けたグローバルヒストリー研究であった。大阪外国語大学が二〇〇〇年五月に第五〇回日本西洋史学会大会を主催することになり、その中核的企画として国際シンポジウムを開催することになった。文部省科研費・基盤研究A（代表：松田武先生）を受けて、我々はロンドン大学のオブライエン氏の研究グループと提携して、グローバルヒストリーに関する共同研究を組織することにした。共通の研究テーマとして「ヘゲモニー国家の盛衰と世界システムの変容」を掲げ、一七世紀オランダ、一九世紀イギリス、二〇世紀アメリカという三つのヘゲモニー国家の構造的比較を行うことにした。オブライエン氏は、一九九五年頃から歴史学研究所を舞台にグローバルヒストリー概念を提唱して、一連の斬新なセミナーを開催していた。我々大阪外大の研究チームは、そのプロジェクトと協力して共同研究を進めたのである。その成果は、英文の報告書と、松田・秋田編『ヘゲモニー国家と世界システム』（山川出版社、二〇〇二年）にまとめられたが、筆者はさらに視野を拡大してグローバルヒストリーの文脈でイギリス帝国史を考えるようになった。幸い、二〇〇〇年度文部省国際シンポジウム開催経費（代表：阿河雄二郎先生）を得て、二〇〇〇年一〇月には別の国際ワークショップを大阪と東京で開催することができた。

第三のプロジェクトが、京都大学人文科学研究所の共同研究「帝国の研究」（代表：山本有造先生）である。日本経済史の山本先生や籠谷氏、日本思想史の山室信一氏や安田敏朗氏、アジア史の杉山正明氏や杉原薫先生、アイルランド史の山本正氏、英印経済史の今田秀作氏らとの、時代と地域を超えた比較、類型化、関係性の三つの観点からする歴史上の諸帝国の研究は、筆者のイギリス帝国史研究をさらに相対化して、グローバルヒストリーの文脈に位置づけ直すことを可能にしてくれた。本書の序章はその研究成果の一端である。

以上、三つの共同研究プロジェクトの同時並行的な展開は筆者に新たな研究視角と論点を与えてくれたが、当初二〇世紀の末までの刊行をめざしていた自著の執筆作業が大幅に遅れることになったのも事実である。この間、イギリス帝国史研究会をベースにした海外の研究者との研究交流も続けてきた。ケンブリッジ大学のデイヴィッド・フィールドハウス氏、レスターのヒュー・ボウエン氏、シェフィールドのピーター・ケイン氏とイアン・フィミスター氏、ウェールズのビル・ルビンステイン氏、ジュネーブのジェラルド・クロゼウスキー氏、ドイツ・コンスタンツ大学のユルゲン・オスターハンメル氏とニールズ・ピーターソン氏、オランダのマヨリン・タールト氏、北京の張順洪氏、インド・デリーのT・R・サリーン氏とムカジー夫妻、アメリカ合衆国・ウィスコンシン大学のトマス・マコーミック氏、シカゴ大学のブルース・カミングス氏、パーデュー大学のレイ・デュメット氏、ジョンズホプキンズ大学のジョバンニ・アリギ氏など、数えきれない方々と議論を重ねることができた。

二〇〇一年四月—二〇〇二年三月まで、筆者は、国際交流基金の資金的援助を得て、再びロンドン大学で研究する機会を与えられた。LSE と歴史学研究所で、オブライエン氏とグローバルヒストリー研究に従事するとともに、ギャレス・オースティン氏、ジャネット・ハンター氏、トム・トムリンソン氏、アントニー・ベスト氏、キャサリン・シェンク氏、ニック・ホワイト氏やイアン・ニッシュ先生らと、アジア国際関係史をめぐるセミナーやワークショップを組織して議論を重ねることができた。その成果の一端が本書の第8章と第9章であり、同時に Shigeru

Akita (ed.), *Gentlemanly Capitalism, Imperialism and Global History* (London and New York : Palgrave, 2002) をまとめることができた。また、二〇〇二年七月には籠谷氏、久保亨氏、松本俊郎氏、城山智子氏、杉原先生や前記のイギリス人研究者とともに、アルゼンチンのブエノスアイレスで開催された第一三回国際経済史学会に参加して、「一九三〇—五〇年代のアジア国際秩序」に関するセッションを組織し議論を重ねた。

研究の過程で、当然数多くの史料館や大学図書館でアーキヴィストや司書の方々からも数多くの便宜を与えていただいた。特に、LSE 図書館と、大英図書館旧インド省コレクション（Oriental and India Office Collections）、英国国立公文書館（Public Record Office）、イングランド銀行アーカイブ、およびニューデリーのネルー・メモリアル・ミュージアムでの史料検索は本書の執筆にとって不可欠であった。また、一九九〇年代に入って急速に国際化した私の研究状況は、前述の文部省在外研究や国際交流基金からの資金援助、科学研究費の特定領域研究や基盤研究A・Cに加えて、大阪外国語大学国際交流基金やイギリス帝国史研究会に関係する友人諸氏の諸大学からの諸基金など、数多くの金銭的支援によって初めて可能になった。角山榮先生から教えていただいた「フィールドワークとしての歴史学」を少しでも実現できたのは、こうした財政的基盤と大阪外大の同僚諸氏の寛大な理解があったからである。

以上のような二〇年余りの研究上における試行錯誤の末に、非常に多くの方々との研究協力を経て、ようやく本書を上梓することができた。海外の友人や先生方を含めて、数多くの貴重な出会いと交流がなければ筆者の研究はこうした形にまとまらなかったであろう。一冊の本にまとめるにあたって、特に杉原薫先生からは数多くの貴重な助言とコメントをいただいた。ホプキンズ氏とオクスフォード大学のジョン・ダーウィン氏からも、本書の構成に関して貴重な助言を得た。間接的には、現代アメリカ経済論を研究する二人の友人、寺岡寛氏と村山裕三氏からのフレンドリーな「圧力」が本書執筆を促す要因になった。名古屋大学出版会の橘宗吾氏からは、共同研究のとりまとめなどを口実に遅々として進まなかった本書の執筆作業を、文字通りの第一読者兼編集者として支えていただいた。橘氏とは、本書の構成と中身に関して重要な議論を積み重ねてきた。同編集部の長畑節子氏には、本書の編集実務で細部にわたるご支援をいただいた。

以上の多くの方々に、この場を借りて心より感謝の意を表したい。また、本書の刊行にあたっては、二〇〇二年度日本学術振興会科学研究費補助金（研究成果公開促進費）の交付を受けた。

最後に、私事にわたって恐縮であるが、父・秋田照人と母・道江は、筆者のこれまでの研究・教育生活に対して一切干渉することなく物質的、精神的な支援を与えてくれた。広島の田舎で元気に暮らす両親に対して、改めて感謝の気持ちを表したいと思う。

二〇〇二年一二月

秋田　茂

《著者紹介》
秋田《あきた》　茂《しげる》

1958年　福山市生まれ
1985年　広島大学大学院文学研究科博士課程後期中退
現　在　大阪大学大学院文学研究科教授
著訳書　『近代世界システムの歴史的構図』（共著，溪水社，1993年）
『1930年代のアジア国際秩序』（共編，溪水社，2001年）
ケイン/ホプキンズ『ジェントルマン資本主義の帝国II』
（共訳，名古屋大学出版会，1997年）
Gentlemanly Capitalism, Imperialism and Global History
（編著，London and New York : Palgrave, 2002）他

イギリス帝国とアジア国際秩序

2003年2月28日　初版第1刷発行
2009年8月28日　初版第2刷発行

定価はカバーに
表示しています

著　者　秋　田　　茂

発行者　石　井　三　記

発行所　財団法人　名古屋大学出版会
〒464-0814　名古屋市千種区不老町1名古屋大学構内
電話(052)781-5027/FAX(052)781-0697

印刷・製本 ㈱太洋社　ISBN978-4-8158-0456-5
乱丁・落丁はお取替えいたします。

The British Empire and the International Order of Asia

By Shigeru Akita (The University of Nagoya Press, 2003)

CONTENTS

索　引

あ　行

か　行

さ　行

た　行

な　行

は　行

ま・や行

ら・わ行

注

序　章

(1)　Susan Strange, *States and Markets: An Introduction to Political Economy* (London, 1988, 2nd edition, 1994). スーザン・ストレンジ（西川潤/佐藤元彦訳）『国際政治経済学入門——国家と市場』（東洋経済新報社，1994年）。

(2)　Susan Strange, 'The persistent myth of lost hegemony', *International Organization*, 41-4 (1987), pp. 551-574. Cf. Arthur A. Stein, 'The hegemon's dilemma : Great Britain, the United States, and the international economic order', *International Organization*, 38-2 (1984), pp. 355-386.ストレンジの研究に依拠した次の研究も参照。本山美彦『国際通貨体制と構造的権力——スーザン・ストレンジに学ぶ非決定の力学』（三嶺書房，1989年）。

(3)　本書では，国際政治学の領域におけるリアリストの議論，特に覇権安定論による議論を採用している。次の研究を参照。山本吉宣「国際レジーム論——政府なき統治を求めて」『國際法外交雑誌』第95巻第1号（1996年）；松田武/秋田茂編『ヘゲモニー国家と世界システム——20世紀をふりかえって』（山川出版社，2002年）「はじめに」。

(4)　P. J. Cain and A. G. Hopkins, *British Imperialism 1688-2000* (Harlow and New York, 2nd edition, 2001). P. J. ケイン/A. G. ホプキンズ（竹内幸雄/秋田茂訳）『ジェントルマン資本主義と大英帝国』（岩波書店，1994年），P. J. ケイン/A. G. ホプキンズ（竹内幸雄/秋田茂，木畑洋一/旦祐介訳）『ジェントルマン資本主義の帝国 I　創生と膨張 1688-1914，II　危機と解体 1914-1990』（名古屋大学出版会，1997年）。

(5)　Raymond E. Dumett, *Gentlemanly Capitalism and British Imperialism : The New Debate on Empire* (London and New York, 1999) ; Shigeru Akita (ed.), *Gentlemanly Capitalism, Imperialism and Global History* (London and New York, 2002).

(6)　ストレンジ，前掲訳書，38-39頁。

(7)　ストレンジ，前掲訳書，40-41，46頁。

(8)　近年の「帝国」研究においては，国民国家と比べた場合に，帝国が有した脱領域性・開放性が強調される傾向にある。しかし本書では，植民地に代表される「公式帝国」は，19世紀末のアフリカ分割に見られるように領域限定的であり国境の画定が重要であったこと，さらに，「非公式帝国」といえども現地の既存の政治権力を利用した間接的な支配形態である点では領域性を有したことを重視したい。

(9)　P. K. O'Brien, 'The Pax Britannica and the International Order 1688-1914', in Shigeru Akita and Takeshi Matsuda (eds.), *The Proceedings of the Global History Workshop, 1999: Looking Back at the 20th Century : The Role of Hegemonic State and the Transformation of the Modern World-System* (Osaka University of Foreign Studies, 2000), pp. 44-71. パトリック・オブライエン「パクス・ブリタニカと国際秩序 1688-1914」松田武/秋田茂編『ヘゲモニー国家と世界システム——20世紀をふりかえって』第2章。

また，次の研究も参照。C. P. Kindleberger, *World Economic Primacy 1500–1990* (Oxford, 1996). C. P. キンドルバーガー（中島健二訳）『経済大国興亡史 1500–1990 上・下』（岩波書店，2002 年）。

(10) A. G. Hopkins, 'Informal empire in Argentina : an alternative view', *Journal of Latin American Studies*, 26 (1994).

(11) ピーター・ケイン（高田実/関内隆訳）「ジェントルマン資本主義，シティ，イギリス帝国主義 1880–1939 年」『西洋史研究』第 26 号（1997 年）；ピーター・ケイン（関内隆訳）「ジェントルマン資本主義とイギリス帝国主義 1870–1939——批判的検討」『岩手大学教育学部学会報告書』第 12 号（1997 年）；ピーター・ケイン（桑原莞爾/高田実訳）「非公式帝国とジェントルマン資本主義——1914 年以前のイギリスと中国」『熊本大学文学部論叢』第 61 号（1998 年）。

(12) Dumett, op.cit., pp.204–205.

(13) John Brewer, *The Sinews of Power : War, Money and the English State, 1688–1783* (London, 1989).

(14) John Gallagher and Ronald Robinson, 'The Imperialism of Free Trade', *Economic History Review*, 2nd series, Vol. VI (1953).

(15) W. R. Louis (ed.), *Imperialism : The Robinson and Gallagher Controversy* (London and New York, 1976).

(16) 毛利健三『自由貿易帝国主義——イギリス産業資本の世界展開』（東京大学出版会，1978 年）。

(17) 平田雅博『イギリス帝国と世界システム』（晃洋書房，1999 年）。

(18) W. R. Louis (Editor-in-Chief), *The Oxford History of the British Empire*, Vol. IV : *The Twentieth Century* ; Vol. V : *Historiography* (Oxford, 1999).

(19) Ronald Robinson and John Gallgher with Alice Denny, *Africa and the Victorians : The Official Mind of Imperialism* (London, 1961, 2nd edition, 1981).

(20) Ronald Robinson, 'Non-European Foundation of European Imperialism : Sketch for a Theory of Collaboration', in R. Owen and B. Sutcliffe (eds.), *Studies in the Theory of Imperialism* (London, 1972).

(21) Andrew Porter, 'Gentlemanly capitalism and imperialism : the British experience since 1750 ?', *Journal of Imperial and Commonwealth History*, 18 (1990), pp.265–295. アンドリュー・ポーター編（横井勝彦/山本正訳）『イギリス帝国歴史地図』（東洋書林，1997 年）「日本語への序文」も参照。

(22) Jürgen Osterhammel, 'Imperialism in Transition : British Business and the Chinese Authorities, 1931–37', *China Quarterly*, LXLVIII (1984), pp.260–286 ; Jürgen Osterhammel, 'China', in Judith M. Brown and W. R. Louis (eds.), *The Oxford History of the British Empire*, Vol. IV : *The Twentieth Century* (Oxford, 1999).

(23) 世紀転換期の中国に関する以下の研究も参照。Niels Petersson, 'Gentlemanly and Not-so-gentlemanly imperialism in China, 1880s–1911', in Shigeru Akita (ed.), *Gentlemanly Capitalism, Imperialism and Global History*, chapter 5.

(24) 帝国主義経費論争については，以下の研究を参照。P. K. O'Brien, 'The Costs and Benefits of British imperialism 1846–1914', *Past & Present*, No. 120 (1988)；秋田茂「『帝国

主義経費論争』をめぐって」『大阪外国語大学・アジア学論叢』第2号（1992年）；P. K. O'Brien, 'The Costs and Benefits of European imperialism from the conquest of Ceuta, 1415, to the Treaty of Lusaca, 1974, with Leandro Prados de la Escosura, *Revista de Historia Económica*, Año XVI, Invierno 1998, No. 1, pp. 29-88.' パトリック・オブライエン「海外帝国がヨーロッパ人にもたらした利益とコスト」同著（秋田茂/玉木俊明訳）『帝国主義と工業化——イギリスとヨーロッパの視点から』（ミネルヴァ書房，2000年）第二章；Avner Offer, 'The British empire, 1870–1914 : a waste of money ?', *Economic History Review*, 2nd series, Vol. XLVI, 2 (1993), pp. 215–238 ; Avner Offer, 'Costs and Benefits, Prosperity, and Security, 1870–1914', in Andrew Porter (ed.), *The Oxford History of the British Empire*, Vol. III : *The Nineteenth Century* (Oxford, 1999), pp. 690–711.

(25) P. K. O'Brien, 'The Costs and Benefits of British imperialism 1846–1914', *Past & Present*, No. 120 (1988), p. 188.

(26) B. R. Semmel, *British Naval Strategy and British Liberalism* (New York, 1985).

(27) 横井勝彦『アジアの海の大英帝国——十九世紀海洋支配の構図』（同文舘，1988年）。

(28) L. E. Davis and R. A. Huttenback, *Mammon and the Pursuit of Empire : The Economics of British Imperialism* (Cambridge, 1986).

(29) 桑原莞爾『イギリス関税改革運動の史的分析』（九州大学出版会，1999年）。

(30) Ronald Robinson and John Gallgher with Alice Denny, op. cit.；金子勝「『安価な政府』と植民地財政——英印財政関係を中心にして」『福島大学商学論集』第48-3号（1980年）。

(31) 秋田茂「帝国と軍隊——イギリスの植民地支配とインド軍」濱下武志/川北稔編『地域の世界史 11　支配の地域史』（山川出版社，2000年）第II部支配組織と支配圏・第2章。

(32) パトリック・オブライエン「パクス・ブリタニカと国際秩序 1688-1914」松田武/秋田茂編『ヘゲモニー国家と世界システム——20世紀をふりかえって』第2章第4節。

(33) S. B. ソウル（久保田英夫訳）『イギリス海外貿易の研究』（文眞堂，1980年）。

(34) 桑原，前掲書。

(35) Toshio Suzuki, *Japanese Government Loan Issues on the London Capital Market 1870–1913* (London, 1994).

(36) 秋田茂「ジェントルマン資本主義と『開かれたアジア間貿易論』——日本の工業化に対するイギリスの認識 1890-1930年代」『史学研究』第216号（1997年）；秋田茂/籠谷直人編『1930年代のアジア国際秩序』（溪水社，2001年）。

(37) C. P. Kindleberger, *The World in Depression 1929–39* (Berkeley, 1973). チャールズ・キンドルバーガー（石崎昭彦/木村一朗訳）『大不況下の世界』（東京大学出版会，1982年）。

(38) P. J. ケイン/A. G. ホプキンズ（木畑洋一/旦祐介訳）『ジェントルマン資本主義の帝国II　危機と解体 1914-1990』（名古屋大学出版会，1997年）第5章。

(39) B. R. Tomlinson, *The Political Economy of the Raj 1914–1947 : The Economics of Decolonization in India* (London, 1979), pp. 118–120, 131–137.

(40) 籠谷直人『アジア国際通商秩序と近代日本』（名古屋大学出版会，2000年）第5章。

(41) Tomlinson, op.cit., pp. 124–131.

(42) P. J. ケイン/A. G. ホプキンズ『ジェントルマン資本主義の帝国II　危機と解体 1914–1990』第 7 章；佐藤純「1930 年代イギリスの対アルゼンチン通商政策の展開――為替管理問題の検討を中心として」『西洋史研究』第 27 号（1998 年）；Tuyoshi Hayashi, 'The Rocca-Runciman Agreement of 1993 : The Anglo-Argentine relations in the 1930s', (Unpublished MA thesis of Osaka University of Foreign Studies, 2003).

(43) P. J. Cain, 'Gentlemanly imperialism at work : the Bank of England, Canada, and the sterling area, 1932–1936', *Economic History Review*, 2nd series, Vol. XLIX, 2 (1996).

(44) 三谷太一郎「国際金融資本とアジアの戦争――終末期における対中四国借款団」『年報近代日本研究』2（1980 年）。Mitani Taichirō, 'Japan's International Financiers and World Politics, 1904–31', *Proceedings of the British Association for Japanese Studies*, 1980. また，次の研究も参照。松田武「新四国借款団と両大戦間期の日米関係」科研報告書（一般研究 B）『「世界システム」の変容と国民統合』（大阪外国語大学，1992 年）。

(45) Shigeru Akita, 'British informal empire in East Asia, 1880–1939 : a Japanese perspective', in Dumett, op. cit., chapter 6 ; P. J. Cain, 'British Economic Imperialism in China in the 1930s : The Leith-Ross Mission', *Bulletin of Asia-Pacific Studies*, Vol. VII (1997).

(46) 野沢豊編『中国の幣制改革と国際関係』（東京大学出版会，1981 年）第 1 部。

(47) 杉原薫「東アジアにおける工業国型通貨秩序の成立」秋田/籠谷編『1930 年代のアジア国際秩序』第 2 章。

(48) 久保亨『戦間期中国〈自立への模索〉関税通貨政策と経済発展』（東京大学出版会，1999 年）第 8 章。

(49) 杉原薫，前掲論文。

(50) 杉原薫『アジア間貿易の形成と構造』（ミネルヴァ書房，1996 年）第 4 章。

(51) Jürgen Osterhammel, 'Imperialism in Transition : British Business and the Chinese Authorities, 1931–37', *China Quarterly*, LXLVIII (1984), pp. 260–286.

(52) 秋田/籠谷編『1930 年代のアジア国際秩序』総論。同書に対する批判的コメントとして，次の研究も参照。Antony Best, 'Economic Appeasement or Economic Nationalism ?――A Political Perspective on the British Empire, Japan and the Rise of Intra-Asian Trade, 1933–37', *Journal of Imperial and Commonwealth History,* Vol. 30–2 (2002)；アントニー・ベスト「経済的宥和政策か，経済的ナショナリズムか――1933–38 年における，イギリス帝国，日本，そして「アジア間貿易」の興隆についての政治史的解釈」『人文学報』第 85 号（2001 年）。

第 1 章

(1) *Hansard's Parliamentary Debates*（以下 *Hansard* と略記する）, 3rd Series, Vol. 190, col. 406, 28th November 1867. 1867 年のインド軍のアビシニア派兵については，D. Naoroji, *Speeches and Writings of Dadabhai Naoroji* (Madras, n.d. 1907?), pp. 610–622 ; 古川学「インド軍のアビシニア遠征（1867–68 年）とインドの世論」中村平治編『アジア政治の展開と国際関係』（東京外国語大学アジア・アフリカ言語文化研究所，1986 年）を参照。

(2) David Omissi, *The Sepoy and the Raj : The Indian Army 1860–1940* (London,

1994); Stephen P. Cohen, *The Indian Army : Its Contribution to the Development of a Nation* (Berkeley, 1971); Philip Mason, *A Matter of Honour : An account of the Indian Army, its officers & men* (London, 1974).

(3) R. E. Robinson, 'Imperial Problems in British Politics, 1880–1895', in *The Cambridge History of the British Empire*, Vol. III, *The Empire-Commonwealth 1870–1919* (Cambridge, 1967), chapter V; James Sturgis, 'Britain and the New Imperialism', in C.C. Eldridge (ed.), *British Imperialism in the Nineteenth Century* (London, 1984), chapter 4; R. Shannon, *The Crisis of Imperialism 1865–1915* (London, 1974); A. S. Thompson, *Imperial Britain : The Empire in British Politics, 1880–1932* (London, 2000). 帝国・植民地問題の概観として，秋田茂「帝国主義時代の到来」村岡健次/木畑洋一編『世界歴史大系イギリス史 3　近現代』（山川出版社，1991 年）第 5 章を参照。

(4) Sumit Sarkar, *Modern India 1885–1947* (Delhi, 1983), chapter II; Satoru Furukawa, 'The Indian National Congress and British Military Expenditure in India 1885–1905', *Journal of Asian and African Studies,* No. 30 (Institute for the Study of Languages and Cultures of Asia and Africa, Tokyo University of Foreign Studies, 1985), pp. 78–108.

(5) C. N. Vakil, *Financial Development in Modern India, 1860–1924* (Bombay, 1924), p. 126. Cf. R. Hyam, *Britain's Imperial Century 1814–1914 : A Study of Empire and Expansion* (London, 1976), p. 207.

(6) R. Robinson and J. Gallagher with A. Denny, *Africa and the Victorians : The Official Mind of Imperialism* (London, 2nd edition, 1981), pp. 12–13. Cf. Keith Jeffery, 'The Eastern Arc of Empire : A Strategic View 1850–1950', *Journal of Strategic Studies*, 5 (1982), pp. 531–545.

(7) 金子勝「「安価な政府」と植民地財政――英印財政関係を中心にして」『福島大学・商学論集』48–3（1980 年）。

(8) L. E. Davis and R. A. Huttenback, *Mammon and the Pursuit of Empire : The Political Economy of British Imperialism, 1860–1912* (Cambridge, 1986), chapter 5; P. K. O'Brien, 'The costs and benefits of British imperialism 1846–1914', *Past & Present*, No. 120 (1988); Avner Offer, 'The British empire, 1870–1914 : a waste of money ?', *The Economic History Review*, 2nd series, Vol. XLVI (1993).

(9) オスマン帝国領の争奪をめぐる「東方問題」については，既に以下のような数多くの先行研究がある。R. W. Seton-Watson, *Disraeli*, *Gladstone and the Eastern Question : A Study in Diplomacy and Party Politics* (London, 1935); W. L. Langer, *European Alliances and Alignments 1871–1890* (New York, 2nd edition, 1950), chapters III–VIII; C. C. Eldridge, *England's Mission : The Imperial Idea in the age of Gladstone and Disraeli 1868–1880* (London, 1973), chapters 7 & 8; M. Swartz, *The Politics of British Foreign Policy in the era of Disraeli and Gladstone* (Oxford, 1985)；坂井秀夫『近代イギリス政治外交史 I』（創文社，1974 年）第 1・2 章；野口建彦「二つの帝国主義とオットマン帝国の解体」入江節次郎編著『講座西洋経済史III　帝国主義』（同文舘，1980 年）。以上の諸研究は，狭義の「東方問題」研究として優れている。しかし筆者は，後述するように，19 世紀末のイギリスの帝国外交政策を的確に把握するためには，「東方問題」を近東（東地中海・西アジア地域）に限定するのではなく，英領インドとの関係

を視野に入れた「広義の東方問題」として捉えグローバルな文脈で再検討する必要があると考える。Cf. D. Gillard, *The Struggle for Asia 1828–1914* (London, 1977).

(10) この時期のインドに関するイギリス本国議会での論争に関して，以下の研究がある。Sumanta Niyogi, *India in British Parliament 1865–84 : Henry Fawcett's Struggle against British Colonialism in India* (Calcutta, 1986), chapters Ⅷ & Ⅸ ; P. J. Durrans, 'The House of Commons and India 1874–1880', *Journal of the Royal Asiatic Society of Great Britain and Ireland* (1982), pp. 25–34. 本章では，英領インド自体に関する議論だけでなく，議会論争のイギリス帝国全体との連関性とグローバルな文脈を重視した。

(11) *The Times*, 6th May 1878. 4月末から5月初めにかけて，ボンベイとマドラスからインド軍はマルタ島に向け出発した。その内訳は，以下の通り。ボンベイからは，ヨーロッパ人将兵471名，インド人将兵5,629名，随行員2,570名，計8,670名，Abstract of Troops embarked at Bombay and Cannanore for Foreign Service, compiled from the Return received with Bombay Quartermaster General's No. 1322B., dated 6th May 1878. マドラスからは，ヨーロッパ人将校20名，インド人将兵966名，随行員261名，計1,247名，Return showing the number of officers, men and followers proceeded to Malta and Cyprus from the Madras Presidency in 1878. 総計9,917名。in Despatch from Military Department, the Government of India to the Secretary of State for India, Viscount Cranbrook, No. 201 of 1879. Oriental and India Office Collections (OIOC), L/MIL/7/7870 (1879), File 4, pp. 3–4.

(12) この間の経緯については，「東方問題」をめぐる注(8)の主要文献を参照。Langer, op. cit., chapters IV & V; Seton-Watson, op. cit., chapters Ⅷ & Ⅸ; Swartz, op. cit., chapters 3 & 4 ; G. Cecil, *Life of Robert, Marquis of Salisbury*, Vol. II (London, 1922), pp. 216–221.

(13) *Hansard*, 3rd series, Vol. 240, House of Lords, cols. 187–254, 20th May 1878; Ibid., House of Commons, cols. 264–348, 20th May 1878, cols. 362–438, 21st May 1878, and cols. 499–614, 23rd May 1878. このインド軍のマルタ島派兵論争は，19世紀末にイギリスの国制をめぐり展開された「最も優れた包括的論争」との評価がある。R. Koebner and H. D. Schmidt, *Imperialism : The Story and Significance of a Political Word, 1840–1960* (Cambridge, 1964), pp. 138–140 ; Durrans, op. cit., pp. 30–31. また，政府側からの断片的言及として，Seaton-Watson, op. cit., pp. 394–397. 批判者側に関して Niyogi, op. cit., pp. 247–255 を参照。

(14) 名誉革命以来，イギリス本国陸軍の兵員数は，毎年議会で制定される共同抗命法の前文によって厳格に規制される慣行が確立されていた。この点については，F. W. メイトランド（小山貞夫訳）『イングランド憲法史』（創文社，1981年）593–602頁；吉岡昭彦「近代イギリス予算制度の特質――十九世紀後半―二十世紀初頭を対象として」『西洋史研究』第16号（1987年）4–6頁を参照。

(15)「インド帝国領に対する現実の侵略を阻止ないし撃退する場合，及び，突然かつ緊急に必要な場合を除いて，東インドの国王軍によるインド帝国国境を越えて行われるいかなる軍事行動の経費も，本国議会両院の同意がない限り，インド財政に課されるべきではない」21°& 22°VICTORIAE, C. 106. An Act for the Better Government of India, 2nd August 1858, No. 55.

(16) *Hansard*, op. cit., Lords, cols. 190–216, 20th May 1878 (by Lord Selbourne).

(17) Ibid., Commons, col. 272, 20th May 1878 (by Marquess of Hartington).

(18) Ibid., Commons, cols. 388–407, 21st May 1878 (by Mr. Gladstone).

(19) Ibid., Lords, cols. 217–235, 20th May 1878 (by the Lord Chancellor).

(20) Ibid., Commons, cols. 281–290, 20th May 1878 (by Michael Hicks-Beach), col. 386, 21st May 1878 (by the Attorney General), col. 430, 21st May 1878 (by Mr. Grantham).

(21) Ibid., Commons, col. 530, 23rd May 1878 (by Mr. Hall).

(22) Ibid., Commons, cols. 598–599, 23rd May 1878 (by The Chancellor of the Exchequer).

(23) Ibid., Lords, cols. 248–253, 20th May 1878 (by the Earl of Beaconsfield).

(24) 吉岡，前掲論文，11-20 頁を参照。ただし，イギリス本国の国家財政に対する予算制度上の議会統制の効力については，インド財政をはじめとする植民地財政との関連性も考慮すべきであろう。

(25) Ibid., Commons, col. 404, 21st May 1878 (by Mr. Gladstone), col. 608, 23rd May 1878 (by Marquess of Hartington).

(26) Ibid., Commons, col. 600, 23rd May 1878 (by Major Nolan).「女帝政策」とは，1877 年 1 月のヴィクトリア女王によるインド女帝宣言にいたる，ディズレーリのインド重視の帝国外交政策を意味した。その経緯については以下を参照。L. A. Knight, ‘The Royal Titles Act and India’, *Historical Journal*, Vol. XI–3 (1968), pp. 488–507 ; B. S. Cohn, ‘Representing Authority in Victorian India’, in E. Hobsbawm and T. Ranger (eds.), *The Invention of Tradition*, chapter 5, pp. 184–206. 佐喜真望「イギリス王室と保守体制——十九世紀後半を中心に」『歴史評論』438 号（1986 年）；秋田茂「グラッドストーンのイギリス帝国認識——第二次ディズレリー内閣の帝国外交政策批判を中心にして」『大阪外大英米研究』第 15 号（1987 年）。

(27) *Hansard*, op. cit., Commons, cols. 366–367, 21st May 1878 (by Mr. Fawcett); Niyogi, op. cit., pp. 256–267.

(28) *Hansard*, op. cit., Commons, cols. 610–614, 23rd May 1878.

(29) マルタ島からキプロス島に移動したインド軍は，イギリス人将校 115 名，インド人兵士 5,311 名，随行員 1,727 名，合計 7,153 名であった。Statement showing number of officers, men, followers, & c., of the Indian contingent despatched from Malta to Cyprus. in Despatch from Military Department, the Government of India to the Secretary of State for India, Viscount Cranbrook, No. 201 of 1879. OIOC, L/MIL/7/7870(1879), File 4, p. 5.

(30) 経費額は，568 万 5,158 ルピーであった。Consolidated statement of the approximate receipts and charges in the Civil and Military Departments of the three Presidencies and in all India in connection with the expedition to Malta. in Ibid., p. 5.

(31) 現地インド総督のリットンの独走を強調する「現地の危機論」として，以下の研究がある。H. H. Dodwell, ‘Central Asia 1858–1918’, in *The Cambridge History of the British Empire*, Vol. V, *The Indian Empire 1858–1918*, chapter XXIII ; M. Cowling, ‘Lytton, the Cabinet and the Russians, August to November 1878’, *English Historical Review*, LXXVI (1961), pp. 59–79 ; D. P. Singhal, *India and Afghanistan 1876–1907* (Melbourne, 1963); C. C. Eldridge, op. cit., chapters 7 & 8. 他方，イギリス本国政府の主

導性を強調する見解のなかで，首相ディズレーリのイニシアティヴを主張する研究として，I. Klein, 'Who made the Second Afghan War?', *Journal of Asian History*, Vol. VIII (1974), pp. 9-121 ; Romesh Dutt, *The Economic History of India in the Victorian Age* (London, 1903), Book III chapter 1 が，インド相（後に外相）ソールズベリの役割を重視する見解として，J. L. Duthie, 'Some further insights into the working of mid-Victorian imperialism : Lord Salisbury, the 'Forward' Group and Anglo-Afghan relations 1874-1878', *Journal of Imperial and Commonwealth History*, Vol. 8 (1980) がある。日本では，小谷汪之「アジアにおける帝国主義の成立」歴史学研究会編『アジア現代史 1 帝国主義の時代』（青木書店，1979 年）。

(32) 秋田茂「1870 年代半ばのインド統治政策――インド相ソールズベリーとインド総督ノースブルックの政治的対立を中心にして」『史学研究』第 165 号（1984 年）；秋田茂「1870 年代末のインド政策とイギリス政党政治――第二次アフガン戦争を中心にして」『大阪外国語大学学報』第 72-3 号（1986 年）。

(33) Despatch from the Secretary of State for India to the Government of India, 22nd January 1875, Secret, No. 2, in *AFGHANISTAN. Correspondence respecting the relations between the British Government and That of Afghanistan since the accession of the Ameer Shere Ali Khan. Published by Order of the Secretary of state for India*, (London, 1878) [以下 *AFC* と略記する], pp. 128-129.

(34) Letter from the Government of India to the Secretary of State for India, 7th June 1875, No. 19 of 1875, *AFC*, pp. 129-135.

(35) Despatch from the Secretary of State for India to the Government of India, 19th November 1875, Secret, No. 34, *AFC*, pp. 147-149.

(36) Letter from the Government of India to the Secretary of State for India, 28th January 1876, No. 10 of 1876, *AFC*, pp. 149-155.

(37) E. C. Moulton, *Lord Northbrook's Indian Administration 1872-1876* (Bombay, 1968), pp. 241-256.

(38) Despatch from the Secretary of State for India to the Government of India, 28th February 1876, Secret, No. 3A, *AFC*, pp. 156-159.

(39) *Hansard*, 3rd series, Vol. 243, Lords, cols. 219-298, 407-520, 9th and 10th December 1878 ; Ibid., Commons, cols. 877-942, 969-1037, 16th and 17th December 1878.

(40) Ibid., Vol. 243, Commons, cols. 896-904, 16th December 1878 (by Mr. Gladstone).

(41) Ibid., cols. 908-909, 16th December 1878 (by The Attorney General).

(42) Ibid., Lords, cols. 407-420, 10th December 1878 (by Earl Grey) ; Ibid., Commons, cols. 903-904, 16th December 1878 (by Mr. Gladstone).

(43) Ibid., Lords, cols. 221-243, 9th December 1878 (by Viscount Cranbrook) and cols. 519-520, 10th December 1878 (by Lord Beaconsfield) ; Ibid., Commons, cols. 919-924, 16th December 1878 (by Mr. Smollet) and cols. 975-977, 17th December 1878 (by George Hamilton).

(44) Ibid., Lords, cols. 286-287, 9th December 1878 (by Lord Derby) ; Ibid., Commons, cols. 913-918, 16th December 1878 (by Samuel Laing).

(45) Ibid., Commons, cols. 1035-1037, 17th December 1878.

(46) Ibid., Vol. 250, Commons, cols. 453–459, 11th February 1880 (by Mr. Fawcett) ; Ibid., Vol. 251, Commons, cols. 922–928, 12th March 1880 (by Mr. Fawcett); Niyogi, op. cit., pp. 268–275.

(47) Koebner and Schmidt, op. cit., p. 164.

(48) Robert Kelly, ‘Midlothian : A Study in Politics and Ideas’, *Victorian Studies*, Vol. 4–2 (1960); John Morley, *The Life of William Ewart Gladstone*, Vol. II (London, 1903), pp. 584–604.

(49) 全国自由党連盟の組織化と運用，大衆新聞を利用した広報宣伝活動など，新たな政治手法が採用され反響を呼んだ。H. J. Hanham, *Elections and Party Management : Politics in the Time of Disraeli and Gladstone* (London, 1959), chapters 9 and 10 ; 村岡健次「十九世紀イギリス政治史への一視角」『史林』第48-4号（1965年）。

(50) *The Times*, 26th December 1879. 1880年3月，総選挙の直前に，グラッドストンは再び2週間におよぶ遊説（第2次キャンペーン）を行ったが，ここでは第1次キャンペーンのみに言及する。

(51) W. E. Gladstone, *Political Speeches in Scotland, November and December 1879* (London, 1879, reprint 1971), First Midlothian Speech (25th November 1879), pp. 26–58.

(52) Ibid., Second Midlothian Speech (26th November 1879), pp. 60–94.

(53) Ibid., Third Midlothian Speech (27th November 1879), pp. 96–129.

(54) Ibid., Speech in St. Andrew’s Hall, Glasgow (5th December 1879), pp. 186–210.

(55) ヨーロッパ協調を重視する姿勢は，1860年代から一貫した彼の姿勢であった。P. Knaplund, *Gladstone’s Foreign Policy* (London, 1935), chapter 3.

(56) 経済面では，イギリスの綿製品輸出市場，資本輸出と利子・配当金収入の増大が，軍事面では本章の課題でもあるインド軍による帝国防衛拡張・問題があげられる。Cf. B. R. Tomlinson, *The Political Economy of the Raj 1914–1947 : The Economics of Decolonization in India* (London, 1979).

(57) S. Gopal, *The Viceroyalty of Lord Ripon 1880–1884* (London, 1953), chapters II and III. Cf. S. Gopal, *British Policy in India 1858–1905* (Cambridge, 1965), chapter 3 ; R. J. Moore, *Liberalism and Indian Politics 1872–1922* (London, 1966), chapter 3.

(58) *Hansard*, 3rd series, Vol. 255, Commons, cols. 1403–1406, 17th August 1880 (by Marquess of Hartington).

(59) Ibid., Vol. 259, Commons, cols. 1148–1155, 16th March 1881 (by Mr. Gladstone); Niyogi, op. cit., pp. 279–283.

(60) カンダハールからの撤退前に，インド軍はマイワンドの戦いで大敗を喫していた。カンダハールからの撤退をめぐる論争は，以下を参照。Ibid., Vol. 259, Lords, cols. 49–131, 227–313, 3rd and 4th March 1881 ; Commons, cols. 1831–1916, 1938–2036, 24th and 25th March 1881 ; D.P. Sighal, *India and Afghanistan 1876–1907 : A Study in Diplomatic Relations* (Melbourne, 1963), chapter 6.

(61) アイルランド土地同盟による「土地戦争」の激化，1882年5月の新総督キャベンディッシュ暗殺事件が目立つ。R. Ensor, *England 1870–1914* (Oxford, 1936), pp. 72–76 ; Alan O’Day, ‘The Irish Problem’, T. R. Gourvish and Alan O’Day (eds.), *Later Victorian Britain 1867–1900* (London, 1988), chapter 10. やがてアイルランド問題は，最大

の帝国・植民地問題に発展した。秋田，前掲「帝国主義時代の到来」村岡/木畑編『世界歴史大系イギリス史3　近現代』第5章を参照。

(62) 「アラビ・パシャの反乱」とも呼ばれるこの運動に関する日本での研究として，板垣雄三「オラービー運動(1879-1882)の性格について」『東洋文化研究所紀要』第31号(1963年)；加藤博「エジプト・オラービー運動に関する覚書」『歴史評論』452号(1987年) 等を参照。

(63) Robinson and Gallagher with A. Denny, op. cit., chapters III and XIV.

(64) H. Feis, *Europe. The World Banker 1870-1914* (New York, 1930), chapter XVII. 同時代人の証言として W. S. Blunt, *A Secret History of the British Occupation of Egypt* (London, 1907). 本国の金融・サーヴィス利害の重要性を強調する新たな見解として，P. J. Cain and A. G. Hopkins, 'The political economy of British expansion overseas, 1750-1914', *The Economic History Review*, 2nd series, Vol. XXXIII (1980), p. 486. P. J. ケイン/A. G. ホプキンズ（竹内幸雄/秋田茂訳）『ジェントルマン資本主義と大英帝国』（岩波書店，1994年）II「イギリス海外膨張の政治経済学 1750-1914」133頁；A. G. Hopkins, 'The Victorians and Africa : A Reconsideration of the Occupation of Egypt, 1882', *Journal of African History*, Vol. 27 (1986); P. J. Cain and A. G. Hopkins, 'Gentlemanly capitalism and British expansion overseas II : new imperialism, 1850-1945', *The Economic History Review*, 2nd series, Vol. XL-1 (1987), pp. 12-13. ケイン/ホプキンズ『ジェントルマン資本主義と大英帝国』I「ジェントルマン資本主義とイギリスの海外膨張—2　新帝国主義 1850-1945年」65-66頁。

(65) Robinson and Gallagher with A. Denny, op. cit., chapters IV and V. バーリング，コルビン，ミルナーなど当時の植民地行政官の見解は全て，スエズ運河の戦略的利害を強調した。

(66) エジプト遠征軍27,000名のうち，インド軍は6,200名を占めた。*Hansard*, 3rd series, Vol. 276, col. 1331, 2nd March 1883 (by the Chancellor of the Exchequer). エジプト遠征軍派兵の政治的経緯については，以下の研究書を参照。Knaplund, op. cit., chapter VII; Langer, op. cit., chapter VIII; Swartz, op. cit., chapter 6；坂井，前掲書，94-107頁。

(67) *Hansard*, 3rd series, Vol. 272, cols. 1586-1590, 24th July 1882 (by Mr. Gladstone).

(68) Ibid., col. 1720, 25th July 1882 (by Charles Dilke). 新急進主義者のディルクは，エジプトへの積極的な干渉を提唱した一人であった。Hopkins, 'The Victorians and Africa', pp. 381-383.

(69) *Hansard*, Vol. 273, cols. 256-265, 31st July 1882 (by The Marquess of Hartington).

(70) Ibid., cols. 265-270, 31st July 1882 (by Mr. Onslow).

(71) 自由党のキャンベル Ibid., cols. 274-275 (by Sir George Campbell)，保守党のスタナップ Ibid., col. 289 (by Mr. E. Stanhope)，ハミルトン Ibid., col. 298 (Lord George Hamilton) 等の議論を参照。

(72) Ibid., cols. 302-305, 307, 31st July 1882 (by Mr.Childers).

(73) Extract of a letter from the Government of India to the Secretary of State for India. No. 239 (Financial), 4th August 1882 and No. 274 (Financial), 1st September 1882, in *British Parliamentary Papers*, Indian Contingent (Egypt) (Expenses), Copy of, or Extracts from, Correspondence between the Secretary of State for India and the Governor-General

of India in Council regarding the Expenses of the Indian Contingent despatched for service in Egypt (London, 1883), pp. 431-441.

(74) Despatch from the Secretary of State for India to the Governor-General of India in Council, No. 318 (Financial), 5th October 1882, in ibid., pp. 441-444.

(75) Letters from Fawcett to Gladstone, 15th September 1882 and 27th July 1883. Cited in Niyogi, op. cit., pp. 286-289.

(76) *Hansard*, 3rd series, Vol. 276, cols. 1327-1333, 2nd March 1883 (by The Chancellor of the Exchequer, Mr. Childers).

(77) Ibid., Vol. 279, cols. 265-288, 8th May 1883 (by E. Stanhope and J. K. Cross).

(78) Ibid., cols. 296-302, 8th May 1883 (by Mr. Onslow).

(79) Ibid., Vol. 282, col. 811, 27th July 1883 (by Mr. Ashmead-Bartlett). 1878年12月の，グラッドストンによるアフガン戦争批判の発言をそのまま引用した発言。

(80) Ibid., Vol. 279, cols. 307-308, 8th May 1883 (by The Marquess of Hartington).

(81) Ibid., Vol. 282, cols. 794-799, 27th July 1883 (by J.K. Cross).

(82) Ibid., cols. 802-810, 27th July 1883 (by Mr. Gladstone).

(83) Ibid., col. 815, 27th July 1883, Div. List, No. 237.

第2章

(1) P. Kennedy, *The Rise and Fall of the Great Powers : Economic Change and Military Conflict from 1500 to 2000* (New York, 1987). P. ケネディ（鈴木主悦訳）『大国の興亡――1500年から2000年までの経済の変遷と軍事闘争』（草思社，1988年）；A. L. Friedberg, *The Weary Titan : Britain and the Experience of Relative Decline, 1895-1905* (Princeton, 1988). A. L. フリードバーグ（八木甫/菊地理夫訳）『繁栄の限界――1895年―1905年の大英帝国』（新森書房，1989年）；中西輝政『大英帝国衰亡史』（PHP研究所，1997年）。

(2) D. C. Watt, *Succeeding John Bull : America in Britain's Place 1900-1975* (Cambridge, 1984), chapter 2 ; Thomas J. McCormick, *America's Half-Century : United States Foreign Policy in the Cold War* (Baltimore, 1989), chapter 2. トマス・マコーミック（松田武/高橋章/杉田米行訳）『パクス・アメリカーナの五十年――世界システムの中の現代アメリカ外交』（東京創元社，1992年）。

(3) 諸政策の転換点としての南アフリカ戦争の意義については，秋田茂「帝国主義時代の到来」村岡健次/木畑洋一編『世界歴史大系イギリス史3　近現代』（山川出版社，1991年）第5章を参照。

(4) 世界システムのヘゲモニー国家と人種主義との関連性については，ウォーラーステインの一連の研究を参照。Immanuel Wallerstein, *Geopolitics and Geoculture : Essays on the changing World-System* (Cambridge, 1991), chapter 11. I. ウォーラーステイン（丸山勝訳）『ポスト・アメリカ――世界システムにおける地政学と地政文化』（藤原書店，1991年）；Immanuel Wallerstein, *Historical Capitalism* (London, 1983), chapter 3. I. ウォーラーステイン（川北稔訳）『史的システムとしての資本主義』（岩波書店，1985年，新版1997年）。

(5) 木畑洋一『支配の代償――英帝国の崩壊と「帝国意識」』（東京大学出版会，1987

年)；木畑洋一編『大英帝国と帝国意識――支配の深層』(ミネルヴァ書房，1998 年)；Paul B. Rich, *Race and Empire in British Politics* (Cambridge, 1986).

(6) R. Robinson and J. Gallagher with A. Denny, *Africa and the Victorians : The Official Mind of Imperialism* (London, 2nd edition, 1981).

(7) Chandran D. S. Devanesen, *The Making of the Mahatma* (Madras, 1969). チャンドラン・D. S. デェヴァネッセン (寺尾誠訳)『若き日のガーンディー――マハートマーの生誕』(未来社，1987 年)；R. A. Huttenback, *Gandhi in South Africa : British Imperialism and the Indian Question, 1869–1914* (New York, 1971)；秋田茂「植民地エリートの帝国意識とその克服――ナオロジとガンディーの場合」木畑編，前掲書，第 8 章。

(8) Satoru Furukawa, 'The Indian National Congress and British Military Expenditure in India 1885–1905', *Journal of Asian and African Studies,* No. 30 (Institute for the Study of Languages and Cultures of Asia and Africa, Tokyo University of Foreign Studies, 1985), pp. 78–108.

(9) Final Report of the Royal Commission on the Administration of the Expenditure of India (以下 Final Report と略記). *British Parliamentary Papers*, 1900, Vol. 29, Cd. 131.

(10) Ibid., pp. 90–95.

(11) インドに駐留した現役のイギリス軍将兵に対して，1 人当たり 7 ポンド 10 シリングを基準にして，徴募と訓練費の名目で本国費が算定された。1899 年度は，548,700 ポンド (約 73,000 名の相当額) が本国費として計上された。Ibid., p. 149.

本書第 4 章で論じるように，戦間期になると，このイギリス本国陸軍に関係する本国費の削減が論争の中心的問題として浮上することになる。

(12) イギリス本国では，1871 年，第 1 次グラッドストン自由党内閣の陸相カードウェルの軍制改革によって，陸軍士官職の売官制が廃止され，同時に短期兵役制が導入された。この軍制改革以降は，英印間を毎年 13,000 名余りのイギリス陸軍将兵が，勤務の交代のために移動して，退役将兵への年金支給額も急増した。ウェルビー委員会の報告書では，こうした事態は過渡期の現象とされ，本国陸軍がインドに駐留することによって英領インドの防衛体制は強化されるとされた。Cf. Friedberg, op. cit., chapter 5. 本国の軍制改革については，以下を参照。E. M. Spiers, *The Late Victorian Army 1868–1902* (Manchester, 1992)；村岡健次「一九世紀イギリスの売官制――陸軍士官の任官・昇任・退官」『史林』75 巻 5 号 (1992 年)。

(13) 1887 年の第 1 回植民地会議においてオーストラリアの諸植民地が，また 1897 年の第 2 回植民地会議でケープ植民地が，海軍防衛献金に同意を表明した。この時期に，オーストラリアの諸植民地は合わせて 123,000 ポンド，ケープ植民地は 30,000 ポンドを負担していた。Final Report, p. 146 ; L. E. Davis and R. A. Huttenback, *Mammon and the Pursuit of Empire : The Economics of British Imperialism* (Cambridge, 1986), chapter 5 ; J. E. Kendle, *The Colonial and Imperial Conferences 1887–1911 : A Study in Imperial Organization* (London, 1967), chapters I and II ; *The Cambridge History of the British Empire*, Vol. III : *The Empire-Commonwealth 1870–1919* (Cambridge, 1967), chapters VII, XI and XV.

(14) Final Report, 'Payment for Indian troops employed out of India', pp. 111–114.

(15) これは三原則の第 3 項「何らかの明瞭で特別な利害が関わる時は，援軍派遣国 (＝イ

ンド）は経費の一部を負担する」を，より具体的に規定した条項である。Suakin Expedition : Correspondence between the Government of India and the Secretary of State regarding the incidence of the cost of Indian troops when employed out of India. *British Parliamentary Papers*, 1896, Vol. 61, C. 8131.

(16) Final Report, 'Question of liberal treatment', pp. 120–127.

(17) Ibid., Reservations 4, by Mr. Buchanan, pp. 146–150.

(18) Ibid., Separate Report by Sir W. Wedderburn, Mr. Caine, and Mr. Naoroji, pp. 151–190.

(19) R. P. Masani, *Dadabhai Naoroji : The Grand Old Man of India* (London, 1939).

(20) 連合王国の一角を構成したアイルランドは，本国陸海軍の将校職やインド高等文官への参入が認められ，本国議会においてもアイルランド国民党は第三党の位置を占め，本国政治でキャスティング・ボートを握ることもあった。

(21) Dadabhai Naoroji, *Poverty and Un-British Rule in India* (London, 1901), pp. 1–124, 272–551. ナオロジに対する評価は筆者と異なるが，次の研究も参照。中村平治『現代インド政治史研究』（東京大学出版会，1981年）第9章「インドにおける反帝国主義思想の形成」。

(22) Naoroji, *Poverty and Un-British Rule in India*, viii–ix.

(23) Report of His Majesty's Commissioners Appointed to Inquire into the Military Preparations and Other Matters Connected with the War in South Africa (以下 The War in South Africa と略記). in *British Parliamentary Papers*, 1904, Vol. XL, Cd. 1789 and Cd. 1790.

(24) Intelligence Branch, Division of the Chief of the Staff, Army Head Quarters, India, *Frontier and Overseas Expeditions from India and Supplements* (Simla and Calcutta : Superintendent of Government Printing, India, 1907–11), Vol. VI, *Expeditions Overseas* (1911), chapter 13, South Africa 1899–1901.

(25) *Hansard's Parliamentary Debates* (以下 *Hansard* と略記する), 4th series, Vol. 77, cols. 412–413, 20th October 1899 (by Mr. Wyndham).

(26) T. Pakenham, *The Boer War* (London, 1979), p. 95 ; M. Beloff, *Britain's Liberal Empire 1897–1921* (London, 2nd edition, 1987), p. 80.

(27) *British Parliamentary Papers*, 1904, Vol. 41, Cd. 1791, Appendices-Minutes of Evidence, pp. 495–501 (by Major-General Sir Edwin Collen). Cf. Hansard, 4th series, Vol. 81, cols. 791–792, 30th March 1900 (by G. Hamilton, Secretary of State for India).

(28) Intelligence Branch, Division of the Chief of the Staff, Army Head Quarters, India, *Frontier and Overseas Expeditions from India and Supplements*, Vol. VI, *Expeditions Overseas* (1911), chapter 13, South Africa 1899–1901.

(29) The Proceedings of the Government of India in the Military Department, November 1899, Field Operations. South Africa, No. 1841 : Telegram from Secretary of State for India to the Viceroy, 23rd August 1899, p. 88 ; Ibid., No. 1846 : Despatch from Adjutant-General in India to Military Department Secretary, p. 91 (National Archives of India, New Delhi).

(30) D.C. Gordon, *The Dominion Partnership in Imperial Defense, 1870–1914* (Baltimore,

1965), p. 128；藤川隆男『オーストラリア歴史の旅』(朝日新聞社，1990年) 172-178頁。

(31) The War in South Africa, Regular Army-Strength of the Force Employed in South Africa, pp. 34-36.

(32) Ibid., Colonial Contingents, Oversea Colonial Forces, pp. 76-83.

(33) Ibid., pp. 76-77, 80; Gordon, op. cit., chapter VI; G. S. J. Barclay, *The Empire is Marching : A Study of the Military Effort of the British Empire 1800-1945* (London, 1976), chapter 3.

(34) *Hansard*, 4th Series, Vol. 78, cols. 683, 28th July 1899; Ibid., Vol. 79, col. 27, 1st February 1900 and col. 57, 15th February 1900 (by A. J. Balfour, First Lord of the Treasury).

(35) P. Warwick, *Black People and the South African War 1899-1902* (Cambridge, 1983)；木畑『支配の代償』33-42頁。

(36) Ibid., pp. 5, 23.

(37) 'Native Indian Troops and the War', *The Times*, 30th November 1899, p. 13, col. d (To the Editor of *The Times* by F. A. Steel); Ibid., 2nd December 1899, p. 15, col. d (To the Editor of *The Times* by W. H. Rattigan).

(38) Ibid., 9th December 1899, p. 14, col. c (To the Editor of *The Times* by V. B. Markham).

(39) Ibid., 12th December 1899, p. 13, col. f (To the Editor of *The Times* by De Vesci).

(40) 'A Native View on the Transvaal Question', *The Times of India*, 6th November 1899, p. 5, col. c (To The Editor of *The Times of India* by D. A. Taleyarkhan).

(41) 'Indian Volunteers for the War', ibid., 8th November 1899, p. 5, col. c (To the Editor of *The Times of India* by A Parsee).

(42) *Native Newspaper Reports* (Bengal), No. 41 (14th October), No. 46 (18th November), No. 48 (2nd December), 1899 (Confidential) (Nehru Memorial Museum and Library, New Delhi).

(43) Devanesen, op. cit., chapter 5；秋田，前掲「植民地エリートの帝国意識とその克服」。

(44) 'Speech at Farewell Meeting', 10th October 1901, *Collected Works of Mahatma Gandhi*, III (Delhi, 1958), p. 206.

(45) *Hansard*, 4th series, Vol. 98, cols. 1123-1125, 2nd August, 1901 (by J. Chamberlain).

(46) *Hansard*, 4th series, Vol. 77, col. 81, 17th October 1899 (by Sir Charles Dilke); Ibid., cols. 424-425, 20th October 1899 (by Sir H. Campbell-Bannerman).

(47) Ibid., Vol. 89, cols. 303-304, 18th February 1901 (by G. Hamilton).

(48) Ibid.

(49) Wars on or Beyond the Borders of British India since 1849. in *British Parliamentary Papers*, 1900, Vol. LVIII, No. 13. Cf. Alan Harfield, *British and Indian Armies on the China Coast 1785-1985* (London,1990).

(50) FO881/9496X, *Official Account of the Military Operations in China, 1900-1901*, by Major E. W. M. Norie (Public Record Office). 以下のインド軍の中国派兵に関する記述は，特に断らない限り本書に依拠している。

(51) 義和団事件をめぐる外交史研究として，以下を参照。W.L. Langer, *The Diplomacy*

of Imperialism 1890–1902, Vol. II (New York, 1935), chapter XXI ; Harfield, op. cit., pp. 225–273；ウッドハウス映子『北京燃ゆ——義和団事件とモリソン』（東洋経済新報社，1989年）。

(52) 1900年10月初めの時点で，8カ国連合軍の兵力は次の通りであった。日本20,000名，ロシア10,349名，イギリス帝国8,704名，フランス6,400名，アメリカ合衆国4,580名，イタリア2,073名，ドイツ1,300名，オーストリア139名，総計53,545名。その他に，中国東北地方（満洲）に8,770名のロシア軍，香港に4,110名，上海に3,136名のイギリス軍が駐留していた。'The British Expeditionary Force', *The Times*, 9th October 1900, col. 4–a.

(53) Military Expeditions, 1895–1900. *British Parliamentary Papers*, 1903, No. 108.

(54) FO881/9496X, *Official Account of the Military Operations in China, 1900–1901*, by Major E. W. M. Norie, Appendix E : Transport by Sea of the British Contingent, China Expeditionary Force, from India to China, 1900, from a Report by Captain W. S. Goodridge, R. N., C. I. E., Director, Royal Indian Marine, pp. 426–428.

(55) FO881/9496X, *Official Account of the Military Operations in China, 1900–1901*, by Major E. W. M. Norie, p. 50 ; Barclay, op. cit., p. 36.

(56) Niels P. Petersson, 'Gentlemanly and Not-so-Gentlemanly Imperialism in China before the First World War', in Shigeru Akita (ed.), *Gentlemanly Capitalism, Imperialism and Global History* (London and New York, 2002)；ケイン/ホプキンズ『ジェントルマン資本主義の帝国 I』第13章；濱下武志「イギリス帝国経済と中国——香港」『近代中国の国際的契機——朝貢貿易システムと近代アジア』（東京大学出版会，1990年）第5章。

(57) 杉原薫『アジア間貿易の形成と構造』（ミネルヴァ書房，1996年）第1章。印中間の利害については，『タイムズ』紙の次のような記事を参照。'Interests of India in China', *The Times*, 6th October 1900, col. 10–a.

(58) Surendranath Banerjea, *1902 Congress Session* ; Gopal Krishna GoKhake, *The Imperial Legislative Council, Budget Speech*, 1903.

(59) East India. Employment of Troops out of India (China, Somaliland, East Africa). in *British Parliamentary Papers*, 1905, Vol. LVII, No. 99.

(60) S. D. Pradhan, 'Indian Army and the First World War', in De-Wit Ellinwood and S. D. Pradhan (eds.), *India and the World War I* (New Delhi, 1978), p. 51.

(61) Government of India, *India's Contribution to the Great War* (London, 1923), pp. 79–80 ; S. D. Pradhan, 'Indian Army and the First World War', p. 55.

(62) J. Greenhut, 'The Imperial Reserve : The Indian Corps on the Western Front, 1914–15', *Journal of Imperial and Commonwealth History*, Vol. XII (1983); K. Jeffrey, '"An English Barrack in the Oriental Seas"? : India in the Aftermath of the First World War', *Modern Asian Studies*, 15–3 (1981)；木畑『支配の代償』50–56頁。

(63) Sho Kuwajima, *Indian Mutiny in Singapore* (Calcutta, 1991) ; T. R. Sareen, *Secret Documents on Singapore Mutiny 1915* (New Delhi, 1995).

(64) 本書第1章第2節を参照。

(65) Krishan G. Saini, 'The Economic Aspects of India's Participation in the First World

War', in De-Wit Ellinwood and S. D. Pradhan (eds.), *India and the World War I*, chapter 8, pp. 152-53 ; H. S. Bhatia (ed.), *Military History of British India 1607-1947*, (New Delhi, 1977), chapter 14 : India and the World Wars, pp. 226-228.

(66) Ian H. Nish, *The Anglo-Japanese Alliance : The Diplomacy of Two Island Empires 1894-1907* (London, 1966)；ディヴィット・スティーズ「相互の便宜による帝国主義国の結婚――1902-1922 年の日英関係」木畑洋一/イアン・ニッシュ/細谷千博/田中孝彦編『日英交流史 1600-2000　1：政治・外交 I』（東京大学出版会，2000 年）第 7 章；村島滋「20 世紀史の開幕と日英同盟――1895-1923 年の日英関係」同第 8 章。

第 3 章

(1) Harumi Goto-Shibata, *Japan and Britain in Shanghai 1925-31* (London, 1995), chapter 3 : The Northern Expedition and Shanghai；後藤春美「1920 年代中国における日英『協調』」木畑洋一/イアン・ニッシュ/細谷千博/田中孝彦編『日英交流史 1600-2000　1：政治・外交 I』（東京大学出版会，2000 年）第 10 章。

(2) Wm. Roger Louis, *British Strategy in the Far East 1919-1939* (Oxford, 1971), pp. 14-15.

(3) Anthony Clayton, *The British Empire as a Super power, 1919-39* (Basingstoke, 1986), chapter 4 : China ; Cf. David Killingray, 'Imperial defence', in Robin W. Winks (ed.), *The Oxford History of the British Empire,* Vol. V, *Historiography* (Oxford, 1999).

(4) Major-General Sir Charles W. Gwynn, *Imperial Policing* (London, 1934).

(5) P. J. Cain and A. G. Hopkins, *British Imperialism 1688-2000* (Harlow and New York, 2nd edition, 2001), chapter 25. P. J. ケイン/A. G. ホプキンズ『ジェントルマン資本主義の帝国II　危機と解体 1914-1990』（名古屋大学出版会，1997 年）第 10 章。

(6) B. R. Tomlinson, *The Political Economy of the Raj 1914-1947 : The Economics of Decolonization in India* (London, 1979).

(7) Dr. Lanka Sundaram, *India's Armies and their Costs* (Bombay, 1946).

(8) Chronology of Events in connection with the Despatch of troops to China, 1926-April, 1927. 30 April 1930, WO106/83 xc23932 (Public Record Office 以下 WO，FO は全て PRO 所蔵). これはイギリス側の公式見解であり，事態の一側面しか捉えていないのは言うまでもない。

(9) Goto-Shibata, op. cit., chapter 2, pp. 33-39 ; Cain and Hopkins, op. cit., chapter 25.

(10) Telegrams from Viceroy, Army Department, to Secretary of State for India, 29 January 1927, F599, FO371/12449, No. 7302.

(11) Address of H.E. Viceroy to Members of the Legislative Assembly, 24 January 1927, Oriental and India Office Collections (OIOC), L/F/7/1360.

(12) Consul-General Sir S. Barton to Commissioner for Foreign Affairs (Shanghai), 31 January 1927, F3514/156/10, OIOC, L/MIL/7/19396, M2924 (1927).

(13) Wai-chiao Pu Note to his Majesty's Minister, 31 January 1927, F2267/156/10, FO371/12453, No. 7312.

(14) His Majesty's Most Gracious Speech to the Houses of Parliament, 8 February 1927, *Parliamentary Debates. Official Report*, Fifth series, Vol. 202 (1927), House of Com-

mons, col. 9.

(15) Speech by Mr. Baldwin in the House of Commons, 8 February 1927, ibid., cols. 33–41.

(16) Parliamentary Question. Reply by the Secretary of State for Foreign Affairs, Sir. A. Chamberlain, F1591, 18 February 1927, FO371/12451, No. 7302.

(17) Gwynn, op. cit., p. 211.

(18) 上海防衛軍の配備・駐留のもとで，蔣介石の反共クーデタが行われたことに注目しておきたい。

(19) Report on the Situation in Shanghai, Enclosure 2 in No. 1, F5505/2/10 China. Confidential. Consul-General Sir S. Barton to Sir Austen Chamberlain, 15 June 1927, FO371/12407 No. 7771.

(20) Telegram from Consul-General Sir S. Barton (Shanghai), 2 February 1927, F950, FO371/12450, No. 7302; Parliamentary Question. House of Commons, China (Foreign military and Naval forces), 23 March 1927: F2744, FO371/12453, No. 7312; 13 April 1927: F3703 and F3708, FO371/12454, No. 7312.

(21) Speech of the Secretary of State for Foreign Affairs in the House of Commons, 6 April 1927, F3403/1278/10, FO405/203, No. 63997, pp. 23–25.

(22) Memorandum on British Policy in China. Communicated by Dr. Harold Balme, 5 May 1927, F4391/2/10, FO371/12405, No. 7771.

(23) Shanghai Defence Force. Embarkation Strength of Personnel, 18 February 1927, M2126, OIOC, L/MIL/7/19396. これには，本来中国に配備されていた3歩兵大隊（天津1，香港2うち1大隊はインド軍で緊急展開部隊として上海に移動）の兵員は含まれていない。

(24) Parliamentary Questions. House of Commons, Treaty Powers (Naval and Military forces), F3703, FO371/12454, No. 7312; Clayton, op. cit., pp. 207–208. さらに，1927年7月時点で作成された詳細な英印陸軍兵力の配置一覧も参照。China. Location of Formations, Units, etc., serving in China on 11th July 1927. M4809, OIOC, L/MIL/7/19396.

(25) Despatch, Consul-General Sir S. Barton to Sir Austen Chamberlain, No. 20, 22 March 1928, F2186/121/10, FO405/257, No. 76. 動員一覧表も参照。

(26) Gwynn, op. cit., p. 186–194.

(27) Goto-Shibata, op. cit., p. 44.

(28) Telegram from Foreign Office to Sir J. Tilley, No. 10, 17 January 1927, FO371/12449, No. 7302.

(29) Telegram from Sir J. Tilley to Foreign Office, No. 31, 21 January 1927, F600, in ibid.

(30) Telegram from Foreign Office to Sir J. Tilley, No. 18, 22 January 1927, F600/156/10, in ibid.

(31) Despatch, China, Sir J. Tilley to Sir Austen Chamberlain, No. 45, 27 January 1927, F2045/156/10, FO371/12452, No. 7312.

(32) Despatch, Japan, Sir J. Tilley to Sir Austen Chamberlain, No. 266, 2 May 1927, F5531/2/10, FO371/12402, No. 7771.

(33) Statement for the Press by the Honourable Frank B. Kellogg, Secretary of State. 26 January 1927, F1162/2/10, FO371/12401, No. 7567.

(34) Mr. Grew (Under-Secretary of State) to Mr. Porter (Chairman of the House Committee on Foreign Relations), 25 February 1927, Enclosure in No. 1. F2345/2/10, FO371/12403, No. 7771.

(35) Despatch. Sir E. Howard to Sir Austen Chamberlain, No. 400, 4 March 1927, in ibid.

(36) Despatch. Sir E. Howard to Sir Austen Chamberlain, No. 653, 1 April 1927, F3479/2/10, FO371/2/10, No. 7771. しかし，中国におけるアメリカ通商利害関係者は，イギリスを中心とする列強諸国と協力してアメリカの利害を守るように主張していた。Cf. Protection of American Lives and Properties in China, Speech by George Bronson Rea, 28 June1927. F5842/2/10, in ibid.

(37) Shanghai Defence Force. Embarkation Strength of Personnel, 18 February 1927, M2126, OIOC, L/MIL/7/19396 ; Statement of Fighting Troops, 14 February 1927, M2127, OIOC, L/MIL/7/19396.

(38) Telegram from the Secretary of State for India to the Viceroy, 21 January 1927, F616, FO371 /12449, No. 7302.

(39) Cabinet 39 (27), 6 July 1927, F6148, FO371/12455, No. 7312.

(40) Parliamentary Question. 14 February 1927, F1502, F1504, F1508, FO371/12451, No. 7302 ; 19 July 1927, F6368, FO371/12455, No. 7312 ; 25 July 1927, F6530, FO371/12455, No. 7312 ; 14 December 1927, F9229, FO371/12456, No. 7312.

(41) The Under Secretary of State for India to the Under Secretary of State, War Office, 9 February 1927, Financial F 680/27, OIOC, L/MIL/7/19408, M934.

(42) Minute Paper, Financial Department. 3 February 1927, OIOC, L/F/7/1360. ウェルビー委員会報告で中国における領事館経費負担はインド財政に課せられた。その廃止の理由には，対中アヘン貿易の消滅があげられた。

(43) Cabinet 17 (27), 16 March 1927, OIOC, L/F/7/1360.

(44) Incidence of the Cost of the Indian Mixed Brigade of the Shanghai Defence Force. Cabinet. Secret. C. P. 100 (27), OIOC, L/F/7/1360. Telegram from Secretary of State for India to Viceroy, 17 March 1927.

(45) Ibid., Telegram from Viceroy to Secretary of State for India, 20 March 1927.

(46) Ibid., Memorandum by The Secretary of State for India, 22 March 1927.

(47) Ibid., Rough calculations made for the Secretary. Force sent to China from India, January 1927.

(48) Ibid., Expenses of the Indian Mixed Brigade of the Shanghai Defence Force. Cabinet 18 (27), 23 March 1927 ; Telegram from Secretary of State to Viceroy, 23 March 1927.

(49) Telegram from Sir M. Lampson (Peking) to the Secretary of State for Foreign Affairs, 4 July 1927, F5948, FO371/12455, No. 7312.

(50) Despatch No. 768, Sir M. Lampson to Sir Austen Chamberlain, 14 July 1927, F7388/73/10, FO/405/255.

(51) Cypher Telegram to Sir M. Lampson (No. 2), 4 August 1927, F6699/2/10, FO371/12408, No. 7884.

(52) Use of Force in China. From Foreign Office Memorandum (Sir V. Wellesley, the Assistant Under Secretary) to Sir M. Lampson, 17 August 1927, F7023, FO371/12408,

No. 7884.

(53) Parliamentary Question. 19 July 1927, F6369, FO371/12455, No. 7312.

(54) Department of Overseas Trade, *Report on the Commercial, Industrial and Economic Situation in China, To June 30th, 1927.* By H. H. Fox and H. J. Brett (London, 1927).

(55) Ibid., pp. 11-12.

(56) Department of Overseas Trade, *The Commercial, Industrial and Economic Situation in China, To September 1st, 1928.* Report by H. H. Fox (London, 1928).

(57) Ibid., p. 46.

(58) Despatch. Department of Overseas Trade to Foreign Office. Enclosure. Mr. Brett to Sir Austen Chamberlain, No. 64, 5 October 1926, F4980/1426/10 ; No. 72, 1 November 1926, F5469/1426/10 ; No. 84, 1 December 1926, F/488/488/10 ; No. 1, Note on the Trade Situation at Shanghai, 5 January 1927, F/1820/488/10 ; No. 10, 1 February 1927, F2500/488/10 ; No. 13, 1 March 1927, F3850/488/10 ; No. 20, 1 April 1927, F4533/488/10 ; No. 25, 3 May 1927, F5775 /488/10 ; No. 31, 1 June 1927, F6475/488/10 ; No. 2, 6 January 1928, F921/140/10 ; No. 30, 21 February 1928. in FO405/252A, 252B, 253, 254, 256, 257, No. 63997. 以下の記述は，これらの通商報告に依拠している。

(59) Commercial Secretary, Shanghai, to Commercial Counsellor, Peking, 10 May 1927. Enclosure in No. 1, F6353/1566/10, F4047, OIOC, L/P&S/10/1201, File 1, Pt. 16 (1927).

(60) Question asked in the House of Commons, 15 February 1927, No. 87. China : British trade and residents. F1566/1566/10, FO405/252B, No. 63997.

(61) Despatch. Sir M. Lampson to Sir Austen Chamberlain, No. 569, 27 May 1927, F6353/1566/10, in ibid.

(62) British Interests in Shanghai, 19 June 1929, WO106/79, xc23932.

(63) *The Legislative Assembly Debates*, Vol. IX-I (1927), 25 January 1927, Motion for Adjournment. Despatch of Indian Troops to China, pp. 51-55.

(64) Ibid., p. 76.

(65) China. Bombay Papers. Politics and the Public Administration. Comments on the British attitude towards China and the use of Indian Troops in that Country ; The Adjournment Motion in the Legislative Assembly on the Chinese question ; His Excellency Lord Irwin's Address to the Legislative Assembly. OIOC, L/F/7/1360.

(66) *The Legislative Assembly Debates*, Vol. IX-III (1927), 16 March 1927, Expenditure on the Despatch of Indian Troops to China, pp. 2338-2339 ; Ibid., Statement *RE* Expenditure on the Despatch of Troops to China, 25 March 1927, p. 2792.

(67) Bimla Prasad, *The Origins of Indian Foreign Policy* (Calcutta, 1960), chapter III : Birth of an Independent World Outlook, 1918-1929, pp. 71-77 ; A. Moin Zaidi, *Immutable Policy of Friendship and Cooperation : The Foreign Policy of the Indian National Congress during the Last Hundred Years* (New Delhi, 1985), Book One : The Foreign Policy of INC 1885-1947, Part One : Foreign Policy & Propaganda. インド国民会議の「初期外交」と関連文献については，インド人研究者である Dr. T. R. Sareen, Dr. Deshikachar, Dr. M. Bhaskaran Nair, Prof. Sreedhara Menon, Prof. K. Raman Pillal の各氏より御教示を受けた。謝意を表したい。

(68) Speech at the Brussels Congress, 10 February 1927, League against Imperialism, in S. Gopal (ed.), *Selected Works of Jawaharlal Nehru* (New Delhi, 1972), Vol. 2, pp. 272-276.
(69) Report on the International Congress Against Imperialism held at Brussels from 10th to 15th February, 1927, submitted by Jawaharlal Nehru to the All India Congress Committee, p. 32. in *Report of the Forty-Second Indian National Congress* (Madras Congress Sessions, 1927) (Madras, 1927), Appendix.
(70) Ibid., p. 32 ; Prasad, op. cit., p. 81 ; Zaidi, op. cit., p. 37.
(71) *Report of the Forty-Third Indian National Congress* (Calcutta Congress Sessions, 1928) (Calcutta, 1928), pp. 29-30 ; Zaidi, op. cit., p. 39.

第4章

(1) B. R. Tomlinson, 'India and the British Empire, 1880-1935', 'India and the British Empire, 1935-1947', *Indian Economic and Social History Review*, Vol. XII, No. 4 & Vol. XIII, No. 3 ; Do., *The Political Economy of the Raj 1914-1947 : The Economics of Decolonization in India* (London, 1979).
(2) Avner Offer, 'The British empire, 1870-1914 : a waste of money ?', *Economic History Review*, 2nd series, Vol. XLVI, 2 (1993), pp. 215-238 ; Avner Offer, 'Costs and Benefits, Prosperity, and Security, 1870-1914', in Andrew Porter (ed.), *The Oxford History of the British Empire,* Vol. III, *The Nineteenth Century* (Oxford, 1999), pp. 690-711.
(3) Ibid., 'The British Empire', p. 228.
(4) T. R. Sareen, *British Intervention in Central Asia and Trans-Caucasia* (New Delhi, 1989).
(5) Anthony Clayton, *The British Empire as a Superpower, 1919-39* (London, 1986), p. 33.
(6) The Report of the Committee appointed by the Secretary of State for India to enquire into the administration and organisation of the Army in India (Army in India Committee, 1919-20), in *British Parliamentary Papers* (以下 *B. P. P.* と略す), Vol. XIV, Cmd. 943 (1920), pp. 1-111.
(7) Tomlinson, *The Political Economy of the Raj*, chapter 4, the Imperial Government and the Indian Economy : the Official Mind of Decolonization 1914-47, p. 116.
(8) Ibid., p. 117.
(9) Statistical Abstract for British India and Certain Indian States. in *B. P. P.*, 1911-12 to 1918-19, Vol. XXV, Cmd. 2033 (1924) ; 1919-20 to 1928-29, Vol. XXX, Cmd. 3882 (1930-31) ; 1926 to 1936, Vol. XXIX, Cmd. 5804 (1937-38) ; 1927 to 1937, Vol. XXVI, Cmd. 6079 (1938-39) ; 1930-31 to 1939-40, Vol. X, Cmd. 6441 (1942-43).
(10) The Indian Retrenchment Committee, 1922-23；渡辺昭一「第一次世界大戦後イギリスの対インド鉄道政策の転換過程とインド・ナショナリズム——鉄道建設・経営主体及び鉄道財政分離問題を中心にして」『社会経済史学』65-4 (1999) 52-53 頁。
(11) Capitation Rate. India's Claim. Draft Brief, November 1929. Oriental and India Office Collections (OIOC), L/F/7/1527 (1932).「人頭補助金」は，インド駐留イギリス軍の本

国での募集・訓練に要する経費（Home Effective Charges）を，兵士1人当たりの頭割りで算出した。1879-1908年まで1人当たり7ポンド10シリング，1908-20年は11ポンド8シリング，1920年からは28ポンド10シリングに引き上げられ，インド政庁は年間約140万ポンドを陸軍省に払い込んでいた。その支払いの是非が，19世紀後半から一貫して，各種委員会で議論されてきた。

(12) *Report of the Indian Statutory Commission*, Vol. 1 : *Survey*, and Vol. 2 : *Recommendations* (Calcutta, 1930).

(13) Ibid., Vol. 1, pp. 94 & 106.

(14) Ibid., Vol. 2, Part V : The Constitutional Problem in relation to the Defence of India.

(15) Ibid., pp. 174-175.

(16) Ibid., pp. 212-225. この時期の憲政改革問題は，インド財政難，輸入関税率引き上げをめぐる論争，ルピー通貨価値の維持などの経済・財政問題と連動していた。その点については以下を参照。Basudev Chatterji, *Trade, Tariffs and Empire : Lancashire and British Policy in India 1919-1939* (Delhi, 1992), chapter 7 ; B. R. Tomlinson, *The New Cambridge History of India,* III-3, *The Economy of Modern India, 1860-1970* (Cambridge, 1993)；長崎暢子「非暴力と自立のインド」狭間直樹/長崎暢子『世界の歴史27　自立に向かうアジア』(中央公論新社，1999年)。

(17) Appendix XII to Proceedings of Sub-Committees (Part II) of the Indian Round Table Conference : A plea for England's Contribution to Army Expenditure in India. OIOC, L/F/7/1527 (1932) File 1.

(18) Communique, 1st September 1932, F5592, OIOC, L/F/7/1531 (1932) File No. 5.

(19) Terms of Reference, OIOC, L/F/7/1536 (1933).

(20) Tribunal on Certain Questions in regard to Defence expenditure in dispute between the Government of India and the War Office and Air Ministry, *Memorandum by the India Office*, October 1932, OIOC, L/F/7/1527 (1932), 83pp.　以下の記述は，特に断らない限り，このインド省覚え書きによる。

(21) Tomlinson, *The Political Economy of the Raj*, chapter 3 : the Colonial Government and the Indian Economy.

(22) *Memorandum by the India Office*, OIOC, L/F/7/1527 (1932), p. 25.

(23) Appendix I. *Note by General Sir Philip W. Chetwode, Commander-in-Chief in India*, 16th December 1929, in ibid., pp. 75-77.

(24) インド駐留イギリス軍に関わる諸維持経費は，以下を参照。Statement of main Items of Srerling Expenditure from Indian Revenues on the British Troops on the Indian Establishment, in *Memorandum by the India Office*, p. 43.

(25) Tribunal on Certain Questions in regard to Defence expenditure in dispute between the Government of India and the War Office and Air Ministry, *Report*, OIOC, L/F/7/1536 (1933), 91pp. 正式名称はReportであるが，本報告書は事実上の「中間報告書」になった。

(26) Note No. 1. *Note by Sir Shadi Lal on a Contribution from Imperial Revenues*, 11th January 1933, ibid., pp. 24-34.

(27) 本書第1章第3節を参照。

(28) *Note by Sir Shadi Lal*, p. 33.

(29) Note No. 2. *Note by Sir Shah Muhammad Sulaiman on a Contribution from Imperial Revenues*, 17th January 1933, ibid., pp. 35–83.

(30) Ibid., p. 42.

(31) 本書第3章の上海派兵の事例を参照。

(32) 算出の際に，戦債と戦争年金等を予算額から差し引いた金額を基準にするインド省の試算によれば，軍事費の比重は，インド 33.7％，本国 23.6％，カナダ・オーストラリア 3.7％，ニュージーランド 5.2％，南アフリカ 3.1％，アイルランド 6.8％，帝国全体の平均は 19.9％。Ibid., p. 64. ただし，この種の議論の随所に見られるように，軍事費に含まれる項目や算出基準を何にするかによって，軍事費の比重は異なる。表 4-2 も参照。

(33) Ibid., pp. 66–67.

(34) 本国軍の経費負担に関しては，次のような前例が見られた。キプロスは年あたり1万ポンドの上限，アデンの場合は経費の3分の1あるいは15万ポンドの低い方（112,003 ポンド），モーリシャスは歳入額の 5.5％(43,155 ポンド)，セイロンは経費の4分の3あるいは歳入の 9.5％（78,844 ポンド），香港（310,283 ポンド）と海峡植民地（522,582 ポンド）の場合は歳入の 20％あるいは実額のいずれか低い額，バミューダの場合は人口1人当たり2シリング6ペンスの定額制（3,474 ポンド），ニュージーランドの場合はシンガポール海軍基地建設経費（総額 100 万ポンド）の年賦金の一部（28,000 ポンド)。Ibid., pp. 62, 82. スレイマンが提起した 20％という上限基準は，インド省覚え書きと同様に，香港と海峡植民地の前例に準じて算出されたと思われる。

(35) Ibid., pp. 82–83.

(36) Tribunal on Certain Questions in regard to Defence Expenditure in dispute between the Government of India, The War Office and The Air Ministry. *Report*, OIOC, L/F/7/1537 (1933); *British Parliamentary Papers*, Vol. XI, Cmd.4473 (1933–34), 'Garran Tribunal'.

(37) Telegram from Government of India, Army Department, to Secretary of State for India, 27th March 1933, Secret 2024, in ibid.

(38) Telegrams from S. M. Sulaiman, 30th July 1933 and from Shadi Lal, 24th August 1933, in ibid.

(39) Telegram from Government of India, Army Department, to Secretary of State for India, 28th February 1933, Secret 1406, OIOC, L/F/7/1536 (1933).

(40) Joint Memorandum by the Chancellor of the Exchequer and the Secretary of State for India, Cabinet 284 (33), 29th November 1933, and Cabinet 68 (33), 6th December 1933, OIOC, L/F/7/1536 (1933).

(41) Communique for publication on the morning of Thursday, 21st December, 1933, India Office, 20th December 1933, in ibid.

(42) Tomlinson, *The Political Economy of the Raj*, pp. 137–141.

第5章

(1) 代表的な見解として，石井寛治『日本経済史（第2版)』(東京大学出版会，1991 年)。

(2) 角山榮編『日本領事報告の研究』（同文舘，1986年）；角山榮『「通商国家」日本のの情報戦略』（日本放送出版協会，1988年）。
(3) D. C. M. Platt, *The Cinderella Service : British Consuls since 1825* (London, 1971).
(4) 岡本隆司『近代中国と海関』（名古屋大学出版会，1999年）第5章。
(5) 本書第I部「イギリス帝国とインド軍」を参照。
(6) いわゆる不平等条約体制を世界的な視野から検討した労作として，加藤祐三『黒船前後の世界』（岩波書店，1985年）を参照。本章では，あえて世紀転換期に限定して，日本を中心とする東アジアの工業化とイギリス本国およびイギリス帝国との関与を，イギリス側の対日認識を中心に考察することにしたい。
(7) 籠谷直人『アジア国際通商秩序と近代日本』（名古屋大学出版会，2000年）第1章，第2章を参照。
(8) P. J.ケイン/A. G. ホプキンズ（竹内幸雄/秋田茂訳）『ジェントルマン資本主義の帝国 I　創生と膨張』（名古屋大学出版会，1997年）第13章を参照。
(9) 飯島渉「1903年中日改訂通商条約の締結について——「マッケイ条約体制」と中国」『人文研究（大阪市立大学文学部紀要）』44-12（1992年）；飯島渉「「裁厘加税」問題と清末中国財政——1902年マッケイ条約交渉の歴史的位置」『史学雑誌』102-11（1993年）。
(10) 横井勝彦『大英帝国の〈死の商人〉』（講談社，1997年）。
(11) 杉原薫『アジア間貿易の形成と構造』（ミネルヴァ書房，1996年）第1章。
(12) 小池賢治『経営代理制度論』（アジア経済研究所，1979年）補章「インド近代綿業の形成と構造」。
(13) 杉原，前掲書，83-84，118-123頁。
(14) *The Economist*, 4 June 1898, No. 2858, 'Japanese trade', pp. 833-834.
(15) *Report on the Foreign Trade of Japan for the Year 1899*, No. 2397, Annual Series（以下 *British Consular Report on Japan, 1899* と略記する）.
(16) *British Consular Report on Japan, 1897*, No. 2109; *British Consular Report on Japan, 1898*, No. 2277 ; *British Consular Report on Japan, 1899*, No. 2397.
(17) *British Consular Report on Japan, 1904*, No. 3377; *British Consular Report on Japan, 1905*, No. 3675.
(18) *British Consular Report on Japan, 1899*, No. 2397.
(19) *The Economic Journal*, December 1899, No. 36, Letter from Japan, by J. Soyeda, Correspondent for Japan of the British Economic Association in Japan, pp. 660-661.
(20) *The Bankers' Magazine*, April 1902, LXXIII (697), pp. 570-576.
(21) *British Consular Report on Japan, 1905*, No. 3675, p. 4.
(22) *The Economist*, 1 April 1905, No. 3214, 'Russia and the Japanese Loan'.
(23) *The Economist*, 30 September 1905, No. 3240, 'The Japanese national debt', pp. 1540-1542.
(24) *British Consular Report on Japan, 1906*, No. 3896, p. 4.
(25) *British Consular Report on Japan, 1905*, No. 3675, p. 6.
(26) 本章では，膨大な研究蓄積を有する日本資本主義の確立をめぐる論争には直接ふれず，あくまでも，イギリス側の日本の工業化に対する認識を具体的に明らかにする点に力点

を置いている。だが，当該期の日本資本主義の解釈に関して，「入超＝外資依存構造」を強調する山崎隆三氏の学説，外債発行が民間資金への圧迫を緩和して，間接的に，消費財部門の発展を可能にしたとする大島真理夫氏の解釈を支持したい。大島真理夫「確立期日本資本主義の構造」山本義彦編『近代日本経済史――国家と経済』（ミネルヴァ書房，1992 年）第 1 章。

(27) *The Economist*, 1 January 1898, No. 2836, 'The finances of Japan', pp. 4–5.

(28) *The Economist*, 24 April 1897, No. 2800, 'The Gold Standard in Japan', pp. 603–604.

(29) *The Economic Journal*, December 1899, No. 36, Letter from Japan, by J. Soyeda, Correspondent for Japan of the British Economic Association in Japan, p. 662.

(30) *The Bankers' Magazine*, January 1901, LXXI (692), 'Japan after the war', p. 66. Cf. *The Economist*, 4 July 1903, No. 3123, 'Japanese trade and finance'.

(31) 日本政府のロンドンにおける外債発行については，以下を参照。Toshio Suzuki, *Japanese Government Loan Issues on the London Capital Market 1870–1913* (London, 1994)；鈴木俊夫「ベアリング商会と日露戦時公債発行」『三田学会雑誌』82 巻特別号-II（1990 年）；高橋是清（上塚編）『高橋是清自伝』第 2 巻（1936 年）。イギリス側のシティ金融利害と外債発行については，次の研究を参照。ケイン/ホプキンズ，前掲訳書，第 6 章；Pat Thane, 'Financiers and the British State : the Case of Sir Ernest Cassell', *Business History*, XXVII (1986).

(32) Suzuki, op. cit., pp. 1–3, 83–84.

(33) S. B. ソウル（久保田英夫訳）『イギリス海外貿易の研究』（文眞堂，1980 年）参照。

(34) *British Consular Report on Japan, 1905*, No. 3675, p. 37. Cf. *British Consular Report on Japan, 1906*, No. 3896, pp. 39–40.

(35) *The Economist*, 28 July 1906, No. 3283, 'The industrial expansion of Japan'.

(36) *The Economist*, 30 September 1905, No. 3240, 'The Japanese national debt'; *The Economist*, 20 July 1907, No. 3334, 'Japan as a borrower', p. 1212. 日英同盟が 20 世紀初頭における日本の工業化にあたえた金融・通商上の利点については，従来の外交史を中心とした研究においては，ほとんどふれられていない。日英同盟の経済史的な再解釈が必要である。Cf. Ian H. Nish, *The Anglo-Japanese Alliance : The Diplomacy of Two Island Empires 1894–1907* (London, 1966), pp. 254–256.

(37) *British Consular Report on Japan*, 1912, No. 5161, p. 14; *British Consular Report on Japan, 1913*, No. 5390, p. 11.

(38) *British Consular Report on Japan, 1912*, No. 5161, 'Shipping'. Cf. Freda Harcourt, 'Black gold : P&O and the opium trade, 1847–1914', *International Journal of Maritime History*, VI (1), pp. 64–76.

(39) *British Consular Report on Japan, 1913*, No. 5390, pp. 43–45.

(40) *British Consular Report on Japan, 1913*, No. 5390, pp. 47–50.

(41) 中国におけるイギリス領事の活動については，以下を参照。D. C. M. Platt, op. cit., chapter 5 : 'The Far Eastern Service ; P. D. Coates, *The China Consuls : British Consular Officers, 1843–1943* (Hong Kong, 1988).

(42) *Report on the Foreign Trade of China for the year 1903*, No. 3280, Annual Series（以後 *British Diplomatic and Consular Report on China, 1903* と略記する）；*British*

Diplomatic and Consular Report on China, 1908, No. 4386, p. 28.

(43) *British Diplomatic and Consular Report on China, 1909*, No. 4556 ; *British Diplomatic and Consular Report on China, 1910*, No. 4751.

(44) *British Diplomatic and Consular Report on China, 1911*, No. 4979 ; *British Diplomatic and Consular Report on China, 1912*, No. 5216 ; *British Diplomatic and Consular Report on China, 1913*, No. 5424 (cotton mills)； また，次も参照。*Report on the Trends of Shanghai for the year 1912*, No. 5207.

(45) *Report on the Trends of Shanghai for the year 1913*, No. 5376 ; *British Diplomatic and Consular Report on China, 1913*, No. 5424. また，次も参照。*The Imperial Maritime Customs Report on the Foreign Trade of China, 1913*, Part Ⅰ, pp. 10–11.

(46) *British Diplomatic and Consular Report on China, 1908*, No. 4386, p. 71.

(47) *British Diplomatic and Consular Report on China, 1910*, No. 4751, 'Native manufactories', pp. 24–25.

(48) *British Diplomatic and Consular Report on China, 1908*, No. 4386, p. 7.

(49) *British Diplomatic and Consular Report on China, 1910*, No. 4751, pp. 8–10.

(50) *British Diplomatic and Consular Report on China, 1906*, No. 3943, pp. 6–7.

(51) *The Economist*, 20 July 1907, No. 3334, 'Japan as a borrower', p. 1212.

(52) *British Diplomatic and Consular Report on China, 1910*, No. 4751, p. 12.

(53) *The Imperial Maritime Customs. Returns of Trade and Trade Reports, 1912*, Vol. 1, Northern Ports : Dairen Trade Report, pp. 96–97.

(54) *British Consular Report on Japan, 1913*, No. 5390, p. 24.

(55) *British Diplomatic and Consular Report on China, 1911*, No. 4979, 'Customs revenue', pp. 19–20.

(56) *British Diplomatic and Consular Report on China, 1912*, No. 5216, 'Loan negotiations', pp. 8–9. 国家再建借款については，以下の研究も参照。K. C. Chan, 'British policy in the Reorganization Loan to China 1912–13', *Modern Asian Studies*, 5 (4) (1971); Anthony B. Chan, 'The consortium system in Republican China 1912–1913', *Journal of European Economic History*, 6 (1977); D. McLean, 'Finance and "informal empire" before the First World War', *The Economic History Review*, 2nd series, Vol. XXIX (1976), pp. 300–305.

(57) *British Diplomatic and Consular Report on China, 1912*, No. 5216, 'Railways & mining and other industries', pp. 25–28.

第6章

(1) 杉原薫『アジア間貿易の形成と構造』（ミネルヴァ書房，1996年）第4章，137–138頁。

(2) ジョージ・サンソム（Sir George B. Sansom : 1883–1965）に関しては，以下の伝記的研究がある。Gordon Daniels, 'Sir George Sansom (1883–1965): Historian and Diplomat', in Sir Hugh Cortazzi and Gordon Daniels (eds.), *Britain and Japan 1859–1991 : Themes and Personalities* (London, 1991); Ian Nish, 'George Bailey Sansom, Diplomat and Historian' (Unpublished lecture paper, London, 1999); 細谷千博「ジョージ・サン

ソムと敗戦日本――《知日家》外交官の軌跡」同著『日本外交の座標』(中央公論社, 1979年) 140-166頁。

また, 夫人による回想録 Katharine Sansom, *Sir George Sansom and Japan : A Memoir* (Tallahassee, 1972) がある。彼の私信等の Private Papers は, 断片的なものがわずかに残っている。The Sir George Sansom Papers at St. Antony's College, Oxford.

(3) サンソムの主要な著作は以下の通り。George B. Sansom, *Historical Grammar of the Japanese Language* (Oxford, 1928); G. B. Sansom, *Japan : a short cultural history* (London, 1931); G. B. Sansom, *The Western World and Japan : a study in the interaction of European and Asiatic cultures* (London, 1950). G. サンソム (金井/多田/芳賀/平川訳)『西欧世界と日本』上・中・下 (ちくま文庫, 1995年) ; G. B. Sansom, *A History of Japan*, 3 vols., (London, 1958-63). その他に, 第2次世界大戦期の日本紹介パンフレットとして, Sir George Sansom, *Japan : Oxford Pamphlets on World Affairs*, No. 70 (Oxford, 1944), 1950年に来日した際の講義録として, G. B. Sansom, *Japan in World History* (London, 1952) がある。

(4) *Typescript : Reminiscences of Sir George Sansom* (Oral History Research Office, Columbia University, 1957).

(5) この間の経緯については, 細谷, 前掲書を参照。サンソムの敗戦後の対日関係をめぐる考えについては, 次を参照。Sir George B. Sansom, *Postwar Relations with Japan : Tenth Conference of the Institute of Pacific Relations*, September 1947 (The Royal Institute of International Affairs, 1947).

(6) *Typescript : Reminiscences of Sir George Sansom*, World War II, pp. 55-74.

(7) 細谷, 前掲書, 157-163頁。

(8) Department of Overseas Trade, *Report on Commercial, Industrial, and Financial Situation of Japan, 1914 to 1919* (London, 1920), p. 39.

(9) Department of Overseas Trade, *Report on Economic Conditions in Japan, 1932* (London, 1933), p. 68.

(10) Department of Overseas Trade, *Report on Economic and Financial Conditions in Japan, 1929* (London, 1929), Foreign Trade.

(11) Department of Overseas Trade, *Report on Economic Conditions in Japan, 1930*, p. 18.

(12) Department of Overseas Trade, *Report on Economic Conditions in Japan, 1927* (London, 1927), p. 64.

(13) Department of Overseas Trade, *Report on Economic and Financial Conditions in Japan, 1929*, p. 18.

(14) Kaoru Sugihara, 'Japan as an engine of the Asian international economy, c.1880-1936', *Japan Forum*, 2 (1) (1990) ; 杉原, 前掲書, 第1章。

(15) Department of Overseas Trade, *Report on Economic Conditions in Japan, 1928* (London, 1928), Foreign Trade, general ; Ibid., *1932,* p. 39.

(16) Department of Overseas Trade, *Report on Economic Conditions in Japan, 1928*, p. 34.

(17) Department of Overseas Trade, *Report on Economic Conditions in Japan, 1932*, p. 39.

(18) Department of Overseas Trade, *Report on Economic Conditions in Japan, 1930*, p. 16.

(19) Department of Overseas Trade, *Report on Economic Conditions in Japan, 1933-34*

(London, 1935), p. 103.

(20) 日印会商に関する研究の中でも，特に次を参照。籠谷直人『アジア国際通商秩序と近代日本』（名古屋大学出版会，2000年）第6章，第7章。Cf. Naoto Kagotani, 'Japanese Cotton-textile Diplomacy in the First Half of the 1930s : the case of the Dutch-Japanese Trade Negotiation in 1934'『大阪外国語大学アジア太平洋論叢』第7号（1997年）。また，インド側の研究として，Basdevu Chatterji, *Trade, Tariffs and Empire : Lancashire and British Policy in India 1919–1939* (Delhi, 1992), chapter 8.

(21) Department of Overseas Trade, *Report on Economic Conditions in Japan, 1930*, p. 27. Cf. *The Economist*, 2 March 1935, 'Japan—Workshop of the Orient'.

(22) *The Economist*, 3 June 1933, 'Japanese Export Competition'; Ibid., 16 February 1935, 'Prosperity—Japanese Style'.

(23) Department of Overseas Trade, *Report on Economic Conditions in Japan, 1933–34*, pp. 68, 93. この時期の日本の経済外交については，本書と全く異なる評価を与えている研究であるが，石井修『世界恐慌と日本の「経済外交」——1930–1936年』（頸草書房，1995年）も参照。また，イギリス側からのコメントとして次も参照。アントニー・ベスト「経済的宥和政策か，経済的ナショナリズムか——1933–38年における，イギリス帝国，日本，そして「アジア間貿易」の興隆についての政治的解釈」『人文学報』第85号（2001年）。

(24) Department of Overseas Trade, *Report on Economic Conditions in Japan, 1933–34*, pp. 14–15. Cf. *The Economist*, 28 September 1935, 'Loan Expenditure in Japan'.

(25) Department of Overseas Trade, *Report on Economic Conditions in Japan, 1933–34*, p. 16.

(26) Department of Overseas Trade, *Report on Economic Conditions in Japan, 1936* (London, 1936), pp. 4, 29–32, 72–76.

(27) Ibid., pp. 37–38.

(28) *Annual Economic Report on Japan, dealing with economic situation in Japan during 1936 and at the beginning of 1937*, F 2857/142/23, 18 May 1937, FO371/21034–31106 (Public Record Office 以下 PRO).

(29) *Economic Mission to the Far East*. Statement by Mr. Gillett, M. P., 30 July 1930. CO852/8/2 (PRO).

(30) Ibid. and Official Statement, 31 July 1930, CO852/8/2.

(31) Department of Overseas Trade, *Report of the British Economic Mission to the Far East 1930–31* (London, 1931), chapter I. Introduction, pp. 7–9. CO825/8/2. 以下の記述は特に断らない限り，この報告書に依拠している。

(32) Ibid., pp. 15–16.

(33) Ibid., pp. 25–30.

(34) Ibid., pp. 30–45, 120.

(35) Ibid., pp. 53–54.

(36) Department of Overseas Trade, *Report of the Cotton Mission* (London, 1931), pp. 5 & 85. CO825/8/2.

(37) 華僑通商網の意義については，籠谷，前掲書，第5章を参照。

(38) Department of Overseas Trade, *Report of the Cotton Mission*, p. 87.

(39) Department of Overseas Trade, *Report on Economic Conditions in Japan, 1933-34*, pp. 97, 100.

(40) P. J. ケイン/A. G. ホプキンズ（木畑洋一/旦祐介訳）『ジェントルマン資本主義の帝国II　危機と解体 1914-1990』（名古屋大学出版会，1997 年）第 8 章および第 10 章を参照。

第 7 章

(1) P. J. Cain and A. G. Hopkins, *British Imperialism 1688-2000* (Harlow and New York, 2001), chapter 25 : China. P. J. ケイン/A. G. ホプキンズ（木畑洋一/旦祐介訳）『ジェントルマン資本主義の帝国II　危機と解体 1914-1990』（名古屋大学出版会，1997 年）第 10 章。

(2) 久保亨『戦間期中国〈自立への模索〉――関税通貨政策と経済発展』（東京大学出版会，1999 年）。

(3) 杉原薫「東アジアにおける工業化型通貨秩序の成立」秋田茂/籠谷直人編『1930 年代のアジア国際秩序』（溪水社，2001 年）第 2 章。

(4) Department of Overseas Trade, *Report on the Industrial and Economic Situation of China in June, 1923, by H. J. Brett* (London, 1923), pp. 16-20, 34.

(5) Ibid., p. 33-35.

(6) Department of Overseas Trade, *Report on the Commercial, Industrial and Economic Situation of China in June, 1924, by H. J. Brett* (London, 1924), pp. 20-21.

(7) Department of Overseas Trade, *Report on the Commercial, Industrial and Economic Situation in China in June, 1925, by H. J. Brett* (London, 1925), pp. 26-29, 39.

(8) Department of Overseas Trade, *Report on the Commercial, Industrial and Economic Situation in China to 30th June, 1926, by A. H. George* (London, 1926), p. 11.

(9) Department of Overseas Trade, *The Commercial, Industrial and Economic Situation in China, To September 1st, 1928. Report by H. H. Fox* (London, 1928), p. 36.

(10) Department of Overseas Trade, *Economic Conditions in China to September 1st, 1929. Report by H. H. Fox assisted by H. J. Brett* (London, 1930), pp. 17-19.

(11) Department of Overseas Trade, *The Commercial, Industrial and Economic Situation in China, To September 1st, 1928*, Industry and Production, p. 36.

(12) Ibid., pp. 47-50.

(13) Economic Mission to the Far East. Statement by Mr. Gillett, M. P., 30 July 1930. CO/852/8/2 (PRO).

(14) Ibid., pp. 2-3.

(15) Department of Overseas Trade, *Report of the British Economic Mission to the Far East 1930-31* (London, 1931), chapter I : Introduction, pp. 7-10. CO825/8/2 (PRO). 以下の記述は，特に断らない限り，この報告書に依拠している。

(16) Ibid., pp. 55-57.

(17) Ibid., chapter VIII : Cultural Relations with China, pp. 104-107. 1908 年以降のアメリカ合衆国の義和団事件賠償金を活用した米中文化交流の促進政策，中国人留学生の積極

的受け入れ，中国現地の大学での工学教育支援策が，大きな成果をあげているとの認識がある。

(18) Ibid., p. 104. 中国の 1930 年関税については，久保，前掲書，第2章を参照。

(19) Ibid., p. 110.

(20) Ibid., Summary. Finance, pp. 111–112, & p. 127.

(21) Ibid., Conclusions and Recommendations, pp. 122–130.

(22) Department of Overseas Trade, *Report of the Cotton Mission* (London,1931), p. 50. CO825/8/2.

(23) Ibid., pp. 51–57.

(24) Ibid., p. 90.

(25) Department of Overseas Trade, *Trade and Economic Conditions in China 1931–33 Report by Louis Beale and G. Clinton Pelham* (London,1933), pp. 9–11, 81–83; Department of Overseas Trade, *Trade and Economic Conditions in China 1933–35 Report by A. H. George* (London, 1935), pp. 3–4, 10–11, 22–24; 'Special Articles : China. Economic situation and Changing Import Trade conditions', *The Board of Trade Journal*, 7 November 1935, pp. 627–629.

(26) Department of Overseas Trade, *Economic Conditions in China to August 30th, 1930. Report by E. G. Jamieson* (London, 1930), pp. 70–71.

(27) Department of Overseas Trade, *Trade and Economic Conditions in China 1931–33*, p. 8 ; Department of Overseas Trade, *Trade and Economic Conditions in China 1933–35*, pp. 64–65.

(28) Department of Overseas Trade, *Trade and Economic Conditions in China 1931–33*, p. 58.

(29) Department of Overseas Trade, *Trade and Economic Conditions in China 1933–35*, p. 38.

(30) Ibid., p. 15.

(31) Department of Overseas Trade, *Trade and Economic Conditions in China 1931–33*, p. 8.

(32) Ibid., pp. 9–10.

(33) Ibid., pp. 81–83.

(34) Department of Overseas Trade, *Trade and Economic Conditions in China 1933–35*, pp. 72–79.

(35) Ibid., pp. 2, 32, 34–35.

(36) Ibid., p. 79.

(37) 野沢豊編『中国の幣制改革と国際関係』（東京大学出版会，1981 年）；久保，前掲書，第8章；ケイン/ホプキンズ，前掲書，第10章。幣制改革をめぐるイギリスの影響力と国際関係については，本書第9章を参照。Shigeru Akita, 'British informal empire in East Asia, 1880–1939 : a Japanese perspective', in Raymond E. Dumett (ed.), *Gentlemanly Capitalism and British Imperialism : The New Debate on Empire* (London,1999), chapter 6 ; P. J. Cain, 'British economic imperialism in China in the 1930s : the Leith-Ross mission', *Bulletin of Asia-Pacific Studies*, 7 (1997).

(38) Department of Overseas Trade, *Report on Economic and Commercial Conditions in China, April 1935–March 1937 by Sir Louis Beale* (London, 1937), p. 1.

(39) Ibid., pp. 3–6, 41–42.

(40) 'Special Articles: China. Economic and Commercial Conditions', *The Board of Trade Journal*, 23 September 1937, pp. 404–406.

(41) Department of Overseas Trade, *Report on Economic and Commercial Conditions in China, April 1935–March 1937*, pp. 25–27.

(42) Ibid., p. 41.

(43) ジョン・シャーキー「英日関係における経済外交――1931-1941年」木畑洋一/イアン・ニッシュ/細谷千博/田中孝彦編『日英交流史 1600-2000　2：政治・外交II』（東京大学出版会，2000年）第4章，92頁。経済外交に対して否定的評価を下すシャーキーの見解には賛成できない。以下の研究を参照。秋田/籠谷編，前掲書，「総論」；籠谷直人『アジア国際通商秩序と近代日本』（名古屋大学出版会，2000年）序章および第2部。

(44) Political and Economic Relations with Japan. Further Note on the Financial and Economic Position of China by Chancellor of the Exchequer and the President of the Board of Trade, 3 May 1935. P. E. J. (35) 2. CAB27/596 (PRO). 日本との金融面での補完・協力の可能性を主張した次の論説も参照。'The Chinese Market', *The Statist*, Vol. CXXVI, No. 3013, 22 November 1935, p. 701.

(45) British Interests in the Far East, in relation to the Crisis in China, 9 May 1933. in P. E. J. (35) 2. CAB27/596, pp. 54–64.

(46) Memorandum by Mr. Sansom respecting Anglo-Japanese Relations, 29 October 1934. F7162/591/23. in Cabinet. Note by the Secretary of State for Foreign Affairs, C. P. 8 (35). CAB27/596.

(47) Note by the Secretary of State for Foreign Affairs, 11 January 1935. in ibid.

(48) Cf. D. A. Farnie, 'The Marketing Strategies of Platt Bros. & Co. Ltd. of Oldham, 1906–1940', *Textile History*, 24–2 (1993), pp. 147–161; R. P. T. Davenport-Hines, 'The British Engineers' Association and markets in China 1900–1930', in R. P. T. Davenport-Hines (ed.), *Markets and Bagmen: Studies in the History of marketing and British Industrial Performance, 1830–1939* (Aldershot, 1986), chapter 5, pp. 102–130.

第8章

(1) S. B. Saul, *Studies in Overseas Trade* (Liverpool, 1960). S. B. ソウル（久保田英夫訳）『イギリス海外貿易の研究』（文眞堂，1980年）；吉岡昭彦『近代イギリス経済史』（岩波書店，1981年）第6章。

(2) E. H. H. Green, 'Gentlemanly capitalism and British economic policy, 1880–1914: the debate over bimetallism and protectionism', in Raymond E. Dumett, *Gentlemanly Capitalism and British Imperialism: The New Debate on Empire* (London and New York, 1999), chapter 1; E. H. H. Green, *The Crisis of Conservatism: The Economics, Politics and Ideology of the Conservative Party* (London, 1995); Anthony Howe, *Free Trade and Liberal England 1846–1946* (Oxford, 1997).

(3) 桑原莞爾『イギリス関税改革運動の史的分析』（九州大学出版会，1999年）。本書を

めぐる議論については，筆者も参加した以下を参照。「1999年度大会共通論題報告：イギリス帝国主義と世紀転換期の世界——桑原莞爾著『イギリス関税改革運動の史的分析』をめぐって」『西洋史研究』第29号（2000年）。

(4) 杉原薫『アジア間貿易の形成と構造』（ミネルヴァ書房，1996年）

(5) 従来のイギリス経済史の領域における，イギリス綿業とインド市場に関する代表的研究として，吉岡昭彦「大不況期のイギリス綿業資本とインド輸入関税の撤廃」高橋幸八郎他編『市民社会の経済構造』（有斐閣，1972年），および吉岡昭彦「イギリス綿業資本と本位制論争」岡田与好編『近代革命の研究』下巻（東京大学出版会，1973年）を参照。

(6) *Review relating to the Trade of British India with British Possessions and Foreign Countries, 1893-1907*, in *British Parliamentary Papers*, Vols. LXVI (1899)-LXXV (1908).

(7) *Review relating to the Trade of British India with British Possessions and Foreign Countries, 1902-1903,* in *British Parliamentary Papers*, Vol. LXVII, Cd. 1802 (1904).

(8) *Review relating to the Trade of British India with British Possessions and Foreign Countries, 1903-1904*, in *British Parliamentary Papers*, Vol. LVIII, Cd. 2286 (1905).

(9) *Review relating to the Trade of British India with British Possessions and Foreign Countries, 1902-1903*, in *British Parliamentary Papers*, Vol. LXVII, Cd. 1802 (1904).

(10) 小池賢治『経営代理制度論』（アジア経済研究所，1979年）補章「インド近代綿業の形成と構造」。

(11) *Review relating to the Trade of British India with British Possessions and Foreign Countries, 1903-1904*, in *British Parliamentary Papers*, Vol. LVIII, Cd. 2286 (1905).

(12) *British Parliamentary Papers*, LXVII, Cd.1802 (1904).

(13) 'India Office Memorandum', in *British Parliamentary Papers*, Vol. LV, Cd. 3524 (1907)；桑原，前掲書，第9章。

(14) B. R. Tomlinson, *The Political Economy of the Raj 1914-1947 : The Economics of Decolonization in India* (London, 1979); B. R. Tomlinson, *The New Cambridge History of India*, III・3, *The Economy of Modern India, 1860-1970* (Cambridge, 1993), chapter 3; B. R. Tomlinson, 'India and the British Empire, 1935-1947', *The Indian Economic and Social History Review*, Vol. XIII, No. 3 (1975).

(15) C. J. Dewey, 'The End of the Imperialism of Free Trade : The Eclipse of the Lancashire Lobby and the Concession of Free Trade to India,' in Clive Dewey and A. G. Hopkins (eds.), *The Imperial Impact : Studies in the Imperial History of Africa and India*, (London, 1978).

(16) Basudev Chatterji, *Trade, Tariffs and Empire : Lancashire and British Policy in India 1919-1939* (Delhi, 1992).

(17) I. M. Drummond, *British Economic Policy and the Empire* (London, 1972).

(18) B. R. Tomlinson, 'Imperial Power and Foreign Trade : Britain and India (1900-1970)', in P. Mathias and J. A. Davis (eds.), *The Nature of Industrialization*, Vol. 5, *International Trade and British Economic Growth from the Eighteenth Century to the Present Day* (Oxford, 1996).

(19) 籠谷直人「綿業通商摩擦問題と日本の経済外交――日印会商（第1次：1933-34年，第2次：36-37年）・日蘭会商（1934-37年）を中心に」秋田茂/籠谷直人編『1930年代のアジア国際秩序』（溪水社，2001年）第1章；籠谷直人『アジア国際通商秩序と近代日本』（名古屋大学出版会，2000年）第5章。また，柳沢悠「第一次日印会商をめぐる英印関係」『経済と貿易』（横浜市立大学）第129号（1980年）も参照。

(20) 1930年代の英印日三国間の綿業関係を分析した以下の研究を参照。Natsuko Kitani, 'Cotton and Empire: The Indo-Japanese Trade Negotiations, 1933-34', (Unpublished M-Phil thesis, University of Strathclyde, 2003).

(21) 1938年時点での通商弁務官の配置状況は次の通りであった。カナダ4名（モントリオール，トロント，バンクーヴァー，ウイニペグ），南アフリカ3名（ケープタウン，ヨハネスブルク，ソールズベリ），オーストラリア3名（シドニー，メルボルン，ブリスベーン），英領インド2名（カルカッタ，ボンベイ：セイロンも含む），西インド諸島2名（トリニダード，ジャマイカ），以下は各1名。ニュージーランド（ウェリントン），エール共和国（ダブリン），マラヤ（シンガポール），英領東アフリカ（ナイロビ）。'Commercial Representation abroad', in Department of Overseas Trade, *Conditions and Prospects of United Kingdom Trade in India 1937-38, Report by Sir Thomas M. Ainscough* (London, 1939), iii.

(22) Department of Overseas Trade, *Conditions and Prospects of United Kingdom Trade in India 1932-33* (London, 1933), pp. 74, 87-88.

(23) Department of Overseas Trade, *Conditions and Prospects of United Kingdom Trade in India 1933-34* (London, 1935), p. 55.

(24) Department of Overseas Trade, *Conditions and Prospects of United Kingdom Trade in India 1932-33*, pp. 90-124.

(25) Ibid., p. 31.

(26) P. J. Cain and A. G. Hopkins, *British Imperialism 1688-2000* (2nd edition, Harlow and New York, 2001), chapters 18 and 20. P. J. ケイン/A. G. ホプキンズ（木畑洋一/旦祐介訳）『ジェントルマン資本主義の帝国 II　危機と解体 1914-1990』（名古屋大学出版会，1997年）第3，5章。オタワ体制への評価は異なるが，第1次産品，特に農産物にとっての本国市場の重要性を強調した研究として，以下を参照。Tim Rooth, *British Protectionism and International Economy: Overseas Commercial Policy in the 1930s*, (Cambridge, 1993).

(27) The Royal Institute of International Affairs, *The Problem of International Investment*, (Oxford, 1937), p. 326. 王立国際問題研究所（楊井克己他訳）『国際投資論』（日本評論社，1970年）341頁。

(28) Peter Cain, 'Was it Worth Having? The British Empire 1850-1950', in P. K. O'Brien and L. P. de la Escosura (eds.), *The Costs and Benefits of European Imperialism from the Conquest of Ceuta, 1415, to the Treaty of Lusaka, 1974*. Twelfth International Economic History Congress, Madrid-1998, *Revista de Historia Económica*, Año XVI (1998).

(29) Department of Overseas Trade, *Conditions and Prospects of United Kingdom Trade in India 1937-38*, General Position of British Trade in India, pp. 30-35.

(30) 秋田/籠谷編，前掲書，「総論」を参照。

(31) Department of Overseas Trade, *Conditions and Prospects of United Kingdom Trade in India 1932-33*, pp. 16-19.

(32) Department of Overseas Trade, *Conditions and Prospects of United Kingdom Trade in India 1935-36* (London, 1936), pp. 4-7.

(33) Chatterji, op. cit., chapter 8 : Imperial Economic Cooperation : Lancashire, Ottawa and After.

(34) Telegram from Sir S. Crew (Secretary of State for Foreign Affairs) to Mr. Snow (British Ambassador to Japan), 21st August 1933, No. 174, F5407/1203/23, FO371/17161 (PRO). 注(34)，(35)の史料については，籠谷直人氏より教示を得た。

(35) Official Diary of Mission to Simla Conference, 1933, by Sir George Sansom, October 7th, 11th and 14th, F6645 (20th October 1933), FO371/17163 (PRO); Report from Sir George Sansom to Sir S. Crew, 20th November 1933, F7394 (27th November 1933), FO371/17164 (PRO).

(36) Official Diary of Mission to Simla Conference, 1933, by Sir George Sansom, October 28th, F7030/1203/23, FO371/17164 (PRO).

(37) Department of Overseas Trade, *Conditions and Prospects of United Kingdom Trade in India 1930-31* (London, 1932), pp. 67-73, 148-149.

(38) Department of Overseas Trade, *Conditions and Prospects of United Kingdom Trade in India 1933-34*, pp. 111-113.

(39) Department of Overseas Trade, *Conditions and Prospects of United Kingdom Trade in India 1930-31*, pp. 140-142.

(40) Department of Overseas Trade, *Conditions and Prospects of United Kingdom Trade in India 1935-36*, pp. 116-117.

(41) Department of Overseas Trade, *Conditions and Prospects of United Kingdom Trade in India 1932-33*, pp. 120-121, 129.

(42) Department of Overseas Trade, *Conditions and Prospects of United Kingdom Trade in India 1930-31*, pp. 208-209.

(43) Department of Overseas Trade, *Conditions and Prospects of United Kingdom Trade in India 1935-36*, pp. 142, 156.

(44) Department of Overseas Trade, *Conditions and Prospects of United Kingdom Trade in India 1937-38*, pp. 9, 180-181.

(45) Department of Overseas Trade, *Conditions and Prospects of United Kingdom Trade in India 1930-31*, p. 72.

(46) Department of Overseas Trade, *Conditions and Prospects of United Kingdom Trade in India 1933-34*, p. 11.

(47) Ibid., General Forecast (June, 1934), pp. 158-159.

(48) Ibid., xiii, Covering Despatch from Thomas M. Ainscough to President of the Board of Trade, W. Runciman, 11th September 1934, and p. 75.

(49) 1930年代の政治と経済の関連を描いた研究として，以下を参照。長崎暢子「ガンディー時代」狭間直樹/長崎暢子著『世界の歴史 27　自立へ向かうアジア』(中央公論新

社，1999 年）第 2 部第 8 章。

(50) Department of Overseas Trade, *Conditions and Prospects of United Kingdom Trade in India 1935-36*, pp. 17-19. 同じ見解は，1937-38 年の通商報告でも表明されている。Department of Overseas Trade, *Conditions and Prospects of United Kingdom Trade in India 1937-38*, pp. 25-27.

(51) Ibid., p. 190.

(52) Department of Overseas Trade, *Conditions and Prospects of United Kingdom Trade in India 1932-33*, pp. 26, 37.

(53) Statement made by Sir George Schuster at a meeting of the committee on monetary and financial questions on 28th July 1932. Quoted in ibid., Appendix 1, pp. 225-228.

(54) Department of Overseas Trade, *Conditions and Prospects of United Kingdom Trade in India 1933-34*, pp. 8-9.

(55) Department of Overseas Trade, *Conditions and Prospects of United Kingdom Trade in India 1937-38*, 'The Outlook in the Import Trade', pp. 27-29.

第 9 章

(1) Department of Overseas Trade, *Trade and Economic Conditions in China 1933-35 Report by A. H. George* (London, 1935), pp. 72-79.

(2) P. J. ケイン/A. G. ホプキンズ（木畑洋一/旦祐介訳）『ジェントルマン資本主義の帝国II 危機と解体 1914-1990』（名古屋大学出版会，1997 年）第 10 章。

(3) 久保亨『戦間期中国〈自立への模索〉関税通貨政策と経済発展』（東京大学出版会，1999 年）第 8 章；久保亨「戦間期中国の対外経済政策と経済発展」秋田茂/籠谷直人編著『1930 年代のアジア国際秩序』（溪水社，2001 年）第 5 章。

(4) Tomoko Shiroyama, 'China's Relations with the International Financial System in the 20th Century : Historical Analysis and Contemporary Implication', *Paper presented to the 13th International Economic History Congress*, Session 8 : International Order of Asia in the 1930s and 1950s (Buenos Aires, 2002, CD-ROM version).

(5) 木畑洋一「リース=ロス使節団と英中関係」野沢豊編『中国の幣制改革と国際関係』（東京大学出版会，1981 年）第 6 章。

(6) Shigeru Akita, 'British informal empire in East Asia, 1880-1939 : a Japanese perspective', in Raymond E. Dumett (ed.), *Gentlemanly Capitalism and British Imperialism : The New Debate on Empire* (London and New York, 1999), chapter 6, pp. 147-152.

(7) Peter Cain, 'British Economic Imperialism in China in the 1930s : The Leith-Ross Mission', *Bulletin of Asia-Pacific Studies*, Vol. VII (1997), pp. 23-34.

(8) 杉原薫「東アジアにおける工業化型通貨秩序の成立」秋田/籠谷編，前掲書，第 2 章。日本円のスターリングへの実質的リンクと安定性に関して，イギリス側の評価をうかがい知ることのできる記述史料は限られている。①「1932 年に円の価値は急落した；昨年かなりの安定が実現し，ロンドン/東京レートは，1 シリング 2 ペンス 16 分の 15 と，1 シリング 2 ペンスとのわずかな範囲内で変動するにとどまったが，傾向としては依然として低下気味であった。1933 年の平均値は，1932 年の 1 ポンド 7 シリングに対して，1 ポンド 2.5 シリング（対ポンド 40.8％の下落）である。」Bank of England Archive,

OV16/3, 521/2 Japan, 19 : A Review of 1933 by Overseas & Foreign Department, 28th February 1934. ②「たとえば，1933年のスターリングに対する円の連結(attachment)が，輸出貿易面で，継続的な切り下げがもたらす刺激を取り去った，その一方で，輸入は，高くなった国際価格で在庫品を補充し，重工業のために原料をさらに購入する必要から，依然として増加傾向にあった。その結果，日本の貿易赤字は，1933年の8,600万円から1934年の1億4,400万円に増大した。」Ibid., 89 Japan, 4th September 1936, Overseas & Foreign Department.

(9) Bank of England Archive, G1/298, 2524/5, The Note Presented to the Chancellor of the Exchequer, 3rd April 1935, 'Note on Policy in China'.

(10) T188 Leith-Ross Papers/107, Economic-General. Confidential. F479/6/10, 'Financial Situation in China. China Committee : Report', January 17, 1935 (Public Record Office 以下 PRO).

(11) Ibid., Appendix II, pp. 12–13.

(12) この間の事情については，Sir Frederick Leith-Ross, *Money Talks : Fifty Years of International Finance, The Autobiography of Sir Frederick Leith-Ross* (London, 1968), chapter 15 : China を参照。

(13) Bank of England Archive, OV104/1 3138/2, 38A, 38B, G1/300 2525/2, Confidential. From Leith-Ross to the Governor, 'Question on China', 3 July 1935.

(14) Ibid., 43A, Confidential. 'Provisional Answers to Questionnaire on China', 17 July 1935.

(15) Bank of England Archive, G1/300 2525/2, 14A. 'CHINA. Note of a Meeting at the Treasury on 24th July 1935'.

(16) Ibid., 'CHINA : Note of a Meeting held at the Treasury on 29th July 1935'.

(17) Sir Frederick Leith-Ross, *Money Talks* (London, 1968), chapter 15 : China.

(18) ケインは，1930年代半ばにおけるイングランド銀行主導の中央銀行創設と，各中央銀行間での協力を通じたイギリス金融力の拡張を，経済・金融外交の一環として把握する研究を提唱している。カナダの場合については，以下を参照。P. J. Cain, 'Gentlemanly imperialism at work : the Bank of England, Canada, and the sterling area, 1932–1936', *Economic History Review*, 2nd series, Vol. XLIX, 2 (1996), pp. 336–357. 中国幣制改革に関しても，今後同様な国際的視角からの相互比較が可能であろう。

(19) Bank of England Archive, OV104 CHINA, Files 65, 3157/2, MISCELLANEOUS. Leith-Ross visit. Correspondence. Notes of interviews, memoranda by Dr Kung. Notes on mission.

(20) Ibid., Interview with T. V. Soong on 22nd September 1935 ; Interview with Dr Kung and T. V. Soong on 2nd October 1935.

(21) Bank of England Archive, OV104 CHINA, Files 6, 3139/3, FINANCIAL RELATIONS WITH THE UK, 19 'Proposed adoption of a Sterling Exchange Standard.' 9th and 12th October 1935.

(22) Ibid., 27, 31, 'Note of a meeting held at the Treasury on 17th October 1935'.

(23) Bank of England Archive, OV104 CHINA, Files 63, 3156/4, MISCELLANEOUS. Leith-Ross Cables. British Government cables relating to his visit to China, Foreign

Office to Sir F. Leith-Ross, No. 33, 24th October 1935.

(24) Ibid., Foreign Office to Sir F. Leith-Ross, No. 32 TOUR, 30th October 1935.

(25) Bank of England Archive, OV104 CHINA, Files 65, 3157/2, MISCELLANEOUS. Leith-Ross visit. Correspondence. Notes of interviews, memoranda by Dr Kung. Notes on mission；久保，前掲書，第8章第2節。

(26) Sir Frederick Leith-Ross, *Money Talks* (London, 1968), chapter 15 : China.

(27) Bank of England Archive, OV104 CHINA, Files 6, 3139/3, FINANCIAL RELATIONS WITH THE UK, 98b 'Note to the Chancellor from Mr. S. D. Waley, 15th November 1935.

(28) T188/122 Sir Frederick Leith-Ross's Report on China Mission. Draft Report, n. d. (PRO). ただし，この草案はファイル収録の状況から，1935年11月末か12月に作成されたと推察できる。結局草案は，日米両国には送付されなかった。

(29) Ibid., Telegram from Leith-Ross to Foreign Office, Mr. Warren Fisher, 29th December 1935, With Draft Report (PRO).

(30) Ibid.

(31) T188/121, Sir Leith Ross's China Mission. Notes of Conversations with Chinese Officials 1936, Telegram to Foreign Office from H. M. Ambassador at Nanking (Cadgan), 15th January 1936 (PRO). 同様の趣旨は以下でも述べられている。T188/122, Telegram from Leith-Ross to Foreign Office, Warren Fisher, 2nd January 1936 (PRO).

(32) Ibid.

(33) Bank of England Archive, OV104 CHINA, Files 65, 3157/2, MISCELLANEOUS. Leith-Ross visit, 'Notes by Sir F. Leith-Ross on his Mission to China', F14233/03, 25pp.

(34) Ibid., I. Press Statement, Issued in Shanghai, 22nd June 1936, p. 4. 幣制改革に際しての中国政府の自主性については，リース=ロスの回顧録でも強調されている。Cf. Sir Frederick Leith-Ross, *Money Talks* (London, 1968), chapter 15, pp. 222, 225-226.

(35) 'Notes by Sir F. Leith-Ross on his Mission to China', F14233/03, IV. Currency and Banking Reforms, p. 17.

(36) Ibid., V. British Trade in China, pp. 20-24.

(37) Ibid., VI. Defaults and Railway Financing, pp. 24-25.

(38) T188/122, Financial Mission to China. Recommendations (11) British Position in Shanghai, 4th September 1936 (PRO).

(39) 久保，前掲書，第8章202頁；A. N. Young, *China's Nation-Building Effort, 1927-1937* (Stanford, 1971) p. 195；杉原薫「東アジアにおける工業化型通貨秩序の成立」秋田/籠谷編，前掲書，第2章。

(40) Department of Overseas Trade, *Trade and Economic Conditions in China, April 1935-March 1937 by Sir Louis Beale* (London, 1937), pp. 3-6, 41-42; 'Special Articles: China. Economic and Commercial Conditions', *The Board of Trade Journal*, 23 September 1937, pp. 404-406.

(41) 波多野澄雄「幣制改革への動きと日本の対中政策」野沢編，前掲書，第8章。

(42) Bank of England Archive, OV104 CHINA, Files 65, 3157/2, MISCELLANEOUS.

Leith-Ross visit, 'Notes by Sir F. Leith-Ross on his Mission to China', F14233/03, "II. Japanese Policy", pp. 5–13.

(43) Jürgen Osterhammel, 'China', in *The Oxford History of the British Empire,* Vol. IV, *The Twentieth Century*, (Oxford, 1999), chapter 28 ; Jürgen Osterhammel, 'Imperialism in Transition : British Business and the Chinese Authorities, 1931–37', *China Quarterly*, LXLVIII (1984).

終　章

(1) 佐々木雄太『三〇年代イギリス外交戦略』(名古屋大学出版会，1987 年)。

(2) B. R. Tomlinson, 'India and the British Empire, 1935–1947', *The Indian Economic and Social History Review*, Vol. XIII, No. 3 (1975); B. R. Tomlinson, *The Political Economy of the Raj, 1914–1947 : The Economics of Decolonization in India* (London, 1979), chapter 4, pp. 137–141.

(3) Hugh Tinker, 'The Contraction of Empire in Asia, 1945–48 : The Military Dimension', *The Journal of Imperial and Commonwealth History*, Vol. XVI (1988).

(4) 内訳は以下の通りであった。ビルマ 78,500 名，英領マレー 59,000 名，インドネシア（蘭領東インド）44,800 名，タイ 4,000 名，イラク 16,000 名，中東 12,500 名，日本 11,400 名，香港 5,800 名，セイロン 1,500 名，ボルネオ 1,000 名，イタリア 400 名。Note on a Wholesale and Urgent Withdrawal of all Indian Troops serving outside India, in Mansergh (ed.), *Constitutional Relations between Britain and India. The Transfer of Power 1942–7,* Vol. VIII, *The Interium Government 3 July–1 November 1946* (London, 1979), pp. 464–465.

(5) Lord Pethick-Lawrence to Field Marshall Viscount Wavell, 26 September 1946, Enclosure : Indian Forces Outside India. Report by the Chiefs of Staff, in Mansergh (ed.), ibid., pp. 597–604.

(6) Catherine Schenk, *Britain and the Sterling Area : From Devaluation to Convertibility* (London, 1994); J. D. B. Miller, *Survey of Commonwealth Affairs : Problems of Expansion and Attrition 1953–1969* (Oxford, 1974), chapter 12 : The Sterling Area, Trade and Aid；アメリカ経済協力局遣英特別使節団『スターリング地域――その産業と貿易』(時事通信社出版局，1953 年)。

(7) B. R. Tomlinson, 'Indo-British Relations in the Post-Colonial Era : The Sterling Balances Negotiations, 1947–49', *The Journal of Imperial and Commonwealth History*, Vol. XIII (1985); Aditya Mukherjee, 'Indo-British Finance : The Controversy over India's Sterling Balances, 1939–1947', *Studies in History*, Vol. 6–2 (1990).

(8) Schenk, op. cit. ; *Gerold Krozewski, Money and the End of Empire : British International Economic Policy and the Colonies, 1947–58* (London and New York, 2001); P. J. Cain and A. G. Hopkins, *British Imperialism 1688–2000* (Harlow and New York, 2nd edition, 2001), chapter 26 : The City, the Sterling Area and Decolonization.

(9) Roger Louis and Ronald Robinson, 'The Imperialism of Decolonization', *The Journal of Imperial and Commonwealth History*, Vol. XXII, No. 3 (1994); Roger Louis, 'The Dissolution of the British Empire', in Judith Brown and Wm. Roger Louis (eds.), *The*

Oxford History of the British Empire, Vol. IV, *The Twentieth Century* (Oxford, 1999).

(10) B. R. トムリンソン（木谷名都子訳）「『関係の風化』？　1950-1970年代の英印経済関係」秋田茂/水島司編『現代南アジア 6　世界システムとネットワーク』（東京大学出版会，2003年）第3章。

(11) ピーター・ロウ「困難な再調整——1945-1958年の日英関係」木畑洋一/イアン・ニッシュ/細谷千博/田中孝彦編『日英交流史 1600-2000　2：政治・外交 II』（東京大学出版会，2000年）第8章。

(12) Nicholas J. White, *Business, Government, and the End of Empire : Malaya, 1942-1957* (Oxford, 1996); Nicholas White, 'Gentlemanly capitalism and empire in the twentieth century : the forgotten case of Malaya, 1914-1965', in Raymond E. Dumett (ed.), *Gentlemanly Capitalism and British Imperialism : The New Debate on Empire*, (Harlow and New York, 1999), chapter 8.

(13) P. J. Cain and A. G. Hopkins, *British Imperialism 1688-2000* (Harlow and New York, 2nd edition, 2001), Afterword : Empires and Globalization.